运 动 · 思 考 · 身 心 合 一

运动整合：人类运动的系统分析

Movement Integration: the systemic approach to human movement

主编 〔英〕 马丁 · 伦德格伦（Martin Lundgren）

〔英〕 莱纳斯 · 约翰逊（Linus Johansson）

主译 敖学恒 杨磊 张艳明

主审 廖麟荣 高强

◎编 者

Gary Carter, Åsa Åhman, Julian Baker, Cecilia Gustafsson, Lucas Henriksson, Lena Björnsdotter, Gary Ward, Jerry Hesch

北京科学技术出版社

著作权合同登记号　图字：01-2023-3450

图书在版编目（CIP）数据

运动整合：人类运动的系统分析 /（英）马丁·伦德格伦（Martin Lundgren），（英）莱纳斯·约翰逊（Linus Johansson）主编；敖学恒，杨磊，张艳明主译．-- 北京：北京科学技术出版社，2024.1

书名原文：Movement Integration: The Systemic Approach to Human Movement

ISBN 978-7-5714-3347-5

Ⅰ．①运… Ⅱ．①马… ②莱… ③敖… ④杨… ⑤张… Ⅲ．①人体运动－机能（运动生理学）－系统分析 Ⅳ．①G804.62

中国国家版本馆 CIP 数据核字（2023）第 211579 号

责任编辑：于庆兰
责任校对：贾　荣
图文制作：北京（对白）广告有限公司
出 版 人：曾庆宇
出版发行：北京科学技术出版社
社　　址：北京西直门南大街 16 号
邮政编码：100035
电　　话：0086-10-66135495（总编室）　0086-10-66113227（发行部）
网　　址：www.bkydw.cn
印　　刷：北京宝隆世纪印刷有限公司
开　　本：889 mm×1194 mm　1/16
字　　数：335 千
印　　张：13.5
版　　次：2024 年 1 月第 1 版
印　　次：2024 年 1 月第 1 次印刷
ISBN 978-7-5714-3347-5

定　　价：108.00 元

译者名单

主　译　敖学恒　杨　磊　张艳明

副主译　李长江　潘巍一　王茂源　李　军　谭同才　李　翔

主　审　廖麟荣　高　强

译　者（排名不分先后）

廖麟荣　广东医科大学附属东莞第一医院
高　强　四川大学华西医院
杨　磊　昆明市第二人民医院
敖学恒　昆明滇池康悦医院康复中心
张艳明　首都医科大学宣武医院
李长江　新疆医科大学第五附属医院
潘巍一　深圳市大鹏新区南澳人民医院
王茂源　赣南医科大学第一附属医院
李　军　中国人民解放军总医院第一医学中心
谭同才　杭州医学院附属浙江省人民医院
李　翔　福建中医药大学
汤炳煌　厦门弘爱康复医院
涂中一　华中科技大学同济医学院附属协和医院
谢胜锋　中南大学湘雅三医院
李　艳　中南大学湘雅二医院
李红彪　云南省海埂运动训练中心
包　译　云南大学附属医院（云南省第二人民医院）
王　晶　常德市第一人民医院
罗　军　广东省工伤康复医院
常智跃　解放军总医院第八医学中心
王　欣　Genesis Rehab Services
叶赛青　四川大学华西医院

王宇章　首都医科大学附属北京积水潭医院
黄杰斌　香港理工大学
刘兴凯　空军军医大学西京医院
纪美芳　昆明医科大学第一附属医院
王华伟　中国康复研究中心
黄美贞　香港理工大学
宋　帅　郑州大学第五附属医院

序 言

我为本书添加了一个郑重的说明，因为它会挑战并最终改变我们司空见惯的看待和理解身体的方式。我们能从学习哲学的“世界冲浪冠军”和神流气邕的唯美主义者那里期待得到什么呢？事实上，我们应该由衷感谢他们的携手合作为我们提供了一个观察人体的崭新视角。

哲学家Martin和唯美主义者Linus指出，当观点改变时，没有错误的观点——“差异并不等于错误”，而这本书无疑提供了一个崭新的、令人耳目一新的观点。视角和词汇的变化意味着需要读者多次品读全书，才能真正地领略并整合他们所说的内在意义，这将是一段美好的学习时光。

我在学习班认识了Martin和Linus，他们都是谦逊、自信、博学的思想家，乐于坐下来观察，直到有了对事物的整体观。当他们中的任何一个人提出问题或发表评论、看法时，全班的学生都在听。Linus和Martin都具备接受处理新知识并以更清晰、更深入的方式重新呈现知识的能力。

这种能力在本书中也有所体现。Martin和Linus将他们掌握的许多学科的知识和对这些知识的理解提炼为“运动整合”（Movement Integration）。应用运动整合知识时，对其原则的理解和思考将让你从固有思维中走出来。他们会带你从姿势到运动，从单一解剖学到“运动整合学”重新观察和研究人体——这是Martin和Linus传达给世界的声音和礼物。

本书的哲学思想将会引导我们正确理解什么是“整合”——一个许多人试图去定义的概念，本书将通过文字、绘图和照片将其完美地阐述出来。“整合”是一种吸收融合和重组的综合体现，从这两个字最切实的字义上来说，“整合”是联系和交流、自由和表达。Martin和Linus提供了语言和视觉工具，作为整合之旅的向导，以帮助治疗师探索整合运动的真正含义。运动和呼吸方法将在本书第三部分中为大家介绍和呈现。

如果你阅读过很多相关书籍，你将会在本书的编者名单上看到很多熟悉的名字。他们每个人关于运动的理解都不同，而且都喜欢颠覆传统观念。本书囊括了挑战现有理论的内容，也包含来自年轻思想家的新鲜想法。因此，本书体现了编者们的愿望，因为，正如Linus所说的那样，“生命的意义就是能够在身心上自由活动，并找到一个可以爱的人”。

Martin和Linus打破了束缚我们身体、思想和灵魂的枷锁。为了展示他们对人体功能和运动的研究和观点，他们创作了本书。这本创新之作将重新唤醒你的大脑，拓展你的思维。请相信我，你会爱上这本书的！

詹姆斯·厄尔斯（James Earls）

英国伦敦

2019年7月

致　谢

将一个人的思想、观点和对事物的定义表达出来的最好方法是写一本专著。作者需要找到恰当的词汇，构造句子、段落和章节并结合图解去表达和阐明，这是一件非常具有挑战性的事情，同时也非常容易令人志得满意。

每当整理自己的想法，想把想法体现在一些具体的事物（比如一本书）上时，你就进入了一个自我成长的状态。本书非常具有创造性思维，作者们共同创造了两个新概念。第一个既是一个概念，也是一个全新的词，即整合（ensomatosy）；第二个是彩色插图模型（color illustration model），这是一种全新的解释和说明结构之间运动的方法。

当你撰写一本专著的时候，你可能也会发现自己肩负着一项表明态度和传达信念的使命。我逐渐意识到，在这本专著中，我们给出的答案非常少，因为这是一本关于思想的书，而不是关于方法的书。我们所做的不只是提供一些总有被拒绝风险的答案，还提出了一些观点，并从中推导出许多解决方案。我们没有给出绝对的解释，而是给出了一种规则系统，它对你输入的所有问题都高度敏感，并将提供适合你当时所处情况的解决方案。

对我来说，这本专著是我职业生涯中的又一个里程碑，如果没有从同事和好朋友那里获得的灵感和知识，我不可能完成它。

能与我亲爱的朋友，同时也是同事的Martin一起工作，我深感荣幸和骄傲。Martin一直是，也将永远是我在这一领域的导师。他倾囊奉献的部分书稿加深和拓宽了本书对人体形态和功能的解释，这对我及本书来说是莫大的荣幸。为此，我将永远心存感激。

我的老师Don Thompson是第一位真正向我介绍人体形态整体研究方法的人。他的奉献精神激励了我。我每天都牢记着他的话，这些话在我的日常工作和教学中引导着我。为此，我也将永远心存感激。

我的同事，也是我的好友Cecilia，其创建的索玛运动®（SOMA MOVE®）为我的工作和学习打开了很多扇门。在每一节课中，我都能学到新的知识。我很感激能和她一起完成本书。

我的导师Gary Carter，当他在场时，他所给予我的能量和灵感是无与伦比的。我钦佩他在全面启蒙运动社区和改造运动场景方面所做的工作和付出。我非常荣幸能认识他，并深深感谢他教会我的一切，也感激未来依然能继续在他的教导中成长。

感谢我的老师Julian Baker，非常感激他传授给我知识，并给我机会去感知和真正了解这些知识。他用深刻而精辟的问题帮我塑造了思想，让我在工作中做出了关键性的改变。

此外，还要特别感谢我和Martin的老师、同事和朋友James Earls，他为本书作序，并在我们撰写这本书的过程中给予了很多有价值的建议和反馈。读者可以阅读他的《行走的天性：运动中的肌筋膜效率和身体》（*Born To Walk：Myofascial Efficiency and the Body in Movement*）一书，以更广泛地了解人体的形态和功能。

我还要感谢这些年来我遇到的所有患者。因为他们足够信任我，给了我为他们诊治的机会，从而让我更好地传达我的思想并创造属于我的方法。我要将本书和我所有的工作献给我美丽的孩子和我深爱的妻子：我爱你们。

（Linus Johansson）

我要感谢这么多年来我遇到的所有伟大的老师。特别感谢Thomas Myers[①]、James Earls、Lauren Christman、Larry Phipps、Fiona Palmer、Kirsten Schumaker、Gary Ward、Julian Baker、Gary Carter、Jerry Hesch和Jun Po Denis Kelly。我也非常感谢Lena Bjornsdotter和我亲爱的同事Linus Johansson。感谢所有同学的关注和奉献。最重要的是，我要感谢我所有的患者——他们和他们的身体是最伟大的老师，也是这本书真正的主人。

（Martin Lundgren）

① 《解剖列车：手法与运动治疗的肌筋膜经线》作者。

目　录

第一部分

第二部分

第三部分

第一部分

引　言

写这本书的目的是让读者能够洞察和理解我们用来解释和欣赏人体形态和功能的视角。这一视角是我们自身认识不断改变和发展的历程中的一个里程碑，但我们也承认，今天的理解在今后几年中肯定会发生演变和发展。

在本书中，我们将分享当前所发现的最有效的和有趣的探索，以及开发人体运动潜力的方法。我们没有把这称为绝对真理，而认为这是对人体形态和功能的巨大复杂性的一种解释。

这是一本关于思想的书，而不是一本关于方法的书。这意味着读者永远不会在本书中读到“如果你看到……，就去做……”这样的话。相反，我们创建了一个新的角度，让读者能够沿着不同的方向去思考，或者在读者已经选择的方向上给予他们更多的推动和支持。

我们在本书中挑战了旧的标准，这是有充分理由的。众所周知，挑战人们认为正确的事物是推动进步和发展所需的主要手段之一。回顾历史，这一点已经被一次又一次地证明是正确的。如果我们安于现状，不选择继续前行，我们最终会陷入倒退的境地。

为了能够继续向前发展，我们需要有所保留，以便为新思路、新观念和新进展创造空间。因此，我们也邀请本书所有的读者质疑我们的思想和解释，这样可以创造更多的可能性，从而惠及所有人。

请以开放的心态享受这本书，并提出你的新观点和新见解。

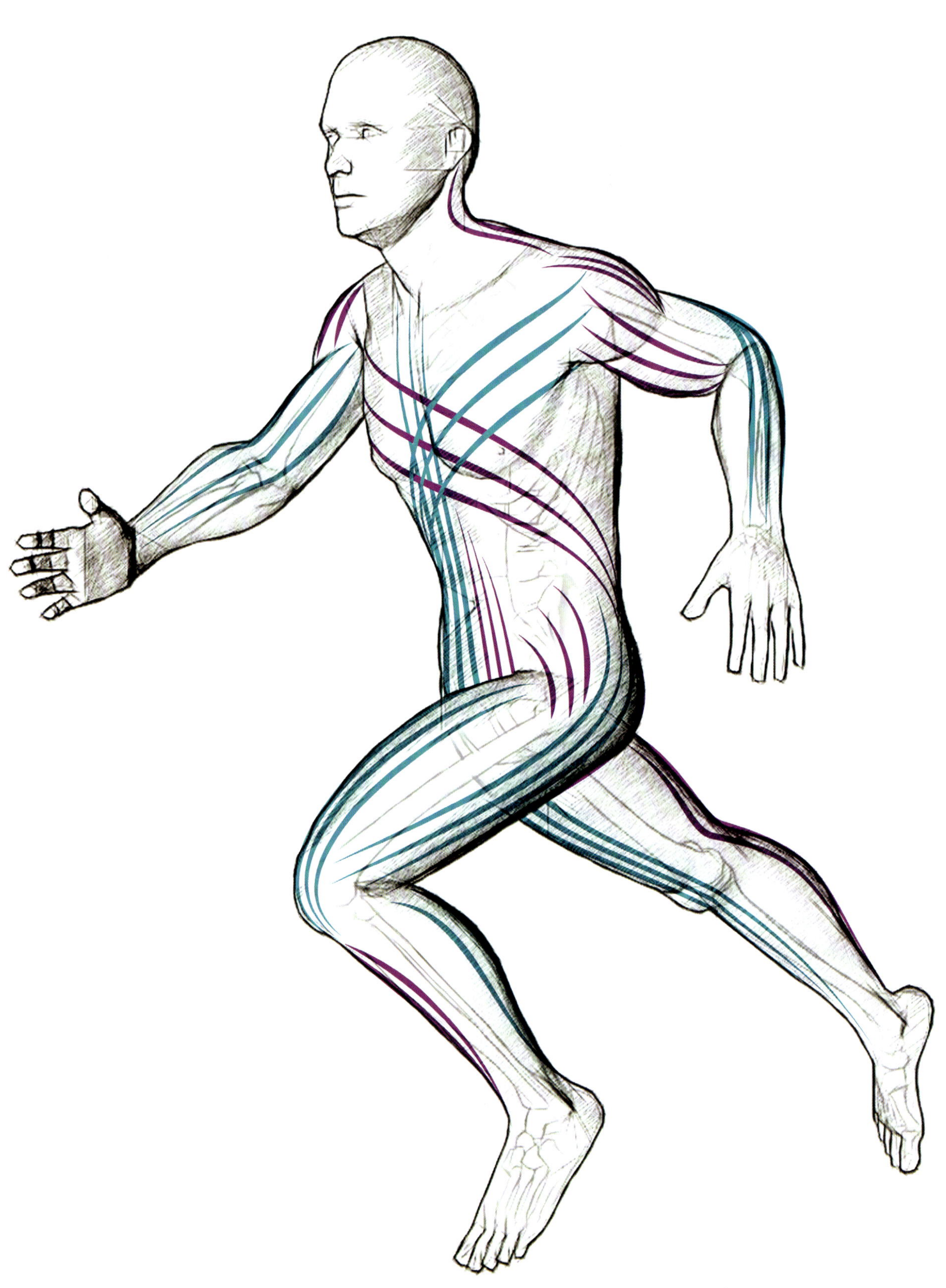

第一章

思考的出发点

Linus Johansson

“潜心实践，看淡理论。”

——Gil Hedley（吉尔·赫德利）

人体十分复杂，从未被完全理解，也没有统一的描述方式。数百年的研究和科学讨论，以及当今存在的各种各样的治疗形式都证明了这一点。如果我们已经了解了一切，那么研究也将停止，我们将会认可某种统一的治疗方式。然而此刻并非如此，而且或许永远不会。

不过，这并不是一件坏事，实际上这是一件相当奇妙的事情。相对于某个绝对真理，比如单一文化，这种多样性反而可以让我们窥见千万真理的色彩与趣味，即真正的多元文化。如果说我们对人的身心有了什么了解，那就是它的多样性。刺激和输入的种类越多，身心的发展程度就越高。

你所做的运动和挑战越多样化，你就越能发挥身体的潜力。思想也是如此，经历越多，读过的书和遇到的人越多样有趣，思想也就越丰满。

上述这种观点是我们在本书中提倡的，需要指出的是，我们不是要呈现一个新的绝对真理。相反，我们旨在更多地展现不同的观点，即从其他角度对真理的解释。基于这种观点，我们期望在结构和功能上给予复杂的人体另一种理解。这为提高与他人合作和开发他人运动潜力的可能性提供了另一个角度。

观点的原则性很重要。人体是很复杂的，试图理解这种复杂性的唯一方法是通过特定的观点来解释人们所看到和感知到的事物。这种特定的观点为研究这个巨大的复杂的人体提供了一个切入点，并创建了一个平台，使我们能够研究和讨论当使用身体时身体内部发生的过程和发展情况。

一个真正的观点的提出必须建立在合理的原则、记录在案的事实及理性推理的基础上。在实际应用中，还需要证明其具有良好的效果。如果它符合以上全部条件，我们才会承认它。

让我们举个例子。一种经典的观点是，人体是由不同部件（比如肌肉、骨骼和肌腱）组成的，不同部件有着不同的名字。肌肉与连接大脑的神经相连，并通过肌腱连接控制骨骼。这就产生了相对于水平轴和垂直轴的收缩运动。皮肤、脂肪和结缔组织与运动几乎没有关系。这是一些解剖教学机构所采用的经典观点。

另一种观点是，人体是一个不可分割的、流动的个体，不是由零碎的部件构成的，而是一个由受精卵生长而成的整体。人体中没有哪一组织或外观比另一组织或外观更为重要或不重要，它们都是相互联通的。它们通过重力一起促成了离心运动负荷，这是所有运动的基础。

这是两种密切相连却截然不同的观点，我们可以清楚地看到它们之间的差异。这里需要重点强调一下，它们都是正确的。怎么会是这样的呢？两种不同的观点怎么可能都是正确的？一个非常简单的原因就是，它们都建立在合理的原则、记录在案的事实和理性推理的基础上，最重要的是，它们都试图实现同样的目的，即对无法解释的事物做出解释。

当我们站在一个角度看问题时，就会容易坚持这个角度的信念；而当换一个角度看这个相同的问题，并发现差异时，很容易认为另一个角度是错误的。其中一个原因就是观点不一定能够很好地转换。对同一事物，可以使用不同的术语并持有完全相反的观点。

当试图用一种观点和另一种观点交流时，几乎不可避免的误解可能会让双方相当困惑，双方都声称对方是错误的，因为他们都不理解对方在表达什么。

“差异不等于错误”（Being different is not a definition of being wrong）。

差异与错误是不一样的。我们必须明白，一种观点并不是绝对的真理，它只是一种解释。观点有成千上万种，每一种都是由人类有限的思维构建的，试图解释那些不可理解的事物。

观点如同宗教信仰。世界上每一种宗教信仰都是对我们周围世界的诠释，其目的是通过回答我们所面临的重大问题使生活变得更容易，并鼓励爱、理解和和平。这是世界上所有宗教的基本教义。

同样地，只要一种运动的观点是建立在合理的原则、记录在案的事实和合理的推理基础上的，其目的是促进个体的发展，使其受益，它就是对的，永远不会是错的。

为了强调这一点，并给本书一个更深层次的基础，我们邀请了一系列不同的专家，他们用自己独特的观点为本书做出贡献。

我们的目的是让读者看到，通过不同的角度，不同作者将会对同一个问题给出各种各样的答案，通过对这些不同答案的讨论，期望读者对我们所面对的多元文化有更深刻的理解。

总的来说，如果你遇到一个与你用不同观点看问题的人，不要仅仅因为他们的观点与你所相信的不一致，或者因为你的不理解，就拒绝并声称他们的观点是错误的。相反，倾听他们的推理，试着从他们的角度看问题。也许这个人会提出有趣的理论，并用有趣的方法来解释原理。你可能因此会拓宽自己的视野，学习一些新的知识。

最重要的是，你将学会理解，并且对真相的看法和解释可能比你以前知道的要多得多。看到并接受别人的信念会让你的思想成长，甚至让你开始质疑自己和自己曾经深信不疑的观点。

最后，我们用开启本章的吉尔·赫德利的箴言来结束这一章：“潜心实践，看淡理论。”

（杨 磊 译，敖学恒 廖麟荣 审）

第二章

生命的意义与疼痛的本质

Linus Johansson

自人类进化成有自我意识的生物以来，“我们来自哪里？”这个问题就常常被提及。你可能也思考过：生命的意义是什么？我为什么在这里？活着的目的是什么？这些都是哲学问题，有多少个人就会有多少种答案，每个人都有权利表达并坚信自己的人生目标。

但是，如果我们放下哲学，用更务实的眼光来看待这一切，将会怎样呢？如果我们使问题升级——根据生物进化理论，人类生命的真正生物学目的是什么？为什么进化会把我们带到现在的位置状态？在现代社会，进化又会对我们产生怎样的影响？

为什么这些问题很重要？因为通过对这些问题的阐述，我们可以对人体的结构和功能有一个初步的认识。

假设进化是基于DNA的改变，其驱动生物体在生存环境中的功能优化和群体繁荣，那么两个基本组成部分是必需的：第一，生物个体能够与另一同类生物个体交联DNA，或者在生物体内部进化；第二，要具有移动的能力。为了在一个地区内繁衍或与另一个生物个体结合并繁殖，运动是必不可少的。这可以是整个有机体的物理运动，也可以只是孢子、种子或根的运动。无论怎么看，运动都是必需的。

这一切对人类也同样重要。为了让我们这个物种生存下去，我们需要运动去寻找食物、庇护所和可以进行DNA交联的人。如果有人问地球上所有生物的生命意义是什么，那么根据进化论，简单的答案是：“运动和繁殖”。对于人类可能稍有不同：人类生命的意义就是在地球上开启一段旅程，同时生儿育女。仅此而已。

这就是生命的基本意义，也是我们今天存在的基础和进化的目的。

从这个基本定义，我们可以进一步讨论，并以纯粹哲学的方式阐述人类在地球上的目的是什么，以及生命的意义是什么。值得思考的是，就我们所知，人类是地球上唯一能够以这种客观的方式审视自己并提出这些问题的生物。其他生物都生活在进化所涵盖的原则之下，不会提出任何问题。

假设这就是进化的答案，那么我们都会赞同它是一个非常古板的定义，与人类在当今时代的智力发展不一致。如果我们重新表述进化以获得一个更具启示性的定义会怎样呢？比如，“生命的意义在于身体和心灵能够获得自由，并找到可以爱的人”。

这个启示性的定义中包含了大量的哲学内容，但重要的是要建立一个概念，此概念包括这个世界上的每一个个体，包括他们具有思考和做想做之事及爱想爱之人的权利。

在阐述了这个启示性的定义之后，我们现在可以对它进行解析，直至它的一个核心方面，即自由运动的概念。这是本书非常值得汲取和借鉴的内容，也是新观点的核心方面之一。

进化论告诉我们，简单概述生命就是运动，没有其他方法。对于进化来说，实现更好的运动或者无痛的运动并不重要。这是为什么呢？为什么进化不能消除疼痛，或者不能帮助我们永远摆脱疼痛？这是一个有趣且重要的问题，如果你对此感到困惑，就看看你自己。经过数百万年的进化，人类才有了今天的状态，成为高度发展、有自我意识、有思维、有创造力的生物。然而，我们仍然被生活中存在的疼痛所折磨。我们都经历过疼痛，问题是，这是为什么呢？

疼痛是什么?

没有人真正知道疼痛是什么，也没有人真正知道它是如何产生的或者它在身体中的真实位置。人们提出了许多理论，也进行了大量的研究来解释疼痛现象，但没有人能完全确定。疼痛也可以以多种形式出现，从纯粹的身体疼痛到情感上的痛苦。

众所周知，几乎没有人希望处于疼痛之中，也几乎没有人会“享受”疼痛的感觉。然而，疼痛仍然以这样或那样的方式存在于每个人的生活中，包括在运动中和其他方面。这就是为什么疼痛是人体进化中一个令人困惑的方面。

人们普遍认为疼痛是“不幸”事件。但如果事实正好相反呢？如果疼痛不是我们所感知的某些“不幸”事件呢？如果疼痛是使我们进化成为独特存在和可移动生物的基础驱动力之一呢？

要想理解这一点，就需要知道疼痛对于进化来说是什么。疼痛就像人体中的一般感觉，会由来自感觉器官的输入和刺激激发。它与我们的运动意愿一起编码，影响我们生活中的动作行为。

根据刺激的不同，人体在不同的情境下会做出不同的反应。如果看到某些喜欢的事物，你就会有正性反应。如果听到某人叫你的名字，你会转过头来。如果感受到爱人温暖的抚摸，你会感到放松。如果走进一个房间，闻到你年轻时闻过的某些物品的味道，你的记忆会立刻被带回到当时的时间和地点。这些都是人体如何反应和适应刺激的例子。

疼痛也是这样的，是一种令人体必须做出反应的刺激。它也是一种触觉、温度觉、结构方面机械力学变化的感觉输入，当它达到某个阈值时，就变成了可感知的疼痛感觉。因此，处于疼痛中和预期性疼痛是两个重要的输入，它们可以改变我们与世界的互动，以及我们如何与运动互动。接下来，我们将对其进行详细阐述。

从经验得知，我们的直接动作行为会导致疼痛，比如，在尖锐物体上行走、撞到头、绊倒或跌倒。我们可以通过预测将要发生的事情，确定自己的运动方向以避免受伤。我们的基因中有这样一种潜意识，即影响人体的动作行为也会导致损伤，且一旦受伤，我们就不能“自由运动”了。

这对进化很重要，我们必须不惜一切代价避免受伤。受伤和无法运动会使个体无法寻求安全，或无法找到庇护所、食物或伙伴。这就是为什么疼痛是如此重要的输入，为什么我们会体验到它如此强大。如果你想活下去，最重要的是不要受伤。在医疗卫生条件不发达的年代，踝关节扭伤或开放性伤口可能会导致死亡。如今，虽然它们导致的后果不是那么严重了，但疼痛仍然像那时一样存在并且强烈。

我们可以预测动作行为及将要发生的事，并做出改变，以避免疼痛，比如，不踩尖锐的物体或不让头撞到门框上。显而易见，这些都是避免行为，然而并不是所有的动作行为都是可以预测的。例如，绊倒导致踝关节扭伤，捡东西导致背部受伤，手臂做高度重复性运动时被拉伤等。

不是只有运动会导致受伤。工作时的错误姿势，如笨拙地握持工具，或在电脑屏幕前的坐姿不当，都会导致受伤与疼痛。

预期性疼痛与避免受伤最初是一码事，但当你处于疼痛之中，而某些动作会使你产生更多或更强烈的疼痛时，你就会有意识或潜意识地预测并避免做出这些动作。如果你的身体无法做出避免损伤加重、疼痛加剧的动作，则表明你的身体不适合运动。

人体所采用的解决方法是通过创造一个代偿运动来“规避”疼痛。这意味着身体需要改变预期的动作，并创造一种新的动作模式来避免疼痛，这是一种典型的代偿行为。

代偿行为是让我们保持运动的解决方案。这是过去人类生存的重要方式，但今天，它只是人们生活中的一个障碍，世界各地的治疗师每天都要与之打交道。

可以将人体受伤与汽车抛锚情况进行比较。汽车可能会因为某一个单独组件不能工作而停止并且一寸也不能移动。然而，当踝关节扭伤时，人的整个运动系统并不会因为其中一部分的损伤而停止，反而会在损伤周围创造一种代偿性的模式，即由于踝关节扭伤而出现“一瘸一拐”。这虽不是最佳运动，但仍可以维持运动能力，足以让身体前进。这是人类保持运动并生存下来的主要方法之一——即使处于疼痛之中，也仍然能够前进。

疼痛代偿性模式的关键在于，它是基于这样一个事实：所有日常生活中的动作及运动中的动作，都是根据之前做过的数千次相同动作的经验做出来的。当我们做这些动作的时候，不需要思考，下意识就做出来了。

例如，当你想要去拿咖啡杯时，并不需要去想“要伸展手臂，伸直肘部，打开每一个手指和关节”。如果你很需要咖啡，就会在瞬息间拿起咖啡杯。这一切都是在潜意识下发生的，你不需要去想与拿起杯子并送到嘴边相关的每一个身体小动作，你甚至不需要看到它的发生。你可以一边读报纸而无须让眼睛离开页面，一边喝咖啡。这种模式适用于所有的运动，包括体育运动。

当疼痛存在时，如果你试图去完成某个特定动作，身体会预测疼痛并迅速改变动作模式，从旧的习惯性动作转变为新的代偿动作。

回到拿咖啡杯的例子。如果你的肩部存在一些问题，在想要去拿咖啡杯时，你的身体会改变旧的动作模式，避免或改变引发肩部结构疼痛的动作，并在其他相关部位创建一个不同的动作，让你在完成任务时感觉不那么痛苦。

代偿性动作模式在短期内是可以接受的解决方案，然而如果在较长一段时间内使用，也会有缺点。

当运动从正常运动转变为代偿性运动时，身体会使用其他结构代替原来执行运动的结构，或者以不同的方式使用常用结构来执行任务。而这些结构很可能没有针对任务或新的任务进行优化，导致问题的出现。

如果长时间使用代偿性运动模式，用于执行任务的结构就会超负荷和疲劳。如此反过来又会导致结构的破坏，产生新的疼痛甚至损伤。

此外，身体可以通过改变一个结构的活动范围来保护受伤的结构，减少疼痛。这种变化通常是疼痛区域的活动范围减小。从长远来看，这些代偿会导致一些共同的结果。

这些结构是相互依赖的，以使身体成为一个功能单元，一个区域的活动范围缺失会使人体逐渐缺失移动能力的整体感觉从而抑制个体运动。这反过来会导致运动恐惧症（kinesophobia），即恐惧运动，使人久坐不动，逃避身体活动。缺乏身体活动将导致更多活动范围的丧失，最终开启一个恶性循环，并导致更多的疼痛和与生活方式相关的疾病发生。

此外，如果一个人存在某一特定结构的活动范围缺失，但仍可以活动和移动，身体就会对此做出反应。不幸的是，这种反应并没有使失去活动范围的区域得以恢复，而是使用了另一个结构的活动范围，而用于代偿的结构更容易被体内传递的不同的力所损伤。

以下是一个经典案例，也是我们作为综合诊所的治疗师经常要面对的。一个人在一个特定的运动中损伤了身体的一个结构，比如在跑步时损伤了足部。患者很痛苦，并休息了一段时间，他在日常生活、工作及轻松的活动中保持互动，在与孩子们玩耍时跛行。随着时间的推移，由于结构损伤、疼痛和代偿性运动等复杂因素的共同作用，损伤会导致受影响部位的活动范围逐渐丧失。

随着时间的流逝和心理上的挫败感，以及足部疼痛通过代偿性运动有所减轻，患者开始有了重新跑步的想法。不幸的是，很多时候，患者的心态仍与意外事件发生前一样，并没有接受身体在结构、功能和能力上处于与之前不同状态的事实。

患者像以前一样开始实施他的跑步计划，预期想法是身体应像以前一样运行起来。然而现在由于一段时间的不活动，身体结构的能力变差了。

通常情况下，患者不会进行任何康复或治疗，也不会花时间去深入研究起初导致受伤的潜在原因。他们往往对深入研究自己的身体没有兴趣。我们都习惯性地认为我们拥有一个以正常方式工作的身体，不认为它会以任何其他方式存在。

然而，患者很快就会意识到足部的疼痛并没有完全消失，但他仍努力坚持锻炼。很快，一种新的疼痛出现在了身体其他部位，此时是在同一侧的膝关节，此后不久，5年前的背痛又开始重现。所有这一切正在发生的事情让患者感到绝望，他开始寻求帮助。这是一个常见的案例，也是一个经典的“不倾听身体声音（not listening to my body）”的故事。

致使人不去倾听身体声音的原因有很多。也许是有一场即将来临的大型比赛，在赛前他们需要跑足够的里程数才能够获取参赛资格；也许是由常见的渴望减肥的焦虑所驱动，即使处于疼痛中，他们仍然选择继续奔跑。

由于身体想要尽可能保持运动表现和功能的恒定，所以当局部存在不足时，就会通过代偿性运动模式将活动性和功能调配至身体其他结构。因此，当足部的活动性和功能缺失而仍然选择跑步时，将在运动链上形成多种代偿性运动模式。在上文这个经典案例中，活动性被调配至膝部和背部等部位，以实现跑步时身体运动的整体预期结果，同时伴随出现更多疼痛的风险。

在过去，人类不会面对比赛日即将来临的情况，也不会被如何减掉腰部周围几斤赘肉的焦虑所困扰。纯粹是生存的意志在驱使他们继续前进。如果他们停下来，就会落后。不管有没有痛苦，生存都是进化的驱动力。

所有这一切有趣之处在于，当人类发展至某个阶段时，我们变得具有自我意识，可以表达疼痛。我们可以在意识层面上感受到疼痛，从那一刻起，人类开始尝试用语言去解释和表达这种感受。我们知道，并且一直在努力寻找疼痛现象的答案和解决方法。大概与此同时，疼痛开始和我们玩“心理战”，并且一直持续至今。

在纯粹进化的形式下，疼痛是我们生存的关键，是我们生存和生育能力的一部分，是众多感觉输入之一。这并非人类所特有的，所有能感知疼痛的生命形式都把疼痛作为维持生命的主要感觉输入之一。

疼痛如何产生，至今仍然是一个谜。对于处于疼痛中的人以及试图理解和治疗疼痛的治疗师、医师和科学家，这也仍是一个棘手的问题。

远离过去，回归现代的生活方式中，我们可以看到一种新的疼痛已经出现，这是一种我们的祖先可能从未经历过的疼痛。在快速发展和高要求的现代生活方式中，获得自我意识的代价是身体会表现出另一种形式的疼痛，即心身性疼痛（psychosomatic pain）。这种疼痛可能是最复杂的疼痛形式。它来自心灵创伤，并以疼痛的形式表现在身体上。对于治疗师而言，它是一种最微妙的疼痛形式，并且不幸的是，正是这个原因，它经常被忽视。

患者忽视心身性疼痛，可能是因为与做一些颈部和肩部的锻炼相比，面对和管理一个人的整体生活太困难了。而治疗师忽视它是因为每当一个人经历压力时，试图通过进行一些运动训练来解决毁灭性头痛往往是“不可能完成的任务”。

“因为疼痛会改变一切”。

——Gray Cook（格雷·库克）[1]

尽管如此，无论是由绊倒、踝关节扭伤、椎间盘突出导致的身体疼痛，还是复杂的心身性疼痛，痛就是疼痛。正如Gray Cook所说：“因为疼痛会改变一切。”这是指运作模式改变，而且无论如何，当疼痛存在于身体时，我们总是会通过改变运作模式来逃避它。

请记住，真正令人畏惧的是你将独自承受疼痛。没有人能够感受或体验另一个人的疼痛。所有的疼痛，无论其状态和表现如何，无论是在躯体、精神，还是在灵魂中，都是个体的苦难，我们都将以自己的方式来处理疼痛。

这就是为什么往往需要以最大限度的尊重来对待他人的疼痛，永远不要去轻视他人的疼痛。轻视他人的疼痛就是轻视他整个人。

我们在这里阐述和讨论的是基于非常复杂的功能和关系的内容。我们通过使用解释性模型获得位于每个人体内的这些巨大的、像迷宫一样连接的简化图像。

身体里发生的一切，不管是疼痛还是运动，都是基于身体和心灵之间的亲密交流。这是一种没有人能够真正理解的交流方式。我们无法理解这种交流方式的原因有很多，其中一个陷阱是，努力客观地去看待主观事件的同时这又会成为主观事件的悖论。就像一只追逐自己尾巴的小狗，注定要永远在原地打转。

这迫使我们选择一个解决方案，我们如果不能找到确切的答案，就必须做出解释。这就把我们带回到了本章开头，对生命的意义做的启示性定义，以及我们提取出来的一个核心理念：“自由地运动（To move freely.）”。

我们将在本书中持续阐述人应该能够自由地运动的理念。没有疼痛，没有代偿，没有精神或系统障碍，在重力和意志作用下自由地、轻松地运动，即使进化并非如此。

（李长江 译，谭同才 廖麟荣 审）

① 《动作——功能性动作系统：筛查、评估与矫正策略》的作者。

第三章

千里之行，始于足下

Linus Johansson

“帮助我们走向明天的唯一途径是理解今天我们所处何处。”

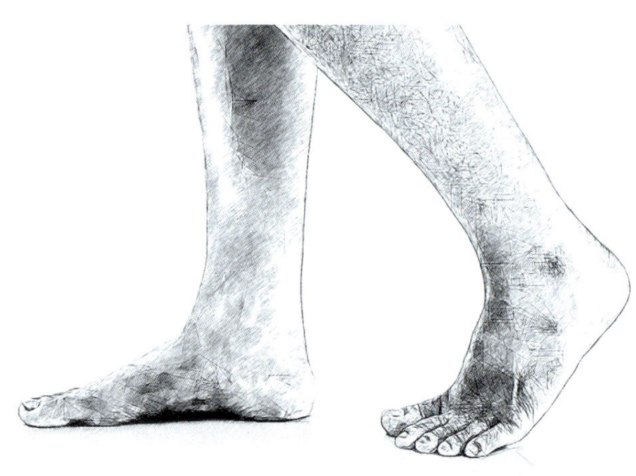

当面对镜子里的自己时，你可曾意识到，作为一种哺乳动物，我们拥有独一无二的身体“设计”？这种设计创造出了一些非常特别的属性，尤其是在运动方式上，这是因为人是地球上唯一用两条腿行走的哺乳动物。当然，灵长类动物也可以用两条腿走路，但它们并不喜欢这样做，因为这样行走时，它们不能像人类那样走得那么远。

此外，人还拥有另一个独特的属性，但你在照镜子时并不能发现这个身体“设计”。人作为一种两足行走动物，具有一种潜在的性质，这个设计特别之处是：“身体可以高效地利用能量。”这意味着人使用双脚行走时，相对于走过的距离，只消耗了非常少的能量。

事实上，在你得知这个特性之前，你已经多次亲身体验了这种特性，只不过没有想太多。当你决定在某个风和日丽的春日去散步，你走了一公里又一公里，没有停下来休息。但当你回到家时，不仅没有感到筋疲力尽，反而感到精力充沛，而且你回来时似乎比出发时更有精神了。这种感觉很有意思。一个有趣的事实是，当你以进步为目的进行运动时，你可以完成更远的距离，并因此感到心满意得。当然，在这个过程中会消耗一定的能量，并且这种神清气爽的感觉仅仅是一种主观体验。

更有意思的是，当你运动、行走或跑步的次数越多，你的身体越会提高利用能量的效率，也就是说你的感受会越好。在这个过程中，你可以适应、学习并提高自身利用能量的效率，并且还想做到更多。有趣的是，这个特性也是人类进化和存在的重要组成部分。在许多方面，身体可以非常高效地利用能量，可能是让我们成为现如今这个样子的主要特征之一。

人体运动的节律，以及通过重力与地面的相互作用是非常特别的。我们有义务去试着领会和理解这些特别之处。也就是说，一个人真的接受了这个义务，并从这个新的角度看待身体，是很有意义的。一个人越能够欣赏人类被塑造成两条腿直立行走并且在重力作用下轻松地、自由地运动这一事实，他就越能发掘自己和他人的运动潜能。

为了开启这趟人体认知之旅，我们需要先知道这一切是如何发生的。例如，我们是如何从四肢爬行进化为直立行走的？进化过程中的哪部分让我们变成了两足行走动物？

关于人类是如何进化成会双腿走路的生物的理论实在是太多了。Daniel E. Lieberman在《人体的故事》（*The Story of the Human Body*）一书中就如何成为步行者和跑步者提出了一个非常有说服力的理论。人类解放双手，双腿站立，以便获取更高树枝上的果子以及制造工具，这是一个长期公认的理论。但这些都是可信的吗？

Daniel在他的书中提出了另一种观点：可能有一种来自外部的强烈刺激，就像以往一样，这个刺激触发了这一进化过程，并开启了人类通往直立行走的旅程。我们可以将双手从地面解放出来，学会制造工具，采摘更高树枝上的水果等，这些很可能是在我们逐渐进化成直立行走的过程中同时发生的，或者在完全直立行走之后发生的，但原因却完全不同。

Daniel在他的书中提出的理论是，我们的祖先经历了很长一段时间的气候变化，这导致觅食区域越来越分散，食物也越来越难以获得。为了寻找食物，他们的迁徙范围不得不比以前更广阔。这反过来导致人体在运动的时候变得更加节能，因为如果我们的祖先在移动到一个新的觅食区域的过程中所消耗的能量大于他们在那里采集食物所获得的能量，他们就无法继续生存。

这导致我们祖先的骨盆不断进化，随着时间的推移，进化的骨盆有利于他们直立地移动，移动方式最终从四足爬行变成了两足行走。这样一来，他们就可以移动更远的距离，消耗更少的能量。随着我们的祖先逐步进化至两足行走，并拥有了更加直立的姿势，这一系列进化也带动产生了许多新的和特殊的动作。

这些动作之一就是，当双腿在向前移动的时候，可以以其中一侧下肢为中心摆动另一侧下肢，这是一种更为精细的移动方式，是人类独有的一个特征。灵长类动物的骨盆结构与人类的不同，因此当它们在用后腿行走时，需要左右移动整个上半身才能保持平衡，这种方式就不是节能的运动方式。根据Daniel的理论，黑猩猩一天只能走2～3千米，因为它们在运动时消耗的能量是人类的4倍。

人类有能力通过改变身体主要结构的相互关系，从而在某一侧下肢上找到身体的重心，而不是只能作为一个整体将重心完全放在支撑腿上。这种能力的好处是，人类不会因此失去平衡，也不需要做太大幅度且低效能的动作。这一能力再加上在重力作用下能够储存动能的肌筋膜组织，使人类成为今天的“最佳运动者（optimal movers）”。请记住，如今人类的足迹遍布全球，而这一切正是通过最初从一个角落移动到另一个角落完成的。那真的是一次很棒的迁徙。

不管怎样，驱使人类进化并依靠双腿站立和行走的这一演变，到底是因为拇指相对于其他四指能做对掌运动的出现，还是因为气候的变化而启动，这些都不是最重要的。人类已经进化成了现在的模样，至于到底是如何获得这些功能的，我们改变不了，只能去理解它。

从个人观点来看，无论是对于身体结构还是对于功能发展，知道我们来自何处是很有趣的事情，但比起知道我们想要去哪里，以及知道我们必须做些什么才能到达那里，这种趣味便稍逊一筹。这就像看地图，如果你不知道自己在哪里，那就没办法去你想去的地方。在本书中，如果想“知道我们想去哪里”，就需要了解我们运动中的身体结构以及意识里的智力发展进程。这需要一些方法和理念，并能够依靠它们寻求答案和指导。

这就是需要回顾过去，理解我们来自何处，以及观察当下我们自身的原因。这让我们理解了结构的进化是为了完成一件事情——我们可以随着重力，一步一步地向前运动。

行走是我们生存的运动基础，它为我们认识人体和治疗提供判断基础，为建立高而坚固的身体形态和结构提供途径（见第二十三章）。

有人可能会问，行走和跑步真的只是我们要做的主要运动吗？答案可能是：“嗯，算是吧！”如果我们联想到进化，就会忍不住感慨：“但是这怎么可能呢？我们还会做其他令人惊叹的动作，比如下蹲、冲刺、硬举、坐、滚、游泳、拥抱、接吻和亲热等”。我们会做这些，但关键是这些都不是生存必须要做的动作。做这些动作只是因为你选择去做。你可以一辈子都不做俯卧撑、倒立和硬举等，甚至永远不接吻，这并不影响生存。因此，在生活中，你可以选择做某些动作而不做另一些，但是有一件事情你无法选择不做，那就是不断重复地向前一步接一步地行走（如果你出生健康的话）。

从在子宫中的悬浮状态到突然失去浮力而在重力作用下呱呱坠地，从出生的那一刻起，你的身体就开始对重力做出反应。在出生后的最初几年里，进化遗传特性刺激着你不断探索重力，给你的身体系统增加负荷，从躺到趴，再到四肢着地爬行，最终依靠双腿站立、行走、奔跑，你这样做是因为你的祖先也是这样做的，并把它沿着“进化线”一直传递下去。

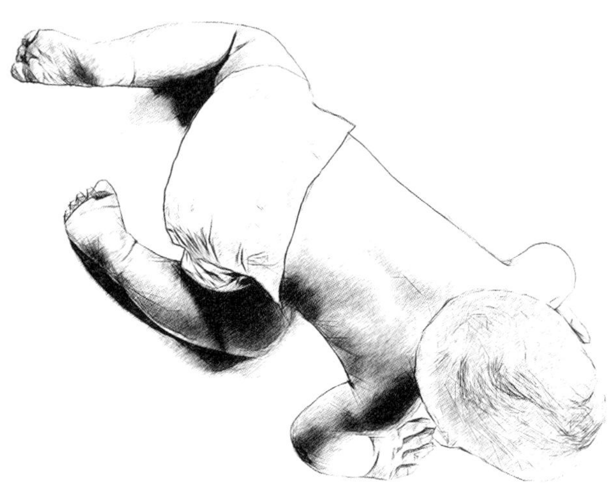

我们遵循着代代相传且牢牢刻在身体中的基因密码，学会用双脚站立行走。没有人教我们这样做，是我们按照进化的意图，自己完成了这一过程，就像这个星球上的所有生命形式一样。它们遵循着各自的进化遗传特性，人类也不例外。

为什么这很重要呢？虽然我们生来注定要行走，但我们也可以做其他许多的动作，为何行走会如此重要呢？因为步行是人类运动的基础，而其他可以选择的所有运动都是基于步态的节律和结构。这一点很有趣，尤其是当我们身处“运动学堂（churches of movement）”——目前来说这个地方是健身场所，我们会发现任何形式的运动都是为了更好地移动。

过去的观点认为，每一个运动都有它自己的特性，我们需要进行相应的学习以便可以正确地完成这些动作。因此，如果在跑步时膝关节痛，背部因为举杠铃而酸痛，或者下蹲不够深，就需要专门练习这些动作，逐个地练习，并掌握每个动作的不同特点。

过去的观点让我们相信每一个动作都是独特的，不同的运动（如下蹲、跑步、弹跳、游泳、投掷）之间没有任何联系，特别是与行走无关。

这种分离运动的方式只是我们试图理解并简化运动发生的复杂过程的一种表达。人类总是在寻找各种各样的问题的答案，不论是为我们自己还是为我们周围的世界。总之，试图去理解问题永远不会错。描述我们周围的所见所闻，是推动智力发展的动力。因此，本书并不会暗示过去的观点是错误的，我们承认过去的观点是对真相的众多解释之一。我们也充分意识到，本书的观点也是对真相的一种解释。

我们相信，每个人都可以从任何角度，在结构和功能上自由地分析、解释人体，只要这个观点是基于合理的原则、记录在案的事实和理智推理，并且目的是使人类变得更好。

毫无疑问，人体可以表现出出色的动作和技艺。然而，从我们的角度来看，问题是它们是否真的是不同的动作呢？有没有可能它们都是相同的动作，只不过用不同的形式组合在一起，变成了看起来特殊的、唯一的动作呢？

当我们观察这些被执行的动作时，可以看到不同的形式和行走节律的汇总。我们有能力屈曲、伸展、外展、内收、旋转、转移、倾斜和弯曲自己的身体结构，以帮助我们完成行走，使我们在行走和奔跑的时候变得更加完美和节能。

乍一看，这可能有点难以理解。请继续阅读本书，事情很快就会变得更加清晰和符合逻辑。跟随本书的角度看待躯体，我们保证你会以一种与以往完全不同的方式来看待和理解事物。

你可能仍然认为，强调所有的动作都起源于行走有点牵强，并心有疑惑：拇指进化成与其他四指相对独立的位置，以及肩部高度的自由活动度，是如何与步态相关联的呢？

人类拥有与其他四指能做对指运动的拇指及灵活的肩部功能，是由于我们进化成了两足行走动物这个事实而发展出来的。所有的四足动物都依赖它们的前腿，如果我们也四肢着地，那可能永远也不会进化出这些与抓握相关的结构及功能。手、胳膊、肩部与行走的节律是紧密联系在一起的。就像我们过去移动和现在依旧这样做一样。你曾经试过不摆动胳膊而走路吗？想象一下，在奥运会100米短跑决赛中，运动员的手臂都被绑在身体的两侧，他们不能再通过摆动手臂来产生旋转力矩。这样，运动员最终仍会冲过终点线，但世界纪录再也不会被打破了。

总结一下，如果我们能看到并理解行走的结构，就能够看到并理解人体可能做出来的所有其他的动作。这就意味着，即使我们没有完成这数千个我们可以选择的其他动作中的一个，也可以回顾并评价这种失败是如何在行走结构中表现出来的，然后就可以解决这些失败的运动并将其重新整合在重力中去。

如果我们可以基于行走结构创造一种干预方法，并证明它不仅能改善有问题的动作，而且能使整个身体达到一种全新的功能状态，那么“一切都是相联的”（it’s all connected）这一理论将被证明是成立的。

事实上，有关人类最初是如何用两条腿站立起来，解放双手，形成自我意识的理论，都是大家的猜测。我们尊重所有可以解释的信念和理论。我们都以同样的方式在这个地球上行走，在移动时，重力以同样的协同作用加载到我们的行走结构上。总之，要真正理解人类运动的潜力，我们必须学会观察和理解伴随重力而来的人类运动节律。要探索和了解更多我们双足运动的潜能，请阅读James Earl的《行走的天性》一书。

（王宇章 译，敖学恒 廖麟荣 审）

第四章

新标准的原则

Martin Lundgren

传统上，对人体的研究，特别是对人类运动与结构的研究，都来源于还原论（reductionist）的观点。这种观点隐含着一种假设，通过拆解复杂的现象，使其变成简单的单元，再研究这些单元，就有可能得到整个身体运作规律的图谱。在西方世界里，大多数的科学与医学研究都是基于这种假设，这是传统知识中的重要组成部分。当然，如果认为这种观点及其产生的事物没有任何价值，那是荒谬的。但是，我们所主张的是，当这种观点涉及我们的领域（即“人体运动与结构的领域”）时，这种还原论的观点有可能会成为严重的限制，因为它有时候会是一种看不见的观念约束，一种前进的障碍，从而限制了我们进一步的发展。因此，我们认为有必要对另一种观点，或者另一种标准进行描述，以便在理解与研究人体的时候可以更好地表达我们的概念框架和方法论。这就是本章要呈现的内容。为了更容易理解，我们会对比还原论的标准与新标准，[我们称之为系统标准（the systemic paradigm）][1]。

语言上的麻烦

隐藏的前提与假设

当进行解剖学研究时，我们会切开身体，以便更容易理解。这种将尸体切分成小块来研究的方式是解剖学创建的基础。当我们使用语言时，就会用头脑剖析现实。为了让事物便于理解，我们通过概念对世界进行划分和抽象化。

我们日常使用的语言主要是从务实的、与世界互动的方式演变而来，它不一定能反映世界真实运转的情况。当尝试学习新的领域或者学科时，语言的难度与复杂性可能会非常明显，因为在该领域中，已经发展出了更加精细的概念与语言，以便更准确地反映潜在的现实。这种对概念和语言的改进可以追溯到欧洲的启蒙运动（Enlightenment in Europe），甚至更早[2]，其在科学与西方世界中非常重要，曾经给人类带来过巨大的价值。语言与逻辑和理性并驾齐驱，使我们能够区分童话故事与科学可验证的理论和概念（我们认为后者能够更好地代表现实）。

这种对逻辑和理性的坚定坚持，让我们有机会在已知与未知之间做出认知论上的划分。我们可以积极地向某些人指出，他们之所以不了解自以为掌握的知识，是因为他们的概念并不合理；而他们的结论之所以是无效的，是因为没有遵循其前提。当有人说今天下雨是因为“恶魔在壁橱里跳草裙舞”时，我们可以将其视为幻想，因为“壁橱里的恶魔”这个概念似乎并没有以任何方式反映现实。此外，“跳草裙舞的恶魔”与“下雨的事实”之间，也没有任何的联系。

那么，我们使用逻辑与理性的能力越来越强，会给我们带来什么麻烦呢？完善和明确概念与语言有什么问题吗？这难道不是一件好事吗？

当我们认为我们所创造的概念与定义不需要假设与隐藏前提时，麻烦就来了。看不到我们深陷其中的隐含的假设，会产生很多的问题。而且，即使我们知道这些是假设，也很容易把它们宣传为不言而喻的事实，且不进一步的检查。这种疏忽为无知与天真的必然想法奠定了基础，使我们自认为我们能够比实际情况更全面地了解现实。

一方面，在还原论的标准中，最深层的形而上学的前提是，世界是物质的世界。当然，这是显而易见的。而与之相关的前提则是，我们所做的定义、所提出的概念，都直接代表了客观现实。正因为这些概念直接代表了现实，所以没有观点认为语言带有隐藏的假设与前提，表明这些观念是正确的还是错误的。这些定义直接存在于世界之中，因此不允许有任何主观的因素。这种定义方式会制造“非此即彼”的逻辑，导致无法存在矛盾的情况。还原论的标准很难处理世界的复杂性，当深信这种观点的人们把事物视为虚幻，从而错误地指出有些概念违反了已知的“真实”概念，并认为其结论之所以无效是因为它没有遵循“已知的方法可通过简单的逻辑分析来演绎”时，那么就会发生最明显的错误。

另一方面，在系统标准中，最深层的前提是，世界是不可简化的，是复杂的。与还原论的标准不同的是，系统标准认为世界更可能是一个演化的世界，而不是一个物质的世界。因此，从这种观点出发，最好站在务实的立场，探索并利用尽可能多的观点。系统标准带着尽可能完成现实图景的目的，试图完成综合不同观点的壮举，并试图处理仅由智人（homo sapiens）有限的认知能力所预装的复杂性结果。当探索不同的观点时，还原论可能就是其中之一。

当认识到语言和思想的局限性后，我们也许可以更好地使用语言。当理解到构建恰当的概念的困难，并知道这种概念对人类存在固有的偏颇，以及隐含的前提与假设的时候，我们或许能够对现实持有更加实际的看法，避免观点的僵化，更加开放地发展与进步。

在系统标准中，我们应该意识到，概念是被构建的，并且相比直接反映的现实，它们更接近现实。这种标准不是构建相对论观点，即该观点在我们脑海中是被独立构建的，尽管我们可能发现有例子可以说明，但其实它是一种更为现实的观点，即虽然概念是构建的，但会依赖和受限于现实、前提，以及与其余的概念框架存在一致性。就这一点而言，概念可以或多或少地反映现实。有些概念可能会被归类为直接错误，但真和假之间的简单二分法并不以与还原论相同的标准存在。更有趣的是，我们要去了解该概念具有什么功能，扮演什么角色，与其他概念之间的关系是什么，还有它是否与上下文以及我们所陈述的前提与假设一致。当然，我们也想知道这个概念在多大程度上反映了现实。当我们设法综合不同的观点并创建一个能够以更好的方式反映现实的概念时，一些明显的矛盾可能就会消失。

当然，概念的客观程度在不同的领域之间会有所不同。物理学领域也许是最客观的，而其他领域，比如社会学和心理学，客观程度较低。即使是最客观的物理学，它也必须将一些形而上学的主张和假设作为起点。物理学必须遵循这样的要求，这在经典的牛顿物理学中可能不是很明显，但是在量子力学（quantum mechanics）中却变得越来越明显[3]。还原论支持者的梦想是把每一个领域都简化成物理学，或者至少将生物学简化为生物化学，然后把生物化学简化为物理学。这样一来，就可以在现实中拥有一个占主导地位的一致观点，而不用被迫接受有着不同假设的不同观点，以应对尚未综合的复杂的世界。从系统标准的角度来看，现实是一回事，但是将其简化为一个领域太复杂了，尝试这样做可能会付出巨大的代价。但这并不意味着不同的领域之间不存在依赖关系。获得更完整的现实图景的唯一方法是，探索具有不同前提和环境的不同观点。世界的复杂性迫使我们接受不同的观点与视角，以便创造某种荟萃观点的方式和更好的现实观。

对人体的研究就是一个很好的例子。人体是不同领域之间的完美交汇点。我们自认为从属的“人类运动与结构的研究领域”，与物理学、生物化学、生物学、心理学乃至社会学等领域都存在相关性。

人体是复杂系统中的一个系统

在还原论的标准中，因为世界是物质的世界，所以人体或多或少会被视为一台先进的机器。从这个意义上讲，人体不过是其各个部分的总和。人体作为一个整体，实际上没有任何一个部分具有涌现性。与之相反的是，可以从人体的各个部分及其相互作用推导出人体的所有特性。通常，这是以线性加法（linear additive）的方式进行的。DNA 通常被视为因果的媒介，从 DNA 到 RNA，再到蛋白质，它们以一种从“因”到“果”的方式运行，从而产生某种形式的功能，而人体中大部分的事物都可以简化成这种形式[4]。在还原论的标准里，几乎没有什么主观性空间，其重点是从完全客观的角度描述现实。一切事物都从外部观察，甚至主观性本身也简化为主观性的外部观点。

在系统标准中，对于人体的看法与还原论的标准非常不同。人体是不同系统融合并包含在整体中的汇合点，建立在与自身之外的其他复杂系统所保持的恒定关系之上，也正是在这个节点上产生了主观性，在这种恒定关系中可以谈论整体涌现性的重要之处。在还原论的标准中，通常是通过将其与存在的外部关系分离来实现客观化，使其作为一个独立客体进行对待，而不是把它当作一个与周围密不可分的响应性动态过程。在系统标准中，不可能将人体与其他外部的复杂系统从恒定的关系中区分开来，如果把人体从周围系统中剔除出来，那么它将不会是之前的人体。

从系统的角度出发，如果认为培养皿中进行体外研究的细胞与体内工作的活细胞有所不同，这是很正常的。同样，坚持治疗疾病而不是以人作为整体进行治疗，这是我们按照还原论逻辑所操作的结果。

以上皮癌为例，据说全世界癌症死亡人数的 80% 以上是由它导致的。对上皮癌晚期患者进行全身性化疗通常会导致“剧烈的肿瘤反应”。不幸的是，这些治疗并不能为患者带来更长的生存期[5]。从还原论的角度来看，化疗是很有意义的，它可以（暂时）有效地治疗该疾病。从系统的角度来看，化疗似乎没有什么意义，因为它似乎不能给予整个系统太多支持[6]。

在系统标准中，每个级别的组织都具有相同的存在状态，也就是说，一个级别不能视为比另一个级别更“真实”。此外，不仅一个层次具有因果力，每一个层次也都有相同的机会在自己的层次上影响某些事物，或者在别的层次上影响、约束某些事物或者与其他事物发生联系[7]。因此，系统标准的主观性不但不会降低到无关紧要的程度，反而会提高到可以像具有代理和因果力的组织原则一样运作。在还原论的标准中，高水平的组织性和主观性通常被视为副现象（epiphenomena）或者副效应（secondary effects），这意味着它们并不存在因果力。至少可以说，以还原论的观点和标准作为人类存在基础的未经审视的前提，并不能真正地发挥人类的潜力。

关于因果关系的不同观点

不同标准的基本区别在于它们对因果关系的看法。因果关系的复杂性和性质都存在差异。在还原论的标准中，思考因果关系时通常没有那么复杂。其因果关系通常会被描述成“希望能找到导致其他事情的单一的、最重要的原因”。例如，在疾病状态下，就会有一种希望找到“病因”的目的。如果某种疾病可以很轻易地追溯到基因问题，那么就有了明确、单一的病因。为了增加还原论的标准的复杂性，通常会通过线性增加病因的方式来达到这一点。例如，可以有3种不同的原因共同造成一种疾病。

医师经常会被患者问到一个问题：“我的病因是什么？”患者希望医师能够提供与他们的问题相对应的答案。然而，在系统标准中，因果关系具有另一种程度的复杂性。病因不能被视为一个孤立的“部分”影响了另一个孤立的“部分”；反之，病因强调不同部分之间的动态的、复杂的相互关系，彼此始终保持相互依存的相互作用关系，以及影响整个系统的各个部分的约束和影响特性。换言之，与其研究一个单独的病因，不如把重点放在系统中不同因素之间的动态关系上，放在整个系统的约束涌现性特性，以及整个系统与其他环境下的复杂系统之间的相互关系上。

在不同的标准中，因果关系的性质也会不同。还原论的标准中的因果关系通常看起来更加机械，即孤立的、静态的部分会以某种方式影响其他孤立的、静态的部分，从而产生结果。对还原论的因果关系做一个粗略的比喻：一个台球击中了另一个台球，而其他所有不与该台球有直接接触的台球都不会受到影响。这是孤立的、线性看待因果关系的角度。在系统标准中，从系统的角度来看，存在着更多的因果关系。这意味着每个部分与其他部分都有关系。这些关系看起来可能会有所不同，某些部分可能比其他部分更强，但一个部分的变化仍然反映在其他所有的部分中，并且单一部分也与整个系统共享这种联系。在系统标准中，因果关系不是孤立发生的。如果我们想为系统的因果关系找到一种合适的隐喻，那将会是某种网络的交互关系，每个动作都会反映在整个网络当中。这个动作可能与系统中的某些部分关联较多，而与其他部分的关联则较少。从系统的角度来看，一个动作的发生，会给整个系统带来变化，使系统变得与之前有所不同。即使是很小的变化，系统与之前也不再一样。这种不断变化的过程构成了系统的动态行为。如果需要定义系统，最好是能够观察行为的重复模式，而不是尝试构建系统的静止画面。关于是什么构成了变化，不同的观点在不同标准之间形成了相当大的形而上学的鸿沟，其中还原论的标准更多倾向静态的、机械的、线性的世界观，而系统标准则将变化视为整体内在的一部分。

考虑到因果关系性质的不同观点，不难发现因果关系的复杂性在不同的标准中会有很大的不同。因为系统标准中各个部分不是孤立的而是彼此保持着恒定的关系，是一种可能关系的排列：“可能的可能性”（possible possibilities），因此，与还原论的标准相比，系统标准的复杂性要高得多。

划分与定义部分的方式的差异

在两个不同的标准之间，划分与定义部分的方式也有所不同。在还原论的标准中，一旦我们定义了一个部分，那个部分就会始终保持定义它的方式。这个部分是静态的，而它的属性也基本保持不变（如果它没有以某种方式分解的话）。部分的定义可以看作是本体论的陈述（ontological statement），即该部分的定义不是描述性的，而是“该部分以什么方式如何存在于世界上”的实际陈述。正如我们之前所说，它直接存在于世界之中，所以它的定义是结论性的，不包括任何其他自相矛盾的定义。由于部分的定义是关于世界本体论的陈述，所以该定义是静态的，如果我们更改了定义，那么现实本身也必须要发生变化。这将创建非此即彼的逻辑，意味着一个部分只能是这种或者那种方式。比如，可以说一个部分是圆形的或者是方形的，但不能说其两种兼而有之，即矛盾的属性不能共存。

在解释本质上是纯粹的机械现象时，上述定义和划分的方式非常有效。例如，如果我们想知道时钟的工作原理，则必须拆开时钟，命名所有的部分，并观察它们是如何工作的。我们在如何划分和定义不同部分上没有分歧。但是，当我们尝试解释有机事物（如树木、人体等）时，划分和定义部分就不是那么简单了。我们选择定义为部分的内容似乎更加随意。

在系统标准中，定义和划分的方式取决于事物的背景。这是对定义某些事物的限制、约束和困难的理解。在这种标准中，如果不指定前提、观点和视角，那么给出定义就没有任何意义，其定义可能仅在某些观点和条件下成立，而在其他情况下不成立。在这种标准中，最重要的是定义必须与其基本前提和观点保持一致。一个关键的要素是需要包含关系，即一个部分与其他部分之间的关系。这种定义方式的关键要素使得定义本身不是固定的。如果事物背景和关系发生了变化，那么部分的属性和行为也可能随之变化。因此，从某种意义上来看，部分更具有适应性，甚至更具有“智能性”。因为部分在关系中更具有适应性或者局限性，所以当部分存在于不同的条件和关系排列中时，我们可能会获得矛盾的属性或行为。

系统的涌现性

如前所述，在还原论的标准中，没有容纳把人体当作一个整体系统涌现性（emergent properties）的空间。而在系统标准中并非如此，接下来我们将从系统的角度讨论涌现性。来自整体的属性，往往不能被单纯地简化为整体中的部分。原因之一是，涌现性出现在整体与复杂的外部系统的关系中。涌现性可能取决于部分，但不是部分的简化。孤立地研究部分，而不去查看整个系统以及它与其他外部复杂系统之间的关系，就无法得出有关这些涌现性特性的任何结论。经常用来说明这个现象的典型例子是水（H_2O）。水是由氢原子和氧原子组成的，但是孤立地研究氢原子和氧原子并不能得知水的湿度。

在生物学系统中，经常被提及的涌现性特性是鲁棒性（robustness）。鲁棒性是系统层面的系统特性，这意味着只有从系统层面来研究才能理解它。在鲁棒性的系统中，即使有各种干扰，系统仍然可以维持系统中的关键功能[8]。如果把鲁棒性放进以前使用的语言当中：系统作为一个整体，可以通过适当的响应行为来适应其他不断变化的外部复杂系统。从整个系统以及与其他外部复杂系统当前关系的角度来看，系统的行为似乎是合乎逻辑的。但是如果仅通过检查系统的各个部分来查看系统的当前状态，可能会得出系统存在问题或者系统的某些部分存在问题的结论。如果我们化验了一些血并得出结论——有一些指标“异常”，那么最好把这些指标归类，否则我们可能会看不到这些指标仅仅反映整体在响应外部情况时的适当行为，从而可能最终会做出一些对整个系统毫无帮助的事情。例如，在2008年的一项研究中得出的结论是，试图严格地调节血糖水平会导致死亡的风险更高。“与常规治疗相比，采用针对正常的糖化血红蛋白的强化治疗持续3.5年，非但不能显著降低重大心血管疾病的发生率，反而会增加死亡率”[9]。

如果更近距离地观察我们的领域，即研究人体运动和结构，就会发现更加有趣的关系——整个人体系统与重力的关系。如果这是一种关系，我们就无法逃脱，因为这是人体与地球本身的关系（除非我们前往太空）。这种关系是生物体作为系统存在的一种约束性和必要性。接下来，我们将研究这种关系中的涌现性。

当我们与其他人谈论人体的时候，通常会遇到定义不清的疾病概念，并且需要对健康的概念进行分类说明和完善。当有人说某些事物是“强”或“弱”，或者说肌肉“长”或“短”时，通常需要让这些概念更加细致，定义更加清晰（并非怕有些人可能在明确定义方式的情况下才会采用定义）。如果你将概念混在一起并且尝试代表更多的系统性观点，与你交谈的人有时候会感到惊讶。在我们看来，从系统的角度与概念进行对话通常会更有趣。概念整合是人体整个系统与重力之间的关系产生的一种涌现性。

> 我们将整合（integration）定义为系统内的元素以更完整、更高效的方式进行交联和协作的过程。相对重力而言，当系统作为整体时，整合能够创造出更高级的复杂性和功能性。

系统中的高程度整合使系统具有针对重力做出相应行为的能力。在任何情况下，人体作为一个整体，可以拥有更多“可能的可能性”，以及更多的选择，从而形成人体与重力之间的恒定关系的方程式。如果将其与之前提到的鲁棒性概念联系起来，那么我们将在系统中拥有更多的复杂性和多样性，从而在系统中创造出更多的鲁棒性[10]。

人体作为一个整体系统可以发展出更高层次的功能和复杂性

整合概念的前提是，可以将人体作为一个整体系统进行发展。我们将这种发展称为运动觉发展。在我们的个案研究中，对运动觉发展如何把身体作为一个整体系统，以及系统内的元素如何与重力相互作用充满了兴趣。研究运动觉发展的其他方面不需要直接涉及人体与重力的关系，例如，研究运动控制复杂性的发展，研究力量和速度的发展等。但是需要注意的是，我们经常将整个系统的适应性与系统的整体发展混为一谈。当系统适应的时候，它会在有限的情况下增加系统的功能，而在其他情况下则会在多样性和功能性之间进行权衡。也就是说，在涉及其他非适应性活动时，系统缺乏多样性和功能性，这是系统发展付出的代价。例如，马拉松运动员的新陈代谢速度可能会在不跑步的时候为了节省能量而降低；混合武术格斗家可能非常擅长用胳膊将人紧紧地夹住，但这在进行需要完全屈曲肩关节的活动（如更换天花板上的灯泡）时会以失去部分效率作为代价。

当系统整体发展时，会增加系统整体的复杂性和多样性，因此无论系统处于何种状况，都会有更大的机会增强功能（不需要权衡取舍，而是系统整体的普遍增强）。运动员们为了提高自己的能力，会最大限度地发展自身的系统并使其适应性变得最强。但是，通常与系统发展相比，适应系统需要花费更多的精力。比如，马拉松运动员通常会花费更多的精力来完善训练体系，以提高整个系统的效率，而不是着眼于如何增强系统内的元素的相互作用与动力学。

我们通常能够理解在孩子成年之前需要发展哪些方面。例如，在学习数学时，我们认为那不是可以自主发展的能力，而是有必要去学校学习才能获得的能力。但当对于上文中一直讨论的运动觉，我们似乎缺乏对这种事物的认知。将与重力有关的人体作为整个系统进行发展被认为应该是自发进行的事情。因为我们不可能逃脱重力，所以婴儿总能以某种方式学会站立、行走和移动。如果我们承认运动觉和人体作为一个整体与重力相关的重要性，那么我们可能会变得更好。

我认为运动觉发展与人体作为整体发展相关，并且运动觉发展与重力的关系与身体其他形式的发展及身体内的其他系统有着深远的关系。举一个例子进行类比，道德的发展取决于认知的发展。如果我们没有能力以认知的方式对待别人的观点，就很难理解我们的行为是否对他人造成影响。同样，我们的情感发展也可能取决于运动觉发展。如果我们缺乏基本的运动觉发展，可能会更加难以对情绪状态进行自我调节。不难看出，一个系统的鲁棒性、完整性和整合性会影响另外一个系统，甚至一个系统的完整性与整合性是另外一个系统的完整性与整合性的必要条件。如果我们能够从社会心理学的角度看到相互作用，就能看到运动觉发展的局限性可能会限制我们成长为不同的社会角色的能力。如果运动觉发展是整体发展的必要的与固有的部分，那我们该怎么做？社会层面关注度的缺乏，是否会使得我们丧失运动觉？

原则的总结

原则1：语言和概念带有隐藏的基本假设和前提。

原则2：人体是复杂系统中的一个系统。

原则3：系统可以发展并具有更高级的功能和复杂性。

原则4：人体是一个系统，并且它与重力的关系（包含步态在内）是运动觉发展中不可或缺的一部分。

说明

1. 我很清楚，这里描述的还原论的标准可能不是统一的、连贯的标准，之所以如此，是为了与本书的叙述相匹配。这有点简化和单一。

2. 要想深入研究相关内容，可以参阅Lindberg（1992）的研究。科学似乎与笛卡儿发生了截然不同的转折。Stuart Kauffman和Arran Gare（2017）的研究与笛卡儿（和牛顿）有着相似的出发点，由此得出的观点会比常见的观点更加开放和更具不确定性。

3. Kauffman和Gare（2017）讨论了将主观性纳入物理学或者“内在的物理学”的必要性，以及我们无法摆脱我们的方法的这一事实。

4. 在分子生物学研究的早期似乎就是这种情况（Crick 1970）。这里的要点是描述组织在哪个层面是有效的和具有活力的，及其因果线性、复杂程度。

5. Mittra（2007）。

6. 化疗并不是我的专业领域，这里阐述化疗的目的仅仅是举例，而不是讨论化疗的有效或无效性。

7. 有关组织在不同层面以及有效性的讨论，请参阅Dupré（2008）的研究。

8. Kitano（2004）。

9. 针对糖化血红蛋白的治疗不是我的专业领域，可能会与其他研究结果存在矛盾，这里是要说明一个例子，而不是该研究提出的真实水平（Gerstein et al. 2008）。

10. Kitano（2004）。

（黄杰斌 译，叶赛青 廖麟荣 审）

参考文献

[1]Crick FHC; Central dogma of molecular biology. *Nature*, 1970, 227:561–563. DOI:10.1038/227561a0.

[2]Dupré J; *The Disorder of Things: Metaphysical Foundations of the Disunity of Science*. Harvard University Press, 2008.

[3]Gerstein HC, Miller ME, Byington RP, Goff DC Jr, Bigger JT, Buse JB, et al.; Effects of intensive glucose lowering in type 2 diabetes. *New England Journal of Medicine* 2008, 358:2545–2559. DOI: 10.1056/NEJMoa0802743.

[4]Kauffman S, Gare A; Beyond Descartes and Newton: recovering life and humanity. *Progress in Biophysics and Molecular Biology* 2017, 119(3):219–244.

[5]Kitano H; Biological robustness. Nature Publishing Group. *Nature Reviews Genetics*, 2004, 5(11):826–837.

[6]Lindberg DC; *The Beginnings of Western Science*. University of Chicago Press, 1992.

[7]Mittra I; The disconnection between tumor response and survival. *Nature Clinical Practice Oncology* 2007, 4(4):203.

第五章

无处不在的“关系”

Linus Johansson

众所周知，良好的关系会带来美妙的体验。与你爱的人建立一段美好的关系，或者与同事形成一种富有创造力和密切合作的关系，是生活中最棒的事情之一。拥有良好的社会关系也是获得健康长寿的直接和强有力指标[1]。同样的，一段糟糕的关系可能是非常困难和辛苦的，会让人疲惫不堪，并带来很多痛苦和折磨。人际关系是不可避免的。事实上，只要你在某种程度上与另一个人——爱人、同事、孩子、邻居共存，你就必然拥有一种关系。与他人关系的质量决定了你们能否在一起正常生活。

一段关系是否健康和密切取决于多个方面，其中最重要的方面是交流。如何将意义、愿望转化为词语或句子并让对方感知并理解，将会巩固或破坏你们关系的基础。另一个重要的方面是完整性。虽然你和某人建立了关系，但能够保持个体独立，不受对方干扰或妨碍，有空间和自由做自己想做的事情，对关系的健康发展很重要。

综上所述，我们不能低估关系的重要性。它们可以极大地改变你对生活的感受和看法。然而，关系不仅存在于躯体之外，也存在于人体的形态和构架之中。从本书的角度来看，正确看待和理解人体内部关系，是有助于发展应对重力的运动和功能能力中较为重要的关键因素之一，也是整合运动中重要的基石之一。

外部关系的两个主要方面——交流和完整性，不仅在生活感知中扮演着重要角色，而且对人的形态关系也有重要影响。

外部关系中的“交流”指的是，一个结构具有良好本体感觉功能的能力。“完整性”则是指，一个结构应当只做它被“设计”要做的事，而非被迫去做或应对不适合它的运动或应力。

举个简单例子，我们运动时，最重要的是足部要有其应有的运动能力，并具有良好的本体感觉，能够通过神经系统和大脑与身体其他部分交流。这将使我们成功地完成我们所希望完成的动作。然而，当足部失去其应有的运动能力，如因为受伤或鞋子不适，就会出现问题。当这种情况发生时，足部不能完成其在运动链中正确的任务。这不仅会导致错误动作，还会给身体其他部分传递错误的本体感觉信息。

当某人试图用功能障碍的足部去行走或跑步时，首先发生的是由于动作变化导致交流水平下降或改变。例如，关节表面的滑动和滚动减少，足部周围及相互作用组织的张力与负荷下降。最终结果是，足部变得更为“寂静”，传入大脑的本体感觉减少，同时伴有运动缺乏。然而，正如我们在第二章中提到的那样，大脑仍试图成功地完成既定的行走或跑步任务，并产生代偿。

代偿的目的是尽可能地将本应该发生在足部的运动分散至身体其他部位。在上述理论案例中，大脑选择腰部作为“逃逸路线”，迫使腰部完成更多运动并承受较既往更大的应力作用，以便能完成预期的任务。这将导致腰部区域因超负荷的运动和运动应力出现疼痛模式。

上述案例中发生的情况也会发生在其他关系中。沟通失败和理解缺乏导致的糟糕决定会反过来使得某人做一些自身不具备能力完成的事情。在两人之间的外部关系中，这可能会导致争论或发生口角；而在身体中通常会引发疼痛。

当我们选择这样类比时，会发现两个人之间的普通外部关系和人体形态关系之间的相似性是非常显著的。因此，可以用同样的准则来描述人体。在这种情况下，人体的任务是利用身体干预去增加各部位的交流，把它们之间的任务分类，从而在人体内创造出最优的关系组合，使其在应对重力时有轻盈和较少阻力的感觉，甚至减少疼痛的发生。

然而，面对患者时你很快就会发现，关于一个人在结构上或功能上应当是怎样的，并没有统一的定义。因此，我们选择使用“最佳身体”这个表达方式，而不是精确地描述一个标准的身体——符合人的需要和愿景的身体——应该是什么样子，最重要的是适合他们的生活方式。

并非每个人都需要快速奔跑或可以硬举重物，对一部分人来说，早上起床，能拿起架子顶层的罐子就是最想要的生活。因此，最佳身体是一个变量定义，每个人都有其独特的最佳身体标准。

从这个观点看，“奋斗”（strive）一词的概念不可或缺。设定一个要达到的目标是一回事，然而，并不是达到这个目标后，身体就会出现变化。相反，正是在努力实现目标的过程中，才会发生变化和发展。这意味着我们可以为患者设定目标，但我们必须明白，患者是在为目标奋斗的过程中获得了发展。但也有些人认为，奋斗本身就是目标。

这种感知和理解一个人体结构内部关系的方式，以及给予发展一个人在重力中移动和发挥功能能力的可能性，确实是一种创造性的努力。

创造关系

围绕着人类有多种关系，我们需要承认它们，以便在处理人体形态时能够取得进步。我们可以将其用非常模糊的界限区分为三大类。首先，我们仅通过活着就与他人和地方建立了所有外在的认知和情感关系。其次，我们拥有自身身体与重力和活动表面（即地球）的外部关系，当我们来到这个世界上时，就拥有了这种关系。最后，我们拥有身体所有结构的内在关系，这些内在关系是在与其他两种关系的交互作用中形成并发展的，即认知和情绪，以及与重力和地球的动态关系。

在进一步讨论之前，请注意，我们始终认为，人体形态和功能的所有方面是相互关联、整合、依赖的，当涉及上述三类关系时尤其如此。它们都深深地彼此依赖，如果其中一个发生改变，其他的也会改变。了解并理解这些是非常重要的，因为这意味着我们可以通过应对人体形态的一种关系，去影响和改变其他完全不同的关系。所有以人为本的从业者都应知道这一点。例如，想要改变一个人的思想，可以通过改变他感知、欣赏的能力或方式，最重要的是，改变他移动身体的方式。这样做最大的好处是，它也可以产生反作用。例如，运动在一定程度上可以帮助抑郁症患者改善情绪。

从这个角度看，我们也可以理解为这些关系的类型很大程度上决定了我们是谁，以及我们身心如何运作。我们深深依赖这些关系，只有欣赏它们的全部，才能真正地对我们具有的功能做出解释。

我们在第十二章阐述了关于认知和情绪关系的观点。在本章，我们将提供关于内部关系的解释，以及它如何为重力和人体活动表面之间的外部关系创建接口。

我们认为，只有先了解并理解内部关系，才能理解人体形态与重力及现实生活中更为复杂和功能化的运动之间的关联。我们整理出了所有相关概念以阐明观点。

长期存在的经典关系就是人体与垂直线和水平线的关系。垂直线和水平线是两个常量：一根绳子的自由端挂上重物就会形成指向地球中心的垂直线。根据勾股定理（the pythagorean theorem），与该垂直线成90°并延伸的线即为水平线。

在建筑时，这两条完美且必需的线条就会派上用场。如果没有这些线条，我们就不会拥有直立的墙面和平整的地面。因此，在建造可矗立百年的坚固建筑时，它们至关重要。在许多临床实践中，它们还被用于评估人体结构，主要是定义姿势。人们根据垂直线或水平线对人体结构进行定位和相应评估，并对偏离相对线的结构予以干预矫正。

但从我们的角度来看，我们不认为人体形态是一个可以与这两个常量建立关系的、直立的刚性结构。我们认为人体具有自由、流动、有机的形式，不可能与任何固定的线条相关联。建筑物是静止不动的，而人体则相反。经过千百年的进化，我们的身体已经被塑造为始终处于运动的、永不静止的状态。从这个角度来看，仅就这个原因，我们永远不会把身体“锁”在任何构造常量的边界中。

那么问题就变得显而易见了——当我们说处理“关系”，但却与水平线和垂直线无关时，我们要创造什么关系呢？我们看到并承认的关系是存在于人体形态内的，并最终与重力和我们活动的表面的动态相互作用。

有人可能会认为，这种情况下，垂直线代表的就是重力，但我们不敢苟同。经典的垂直线代表了从身体中间直接发出的一个统一常量，其概念由末端拴重物的绳子的描述衍生而来。然而，重力作用于人体的每个细胞。一个人不能把重力统一起来，使之成为一种仅在流动和有机形态中心起作用的、集中的、恒定的力。重力对人体形态的作用取决于每个人内在的、外在的，甚至人体形态内部的情绪关系。

通常情况下，我们也说重力是一个拉力。这对于绳子末端的重物可能是这样的，但人体并不是固定在绳子上的，而是通过双脚在地球表面移动。在很多方面，我们可以认为重力并不是把我们向下拉，而是把我们向上推。每当我们的脚触及地面时，我们并不会倒在地面上，而是被“推起来”，使我们继续前行和移动。这在某些科学领域中称之为“地面反作用力”。

鉴于所有形式的知识都只是对我们周边世界的解释，如有需要，我们可以自由的逆转，并从相反的角度看待事物，尤其在可以给予我们全新视角并使我们更好地帮助患者达成其期待目标的时候。

为充分理解和欣赏这一点，在关联到重力前，我们首先从内部关系概念开始解释。

在评估人体时，结构之间相互关联的原则使垂直线和水平线变得不再必要，特别是当评估体位和运动更接近日常生活活动时。至少从我们的角度来看，这可能会得出更多“真实”的发现。

这种感知和理解人体结构内部关系，以及发展一个人在重力中移动和功能可能性的方式，的确是一种创造性的努力。我们将在本章中进一步阐明这个概念。

想要处理人体的内部关系，就必须有一个原则，使用特定的明确语言，以便记录研究结果，并能够和他人交流这些研究结果。Michael Morrison在其“结构性词汇”[2]一文中展示的语言非常有意义，并因Thomas Myers《解剖列车》（*Anatomy Trains*）[3]一书出名。在该语言中，有4种运动术语被用以描述人体内发生的任意事件，即倾斜、移动、旋转和弯曲。

在更为经典的治疗领域中，用静态结果和固定位置描述所观察到的事物更为常见，例如，膝内翻、膝外翻、前凸、后凸、脊柱侧凸、外翻和内翻等。

用运动术语来描述人体中所发生的事情的巧妙之处在于，它是动态的，并且还可以引导观察者了解他们需要做些什么来创造变化和发展。

如果说一个结构已经以某种方式移动，那么符合逻辑的解决方案将是引导和促进结构也能够向另一方向移动，以创建优化关系，并争取更佳结构。

我们将在本书中深入地讨论这一原理。

张拉整体结构

“如果它存在于某个地方，它就无处不在”。

我们可以通过“张拉整体结构模型”（tensegrity model）（图5.1）进一步了解和理解身体内外关系及完整性的复杂性。

“张拉整体”一词是由“张拉”和“整体”两个词的组合衍生而来。这个概念起源于20世纪60年代的设计师、建筑师和发明家Buckminster Fuller。张拉整体结构模型是一个主要用于建设建筑物的概念。这是一种结构原理，基于通过张力网内部压缩而隔离组件的方法。最常见的例证模型是通过橡皮筋连接的、由支柱组成的框架。由于支柱和橡皮筋连接的方式，组件不会相互触碰，而是构建了一个悬空的结构。这种结构通过张拉使整体保持形态，受外力作用时可以变形，释放后可以恢复原始形态。

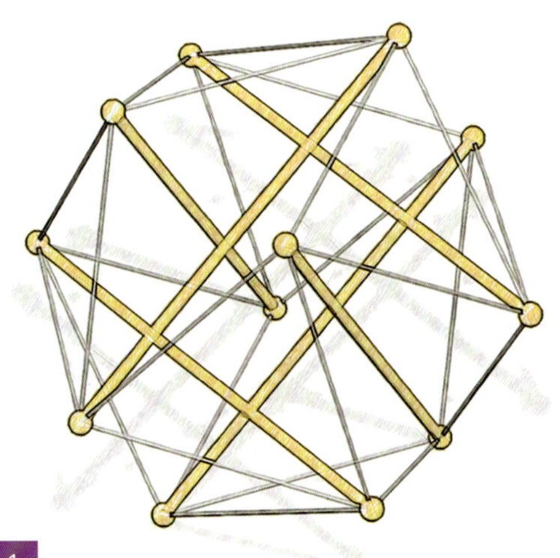

图5.1

所有支柱相互间断受压，并构建了一个悬空结构

张拉整体结构模型也被更为广泛地运用于对整体的研究，以解释人体功能的一些属性。由于张拉整体结构模型是一种非常简单的结构，与人体形态相比，其功能有限，因此在进行类比时必须谨慎使用。考虑到这一点，我们可以通过张拉整体结构模型中的某些属性简化人体结构的复杂性，以及对它们是“相互关联的”这一概念的理解。

为了把张拉整体结构模型转换成我们对关系的类比，我们将橡皮筋在框架之间产生的张拉视为“交流”，将所有部分悬空且不接触的实际支柱视为“整体”，就像人体形态中的关系一样。

当对模型中的一个或几个支柱施加外力时，我们可以看到，它所产生的张力分布在整个结构中，所有部分都会参与其中（图5.2）。人体形态应对施加于系统上的重力和负荷时的方式与此非常相似。

另一种影响整个张拉整体结构的方式是缩短部分连接支柱的橡皮筋。直接的变形和关系改变将显而易见地发生在模型上。我们还可以看到局部变形是如何转换，并进一步通过张拉整体结构模型来影响整个结构，在支柱之间创建改变的关系，从而影响它们之间的橡皮筋张力的。

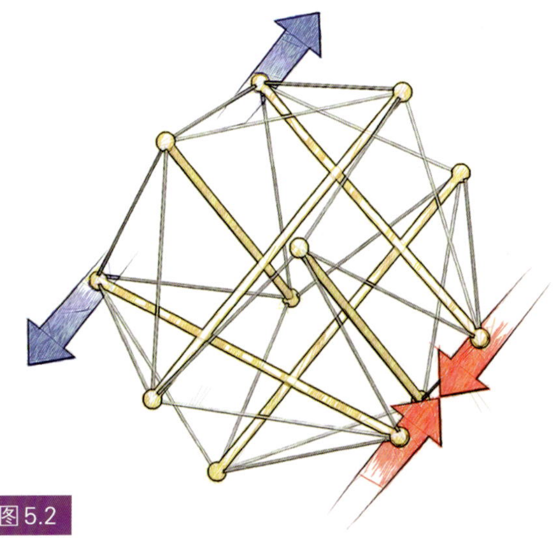

图5.2

该图中我们可看到，由于两个支柱一端被红色箭头标示的力挤压，另两个支柱之间同时不均衡的张开

很明显，这种直接的变形将会使结构失去大部分的原始形态和造型。然而，我们感兴趣的是，变形还会影响在整个结构均衡分散任何外部施加负荷的能力。变短的橡皮筋将不再缩短、伸长或像外力作用于模型时那样交流。这反过来导致更多的运动被分散在其他橡皮筋上，并使其承受更大的张力。这个简单的例子也可以在人体结构中看到，像这样由运动导致的力的不均衡分布可被认为是导致结构损伤的一个潜在因素。

我们可以把变短的橡皮筋看作前面案例中的足部。如果足部停止应有的运动和交流，那么运动负荷就必须分散至其他部位，从而导致功能障碍甚至疼痛。

但是，这里有与之对应的情况，当我们反其道而行之时，有趣的事情发生了。与使橡皮筋变短不同的是，我们双手各持一根支柱，并使它们分离。这将使整个结构从整体上拥有更大的体积和空间（图5.3）。值得注意的是，我们在人体结构中也看到了相似的情况。当给予身体某个部位更多的空间、开放性和自由时，身体其他部位非但不会受损和短缩，反而会像水面上的波浪激起涟漪，在其他部位创造更多的开放性和自由。

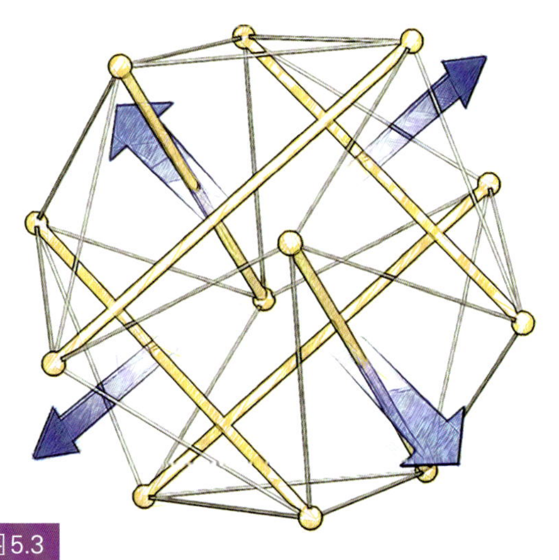

图5.3

平缓和均衡的张力作用于张拉整体结构模型时将会使整个结构扩张

正如足部那个案例，如果我们能通过足部将运动和交流重新整合到整个人体结构中，并尽量避免代偿，那就可以开始在身体中更均衡地分散运动。这种感觉将会更加开放和自由，我们将会体验到移动能力的提高，并完成更具挑战性的运动。这也同样适用于没有特定运动障碍而仅仅希望激发个人运动潜能的人群。如果我们了解并理解这些，就可以在面对患者时非常成功地运用这一理论。张拉整体结构理论开启了许多可能性，最重要的是，它让我们把人体作为一个完整系统来关注，能够看到“微小和碎片”之外的东西。

我们承认，人体相比张拉整体结构模型要复杂得多，然而，同样简单且基础的原则适用并教导我们，万物皆有关联，如果它存在某个地方，它就无处不在。

相对运动

“嘿，请看，它移动了！
那好，是相对于什么？”

简而言之，运动是涉及人体功能和健康的关键部分。因此，我们更应理解运动是什么，以及如何定义运动。

“描述某个物体的运动时，必须以另一个静止或运动的物体作参照。”

从这个定义出发，我们可以将运动分为三类：绝对运动（absolute movement）、相对运动（relative movement）和相关运动（interrelative movement）。绝对运动即物体相对于不运动的恒定参照点（如地球上的某个点）的运动。相对运动指一个物体相对于另一个物体的运动，该物体又具有相对于某个恒定参照点运动的潜能。

例如，你站在一个朋友身边，然后朝某个方向掷球，同时你的朋友跑向相反的方向（图5.4A）。你所站在地球上的点此时就是绝对参照点。如果我们分别描述每个与该点有关的运动，就是在描述两个绝对运动。即在同一时间范围内，球被掷出的距离（A）和你的朋友跑过的距离（B）。然而，如果我们描述你的朋友和球之间发生的相对于彼此的运动，那么就是在描述一个相对运动（X）。

描述绝对运动时，掷球的方向以及你朋友跑的方向对结果不会产生任何影响，它始终被描述为相对绝对参照点的相同距离。但是，在描述相对运动时，方向对结果有着很大的影响。如果你的朋友奔跑的方向与掷球的方向相反，则相对距离会增加；如果你的朋友奔跑方向与掷球方向相同，则相对距离会减少。由于掷球方向改变，图5.4B中的相对距离Y相比图5.4A中的X减小。

在绝对空间中，以某种方式或在某种特定距离发生的运动，与另一个结构相比，可能没有表现出前行，甚至表现为相反方向的运动。

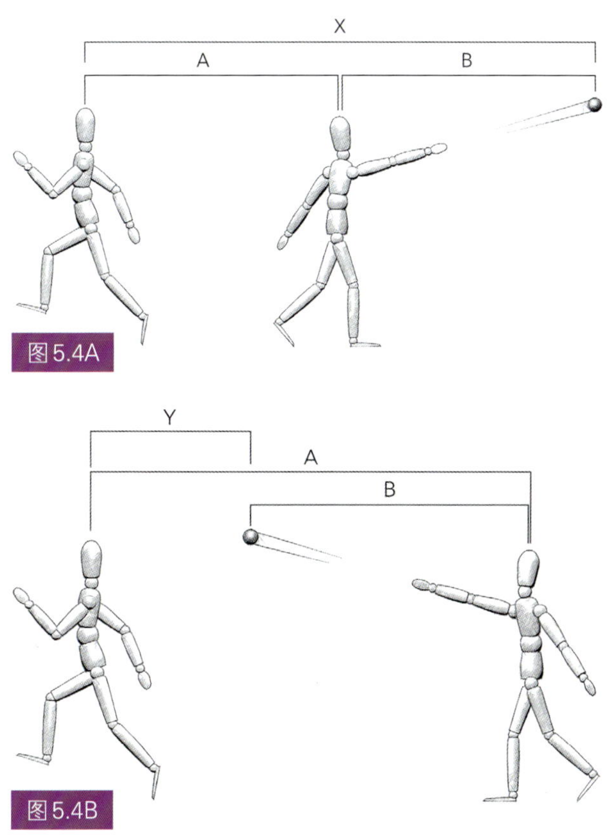

图5.4A

图5.4B

加上另一个对运动的深化定义，我们也可以说两个物体之间具有“相对的”运动。这种相对运动不考虑绝对空间或其他任何参照点。相对运动仅描述两个特定物体或结构之间的相互关系。从这个意义上说，无论我们选择哪个对象作为参照，它都是发生过的同一运动。

想象在一个绝对空旷的空间里，有一艘红色和一艘蓝色的太空船。你可以在其中任意一艘中看着另一艘，但你不能身处船外作为第三个参照点同时观察这两艘船。站在红色太空船中看着蓝色的船，你会感觉到那艘蓝色太空船在驶离你。

这种情况下，唯一能说的是，你和另一艘船之间的距离增加了，而不能说蓝色太空船驶离你，或你所在的红色太空船驶离蓝色太空船，抑或是两艘船彼此驶离，因为没有绝对空间或第三个参照点。

从相关运动的角度看，哪个物体没有运动并不重要，因为我们没有纳入任何绝对空间的参照点，只有对象之间的变化关系才是重要的。如果我们想让事物更清晰，并说明更高程度的复杂性，我们可以纳入第三个对象，并描述这三个对象之间的关系和运动。

我们将在本章深入研究这个案例。

掌握和理解这一点非常重要，因为相关运动是离心负荷概念的关键因素。离心负荷反过来又是产生节能运动的基础。这一点已在第三章中提及，并将在第六章中进一步解释说明。

如果回到运动概念，我们可以认为，虽然我们有两个概念描述运动，但绝对运动总是成为描述物体运动的默认概念。造成这种情况的原因有很多，其中最主要的原因可能是我们在学校和教育中被灌输了绝对运动概念。这是一个逻辑性强、简单易行的概念，也很容易教学。

但是，从我们的角度看，绝对运动具有明显的局限性，在理解和运用人体形态时，它不如相关运动概念那么有效，我们将在下文解释其中的原因。

我们的经验是，绝对运动牢牢地根植于我们感知和解释周围世界的方式中，有时甚至到了我们完全没有觉察到自身无法跳出这种思维方式的程度。为了了解和理解这一点，我们首先必须回顾前文已提及的内容，即垂直线和水平线，以及它们与绝对运动的关系。首先，开始环顾你所处位置的周围。如果你在一个人造环境中（图5.5）而不是坐在森林深处的一块石头上，你可能会看到各个地方存在着或多或少的垂直线和水平线，对吗？

你周围的墙面像垂直线一样笔直，脚下的地板与水平线平行。门框有两条垂直线和一条水平线。室内的桌子拥有与水平线完美平行的桌面。我们在四周构建的以某种方式承重的一切事物，都是按照这两条线排列的。即使你在屋顶或墙边看到一根有角度或倾斜的梁，那个角度也是运用勾股定理的结果，即三角形中垂直线和水平线的夹角。

图5.5

我们的问题是，我们无法逃避这种潜意识的不断输入，主要是因为重力因素在其中发挥了非常积极和强大的作用。如果事物不是笔直且互相垂直的，它们将会持续坠落、倾倒、滚动，在我们周围造成混乱。我们不能让这些发生！因此，我们学会了应对重力创造物体之间最稳定的关系。我们可以根据垂直和水平的线条堆叠、倾斜、捆绑和固化物体，这样它们就会尽可能保持稳定，不至于造成混乱。这与我们所拥有的自由和流动的身体完全相反。

“我们深受这种生活方式的影响，总是让自己的思想欺骗自己，看到这些无处不在的线条，并将它们与所有事物联系起来。包括你现在正在读的书也有这样的线条。书中间的折痕下意识地变成了垂直线，而书页的顶部和底部变成了水平线。每行文字都成水平的，即使是彩色背景图片的每个角都成90°关系。一个优秀的艺术指导早已让这本书中的文字和图片，都非常整齐地按照这两条线排列。如果书本中的文字和图片向各个方向倾斜，你很快就会感到困惑和混乱，无法集中注意力，是吗？”

但是，所有这些都存在一个悖论，对我们来说，这是隧道尽头的一束光。在潜意识里，我们把所有的东西都按照这些线条排列，也非常欣赏那些脱离这些线条的有机形式。例如，想象一个有四面墙、几扇长方形窗户和一扇门的房间。屋子中央放着一张桌子，与墙壁成直角，桌面与地板平行。桌子中间放着一个花瓶，里面有一束盛开的鲜花。这些花不与任何水平或垂直的线对齐——它们是直线海洋中的一种不规则的有机形式，这使得它们极具观赏性。然而不知何故，我们在这两个世界之间左右为难。显然，为了能够在房间和空间中构建和解释绝对关系，我们依赖于这两条线，但当我们欣赏自然之美时，更喜欢不受这些限制的有机形式。

我们都是这个方形世界的一部分，我们知道大多数人很难摆脱这种看待事物的方式，特别是涉及人体形态时。我们会复制垂直线和水平线的概念粘贴到对身体的相关工作的解释中，即使我们都知道，与一束盛开的鲜花相比，我们与一个有四面墙壁的房间更有相关性。

你可能甚至不知道还有另一种看待身体的方式。这就是为什么如果我们能让你看到我们所看到的，并帮助你摆脱这两条构造线，将会非常有趣。

重要的是，不要把垂直线和水平线的重要性或绝对运动的概念完全抛在一边或置之不理。在我们做的许多其他事情中都非常需要它们。关键是要学会看到、理解和欣赏相关运动，并思考如何利用这些知识开发患者的运动潜能。因此，重要的是要充分理解相关运动的原理及其带来的潜力。

我们将通过另一个案例，进一步理解相对运动。你和朋友站在房间的桌子旁，桌子上有两个方块，一个是红色的，一个是灰色的（图5.6A1）。将两个方块放在桌子相对边缘的位置。红色方块距离边缘1cm，灰色方块距离边缘20cm。

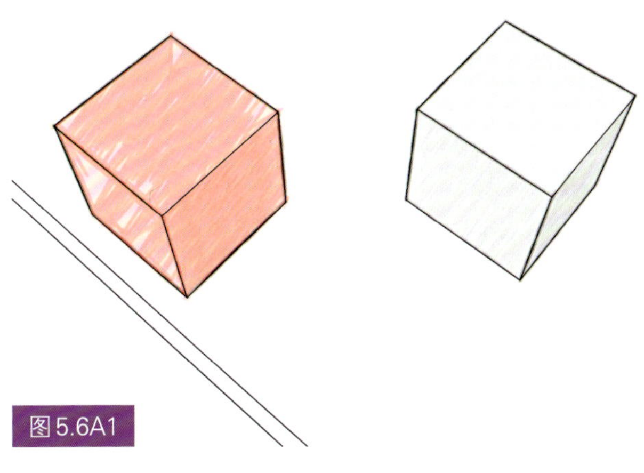

图5.6A1

然后，你走出房间，让你的朋友重新摆放这两个方块。接着，你返回房间，现在的任务是描述方块是如何在桌子上被重新摆放的（图5.6A2）。

你发现红色方块离桌子边缘远了5cm，而灰色方块离桌子边缘近了5cm。当你告诉你的朋友发生了什么时，你已经描述了绝对运动的两个动作，每个方块的位置相对于同一个参照点，即桌子的边缘发生了变化。

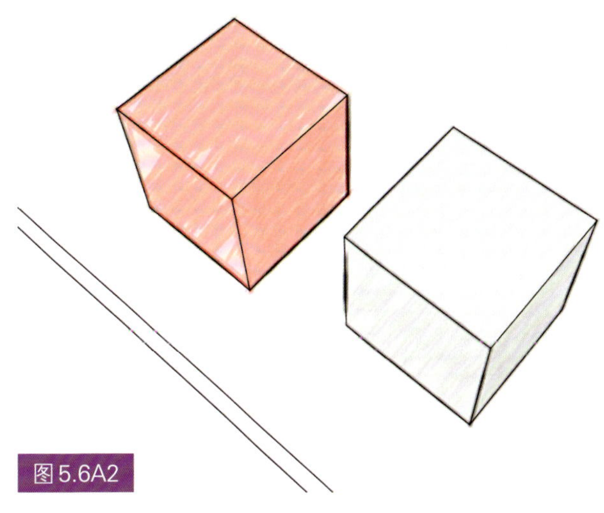

图5.6A2

另一方面，这种场景下已经发生的相对运动，是两个方块彼此靠近了10cm。相对于桌子边缘，它们各自移动了5cm，但相对于彼此，它们移动了10cm。

关于相对运动最重要的方面是——当我们研究身体的关系时，理解和记住这一点是必要的，即如果两个方块在相同方向上移动了相同的距离，那么它们之间就没有发生相对运动。在房间内，两个方块相对于桌子边缘存在绝对运动。如果不理解这点会造成很多困惑。

这就是为什么在研究人体运动时使用相对运动更有趣和更强有力的原因，我们将继续解释原因。

让我们更进一步，去掉第三个参照点，以便清楚地观察相对运动的概念。你和你的朋友站在同一个房间里，这次是一张无限大的桌子，这意味着桌子没有边缘，即只有一个绝对参照点。桌子上是同样的两个方块。它们并排放置，相距10cm。你再次离开房间一分钟，让你的朋友重新排列两个方块。

你回到房间，再次描述方块是如何重新排列的。请记住，由于桌子没有边缘，你不能将桌子当作参照物，只有彼此相关的方块，必须使用相对运动来描述这种改变的关系。

你可以清楚地看到，方块已经被移动了大约10cm，现在它们之间大约有20cm的距离。那么现在的问题是，红色方块是从灰色方块旁移开的吗？还是灰色方块从红色方块旁移开的呢？或是它们各自移动了并创建了新的关系呢（参见图5.6B1～3）？

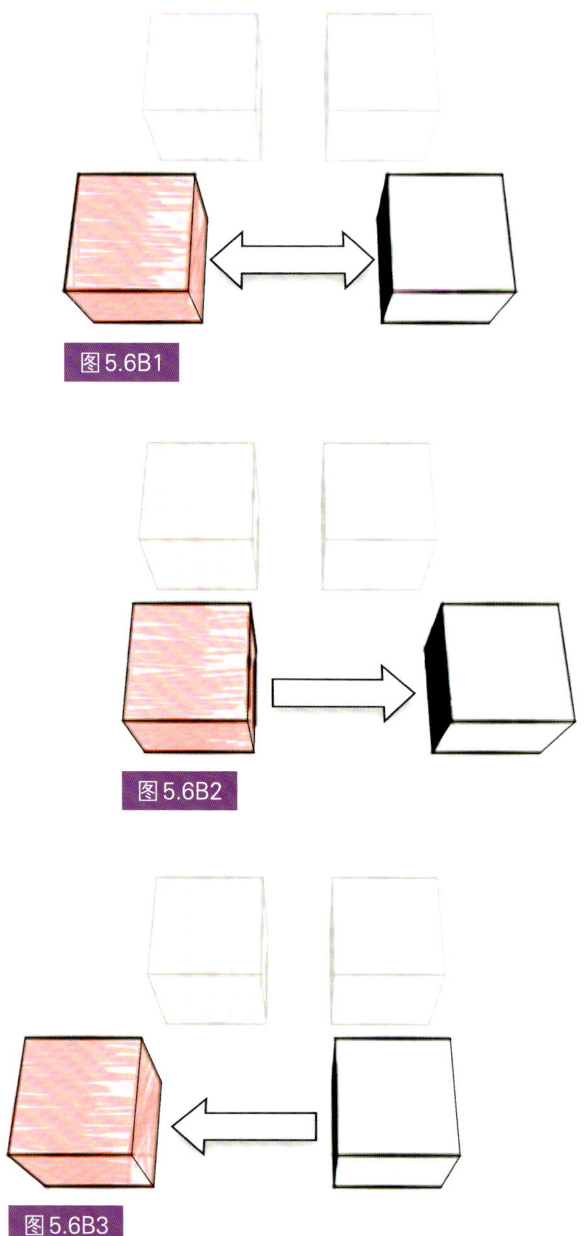

图5.6B1

图5.6B2

图5.6B3

因为你没有一个绝对的参照点来使方块相互关联，所以你无法回答上述问题。而这本身就是答案：你不知道，你也不需要知道！你只需要看到并能够描述这两个方块之间的新的关系。

现在，相对运动的力量不在于让我们理解这种关系是如何改变的，而在于理解我们必须做些什么恢复这种关系。在这个场景中，我们将你离开房间之前方块的关系描述为最佳关系，这也是我们想要恢复的关系。

我们面对患者时也是如此。当我们看到患者人体结构之间的关系发生改变时，我们可以描述这种状态，并想着如何恢复原有状态。我们看待和描述这种状态的方式也变成了我们如何努力恢复最佳关系的间接描述。

回到方块。为了能够将它们重新放回到期望的关系，我们首先应选择如何描述它们之间已经发生的运动，然后选择一种干预措施来恢复原有关系。要做到这一点，我们首先要选择其中一个方块作为第二个方块运动的参照点来描述运动。

现在，当你这样做的时候，要理解的非常重要的一点是，要接受另外两种运动也在同时发生的可能性。你已经选择了一个，但其他两个仍然适用。

这很重要，因为当我们试图去治疗时，有时必须意识到我们选择的第一种运动方式不会像所希望的那样产生太大的改变。这种情况下我们就可以倒回去选择另一种方式。

因此，这样就不会有做错或忽略的情况，我们只需要调整我们所看到并描述到的两个物体间的相对运动方式，并根据变化转换干预方式。对比之下，如果我们使用绝对运动来描述运动状态的改变，那么就没有机会再倒回去进行其他调整了。

如何选择参照点？

我们可以选择身体中的任一部位作为参照点，并描述与该点相关的其他所有结构。然而，选择参照点也有一个逻辑，你从这个角度做的工作越多，它就越合乎逻辑，因为它也与干预非常紧密地交织在一起。

当我们观察一个人时，会看到他身体结构之间的关系发生了变化，也会看到没有发生变化的结构。无论哪种情况，结构彼此之间似乎更倾向处于适应状态。因此，选择一个没有变化的结构作为参照点是最合乎逻辑的做法。

描述这一点的最佳方式是将另一个方块添加到我们无穷大的桌面上。现在，在桌面上有一个红色、一个灰色和一个蓝色方块排成一行，桌子仍然没有边缘。我们确定图5.6C是方块之间的最佳关系。

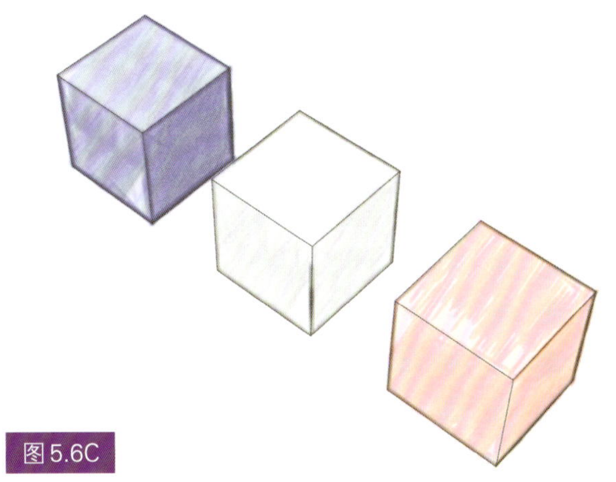

图5.6C

在图5.6D中，我们可以看到关系已经改变。我们可以像上例中的红色和灰色方块一样，描述方块之间发生的3种不同的运动场景。然而，我们首先想到的是蓝色方块脱离了与灰色和红色方块之间的最佳关系。灰色和红色方块的关系和以前一样。虽然我们不能确定，但也有可能是灰色和红色方块共同离开了蓝色方块后仍然联系在一起。然而，在选择干预措施时，首先尝试把蓝色方块恢复到最佳状态将是最合乎逻辑、最省时、最省力的。当把这个运用到患者身上时，这一点会更加明显。

图5.6D

在图5.6E中，我们看到了另一种改变的关系。是灰色方块移动了，还是红色和蓝色方块移动了？还是3个都移动了？我们不得而知，但再次尝试移动灰色方块来恢复最佳关系似乎更加合乎逻辑。

请记住，这在移动方块时很简单。但在处理

图5.6E

人体结构时是完全不同的，并且要复杂得多。不过，这个简单的原则也适用于人体。

如图5.6F所示，如果我们观察一个人，看到其胸部和足部彼此之间处于相对最佳的关系，那么最合理的描述是骨盆前移并脱离了这种关系。然而，如果基于第一个描述关系的干预措施没有得到结果，我们可以快速地转移至另一个参照点进行描述，并相应地改变干预措施以希望得到更好的疗效。这就是为什么相对运动的原则是一种动态的工作方式，因为它总是为人体结构中的异常关系提供更多解决方案。

无须多言，到目前为止，我们只是处理了结构关系，还需要学习和理解如何将这一原则应用到运动中。虽然我们把每项都看作是运

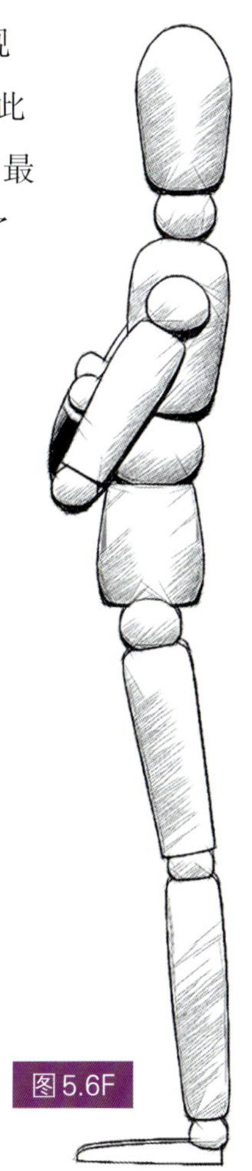

图5.6F

动，但实际上是在静止的位置上操作的。稍后当我们对这些结构进行测试以观察它们是否真的可以移动时，就会打开另一个维度。

这反过来将是整个治疗计划的一部分，其中许多关系被处理和改变，最终要解决的关系将是整个运动系统和地球引力的关系。这一切都有望将患者恢复到一种能够自由移动且不会有任何障碍或痛苦的状态。

请再次注意，没有适用于所有人的通用的最优结构关系。每个人都有自己的最佳关系状态。学习和认识最佳关系状态的唯一方法就是开始用这种观点来评估和治疗患者，这样很快就会明白每个人的最佳关系状态应该是怎样的。一个人的最佳关系状态总是建立在这个人的愿望、能力和先决条件以及我们作为实践者如何将当前技术和知识相融合的基础上。

抛开方块，把重点放在人体结构上，我们很快就能得出结论：面观人体，需要考虑的不仅仅是几个简单的结构。人体充满了复杂的关系和结构，它们都是相互联系的，使人体成为一个巨大且非常复杂的变量迷宫。

与这两个方块不同，身体的构造和通过重力实现的基本功能为整体关系制定了一些明确的规则。在用方块演示时，你可以很容易地将它们堆叠在一起，没有任何障碍。而对于人体，所有的结构都受到它们实际关系的约束，它们被“设计”并具有遵循步态模式的节奏。这一事实为我们创造了一个身处其中的运动场，使我们的工作更具逻辑性，同时也更复杂，要求更高。

结构性运动

为了能够了解和体会运动，我们必须能够描述运动。如前所述，我们在描述人类形体中的关系时，使用了4个运动术语。我们称之为结构性评估。我们可以利用“故事”来正确和充分地形容存在于人的形体当中的当前结构间的运动关系。这样，我们就可以为选择干预措施和重写“故事”重塑基础。这将帮助我们看清一条“解决之路”，以提示我们采用最好和最有效的方式来治疗个体，从而满足个体的运动愿望和需要。

这4个运动术语本身很简单，但当用来描述

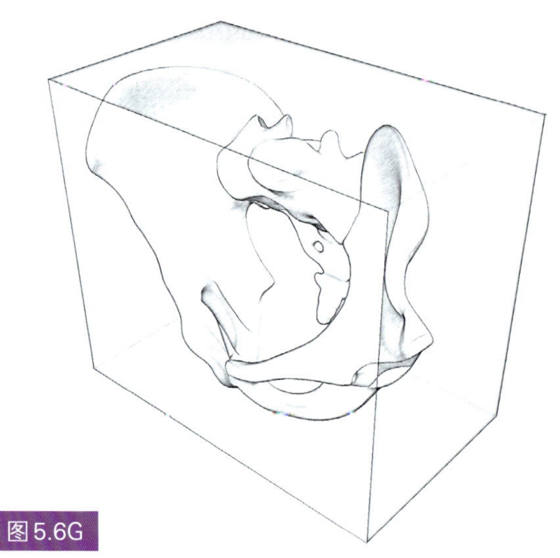

图5.6G

身体的相对运动时，它们却可以解释非常复杂的关系，而这些关系或多或少是不可能用“老式”术语来描述的。

为了能够将这些运动术语与身体结构联系起来，我们首先需要将每个结构变成一个“理论盒子”。一个盒子有6个面（图5.6G~H）；然而，当我们描述运动方向时，只使用冠状面和顶面。身体结构的冠状面和顶面是什么，取决于我们通常如何描述人体的前面和上面。我们通常使用人的左侧和右侧描述身体两侧的运动，用外侧和内

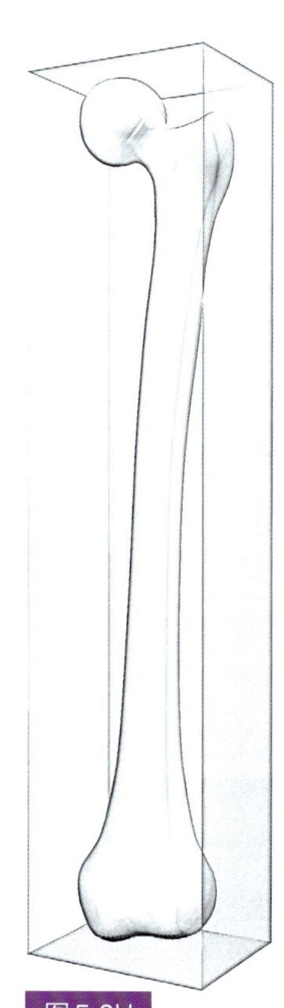

图5.6H

侧描述远离和靠近身体中线的运动。

基于这一点，为了描述和阐述清楚每个运动术语的性质，我们将说明和解释它们在空间中与先前位置的关系，而不是与另一个结构的关系。

这4个运动术语是：倾斜（图5.7）、偏移（图5.8）、旋转（图5.9）、弯曲（图5.10）。

图5.7

倾斜。当结构移动到倾斜位置时，绕着冠状面或矢状面的轴线旋转

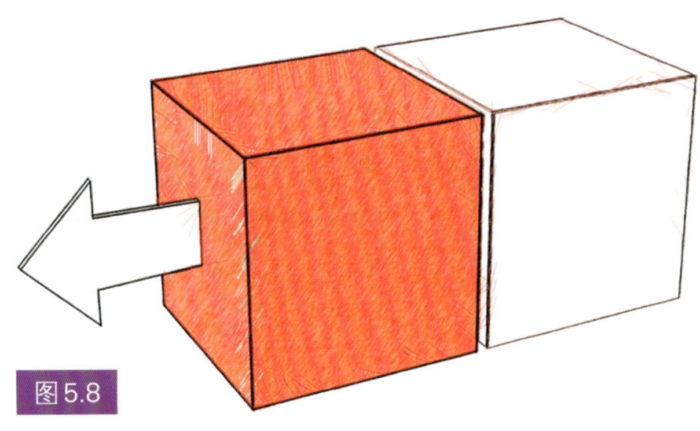

图5.8

偏移。一个结构从一个位置或方向移动或改变到另一个冠状面或矢状面上

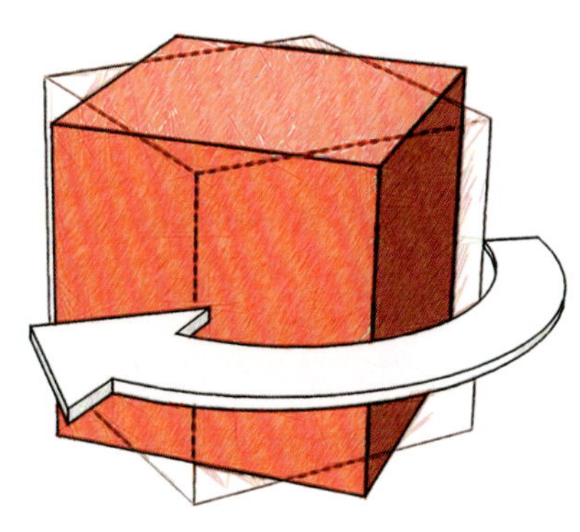

图5.9

旋转。当结构在水平面绕轴旋转时

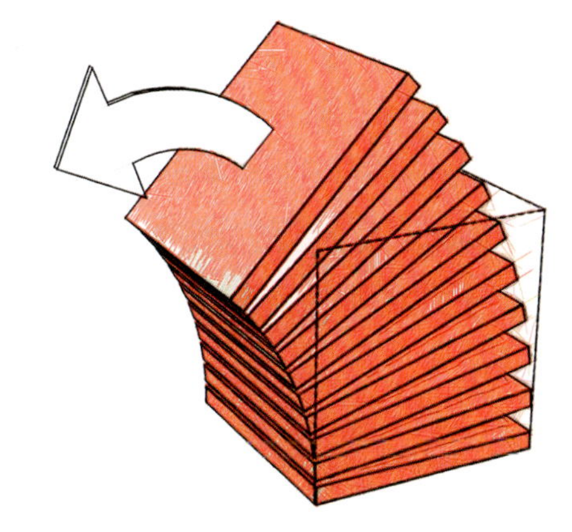

图5.10

弯曲。在结构中创建曲线或一系列结构按顺序倾斜以创建曲线，例如椎骨

经典案例

接下来我们将举几个案例来说明身体中改变的关系，以及如何使用相对运动来描述这些关系。我们构造了下面的案例让你挑战自己，而不是将我们描述的运动与水平线和垂直线（即绝对空间）联系起来。让我们看看这能不能帮你开阔眼界。

在矢状面上倾斜

第一个案例可能是我们在评估患者时最常见的关系，即骨盆和胸廓在冠状面上的相对倾斜（图5.11A~D）。

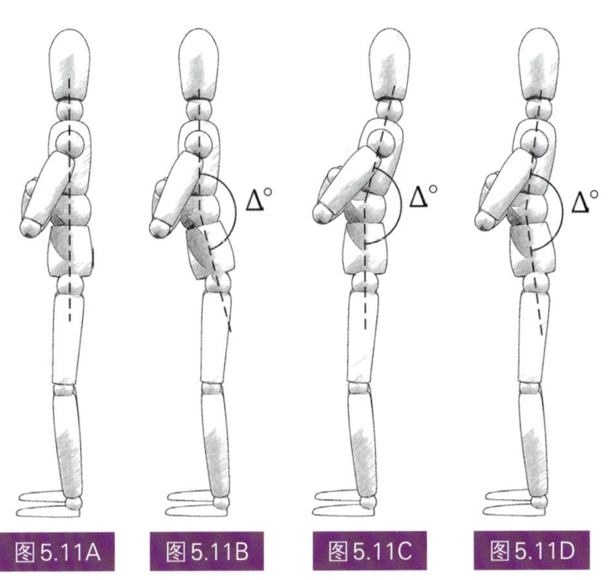

图5.11A　图5.11B　图5.11C　图5.11D

在本案例中，我们将图5.11A描述为足部、骨盆、胸部和头部之间的最佳关系。再看看图5.11B、C和D，你可以清楚地看到，这3个位置都有完全不同的改变。它们真的是这样吗？

在此案例中，骨盆和胸部之间的关系在所有改变的位置（图5.11B、C和D）中实际上是相同的。我们将其描述为三角度数——Δ°，即骨盆和胸部之间相对于最佳位置（图5.11A）变化的度数。即使人体模型的“姿势”在这3个场景中看起来非常不同，但骨盆和胸部之间的关系却是恒定的。

尽管骨盆和胸部之间的关系在这个案例中是恒定的，但反过来它们与身体其他部分的关联会存在巨大的关系变化，这提示我们有必要对相似的患者情况进行大量的干预。

结构性评估

在图5.11B中，我们可以清楚地看到骨盆和胸部之间位置的改变，标记为三角度数Δ°。如前所述，要描述与身体其他部分的内部关系，我们首先需要选择参照点来描述所发生的变化。

当看图5.11B时，我们立即注意到骨盆和已经出现的倾斜。如果我们以足部为参照点，我们会将骨盆描述为相对于足部而不是相对于垂直线向前倾斜，因为这个透视图中不存在垂直线。

然而，当我们观察胸部和足部时，会发现它们在矢状面上的关系并没有改变。取而代之的是，胸部相对于足部在矢状面上向前移动。

继续看图5.11C，我们可以看到其中骨盆和胸部之间的关系与图5.11B完全相同，但是在这个场景中，骨盆相对于足部处在中间位置。如果我们选择骨盆作为参照点，可以描述为胸部相对于骨盆向后倾斜。反过来，头部在倾斜时与骨盆和足部保持中立位，但头部相对于骨盆向后移动。

继续看图5.11D，就像之前的两个人体模型一样，胸部和骨盆之间的关系是相同的。这是图5.11B和5.11C的混合。我们首先可以看到的是足部和头部是中立位的关系，它们的矢状面没有倾斜或移动。因此，如果我们再一次选择足部作为参照点，我们可以描述骨盆相对于足部是向前倾斜的，而胸部相对于足部是向后倾斜的。

为了说明3个人体模型的骨盆和胸部之间的关系是一样的，我们将这3个图像放在一起，胸部和骨盆之间的关系都处于中立位（图5.12）。请注意，每个图都有它之前完好无损的内部关系。从这个汇总的图来看，一切似乎都被打乱了，而这只是因为眼睛试图将身体各部位与垂直线对齐。

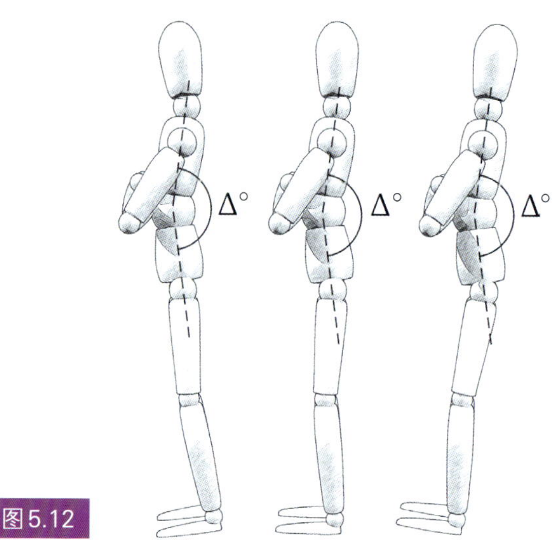

图5.12

我们刚刚将重点放在了骨盆和胸部倾斜之间的关系上，以及我们可以看到和描述它们与所有其他结构之间的关系。现在让我们回过头来看看图5.11B、C和D，并更详细地描述它们与头部的关系。在所有的插图中，头部位置通常被描述为相对于垂直线的“中立位”。再说一次，这与垂直线或水平线无关——这是当一个人被要求直视前方时，头部通常会采取的位置。我们的眼睛和耳中的感觉器官总是帮助我们将头部调整到一个我们能够以最理想的方式观察和感知周围世界的位置，而不考虑它和身体其他部位的关系。

当我们看图5.11B并观察头和足部之间的关系

时，会发现头部相对足部有明显的偏移，但没有倾斜。当我们观察头部和胸部的关系时，它同样处于中立位，并且没有倾斜或偏移。但是，如果我们观察头部和骨盆的关系，会发现头部相对于骨盆是向后倾斜的，胸部也是如此。看到并理解这一点很重要。为什么？因为如果我们只改变骨盆相对于足部的位置，而不改变胸部和颈部的位置，那么这个人就会向后倾斜，也就是说，他的体位会像图5.11C。因此，如图5.11B所示的体位，如果我们想要达到图5.11A的位置，我们需要骨盆向后倾斜，也需要胸部和头部相对于骨盆向前倾斜。

在图5.11C中，这一点变得更加明显。我们可以清楚地看到，头部相对于胸部是向前倾斜的。如果我们只改变胸部与骨盆的关系，并将骨盆向前倾斜，而不考虑头部与胸部的关系，那么人体模型将会脸朝下地站在那里。

在现实生活中，这是不会发生的。在实施干预之后，一个人永远不会站在那里俯视地板。潜意识中，他们可能会做的是不接受胸部和骨盆之间关系的改变，而是回到以前的位置。他们可能还会改变头部的位置，这取决于这种关系的深度。然而，直到我们能够看到并理解我们还需要处理不止一种关系——在这种情况下也是胸部和头部之间的关系时，我们才能得到正在寻找的结果。为了让胸部相对于骨盆向前倾斜，我们还需要头部相对于胸部向后倾斜。如果我们想改善患者的对齐情况，处理头部相对于身体其他部位的位置是至关重要的。这样做的原因是，人们总是试图保持头部在环境中的中立位，无论颈部以下发生了什么变化，头部相对于周边环境总是或多或少地处于浮动状态。

因此，如果我们只把头部和垂直线联系起来，那么可能永远看不到改变头部与身体其他部分的关系的必要性。没有人会说如果头部要与身体垂线完全对齐，就需要向前或向后倾斜躯体。这就是为什么观察与身体内部结构相关的运动是一种非常有力的工作方式，特别是从这个角度来看。

我们在这里做出的是一些相当冗长的结论。事实上，我们并不知道我们看到的关系是否真实，除非我们对它们进行检测。当我们做这样的结构性评估时，所做的就是提出疑问。然后，这些疑问会被检测，结果要么被证实，要么被驳回。如果结构性评估和测试都表明我们看到的关系有发展的潜力，那么我们就会采纳它并将其加入治疗计划。

在水平面上旋转

为了便于理解，我们特意一次只解释一个运动平面。但是现实生活中没有运动平面，所有的运动总是同时发生在所有的平面上，我们只是把它简化到每个平面，以便在这一点上可以理解。在本书的后文，我们将把所有这些放到一个更具连通性的解释模型中。

这一事实在处理水平面时非常明显，因为我们在这个案例中看到的异常关系多是发生在矢状面和冠状面上。因此，如果首先处理我们在另外两个平面中发现的情况，则可能不必再处理水平面上的异常改变。

但现在，在下文案例中，我们将讨论水平面和其属性。

结构性评估

就像图5.11一样，我们需要在矢状面观察人体结构并选择参照点来描述所发生的改变，然后确定我们想要做什么，以帮助人体找到平衡并改善功能。

为了有助于学习，我们特意构建了一个案例，以便可以通过在头部、胸部、骨盆和足部添加虚线将水平线引用到身体所有结构上。让我们看看你是否能摆脱固有思维方式，看看我们看到了什么。

让我们从图5.13A开始，可将此姿势称为标准状态和正常关系。

看图5.13B时，我们会说骨盆和足部相对于胸部和头部转向了左侧。我们之所以这么说，是因为胸部和头部在我们看来是处于“中立”状态（我们总是使用人的左侧/右侧来描述视线）。

看图5.13C时，我们会说胸部和头部相对于骨盆和足转向了右侧。因为在此图中，我们的视线与骨盆和足部处于“中立”状态。

现在，有趣的是，在这段关系中真正改变的不是模特，而是你。图5.13B和C中，头部/胸部和骨盆/足部之间的关系完全相同。唯一改变的是你的视角。在图5.13B中，当我们观察头部/胸部时，视线和它们都处于中立位，因此描述部位关系时认为骨盆/足部位置的异常。然后，由于某种神奇的原因，我们在看图5.13C时改变了主意。现在我们的视线与骨盆/足部保持中立位，是头部/胸部的关系突然之间发生了改变。

由此你需要明白的是，你与患者的位置关系也会影响你的感知。因此，上述两种描述都是正确的，并且两种关系改变同时存在。我们只需要决定从哪个角度描述改变并解释原因。

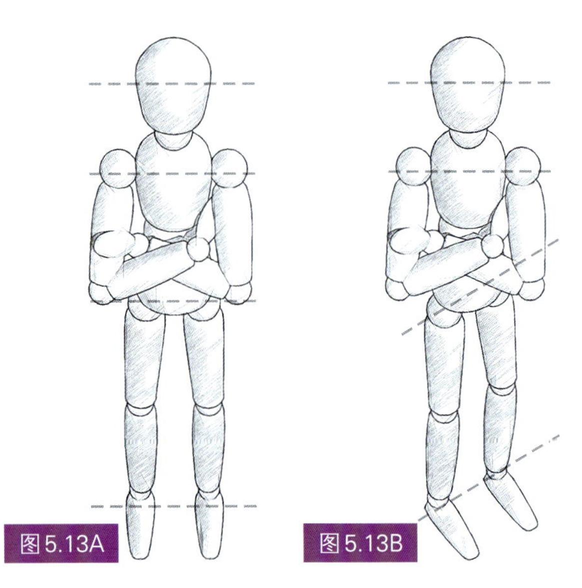

图5.13A 图5.13B

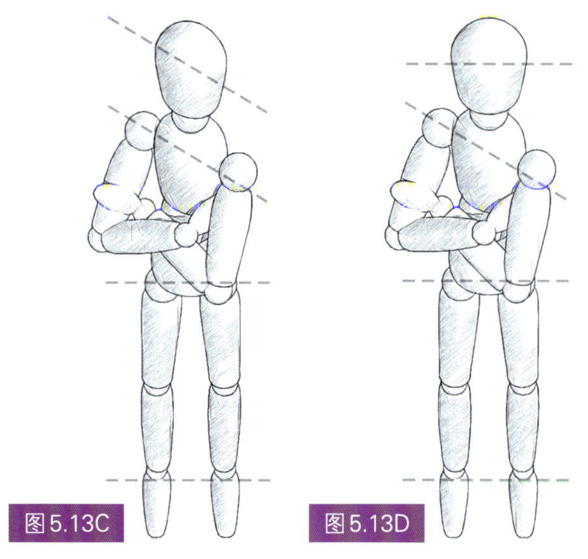

图5.13C 图5.13D

这就把我们带到了图5.13D。它与图5.13C有一个不同之处，即头部相对于骨盆和足部是中立的。胸部现与标准状态相比是变化最大的结构。在这种情况下，要看哪个结构在相互关系中占主导地位，当其中一个结构发生改变时，我们可以说胸部相对于头部、骨盆和足部向右旋转，然而，说头部、骨盆和足部都相对于胸部向左旋转也没有错。

总结

关系无处不在，无论是内部还是外部，基于看待和描述它们的方式，我们可以制订非常有创意的动态干预措施，以改变和优化这些关系，来实现患者的最佳治疗效果。

在第十九章中，Julian Baker谈到了人体内不同筋膜结构之间的关系。由于每个结构都有各自的特点，它们通过相互之间的关系，使运动和功能具有极大的潜力。

在本章中，我们从更为静态和结构化的意义上谈及这些关系。让人体改变运动方式、增强运动能力和实现更有活力的运动是我们努力的方向，这将为我们的治疗原则、干预措施和治疗方法提供的支持性的理论解释。

在下一章“对立运动”中，我们将更深入地探讨关系的世界，并发现其中更多的功能性。

说明

1. Holt–Lunstad（2018）。
2. Morrison（2001）。
3. Myers（2014）。

（潘巍一 译，王宇章 廖麟荣 审）

参考文献

Holt-Lunstad J; Why social relationships are important for physical health: a systems approach to understanding and modifying risk and protection. *Annual Review of Psychology* 2018, 69:437–458.

Morrison M; *Structural Vocabulary—A Plain English Vocabulary for Describing Geometric Relationships*. Boulder, CO: Rolf institute, Rolf lines, July 2001.

Myers TW; *Anatomy Trains: Myofascial Meridians for Manual and Movement Therapists, 3rd edn*. Edinburgh: Churchill Livingstone, 2014.

第六章

对立运动

Linus Johansson

人体结构中的所有关系对维持和提高人体的功能及运动能力十分重要。然而我们想要讨论的是，身体中存在两种关系，可能比其他关系更有趣。这两种关系是身体所有其他运动关系赖以维持和起作用的核心关系。由于这两种关系的独特属性，人们也将其称为人类行走的基础。

这两种关系就是前足和后足（图6.1）之间的关系，以及骨盆和胸廓（图6.2）之间的关系。

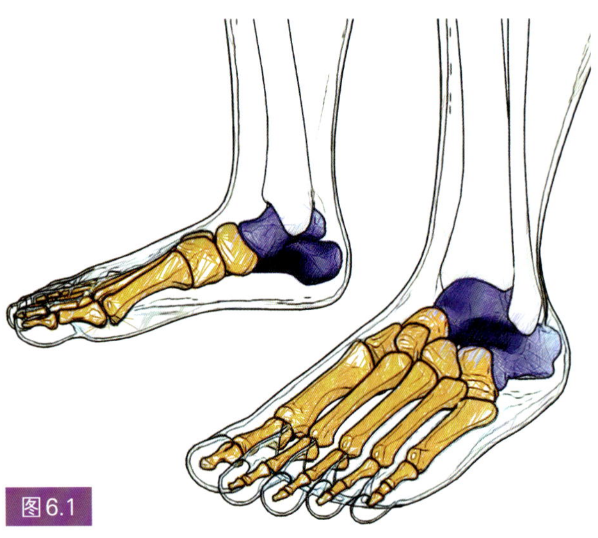

图6.1

当我们提到后足时指的是距骨和跟骨；当我们提到前足时，指的是所有的跖骨。然而将足分成这些部分是没有界限的，并且如果有必要的话，其定义可以有所改变

正如第十章所解释的那样，结构之间没有界限，它们是一个整体。因此，必须承认的是，我们所说的结构只有通过功能才能真正看到。我们称之为“部分”的这些结构要用非常模糊的线条来看待，同时我们也必须认识到这些想象的线条只是为了用于解释和教学。

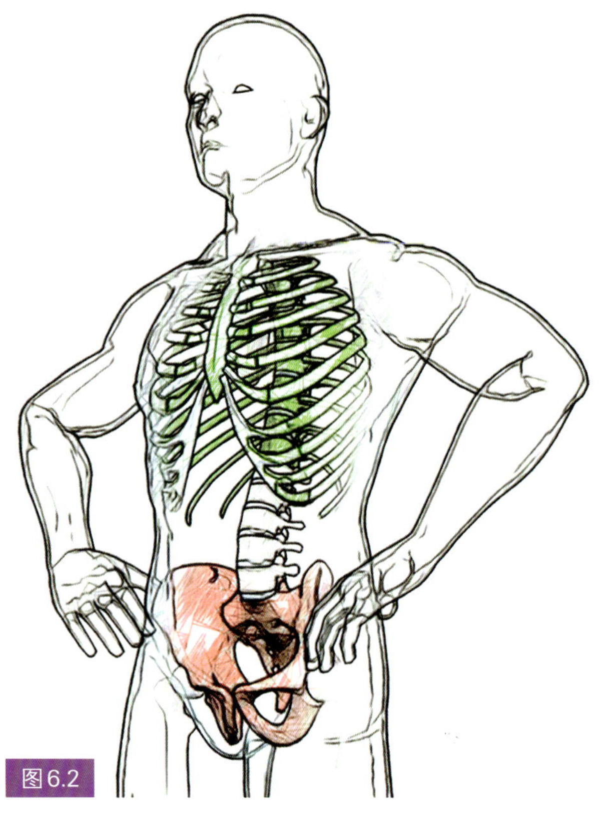

图6.2

骨盆是由2块髂骨、骶骨及脊柱向下延伸的部分构成的。胸腔是由后方的胸椎，两侧的肋骨和前方的胸骨构成的桶状结构，上接颈部，下接腰部。肩胛带可以相对独立于胸腔活动，因此可以将其看作独立的结构

当我们描述这两种独特的关系，即前足和后足之间的关系，以及骨盆和胸廓之间的关系时，一般会说它们是一种相互对立的关系。

在一段关系中，处于对立状态意味着一方总是做着与另一方相反的事情。也就是说，当我们看到对立关系中的一个结构往一个方向移动时，我们可以将这个对立关系中的另一个结构描述为其在一个相反的方向上移动。

当我们观察足部的功能时，理想情况下希望能够看到前足和后足运动的明显对立。在正常的功能状态下，前足和后足应始终反映彼此的运动，在这种情况下，我们可以将其描述为旋前和再旋后（resupination）的运动。

同样的事情也发生在骨盆和胸廓之间的功能上。理想情况下，我们希望能够描述这两种结构在彼此相对或相反的方向上移动（详见第八章）。

我们将会更详细地解释这些对立运动的“目的”是什么，以及它们是如何促成人体功能的复杂性的。但在继续深入探讨之前，我们首先需要再次总结前面的内容，得出一些重要的结论。

我们知道可以在3个不同的运动平面（矢状面、冠状面和水平面）中看到并解释倾斜、偏移、旋转和弯曲等运动术语。这样做纯粹是为了教学，以便学生能够在开始学习时理解每一个动作及其属性。事实上，当我们在重力作用下运动时，没有一种运动是单独发生在一个平面上的——它们总是在3个平面上同时发生。

我们之所以在每个运动平面上呈现一个接一个的运动，是因为我们的大脑缺乏概述大型复杂程序的能力。我们不可能同时看到并解释人体功能在发挥作用时发生的所有事情。我们需要进行局部思维学习，但也需要学会整体思维。

局部思维学习在某种程度上是可以接受的；然而，一旦我们看到并理解其中一个平面上的运动，我们必须退后一步，把它放在整体现实中学习。如果我们不把身体看作是不可分割的智能个体，我们将得不到一直寻求的深刻的反应或结果。

在第三章中，我们谈到了人类进化背后的理论，人类是唯一习惯用双腿行走的哺乳动物。我们用双腿行走可能主要是为了更省力。身体中的对立运动在能量效率中起着重要的作用。

主动收缩肌肉以产生运动的方式需要大量的能量，这是一种非常低效的运动方式。你试过只通过收缩肌肉来移动身体吗？那么你将会像机器人一样，动作十分僵硬。

矛盾的是，虽然肌肉可以向心收缩，但与其相反的运动却能产生高效率的运动和能量流动。在人体运动系统中，组织的排列方式使其能够产生所谓的弹性反冲（elastic recoil）。Robert Schleip在《筋膜健身》（*Fascial Fitness*）一书中给出了关于弹性反冲及其相关属性的完整解释[1]。

与肌肉的向心收缩相反，在结构相互靠近的部位，当肌肉偏离中心收缩时，就会产生弹性反冲，使结构通过重力在受控的运动中进一步分离。由于组织的弹性特性，它会回缩，并在结构之间再次产生被动收缩并变短。这意味着我们可以利用身体自身重量来加载运动系统，并且用很少的力量和精力被动地接受一个回弹的运动（详见第十七章）。

你可以尝试使用一个方法来感受不同。首先站起来，开始做向心性提踵动作（如果需要支撑，请抓住椅背），做5、10、15、20次或更多，很快你会感觉到小腿的后侧肌群在收缩。接着想象一下行走和跑步时的感觉，会发现你没有办法以这种运动方式走得太远。然后休息一两分钟，换个动作。

这次，不要让小腿肌肉收缩，同时保持腿伸直，用前脚掌进行弹跳动作。你能感觉到小腿肌肉没有很大的收缩感，相反它们给你的感觉更像是橡皮筋。当你用前脚掌落地时，小腿肌肉会离心性地拉长，在足跟着地前，它们会产生反冲力并再次将你弹起。接着，你可以进行20、30、40次，甚至更多次的跳动，会发现自己甚至不会感到疲劳。你所感受到的这种感觉更像是你在行走和跑步时的感觉，你会觉得这样更加省力吗？

川上等（Kawakami et al. 2002）[2]的一项研究结果表明，利用离心负重对抗跖屈的过程中，小腿的肌肉或多或少的保持等长而没有被拉长，而小腿的筋膜被拉长了且有助于该运动。希望你在做同样的弹跳动作时注意到这一点。

我们所讲的案例是小腿肌肉。但是，事实上这种现象发生在所有与人类运动相关的结构中。为了能够产生离心运动并使组织负重，组织之间相接触的部分必须分离才能产生离心运动。这是反向运动的关键特征之一。运动不是一个结构保持静止，另一个结构移动所需的距离，而是各自向相反的方向移动，以产生所需的距离同时组织充分延长。

因为反向运动为延长组织以产生弹性反冲奠定了良好基础，所以它还构建出了非常理想的动态关系和结构内部关系，这些关系能够与重力相互作用。

在步行中，靠一侧足部支撑时，我们并不需要将整个上半身移到一侧来保持平衡。相反，我们可以对结构内部进行组织调整，使重心落在我们的支撑基础（即足部）上。

在图6.3A中，我们可以看到人体模型如何使骨盆与足部保持中立，同时使胸部倾斜，从而在胸部和髂骨之间产生所需的伸长状态。但是，在图6.3B中，人体模型在一个方向上将骨盆部分倾斜，同时胸部向相反方向部分倾斜，在不偏离中心且不失去支撑中心的情况下，与图6.3A中的人体模型产生了相同的伸长状态。

在图6.3A中，可以知道，由于上半身的过多倾斜，更多的重量放在了右侧足部上。相反，在图6.3B中，人体模型弯曲左膝，让骨盆向左倾斜，胸部向右倾斜，从而使双侧足部承受的重量大致

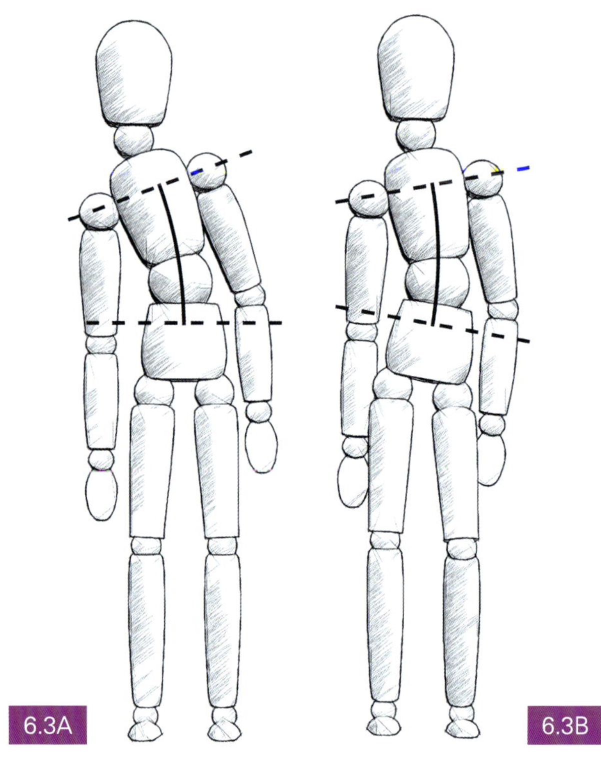

你可以尝试一下，像人体模型一样站直并将身体弯曲到一侧（图6.3A），去感受将身体外部的组织拉长的力。接着尝试先通过弯曲左侧膝关节并倾斜骨盆，再向相反的方向倾斜胸廓来完成图6.3B中的人体模型正在做的事情。你能感觉到自己正以更少的力气来达到躯干外侧的伸长状态吗？

相同。

另外，图6.3A中的人体模型很快就会因为相对于胸部的代偿性向左倾斜而出现颈部酸痛。在图6.3B中，头部的代偿性倾斜不像在图6.3A中的胸部倾斜得那么厉害。因此，图6.3B中头部与胸部的关系清楚地表明，对立原则是一种更有效的运动分配。图6.3B中人体模型头部的代偿运动少于图6.3A，而代偿越少，则越省力。

在图6.3B中，人体模型必须弯曲左膝，以使骨盆向左倾斜。这意味着当对立原则发挥作用时，更多的运动会联系在一起。

这在足部会表现得更加明显。当足部按照“设计好”的步态运动时，它会进行旋前和再旋后的循环运动，同时通过距骨及推动身体向上的生物力学节律，与躯干的相对运动联系起来。然而，

根据我们希望看到的和表述的方式，我们也可以说，是身体的其他部分通过距骨驱动足进行旋前和再旋后的循环运动（详见第八章）。

总结

我们将人体运动中的相对运动视为一种深度整合的能力，它可放大步态的生物力学节律并有助于在组织中产生最佳的弹性反冲。基于弹性反冲，以及使我们在移动时能够在狭窄的支撑面上平衡平衡的能力，相对运动的一个基本作用就是使人体在运动中更加省力。

反过来，我们还可以利用这些相关性来评估、测试和发展人在重力作用下的运动能力和功能表现。

进一步探讨本书和例证模型，我们会很快将这些特性与步态建立起更加紧密的动态联系。

在第八章中，我们将进化的规律放到关系原理中，并从另一个层次提出观察、感知和理解人类功能和运动的方法。

说明

1. Schleip and Bayer（2017）。
2. Kawakami et al.（2002）。

（汤炳煌 译，潘巍一 廖麟荣 审）

参考文献

Kawakami Y, Muraoka T, Ito S, Kanehisa H, Fukunaga T; In vivo muscle fibre behaviour during counter-movement exercise in humans reveals a significant role for tendon elasticity. *Journal of Physiology*, 2002, 540(2):635–646. Doi: 10.1113/jphysiol.2001.013459.

Schleip R, Bayer J; *Facial Fitness: How to be Vital, Elastic and Dynamic in Everyday Life and Sport*. Chichester: Lotus, 2017.

第七章

彩色图解模型：一种描述运动的新方法

Martin Lundgren

仅用语言来解释运动和身体中的复杂现象是一项艰巨的任务。如果我们只用语言来描述运动之间的相互联系，则会使简单的事情变得复杂，并且读起来也会令人感到枯燥。因此，有必要采用某种形式的插图进行描述。常言道，一图胜千言。采取这种方式描述相互关联的运动，目的是使其尽可能被清晰地表达出来，并尽量减少任何歧义和混淆。更高的要求应该是，它既可以展现高度复杂性又不会使事情变得更复杂。

在静态图中显示运动形式的标准方法是在骨骼的部分标注一个箭头，以指示它已经或正在以某种方式移动，如图7.1所示。这种表达方式隐含的假设是，骨骼部分相对于绝对空间本身的运动，正如我们在上一章中所讨论的。这是我们思维方式中非常根深蒂固的事情，当我们开始思考运动时，这似乎是我们无意识的默认位置。如果想使事情变得更复杂，我们通常会开始谈论关节角度的变化或骨骼在关节中移动时的速度的差异。例如，如果胫骨也像图7.1中的股骨一样内旋，但旋转的幅度较小，且不如股骨快，那么通常我们得到的结论是胫骨的相对外旋。在图7.2中，左侧胫骨旋转的角度不如股骨的大或不如股骨旋转得快，这表明胫骨相对外旋，右侧骨骼也类似。但当我们说股骨旋转“角度更大”或“更快”时，它是以绝对空间作为参照点而言的。同样，这里隐含的前提是骨骼相对于绝对空间移动。这种运动的相对观与不以绝对空间为参照点的相对观相反。从相对角度来看，我们可以得出存在向前和向后、向左和向右等结果，就像骨骼在一个看不见的网格上移动。此绝对空间通常由笛卡儿坐标系（Cartesian coordinate system）表示，如图7.3所示。

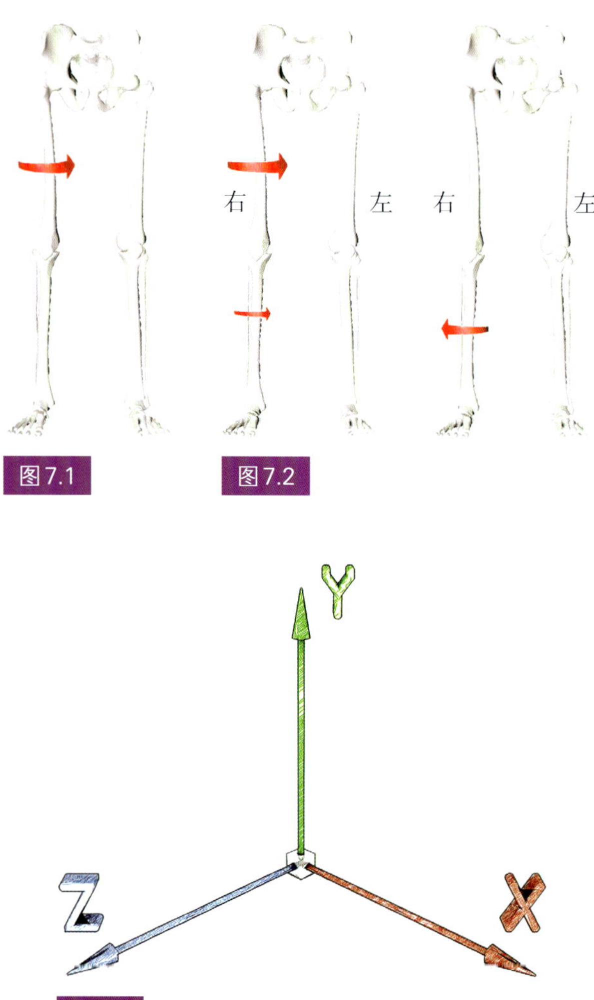

图7.1

图7.2

图7.3

唯一的问题是，在现实世界中没有网格，向前或向后是我们自己确定的。通常，所谓向前的是鼻子或眼睛指向的方向，或者足尖指向的地方，即行进的方向，或者从观察者的角度确定的方向。当然，我们可以通过计算机分析来创建网格，也可以在进行结构性评估时在墙上绘制网格，但这并没有抓住重点。这就是为什么当我们谈论相关运动时，我们只讨论一个骨骼相对于其他骨骼的运动，而不讨论相对于绝对空间本身的比较。这种方式主要描述的是系统内的运动关系，即身体的不同部位是如何相对于彼此进行运动的。原因有很多：首先，这种观察相关运动的方法使从评估到干预变得容易得多；其次，如果我们以标准方式来观察和描述运动的复杂性就会使其变得更晦涩难懂。

相比之下，我们所提出的系统内部的相互运动观点可以很好地把握难易程度，且不会使描述运动变得过于复杂。这并不是说描述运动的标准生物力学方法没有任何价值，只是它在这种情况下不太适用。在某些情况下，需要将系统的整体或一部分与自身外部（即地球）相联系。但当我们把运动与身体本身联系起来时，这一点被清楚地表述并遵循着同样的逻辑。

我们主要选择观察骨骼在体内的运动方式。你也可以选择先观察身体的其他结构或“部位”，但已知观察运动最合理的出发点是观察骨骼是如何移动的。因为当你理解了骨骼是如何使肢体移动的，或者从另一方面讲，如果你得知骨骼是如何在包裹它的肌肉中进行移动的，你就可以开始关注身体的其他限制因素，推测出负荷模式，观察软组织质量或其他与运动相关的方面。当我们说观察人体骨骼是如何在移动时，观察的是一块骨骼作为一个整体如何相对于另一块骨骼来运动的，而不仅仅是局部关节的运动。在运动的相对观中，骨骼或骨骼相对于另一块骨骼的运动决定了运动参照点和“前进”的方向。

彩色图解模型

为了解释这种观察相互运动的方法，笔者创建了彩色图解模型。这种模型会让我们更容易理解身体中复杂的运动模式，且不会被复杂化。顾名思义，彩色图解模型就是用相关的颜色来表示与骨骼运动相关的特定运动模式。

例如，在图7.4中，用股骨前方的红色箭头表示股骨相对于骨盆做内旋。同样的运动可以以骨盆为参照点进行说明。在图7.5中，骨盆前方有一个指向左侧的黄色箭头，表示骨盆相对于股骨向左旋转。这是一种描述运动的方式，不管是红色箭头还是黄色箭头，都描述了相同的运动（从相互运动的角度来看）。

此外，股骨或胫骨的运动可能与身体其他部位的运动差异较大。如果我们想让事情变得更复杂一点，就必须把动作和身体的其他部位相联系。如果我们再看图7.5，会发现股骨和胫骨之间相对而言没有发生移动；股骨和胫骨的移动指向同一方向。如果我们观察图7.6，会发现在股骨和骨盆之间依然有相同的运动发生，但观察股骨与胫骨之间的运动关系，可以看到股骨相对于胫骨内旋（由蓝色箭头表示）。因此，股骨相对于骨盆和胫骨都进行了内旋。在图7.7中，我们可以看到股骨和骨盆之间的运动与图7.5中的运动相同，但此时骨盆和胸廓之间的关系与图7.5不同。图7.7中的骨盆相对于股骨和胸廓向左旋转。因此，简而言之，为了更全面地了解人体正在发生的事情，我们可能需要将运动与人体的多块骨骼（或部分骨骼）相关联。

箭头的大小表示移动发生的幅度，小箭头指示的移动幅度小于大箭头。如果没有其他说明，图中的箭头则代表了运动。需要注意的是，描述动态运动与描述静态姿势截然不同。描述一个静态姿势并不需要进行任何方式的移动。假设

图7.8A的骨骼表示了一个静态姿势。股骨相对于骨盆内旋，并可能在此位置卡住，这就意味着我们不会看到像图7.8B股骨相对于骨盆的任何外旋运动；也不会看到像与图7.8C一样都不能内旋。要做到这一点，股骨必须处于中立位，或者相对于骨盆先进行外旋；否则，股骨将没有任何移动距离，因为它已经在其活动范围末端。相反的情况也可能是正确的，即股骨相对于骨盆处于一个内旋的位置，但它并没有停顿在这个位置上，当我们移动股骨时，可以完成相对于骨盆的内旋和外旋。因此，当我们对人体进行研究时，需要通过对包括运动在内的许多方面进行评估，而不仅仅是评估静止的姿势。

（李 翔 译，李长江 廖麟荣 审）

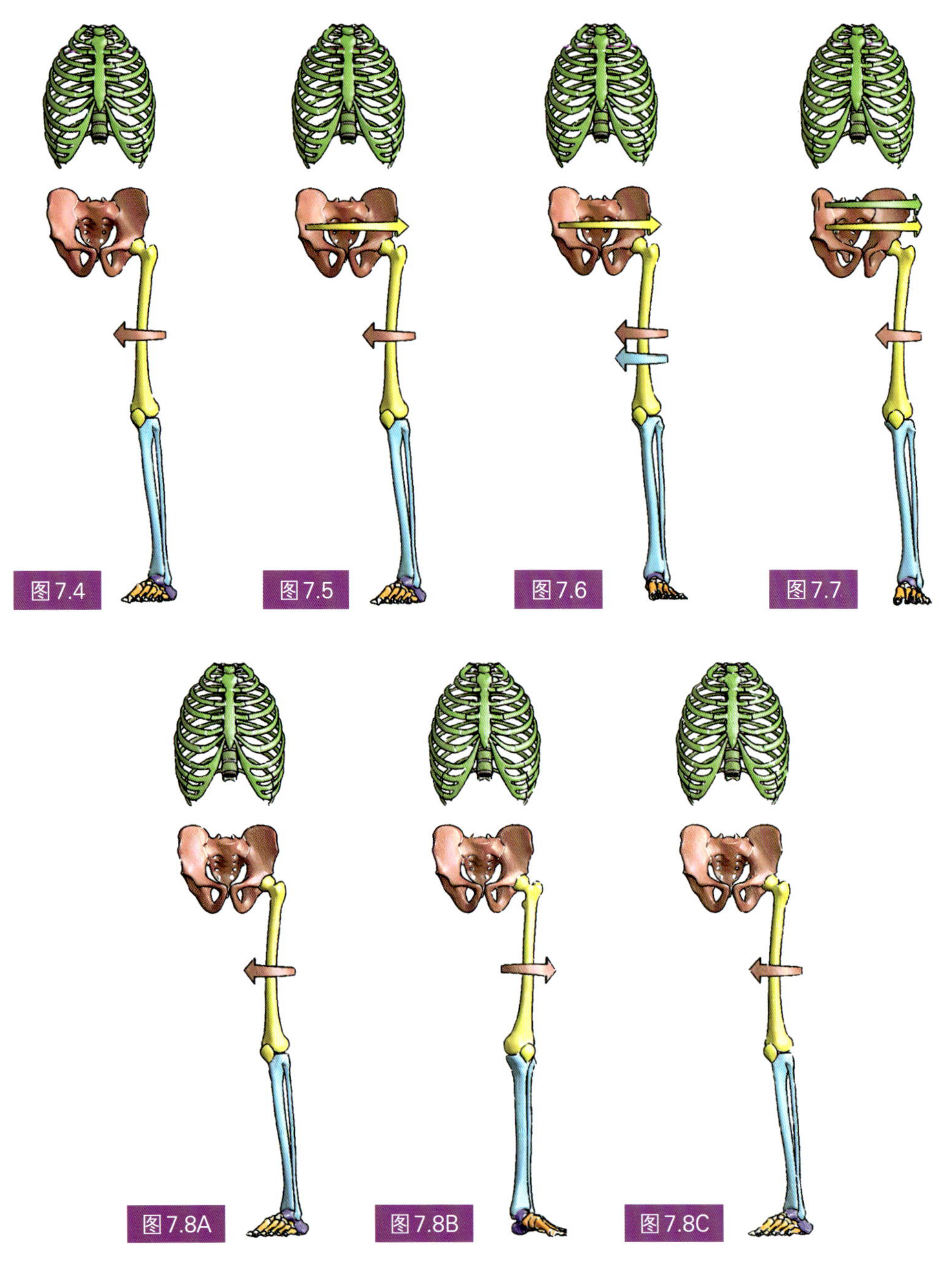

图7.4 图7.5 图7.6 图7.7

图7.8A 图7.8B 图7.8C

第八章

简化步态分析

Martin Lundgren

概述

正如本书中已经提到的，作为人类，步态是我们最基本的运动模式之一。简化步态分析（gait made simple，GMS）的目的是让你能够看到并处理人体的空间位置，以及帮助人们提高运动觉能力。

每个人的步态都不尽相同。不过，分析步态时，我们还是希望知晓一些基本动作。因为知道这些基本动作与其他运动成分的关系对于我们制订不同干预策略至关重要。

简化步态分析不仅是一种学习如何进行步态评估的方法，而且也是一种获得更好运动觉的方法。此外，它还包括相对运动，是一种从系统的角度理解身体动态的方法。相对其他难以鉴别和理解的方法，这是一种阐述人体部位关系的新方法。

简化步态分析的目的是呈现一个简化的系统，这样我们可以更容易地从评估到干预，并明白该如何处理，以及制订下一步干预方案。

背景、前提及对立观点

简化步态分析背后的一个潜在假设或观点是，骨盆与胸廓及前足与后足之间是反向运动的。对立运动仅仅指两个物体相对彼此向相反的方向运动，如图8.1所示。2011年，Gary Ward在运动解剖学课程中向我介绍了这个概念。对运动也是他所提出的步态流动运动模型中的基本主题之一。该概念对我大有裨益，我试图用其解释这些年我是如何拓展自己的概念“地图”，这是一个良好切入点。这个观点是简化步态分析的基础。简化步态分析的目的是让我们了解步态中的基本动作以及它们之间的相互关系。它旨在既要尽可能地保持足够的复杂性，又不使其过于繁复。彩色图解模型是简化步态分析的一个内在且重要的组成部分。将简化步态分析与运动学研究及其他相关研究联系起来已超出了本书内容。这种联系将更适合另一种形式，即简化步态分析的一种更为扩展的高级形式[1]。

图8.1

同一时间内，我们将只在一个运动平面内描述不同运动，这是为了更便于理解，并不是说这些运动在同一时间内只发生在一个平面。事实上，身体部位的运动会同时发生在所有运动平面（尽管有时在单一运动平面会多一些）。

步态分析时的不同评估策略

当我们进行步态分析时，我们可以采用3种不同的评估策略。

策略1：比较观察身体两侧的不对称性。身体两侧是否有相同的活动量？例如，当骨盆在冠状面上倾斜时两侧活动幅度是否相同？再例如，相对于骨骼系统中的胸廓，图8.2A中的骨盆向左倾斜的幅度要比图8.2B中的骨盆向右倾斜的幅度大。

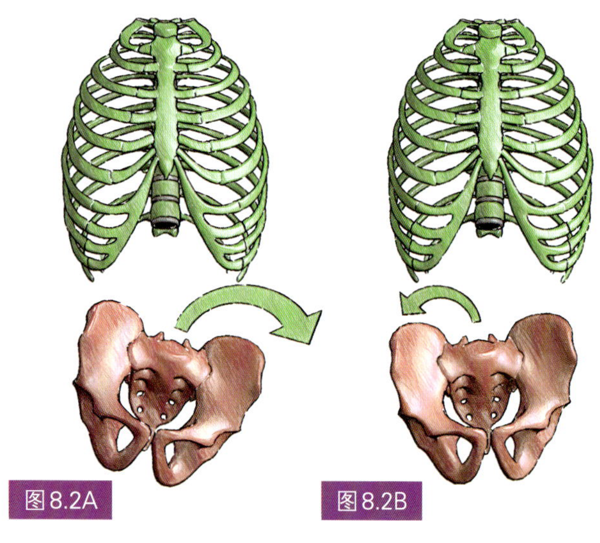
图8.2A 图8.2B

策略2：评估身体的某个具体节段、部分或者骨骼有多少总活动量。例如，我们可以观察骨盆在冠状面倾斜的幅度，骨盆向两侧倾斜的幅度会很小或都很大。在图8.3中，当骨盆相对于胸廓向左倾斜（图8.3A）和向右倾斜（图8.3B）时，都会有很大的幅度。而在图8.4中，我们遇到了不一样的情况，当骨盆相对于胸廓向左倾斜（图8.4A）和向右倾（图8.4B）时，骨盆在冠状面上的移动幅度非常小。

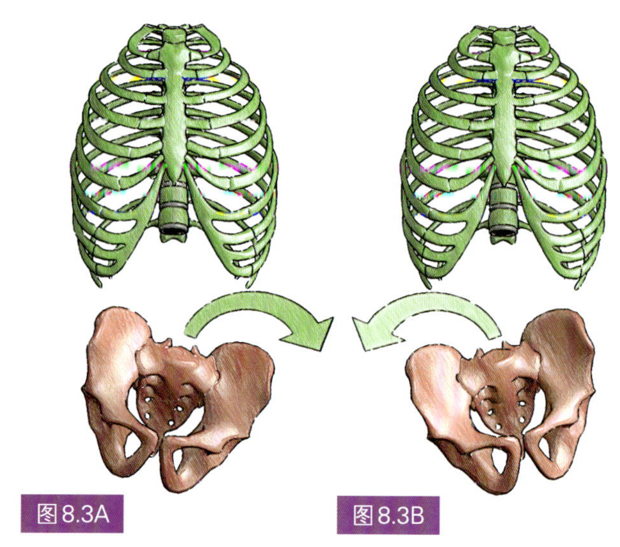
图8.3A 图8.3B

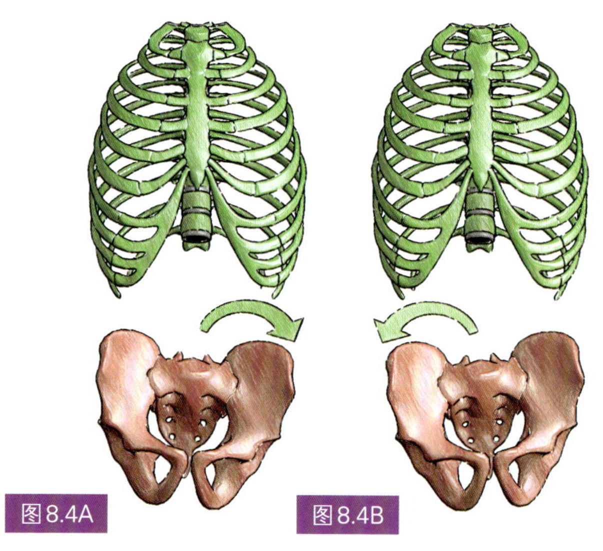
图8.4A 图8.4B

策略3：评估不同骨骼之间的运动关系，并观察该运动与身体其他部位之间的运动关系。一个部位的运动受限或过度运动均可能会影响其他部位的运动。例如，如果距骨与胫骨之间运动受限，可能会影响股骨相对于骨盆的前倾角度。观察图8.5A的骨骼，与图8.5B相比，股骨相对于骨盆的前倾幅度较小，这是因为距骨和胫骨之间运动缺失。在图8.5B中，由于距骨和胫骨之间没有运动受限，股骨相对于骨盆前倾幅度更大。

策略1通常较容易执行，因为我们可直接对比身体两侧。而在策略2中，我们必须用一个更抽象

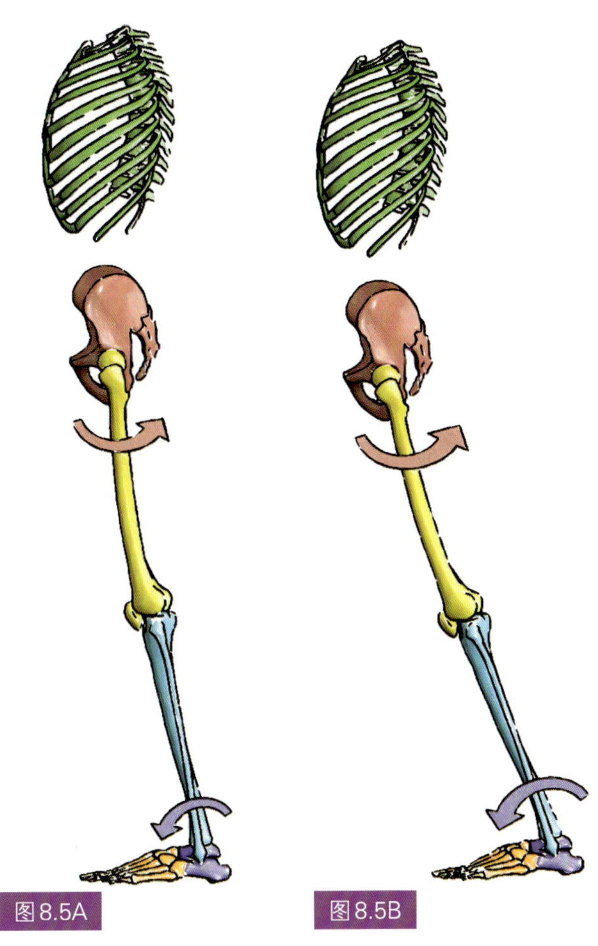
图8.5A　图8.5B

图8.6

的概念来对比观察到的人体运动量，即多大的运动幅度是可能的或适当的。这种对比通常观察起来稍显困难，并且需要更多实践经验，因为我们必须设定参照点。策略3更像是一项分析工作，我们需要某种系统作为指导。简化步态分析的目标就是要成为这样的指南。

步态中的骨盆运动

接下来观察骨盆在步态中是如何运动的。我们将骨盆视为一个整体，暂不考虑骨盆内部运动。为简单起见，当骨盆运动时，我们可将其视作一个盒子在运动（图8.6），以便了解骨盆的整体运动。首先观察骨盆的运动，并将其与胸廓和股骨联系起来。

骨盆在冠状面的倾斜

每次将脚向前迈步并负重时，骨盆都会倾斜。如果右脚向前，着地后，骨盆就会向左倾斜（图8.7）。如果左脚向前，骨盆就会向右倾斜。在图8.7中，骨盆相对于胸廓和股骨向左倾斜，由绿色和黄色箭头表示。

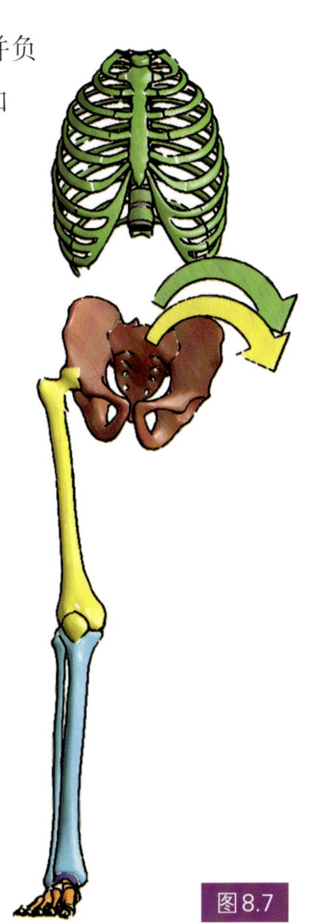
图8.7

骨盆在冠状面的平移

骨盆在冠状面存在移动。它作为一个整体从一侧平移到另一侧。当我们向前摆动一侧腿时，骨盆从后方脚上方移动到前方脚上方。图8.8A显示骨盆最初更多地位于左脚上方，然后骨盆移动，图8.8B则显示骨盆更多位于右脚上方。这种变化由橙色箭头表示，表明骨盆相对足部向右移动。

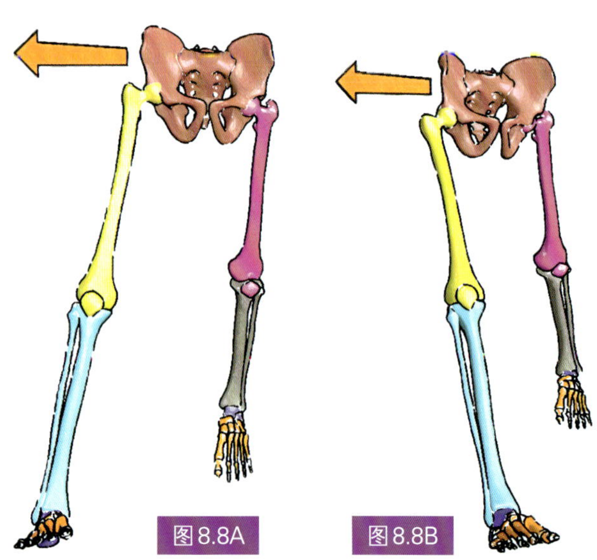

图8.8A

图8.8B

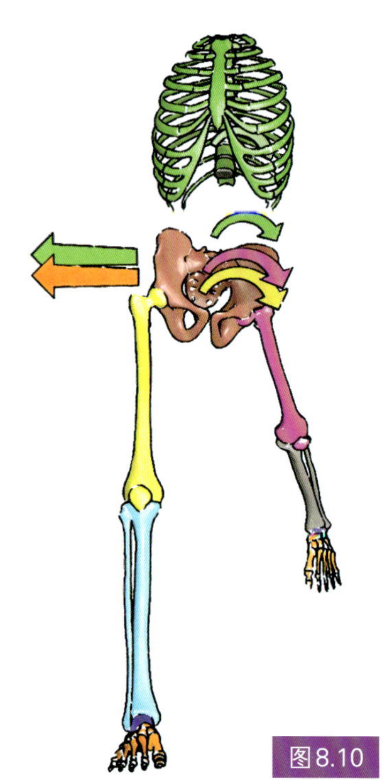

图8.10

骨盆相对于足部向右移动时，骨盆相对胸廓也会移动。在图8.9中，骨盆侧的绿色箭头表明骨盆相对胸廓向右移动。骨盆上方粉色和黄色的箭头表明骨盆相对股骨倾斜。而在图8.7中，并没有用绿色箭头指示倾斜运动，这是因为骨盆相对于胸廓没有倾斜。此外，骨盆之所以相对股骨是倾斜的，是因为骨盆相对足部运动时需要相对股骨发生倾斜运动。

图8.9

只要摆动腿悬空，胸廓和骨盆之间就没有任何倾斜关系。但当整个足部着地时，骨盆的旋转和倾斜运动就结合在一起，正如图8.10所示。骨盆的移动在倾斜运动之前开始，但同时结束。

骨盆在水平面的旋转

骨盆的旋转发生在水平面上。当我们将一只脚向前迈时，骨盆会远离前方腿发生旋转。如果我们把右腿向前迈，骨盆就会相对于右侧股骨和胸廓向左旋转（图8.11）。这个旋转运动在后方脚离地前达到最大限度。当我们观察这个运动时，很容易观察到身体两侧的不同。一个提示是，当我们观察人行走时，会发现其脐部会水平转动，但绝不会越过中线转向另一侧（策略1）。

图8.11

矢状面的前后倾斜运动

在矢状面上，骨盆进行前后倾斜运动。每次

一侧腿向前迈出，然后全足底着地，骨盆就会向前倾斜。在图8.12中，骨盆相对股骨和胸廓向前倾斜。前倾运动是身体缓冲震动和软组织负荷的一种方式。当后方腿开始向前摆动，并带动骨盆向后运动时，这个动作就结束了（图8.13）。这种骨盆向后倾斜的运动一直持续到足部着地，随着向前迈步骨盆再次向前倾斜。

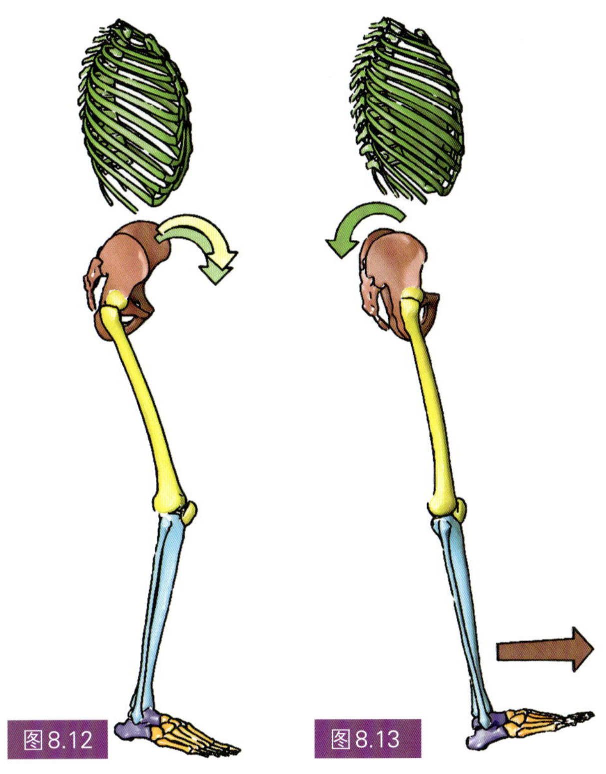

图8.12　图8.13

骨盆的这个运动可能有点难以观察，因为我们通常看到的是整个人向我们走来或走开。但骨盆从后倾到前倾的运动对整个人体运动是非常重要的，特别是对于脊柱的后伸。如果我们比较两侧足着地时骨盆前倾的程度，会发现通常不会有太大的区别。同样地，如果我们比较两侧腿向前摆动时的骨盆后倾程度，通常也不会有太多的不同之处（策略1）。这是因为我们一般看到的是整个身体处于向后或向前倾斜的位置。当一个人摆动腿时，骨盆始终保持向前倾，不会向后倾斜；而当全足底着地时，骨盆保持向后倾，不会向前倾斜（策略2）。

胸廓和骨盆的关系

当我们观察骨盆时，通常把它看作一个整体，内部没有任何活动。现在，我们也要把胸廓当作一个不可分割的整体，就像是个盒子。当然胸廓并不是一个盒子，胸廓所含的不同部分之间有很多运动。然而，正如我们之前所说的，这样做是为了了解身体的整体运动模式。要理解胸廓发生的运动，最简单的方法是认为它和骨盆的运动完全相反。从相互对照的角度来看，骨盆和胸廓之间发生相反运动。我们现在要探索胸廓和骨盆之间的动力学。

冠状面上的运动

如果骨盆和胸廓发生对立运动，胸廓就会在冠状面相对于骨盆出现移动。如图8.14所示，如果右腿向前摆动，骨盆向左倾斜，胸廓就会相对于骨盆向右倾斜。如果我们将胸廓的倾斜与其他部位联系起来，如右侧股骨，就可以看到胸廓相对于股骨发生倾斜（图8.15）。正如前面解释的，骨盆的倾斜和移动有助于将人体的重心向右脚上转移以保持平衡，如果这种运动减少了，我们就必须设法加以调整，一个典型的方法是使胸廓更加倾斜。如果从对立运动的角度来解释这一现象，我们可以看到，图8.16与图8.15相比，胸廓相对于股骨向右倾斜得更多，而骨盆则相对倾斜得更少。在一些罕见的情况下，骨盆甚至向我们所描述的相反的方向倾斜，而为了代偿这点，胸廓不得不相对于股骨倾斜得更多。

正如我们之前提到的，骨盆可以在冠状面上运动。当骨盆随着后方腿向前方腿移动时，胸廓保持在后方腿的正上方位置。当胸廓像这样停留在后方时，意味着骨盆和胸廓之间的相对位置会

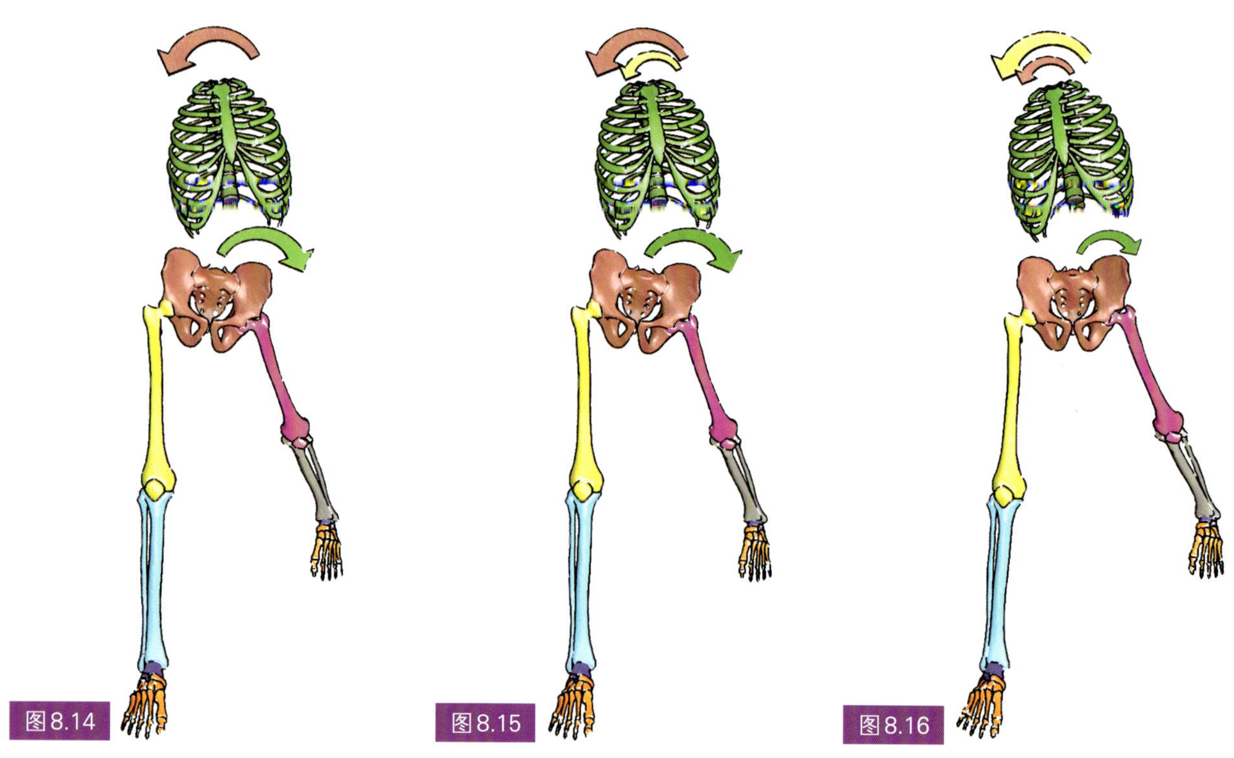

图8.14 图8.15 图8.16

发生变化。当右腿向前摆动着地时，骨盆相对于胸廓向右移动（图8.17）。这是一种让我们将重心准备从后方的脚转移到前方的脚的方法。这种移动主要发生在单脚着地时。一旦前方腿的全足底着地，胸廓就跟上来，胸廓和骨盆之间的相对移动就会减弱，取而代之的是二者之间的倾斜关系，如图8.14所示。

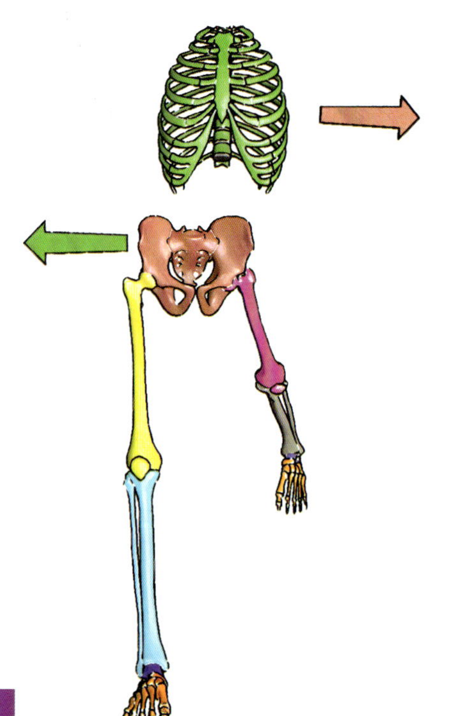

图8.17

观察胸廓和骨盆之间的位置变化可以很明显地看出，不同的人胸廓相对骨盆的左右移动能力之间有很大的不同。如果我们在静态视觉评估中看到胸廓和骨盆之间在冠状面上有明显移动，那么在观察步态时通常也会看到同样的移动。将图8.18A想象为视觉评估中的静态位置，骨盆和胸廓之间有一个移动（增强视觉的目的）。随后，这种变化在步态上得到了增强，这是很常见的。在图8.18B中，当右腿摆动向前时，胸廓相对于骨盆向左移动。此外，当左腿摆动向前时（图8.18C），胸廓和骨盆之间没有任何移动。如果我们做一个运动评估，要求被检查者先保持胸廓水平，然后将骨盆相对胸廓移动，我们可能会发现被检查者移动到自己站立朝向的一边更容易，且当他行走时，也是移动到站立朝向的一侧更容易。

需要记住的是，胸廓和骨盆之间的移动关系通常涉及脊柱的两个生理弯曲，但二者的倾斜关系只涉及一个生理弯曲（可能高于颈椎或胸椎上

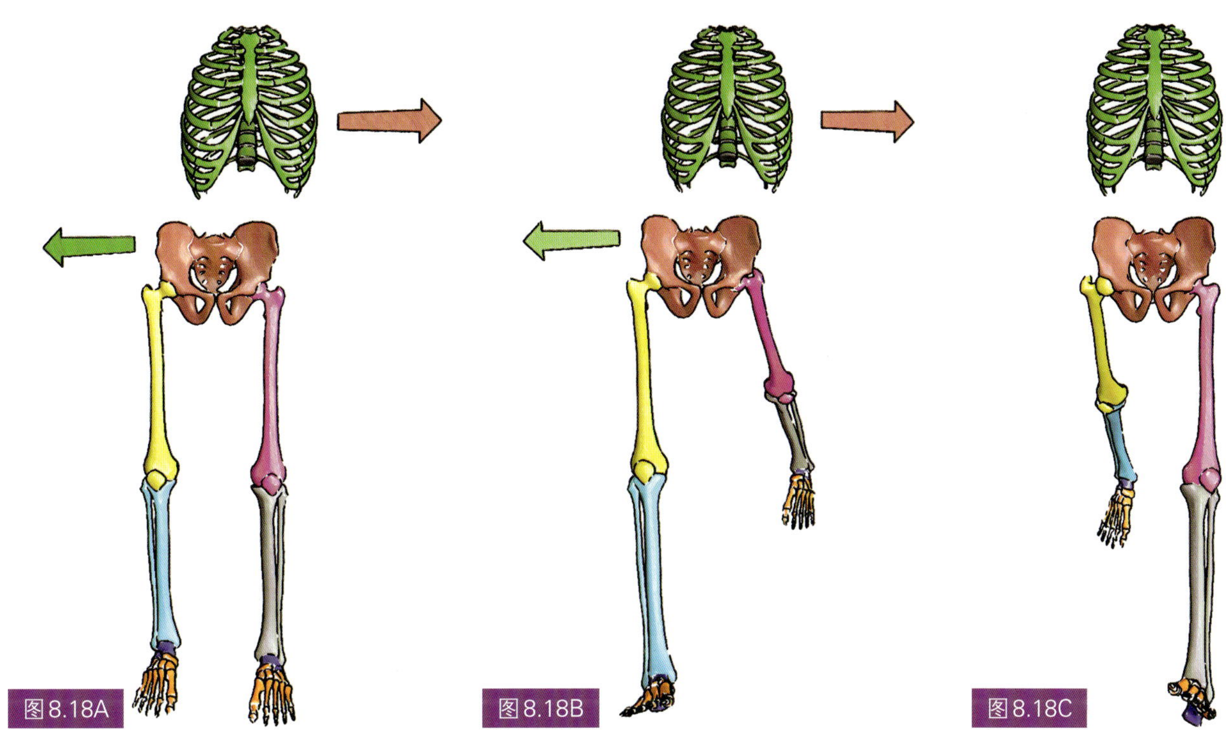

图8.18A　图8.18B　图8.18C

部）。因为腰椎区域椎体间的活动能力有限，在实践中，由于关节突角度的差异，我们经常看到T11在T12上的活动变大，同时也会影响第11肋和第12肋之间的关系。也可能观察评估发现骨盆两侧都没有移动，或我们在视觉评估中看到的移动在观察步态时保持不变（我们注意到脊柱侧凸患者经常出现这种情况）。

水平面上的对立运动

就像在冠状面一样，骨盆和胸廓在水平面也存在相反方向的移动。当骨盆相对胸廓向左旋转时，胸廓相对骨盆向右旋转。这个运动就是我们通常所说的对侧步态。骨盆旋转是随着后方股骨相对于骨盆前倾发生的。如果右腿向前，左腿相对于骨盆向前倾斜，那么骨盆相对于胸廓向左旋转，如图8.19中的绿色箭头所示。胸廓跟随左侧摆动的手臂，并相对于骨盆向右旋转，由转向右侧的红色箭头表示（图8.19）。

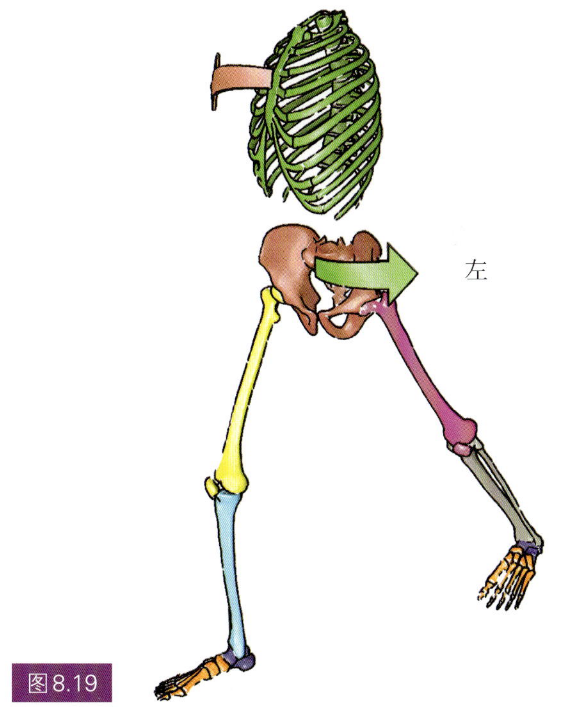

图8.19

如果想把事情弄得稍微复杂一些，我们可以把胸廓和骨盆的运动与身体的其他部位联系起来。例如，如果将胸廓和骨盆的运动与右侧股骨联系起来，会发现有时胸廓相对于股骨移动得更多，而有时骨盆相对于股骨移动得更多。在图8.20中，骨盆相对于右侧股骨移动，但胸廓没有发生移动，

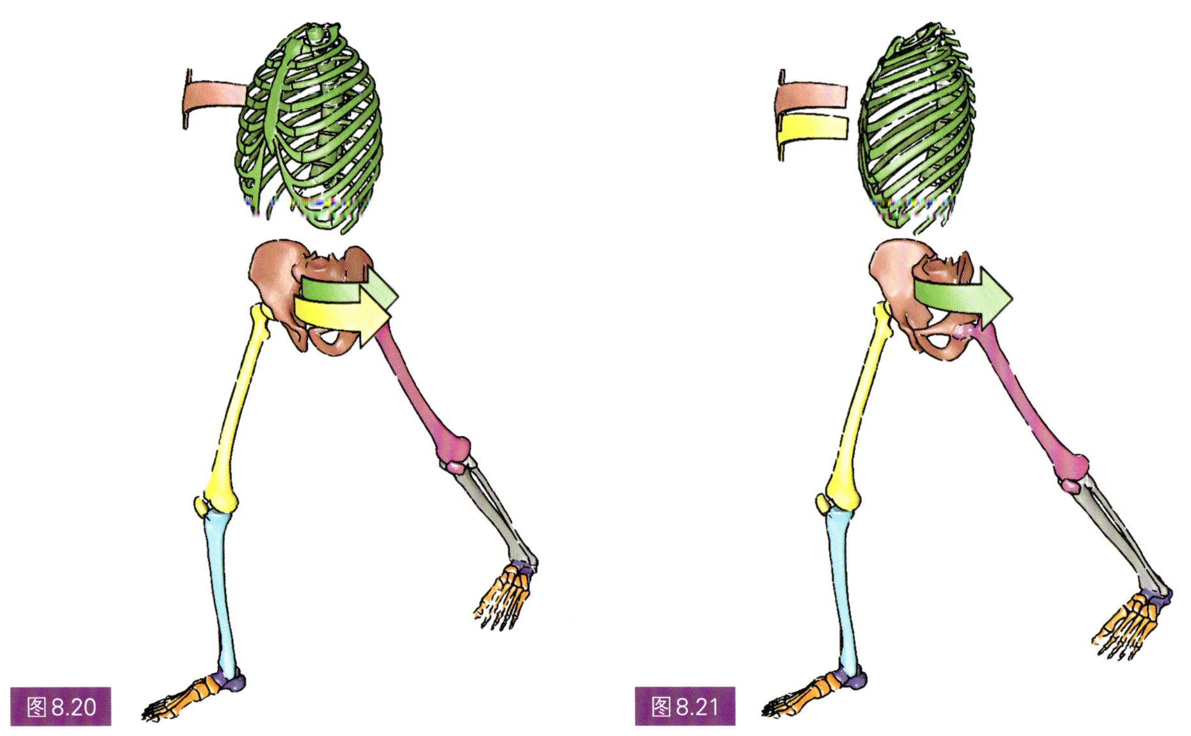

图8.20

图8.21

图中黄色箭头表示骨盆相对于股骨向左侧旋转。在图8.21中正好相反，骨盆相对于股骨的移动不是很大，但胸廓移动很大，图中的黄色箭头表示胸廓相对于股骨向右侧旋转。但有一点需要记住，在所有这些图片中胸廓和骨盆之间的关系仍然是一致的，正如红色和绿色箭头所示，不同的是相对于其他部位的关系，在本例中是与右侧股骨的关系。在后面的章节中，我们会学习水平面的所有运动，并将足部运动一直到胸廓的运动联系起来。

胸廓和骨盆之间的移动也涉及大幅度的旋转成分。如果胸廓远离后方腿旋转，则胸廓和骨盆之间的移动更明显。当我们站起来并做胸廓相对于骨盆的移动（图8.18A），然后相对骨盆向右旋转胸廓，再向左旋转胸廓。你可能会注意到，当你向右旋转时，这种变化会加剧，而当你向左旋转时，这种变化会更像是胸廓和骨盆之间的倾斜关系。

矢状面上的对立运动

如果我们遵循胸廓和骨盆对立运动的基本前提，当我们向前倾斜骨盆时，胸廓应该向后倾斜（相反地）。在结构整合的世界里，当谈到胸廓的后倾时，通常涉及胸廓的后移[2]。但此处却不是这样。当我们谈论后倾时，并不涉及后移；胸廓仍位于骨盆中心上方，如果胸廓存在移动，它会相对于骨盆向前移动。如果骨盆向前倾斜，胸廓向后倾斜，并且胸廓没有向后移动，则意味着整个脊柱完全向后弯曲（伸展），从而打开身体前部（图8.22）。如果处于这种躯干完全伸展的位置，就可以通过摆动下肢使骨盆相对于胸廓向后倾斜，并使胸廓从后倾位相对于骨盆向前倾斜（图8.23）[3]。

当骨盆前倾时，我们应该看到胸廓前面的上提（胸廓后倾）。人们步行时通常不会这样。胸廓的后倾和上提依赖于骨盆从后向前移动（以及骶骨的运动）。如果骨盆卡在前倾位，我们将无法完成骨盆从后倾到前倾的运动，从而将失去胸廓后倾和脊柱

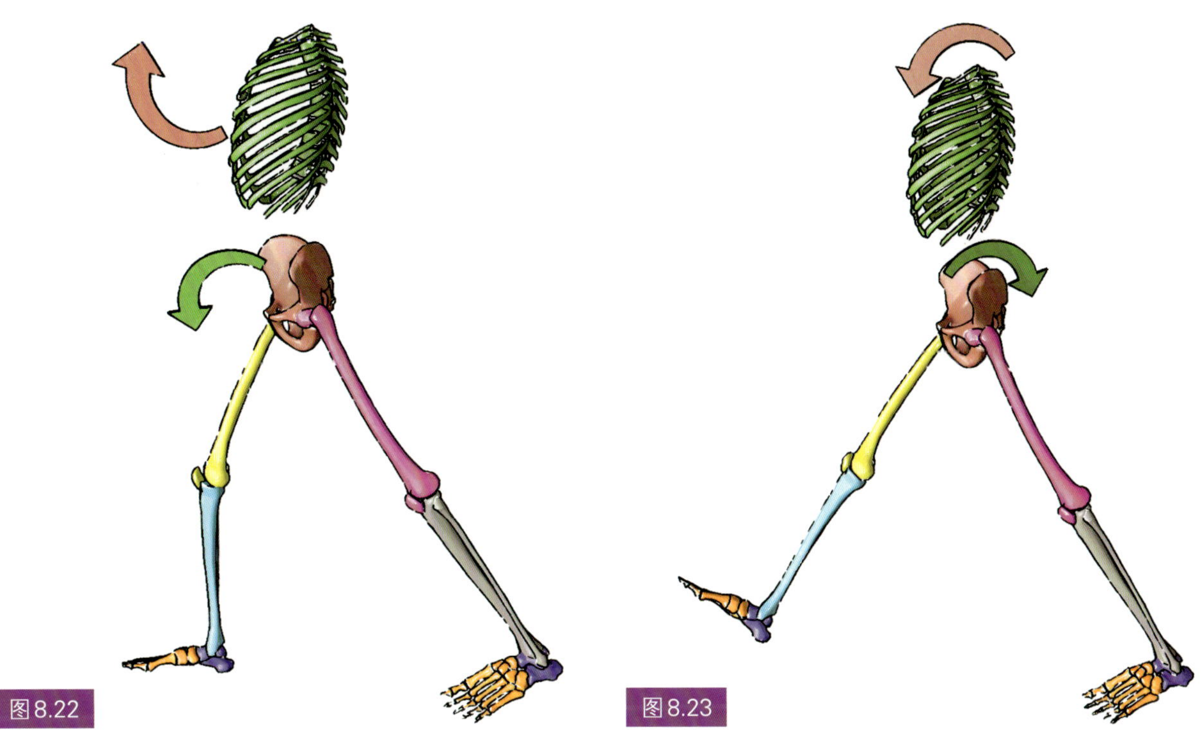
图8.22　图8.23

完全向后伸展的机会。由于骨盆无法从后倾运动到前倾，即使步行中骨盆从后向前移动，我们也可能无法在胸廓和胸椎区域完成后伸后再前屈的运动，这将使我们的脊柱向后伸展停留在下方位置。

此外，如果骨盆被卡在后倾位，骨盆将不会出现任何的前倾，因此，整个脊柱不会有适当的后伸，骨盆也无法再更进一步做后倾的运动（因为这需要骨盆更靠前）。

如果胸廓和骨盆之间有适当的反向运动，那么当骨盆相对于胸廓前倾时，我们应该可以看到胸椎前侧区域上提[4]，接着腰椎相对于骨盆和胸廓向前移动（通过骶骨的运动被增强）[5]；当骨盆向后倾斜时，前述情况会逆转，我们可以看到腰椎前侧区域上提。在下一章节中，我们将描述这些运动与足和下肢的关系。

足部的对立运动

为了了解足部的整体运动，我们将足部分为前足和后足，并将后足和前足看作一个内部没有任何运动的整体。事实上前足和后足内部有很多运动，我们这样划分足部区域是为了让读者更容易概览和了解足部的整体运动。

来看看我们是如何划分足部区域的：后足包括距骨和跟骨，而前足在此是指后足之前的所有部分（图8.24）。为了彻底理解足部整体发生了什么运动，我们还应该确切地知道每块骨骼相对其他骨骼是如何运动的，这将使我们在干预中目标明确并产生持久的效果。但仔细观察每一块骨骼的先决条件是对足部的整体运动有一个认知，这也是我们的目标。因此，我们把事情简单化，将

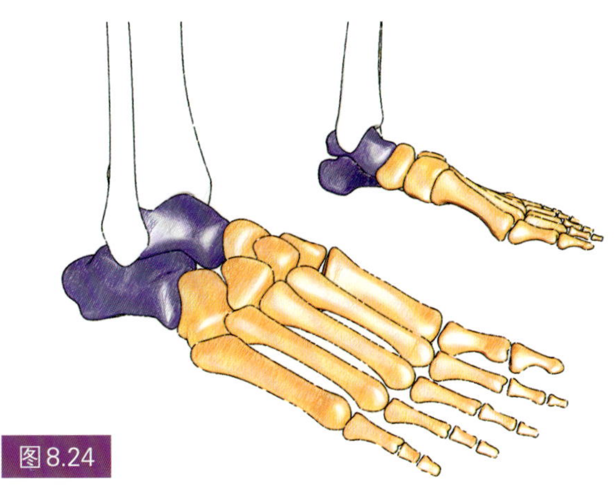
图8.24

足部分为后足和前足。

接下来，我们将探索足部的两种运动，即旋前和旋后。在此处，足部的旋前和旋后被解释为发生在整个足部的运动。这些运动将被解释为前足和后足的相对性运动。

旋前

首先需要记住的是，人体的运动过程和停留在运动的末端的状态是两个不同的概念。我经常从患者或大众口中听到这样一种说法：旋前运动对人体不好，我们应该尽量避免旋前的出现。然而，旋前是人体中非常关键的运动，所谓“不好”通常指的是被卡在那个运动的末端。旋前的整个运动都发生在全足底着地时（尽管在步行周期中旋前早就开始了）。当我们从不同平面观察它时，可以得到以下结果。

冠状面

从冠状面看，后足相对于前足内倾（图8.25A，图中位于左侧的足部仅作参考）。前足依然位于地面上，但由于后足内倾，所以前足相对于后足外倾。当我们把后足摆在垂直于胫骨的位置上，但维持前足与后足的相对位置不变时，前足相对于后足外倾。受试者仰卧位，将其跟骨和胫骨摆放于同一条直线上，观察前足在冠状面上向哪一侧倾斜，这提示了足部在重力作用下会出现的反应。如果前足外倾（图8.25B），此时足部卡在旋前一侧，这使足部再旋后和前足内倾变得很困难（详见后文）。足部触地时，若我们想让后足相对于前足内倾，则首先需要在足部触地前使后足呈中立位或外倾。若此时后足已经处于过度内倾，它将无法更加向内，那么后足也不会出现任何由外向内的倾斜运动。

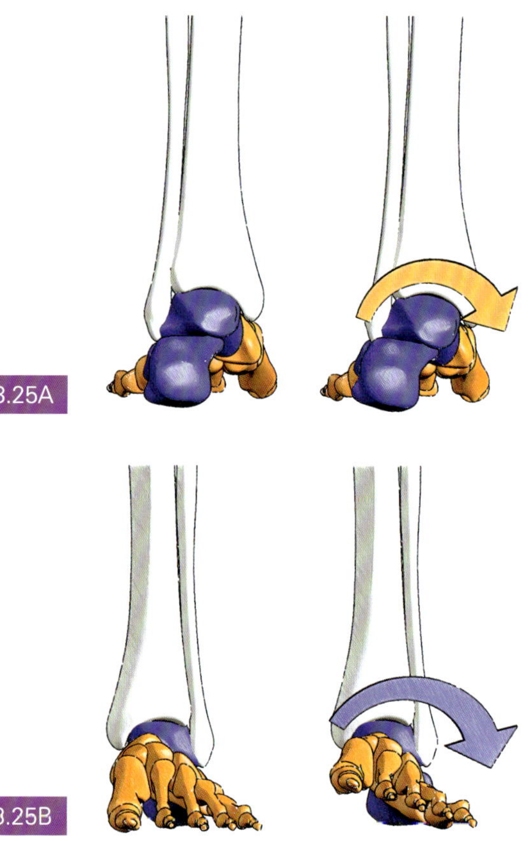

图8.25A

图8.25B

水平面

从水平面看，后足相对于前足内旋（图8.26A）。当跟骨内倾时，距骨更容易发生相对于跟骨的内倾，这会使足部打开，将足舟骨推向距骨外侧，更容易出现前足相对于后足的外旋（图8.26B）。它还使骰骨解锁，这将帮助前足相对于后足外旋。前足外旋时，若足部已经旋前，则不会再出现后足相对于前足的内旋。

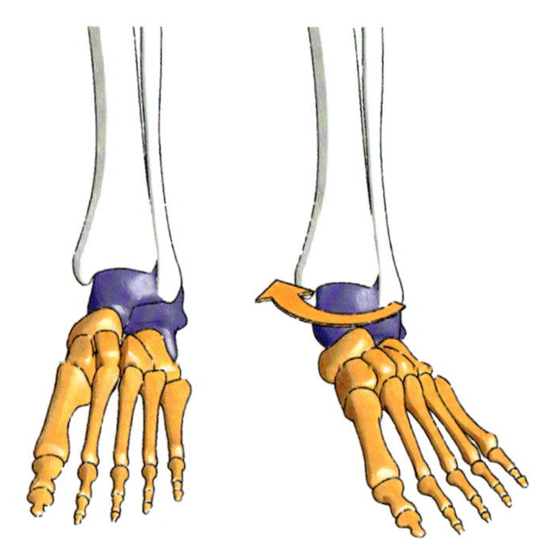

图8.26A

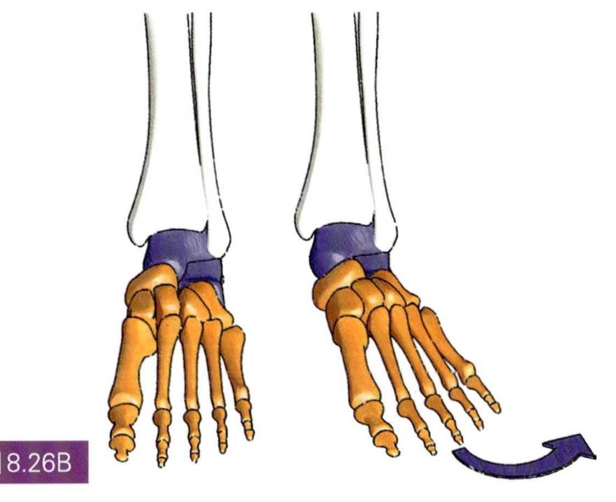
图8.26B

矢状面

从矢状面看，前足相对于后足前倾（图8.27A、D）。由于前足被地面阻挡，使得跟骨与足趾之间的距离变长（图8.27B），这也是为什么当足部旋前时会出现内侧纵弓塌陷。此时若足部在矢状面已经完全变扁平（图8.27C），由于后足已经处于活动范围末端，将无法再出现前倾运动。

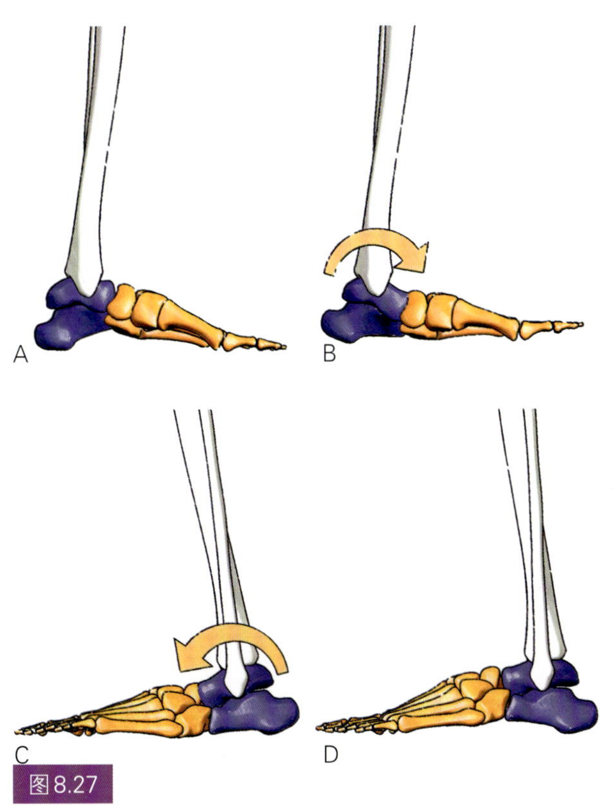

图8.27

再旋后

在步行过程中，足部通常在旋前之前就已经呈现旋后状态，即足部在触地前已经旋后，而在触地旋前后又再次旋后的运动，称为再旋后。正如前所述，被卡在活动范围末端和运动到活动范围末端的过程是完全不同的两个概念。再旋后运动取决于旋前运动。当足部卡在旋后位不能出现旋前时，很难出现再旋后运动。当足部卡在旋前位时也是同样的情况。因为再旋后是足部触地旋前后的运动，所以如果已经没有任何旋前运动了，那么再旋后几乎不可能发生。再旋后时，后足相对于前足后倾、外倾和外旋。这些运动都是同时出现的，但当把它们分解到每个平面逐一观察时，运动将按顺序发生。

冠状面

从冠状面看，后足相对于前足外倾（图8.28）。外倾始于内倾位，即旋前时内倾运动范围的末端位置。外倾运动对于维持足部稳定非常重要，可以将我们向前推进。当处于前足触地且后足外倾时，我们可以看到前足相对于后足内倾。若后足在旋前时始终维持内倾位，那么胫骨也将跟随出现内倾趋

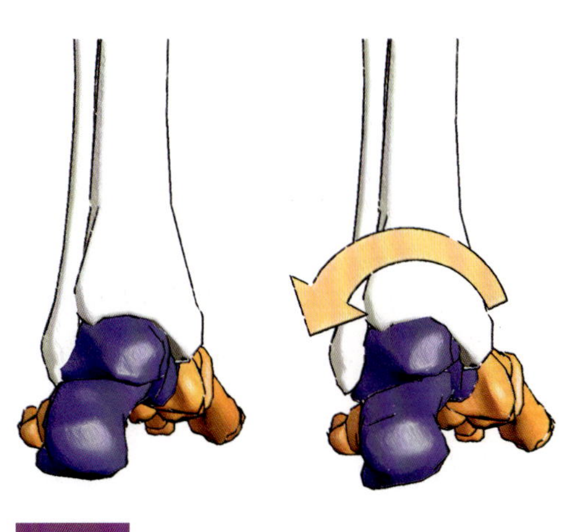
图8.28

势，可能会出现在X型腿模式上，即膝关节向内移位。纠正X型腿时的一个关键策略是，使用包括让后足相对于前足发生外倾在内的干预措施。

水平面

从水平面看，后足相对于前足外旋（图8.29）。再旋后时，距骨相对于跟骨外旋，此时更容易出现前足相对于后足的内旋。这种旋转的运动最常发生在距骨和足舟骨之间，其次是跟骨和骰骨之间。

当进行视诊评估时，如果让受试者足部处于前足相对于后足外旋的位置，则很可能观察不到后足相对于前足的外旋。当没有发生此运动时，我们将会看到身体较高节段在水平面上出现“代偿”运动。缺少这个运动的表现是以足部向两侧外旋的姿势站立（图8.30A），以及当旋转前足使足部朝向正前方站立时，却感觉像是股骨发生了内旋（图8.30B）。导致这个现象的一个原因是缺少后足相对于前足的外旋运动，以及缺少距骨相对于跟骨的外旋运动。由于胫骨跟随距骨和后足运动，所以当我们以前足朝向正前方的姿势站立时，整个下肢将呈现内旋状态（图8.30B红色箭头）。这也是我们在站立时喜欢足部向两侧外旋的原因之一。

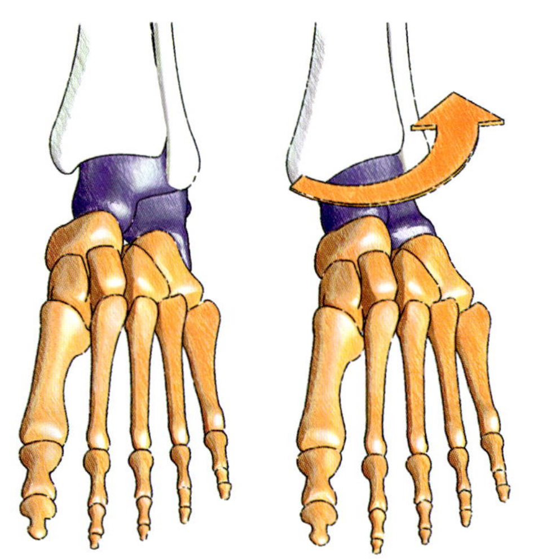

图8.29

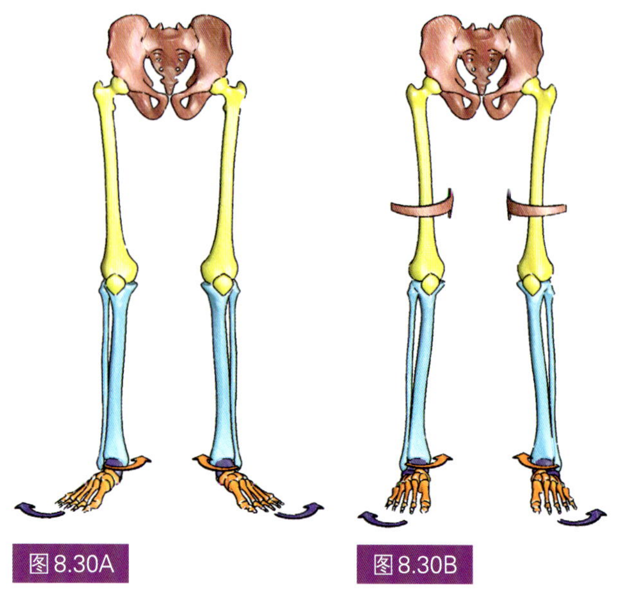

图8.30A 图8.30B

矢状面

从矢状面看，后足相对于前足后倾或前足相对于后足前倾（图8.31）。此时足部再次变短，内侧纵弓抬高。出现这个动作的主要原因是第一跖骨相对于后足前倾。当第一跖骨前倾时，足舟骨塌陷，同时相对于距骨前倾[6]，如图8.32中左侧足舟骨下方的橙色箭头所示。此处读者可能会稍感疑惑，因为同一时间足舟骨相对于胫骨或地面向上移位，如图8.32中左侧的蓝色箭头所示。当足部旋前时，相对运动发生：足舟骨向上移位并在矢状面上后倾，同时第一跖骨相对于后足发生后倾。

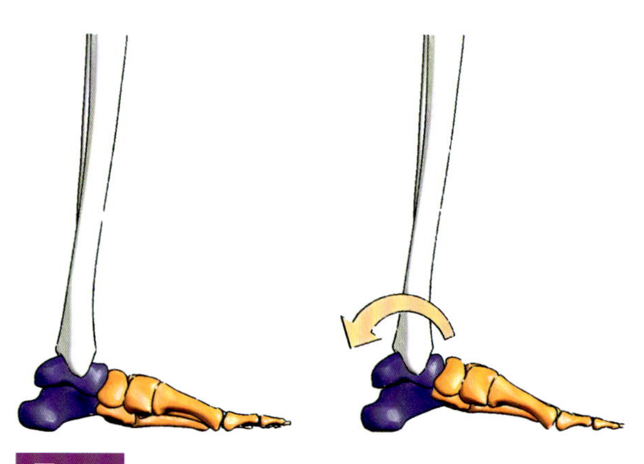

图8.31

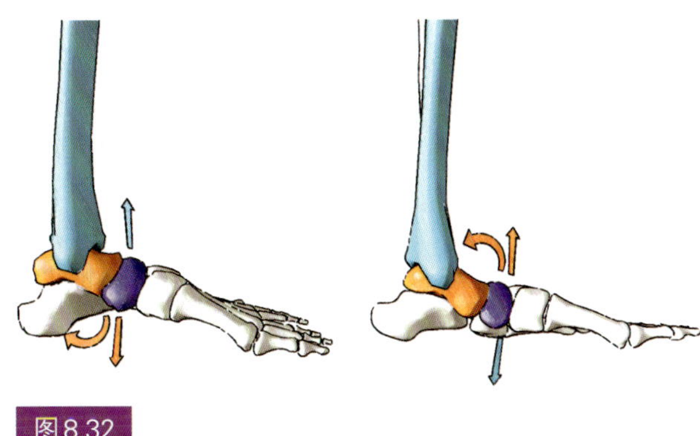
图8.32

当说到足舟骨塌陷时，通常是以地面作为参照的。但当距骨卡在前倾（和内倾及内旋）位尝试抬高足舟骨时，情况可能更糟，因为在这个位置下的第一跖骨很容易相对于后足出现后倾（背伸），从而产生“足舟骨塌陷更加明显”的情况。但是，当足卡在旋后位时这是一个能够启动旋前运动的好策略。当足卡在旋前位时，可尝试使足舟骨相对于距骨及后足下移、前倾、内倾/内移和内旋（和后足相对于胫骨的后倾）。这使第一跖骨更容易前倾。由后足外倾（图8.28）和外旋（图8.29）构成的再旋后运动，同样也能促进第一跖骨的前倾。

踇趾的后倾

当第一跖骨相对于后足前倾时，踇趾就会后倾（背伸）。在再旋后阶段的后期，仅有前足触地，前足内倾，后足外倾，这使踇趾更容易后倾。若有机会观察他人的足部，可以让他们在前足相对于后足外倾时将踇趾后倾，随后在前足内倾时再将踇趾后倾。此时很可能观察到在前足外倾时，踇趾后倾更困难。因为当前足外倾时，将不可避免地出现第一跖骨相对于前足的后倾，这时的踇趾后倾就会变得困难。同样，如图8.33所示，当站立位将足摆在旋后位时抬起踇趾，随后如图8.34所示，在足摆在旋前位时再抬起踇趾。此时可能观察到足在旋前位时，踇趾更难抬起。

在这种情况下，可将踇趾后倾看作两个运动：踇趾相对于第一跖骨后倾，第一跖骨相对于后足前倾。这两个运动都与足部的再旋后有关，均会使足部变短，第一跖骨向后足靠近，见图8.33中第一跖骨下向后的蓝色箭头所示。

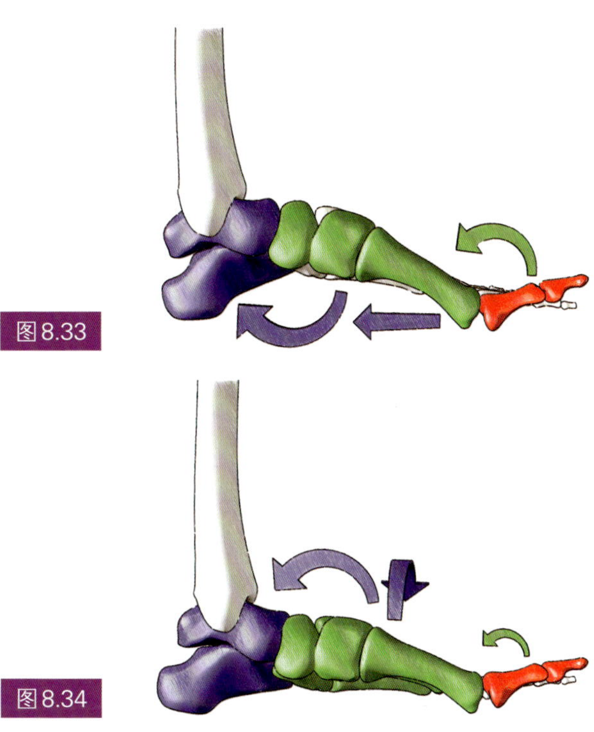
图8.33

图8.34

矢状面上的距骨与胫骨的关系

当足被卡在旋前位时，后足相对于前足缓慢前倾。若让后足相对于前足发生后倾，其先决条件是后足相对于胫骨有足够的后倾运动。此活动受限时，后足会被迫发生相对于前足的前倾，而非后倾。如图8.35所示，后足相对于前足前倾（橙色箭头），胫骨相对于距骨发生轻微前倾（小蓝色箭头）。当距骨和胫骨间有更多运动时，如图8.36所示，后足更容易发生相对于前足的后倾（橙色箭头），足部更容易发生再旋后（蓝色箭头表示后足和距骨间的关系）。

当缺少胫骨相对于后足的前倾运动时，后足将通过比理想情况更早离开地面的方式完成代偿。如图8.37所示，这个动作是由后足相对于前足的

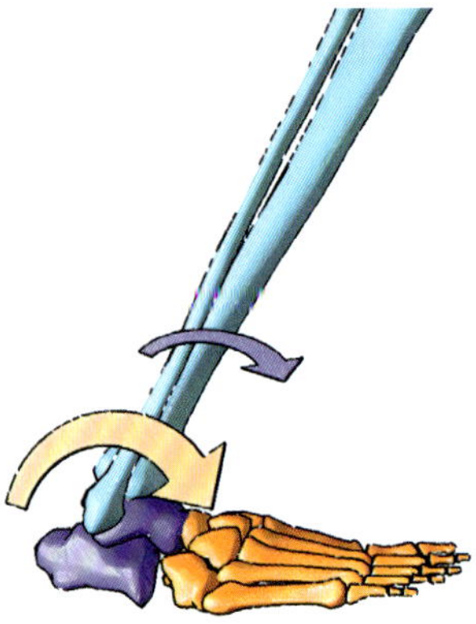

图8.35

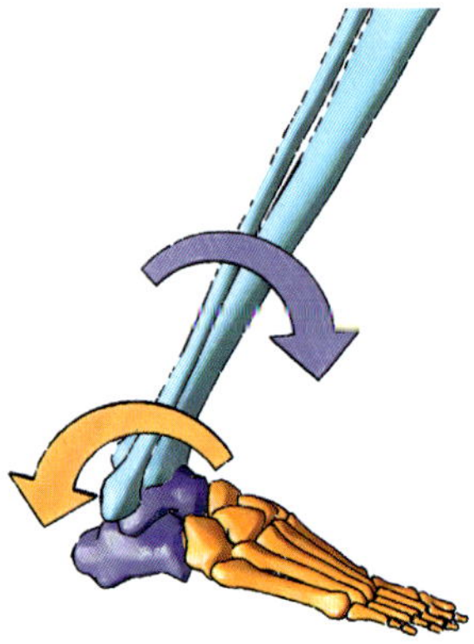

图8.36

前倾，以及胫骨相对于股骨的前倾联合构成。胫骨相对于股骨的前倾运动使后足容易更早离开地面，因此当我们在向前行进时，后足和胫骨之间的运动很少。我们将在本章后续内容中阐述这些运动是如何与身体更高节段紧密联系的。

当足被卡在旋前位时，后足总处于前倾位，胫骨和腓骨出现相对于距骨的后移趋势。由于距骨的形状前宽[7]后窄，当胫骨相对于距骨背伸时，内外踝需要相互分离[8]。若后足相对于胫骨和前足缓慢前倾，内外踝将不易分离。此时，由于距骨和胫骨及腓骨间的关系使再旋后运动变得更加困难，而后足相对于胫骨的后倾将使足部的其他部位更容易出现再旋后运动。

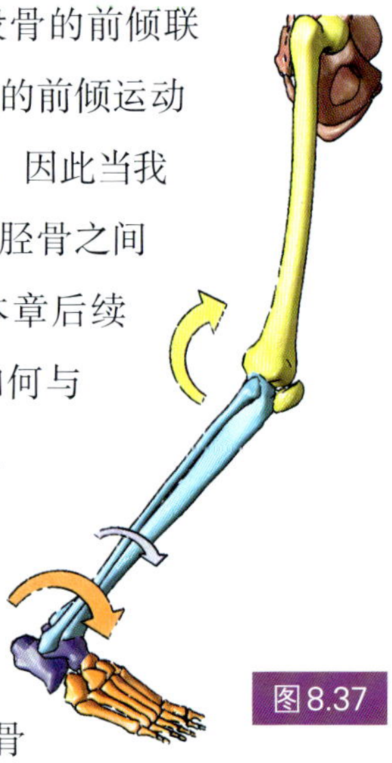

图8.37

水平面上的距骨与胫骨的关系

当足被卡在旋前位时，距骨和胫骨/腓骨之间有非常强的旋转成分出现。如图8.38所示，足被卡在旋前位，距骨相对于跟骨及前足和胫骨都出现慢性内旋运动。如果我们关注一下距骨和胫骨之间发生了什么，以及胫骨相对于距骨是如何发生前倾的，就会发现距骨相对于胫骨的内旋运动，使胫骨的下关节面的外侧更难在距骨上滑动。在图8.39A中，显示的是位于“中立位”的足。图8.39B和图8.39C中距骨相对于胫骨内旋或胫骨相对于距骨外旋，橙色箭头表示位置，而非运动。同图8.39A一样足部均处于中立位。

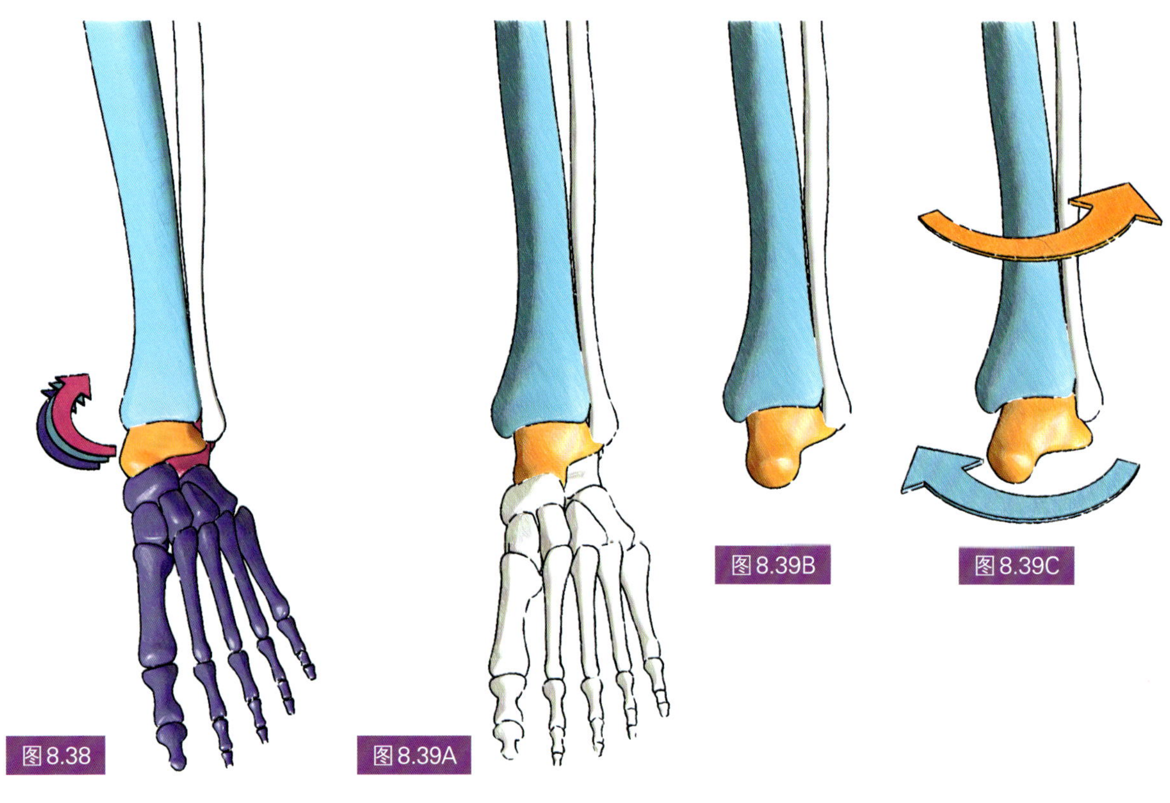

图8.38

图8.39A

图8.39B

图8.39C

当足部卡在旋前位时，胫骨内侧相对于距骨前移，但胫骨外侧并未发生移动而是卡在距骨后侧的位置。当尝试将胫骨相对于距骨前倾时，胫骨外侧并不能在距骨上滑动，如图8.40中黑色箭头所示。距骨滑车（距骨上部）外侧缘有所延长，这表明胫骨外侧能够滑动的距离比内侧长[9]。如果尝试在仰卧位下将卡在旋前位足部的全部相对于胫骨后倾，会发现足部位于旋前位时，相对于胫骨较易发生后倾。如果将足部摆在更旋后的位置，会发现足部相对于胫骨较难发生后倾。若想让距骨和胫骨间发生恰当的运动，则需要在干预措施中加入距骨和胫骨间的旋转成分。我在临床中发现，我们不仅要处理距骨和胫骨间的旋转，还需要处理距骨与足舟骨及跟骨的关系，这可在很大程度上提高距骨和胫骨间的运动。这些都表明足部的旋转与距骨和胫骨间的恰当运动是相关联的。

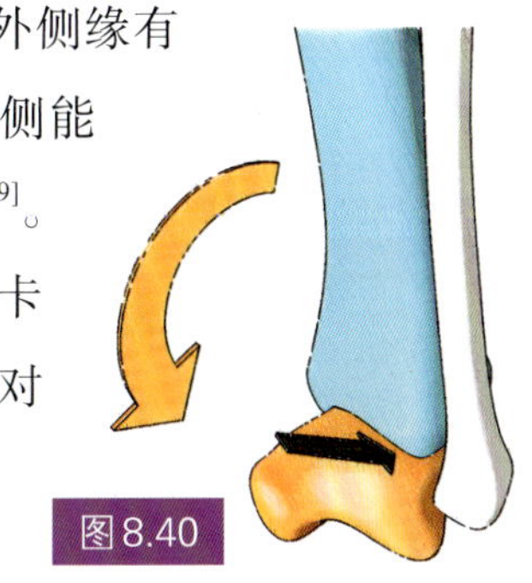
图8.40

若在足部卡在旋前位时开始再旋后，且止于一个较旋后的位置，那么距骨和胫骨间的旋转将更明显。再看图8.38，胫骨相对于前足发生轻微内旋。若足部旋后，使距骨止于相对于跟骨和足舟骨更加外旋的位置，那么胫骨将止于相对于前足更加外旋的位置。在图8.41中，距骨旋转到相对于前足和跟骨更加旋后的位置，这将导致胫骨相对于前足更加外旋（蓝色箭头）。这可以使距骨和胫骨间出现“可见的”旋转（由于距骨内旋将其暴露）。距骨和胫骨的关系仍然不变，橙色箭头显示了胫骨相对于距骨的位置（而非运动）。

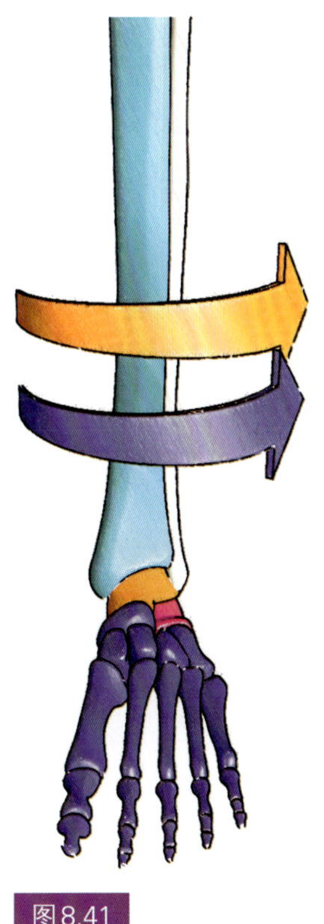
图8.41

出人意料的是，这有时甚至会影响胫骨和股骨间的旋转，给胫骨留出更多相对于股骨发生外旋的空间。若股骨不能产生更多相对于骨盆的外旋，那么将由胫骨和股骨间发生更多旋转来代偿。为了抵消这个运动，我们可以处理股骨相对于骨盆的旋转和距骨相对于胫骨的外旋，即处理胫骨相对于股骨和距骨的内旋。

整体观

现在来看看足部运动与身体其他部位的关系如何，或者身体其他部位的运动如何影响足部。我们在此主要了解足部与股骨和骨盆间的运动，以及胸廓和骨盆间的对立运动。

水平面的再旋后

我们首先从不同运动如何在水平面上相关联入手。足部的再旋后，即后足相对于前足的外旋，直接与股骨相对于骨盆的外旋运动相关。如图8.42所示，若足部能恰当地再旋后，可让股骨相对于骨盆发生更多外旋。这意味着骨盆相对于股骨发生左旋（黄色箭头）。若足部不能发生足够的再旋后，那么

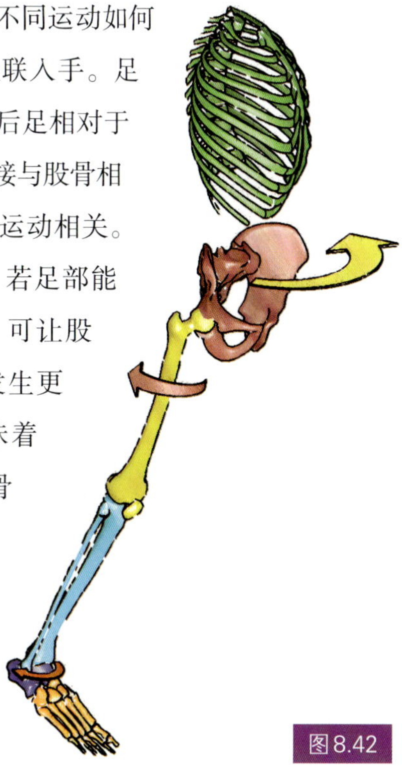

图8.42

股骨外旋活动就会减少。如图8.43所示，当足部处于旋前位时，会出现股骨相对于骨盆的内旋或骨盆相对于股骨的右旋。

图8.43

观察后足与胫骨，会发现后足同时相对于前足和胫骨发生外旋，如图8.44中浅蓝色箭头所示。此处浅蓝色箭头标示出的动作，实际上与胫骨相对于后足发生内旋是一样的。如黄色箭头所示，胫骨同样相对于股骨发生内旋，这与股骨上浅蓝色箭头所标示的是同一个运动。股骨同时相对于胫骨和骨盆发生外旋。简言之，若前足、胫骨和骨盆“保持静止”，则后足和股骨相对于前述所有结构产生外旋。

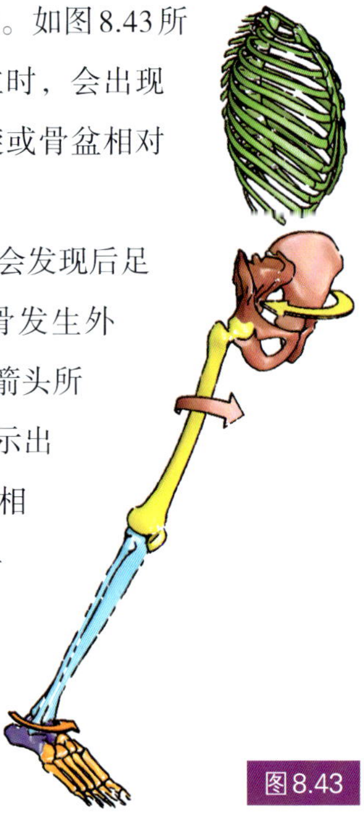

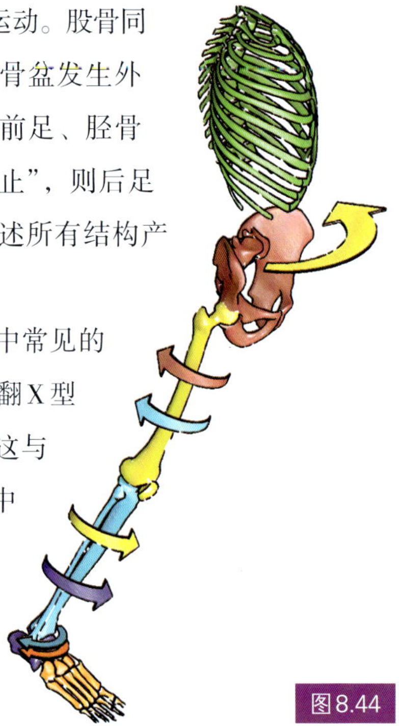

图8.44

笔者在临床中常见的一种模式是膝外翻X型腿合并足旋前。这与之前在图8.30A中所示类似，但有细微差别。如图8.45所示，前足相对于后足外旋，后足相对于前足内旋，同时胫骨相对于后足和股骨外旋，股骨相对于胫骨和骨盆内旋（这些被描述为静态位置）。这之所以被称为膝外翻是由于胫骨和股骨间发生旋转，使膝关节部分向内移位。前足转向外侧，若将前足朝向正前方，股骨内旋会增加（如图8.30B所示）。这种模式下的位置正好与足部在水平面上再旋后与身体其他部分产生影响时的模式相反（图8.44）。对于这种运动模式不必感到惊讶[10]，我们需要进行恰当的运动观察和评估身体如何运动，从而更清晰地了解它。

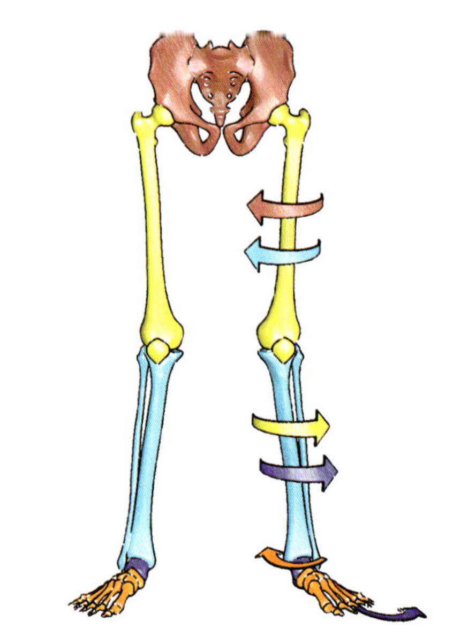

图8.45

如果我们知道这种模式是如何从水平面的角度对步态产生影响，那么我们将会得到与之前所述相反的内容。如图8.46所示，后足同时相对于前足和胫骨内旋，胫骨相对于股骨和后足外旋，股骨同时相对于胫骨和骨盆内旋。当再旋后缺失时（后足外旋），股骨更不容易发生相对于骨盆的外旋。由于在后足内旋时，会推动整条腿相对于骨盆内旋，因此会阻碍股骨相对于骨盆的外旋出现。一种可避免股骨完全内旋的方法是在步行时将足部转向外侧，这使身体感受到的张力较小，更容易向前推进。但这通常意味着我们用胫骨相对于股骨的外旋，替代了股骨相对于胫骨的外旋，从而使再旋后更难出现。这种运动模式常与我们前面所说的静态位置一致。

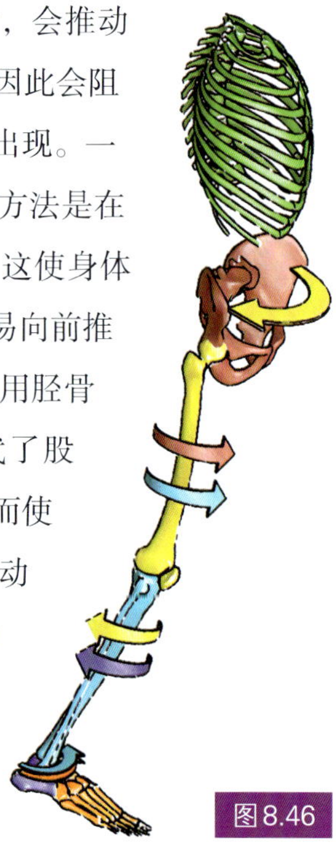

图8.46

股骨外旋不足，常常会成为阻碍足部再

旋后的因素。我在临床中，通常会先解决股骨相对于骨盆的外旋，然后再改善足部的再旋后。处理股骨外旋时，常会使骨盆更容易产生从前倾到后倾的移动。发生这个现象的原因之一是股骨相对于骨盆的外旋运动将骨盆的下部相对于股骨头（或相对于其在空间的位置或足部位置）推向前方，使骨盆更容易后倾。

我们继续往上看，观察股骨、骨盆和胸廓之间的关系，如图8.47所示，骨盆相对于股骨左旋，但相对于胸廓右旋。这是一种用来描述最大长度的方法，即在股骨和胸廓间发生“扭转”或在水平面施加负荷。股骨外旋不仅是引起股骨和骨盆活动差异的因素之一，同时还是位于股骨和骨盆之间、抵消胸廓旋转的反向旋转。如图8.48所示，若股骨相对于骨盆未发生外旋，则骨盆相对于足部不会发生过多右旋，这表明胸廓和骨盆间的分离同样会减少。此时虽然胸廓没有受到骨盆右旋和股骨外旋的阻碍，但胸廓也并未向左侧移动“更多”。在图8.20和图8.21中描述过同样的情况，即胸廓相对于右侧股骨旋转至更大或更小的角度。但现在我们可以观察到，这种情况和足部的再旋后程度有关。如图8.48所示，若足部没有任何旋后，股骨相对于骨盆的外旋就会减少，此时将没有可以抵消胸廓运动的“反向”运动，从而同样将减少股骨和胸廓在水平面上的分离。

如图8.49所示，骨盆和胸廓继续相对于左侧股骨向左旋（粉色箭头）。胸廓移动得更多，以胸廓前较大的粉色箭头表示。骨盆和胸廓相对于左侧股骨都旋转向左侧，但由于再旋后不足，后足相对于前足未发生外旋，同时股骨相对于骨盆也未发生外旋。由于缺少这些外旋运动，骨盆无法相对于左侧股骨右旋，几乎以“相反方向”和胸廓相对于股骨左旋，如粉色箭头所示。不难发现，再旋后或再旋后不足可能同样影响骨盆和左侧股骨的运动关系。再旋后不足不仅会减少右侧股骨相对于骨盆的外旋，还会减少左侧股骨相对于骨盆的外旋。简单来说，右足再旋后打开了左右两侧股骨头在水平面上的空间。但再旋后不足使左右两侧股骨头间的距离缩短。如图8.50所示，当右侧足部再旋后时，骨盆旋转远离左侧股骨。

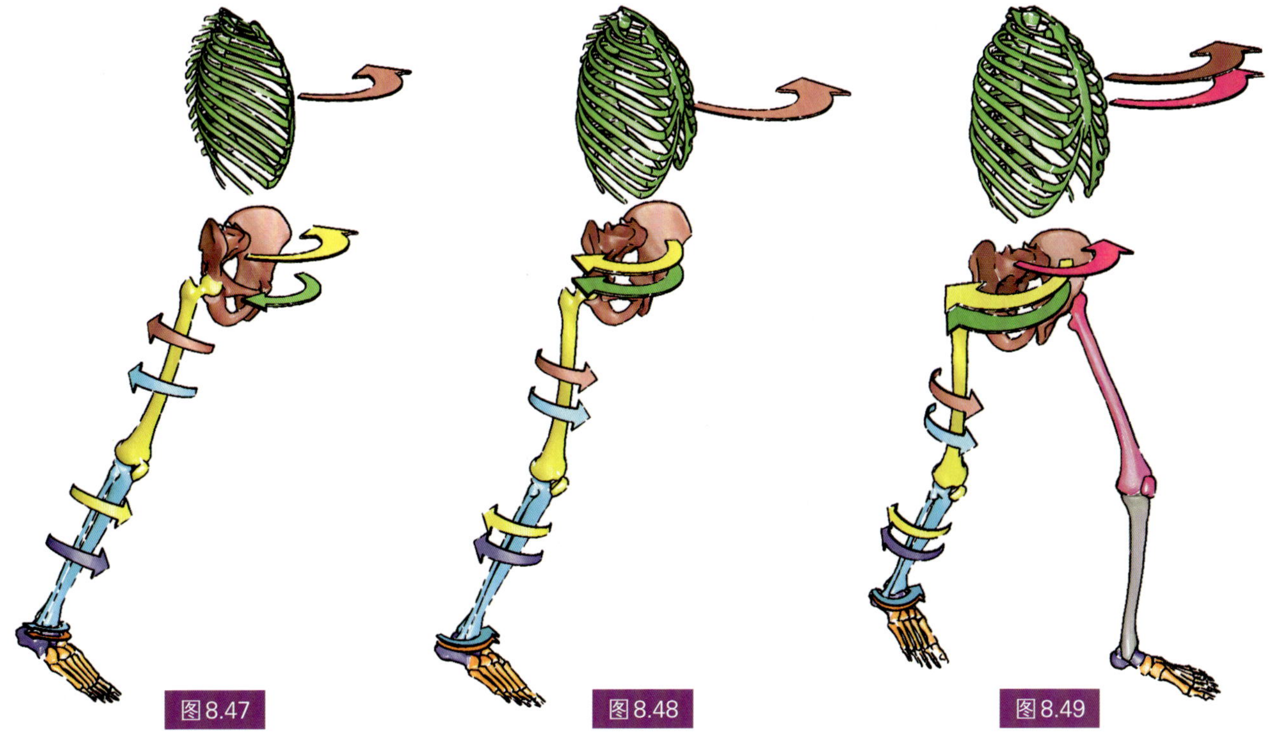

图8.47　图8.48　图8.49

图8.50

事实上，再旋后确实不仅影响同侧骨盆和股骨的关系，也影响对侧，这可能是我们在视诊评估中分不清骨盆向左或向右的旋转（如相对于足部或胸廓），以及什么运动或运动不足与骨盆旋转有关的原因。给大家介绍一种简单的方法，通常情况下，骨盆将旋转向旋前，特别是再旋后运动更多的一侧，骨盆旋转将远离足部被卡在旋前位的一侧，因为被卡住的一侧没有旋前或再旋后运动。如图8.46、图8.48和图8.49所示，旋前和再旋后不足常常发生在旋前后应当有旋后时；骨盆旋转时通常远离旋前“失败”的一侧[11]。如果想深入理解什么运动或运动不足与所见案例中的骨盆旋转有关，我们需要通过恰当的运动和步态评估，发现真实情况（策略3）[12]。当然，所有的旋转并非都与运动相关，我们也会见到骨骼（或其他结构）结构性非对称的情况。可以通过详细的步态评估来鉴别。

冠状面的再旋后

下面我们将讲述冠状面中的关系。当足部再旋后和后足相对于前足外倾时，骨盆在冠状面上向同一侧倾斜是一种常见的静态位置。如图8.51所示，后足相对于前足外倾，骨盆同时相对于左、右侧股骨和胸廓右倾。这意味着右侧股骨相对于骨盆左倾。足部再旋后、骨盆倾斜和胸廓倾斜在冠状面上延展，从而增加冠状面上的负荷。若足部再旋后缺失，我们将失去在冠状面延展的机会。若后足发生内倾而非外倾，此时右侧股骨将无法获得相同程度的相对于骨盆的内倾或骨盆相对于股骨的倾斜。如图8.52所示，骨盆相对于右侧股骨的倾斜幅度减小（黄色箭头），但相对于左侧股骨和胸廓的倾斜幅度增加。事实上，再旋后和右侧股骨相对于骨盆的内倾是控制和对抗骨盆相对于左侧股骨和胸廓发生的倾斜。

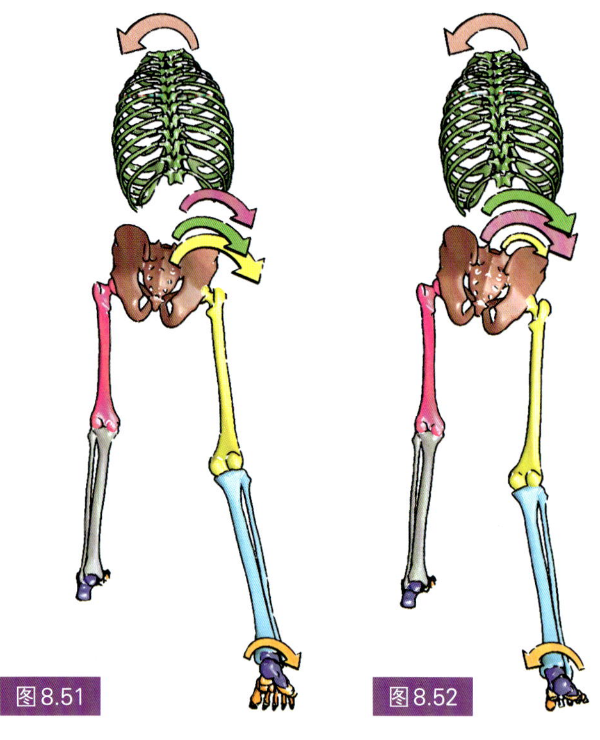
图8.51　图8.52

当胫骨相对于股骨前倾时，为膝关节向内平移创造了可能性。如图8.51的姿势，站立位下尝试将右膝向内平移时，胫骨相对于股骨尽可能后倾（膝关节伸展）非常困难。屈膝时再尝试将右膝向内平移，可以移动得更多，特别是在足跟稍微离地时。屈膝时，在不同方向上都能移动更多距离。上一节中所讲的胫骨相对于股骨外旋也包含在膝向内平移的过程中。若身体无法完成再旋后，就不难想象其将呈现膝外翻形态，即前面所说的膝关节向内移动。

另一种常见的静态位置是骨盆相对于足部向前平移。再旋后不足也是造成这种情况的原因之一。当后足内倾（图8.52）而非外倾（图8.51）时，前足相对于后足外倾。若我们以静态位置站立时第一跖骨并未给予支撑，则没有任何力将骨盆向后“拉”。如图8.53所示，前足外倾使支撑力减少，这意味着容易止于此位置。图8.45描述了水平面上的关系和相关运动（或运动不足），右侧第一跖骨提供的支撑力同样减少，从而产生更多的向前平移。

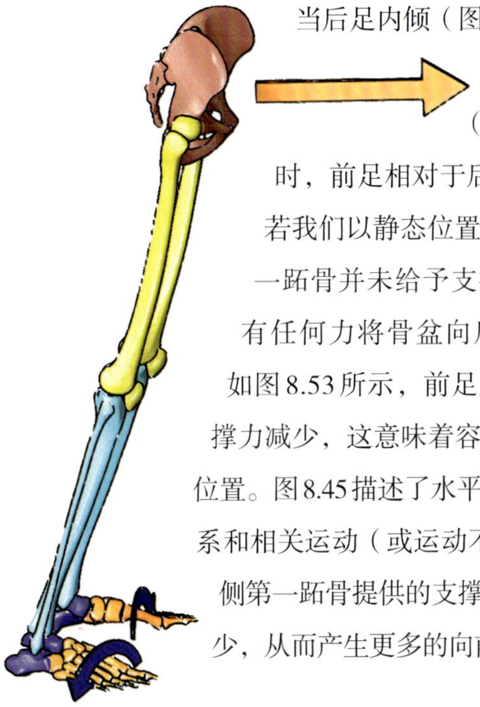

图8.53

矢状面的再旋后

我们现在来看看矢状面上的关系。步态评估时的一个关键点是观察股骨相对于骨盆的前倾（在髋关节伸展位下）。足部再旋后会增加足部稳定性，使身体更好地向前推进，以相对于骨盆更加前倾的方式推动腿部。由于我们通常以患者面向我们走来或背向我们走开的方式观察患者步态，因此可能不容易看出骨盆如何推动腿部向前。更容易的观察方法之一，是在患者背向我们走开时观察股骨/腘绳肌后部后撤的程度，或在患者面向我们走来时，观察股骨后撤的程度或“髋部”打开的程度。我们知道，通常足部再旋后与股骨相对于骨盆的前倾同时出现，而且骨盆相对于股骨产生外旋，以及骨盆将更多旋转向同侧，正如前面内容所阐述的一样。

足部再旋后时，后足相对于前足后倾。这个运动是与上半身“相反的”运动，这意味着矢状面被延展且负荷增加。如图8.54所示，后足相对于前足后倾（橙色箭头），骨盆相对于股骨后倾（黄色箭头），这也可以表述为股骨相对于骨盆移动向前倾的位置。骨盆相对于胸廓前倾，胸廓相对于骨盆后倾。如果我们观察骨盆与身体其他部分的相对关系，可以看出骨盆相对于左侧股骨前倾，胸廓相对于左侧股骨后倾。当股骨相对于骨盆前倾时，骨盆和胸廓相对于彼此分别发生前倾和后倾。这使矢状面的“长度”增大。举例来说，若股骨前倾减少，或骨盆前倾减少，或胸廓后倾减少，则矢状面的“长度”减小。这一刻就是将脊柱胸段前部提起，即之前所提到的胸廓和骨盆间的相对运动。如图8.55所示，脊柱胸段前部提起以橙色箭头表示（其在空间中的位置或相对于足部的位置）。发生这个变化的同时，腰椎相对于胸廓和骨盆向前平移。对此的另一种解释是我们之前介绍的整个脊柱向后弯曲。

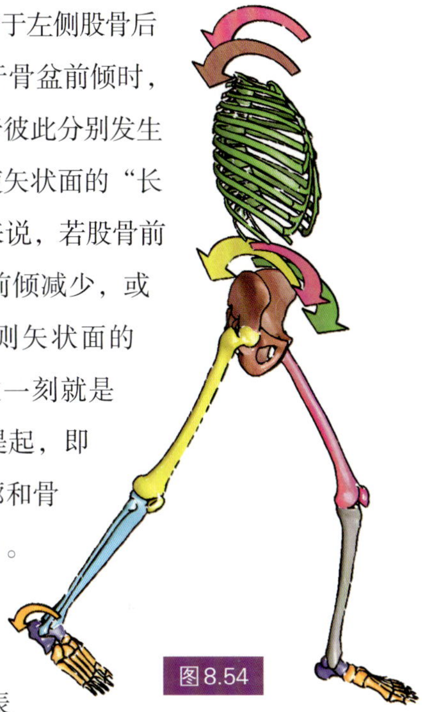

图8.54

当后足相对于前足未发生后倾，而是发生前倾时，身体就失去了“反向”运动，此时矢状面长度减小且负荷减少。这与图8.37中胫骨相

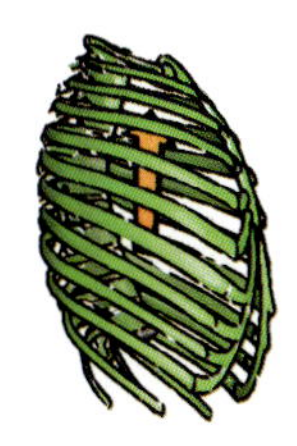

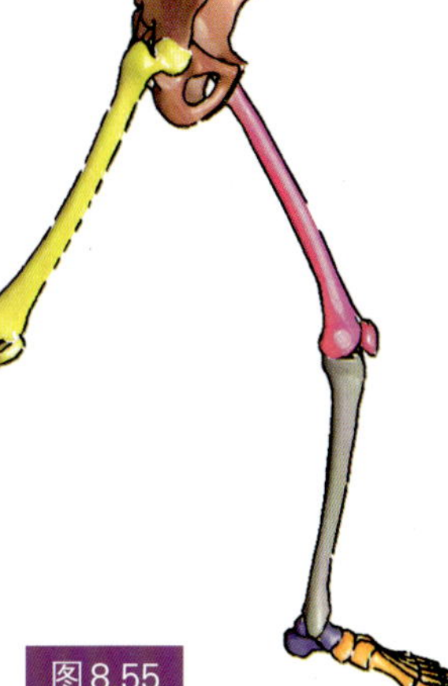

图8.55

对于股骨前倾的情况类似。这也意味着股骨相对于骨盆前倾减少，脊柱胸段前部无提起。胸廓维持静止，或相对于左侧股骨稍微后倾。骨盆相对于右侧股骨后倾幅度很小，相对于左侧股骨前倾幅度很大。如图8.56所示，黄色小箭头显示了骨盆相对于右侧股骨轻微后倾，粉色大箭头显示了骨盆相对于左侧股骨大幅度前倾。当未发生整个脊柱向后弯曲时，由于骨盆前倾增加，右侧股骨前倾减少，胸椎上提减少（粉色小箭头），出现腰椎向后弯曲。这意味着在脊柱胸段未发生向后弯曲时，腰椎向前平移。图8.57所示为身体以骨盆过度向前运动，骨盆和右侧股骨间运动减少，胸廓相对于左侧股骨后倾运动（脊柱胸段向后弯曲）减少的方式向前移动。如果我们比较图8.54和图8.56，我们可以在图8.54中看到更明显的“变长”和“上提”。观察人体行走的时候，要注意胫骨相对于股骨处于伸直位维持的时间；如果胫骨相对股骨向前倾斜过早，那么股骨相对于骨盆就不能前倾，这就表明足部没有任何的再旋后。或者，足部无任何的再旋后，是因为股骨相对于骨盆没有任何前倾。如果再做进一步的运动评估，可以更清楚地了解问题所在。

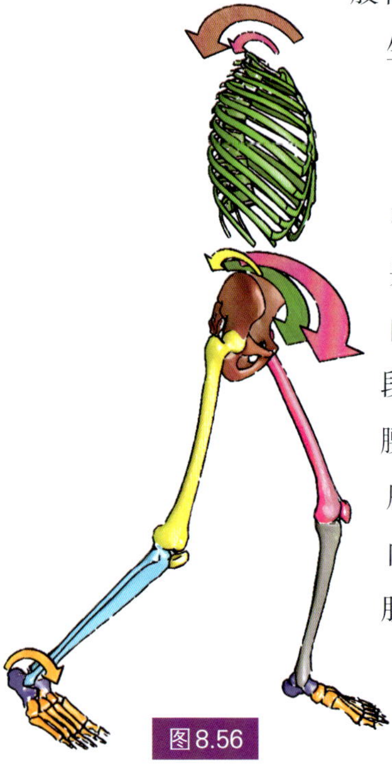

图8.56

图8.57

图8.58

当骨盆后倾时，将会引起骨盆和胸廓的位置如何改变。如图8.57所示，当向前摆腿时，骨盆相对于胸廓和股骨都是后倾的。与此同时，足部旋后时出现胫骨和距骨间相对运动，如图中蓝色箭头所示（与图8.36所述类似）。此时脊柱腰段前部上提（图8.58），随后出现脊柱腰段相对于骨盆和胸廓的向后平移。

当足部没有发生再旋后和股骨相对于骨盆的前倾时，常会使骨盆相对于胸廓后倾变得困难。如图8.59所示，足部的再旋后、股骨相对于骨盆的前倾，以及骨盆相对于胸廓的后倾都缺失。在图8.37中，由于胫骨和距骨间运动减少，足跟过早地抬离地面，也会影响足部再旋后的能力。现在我们可以

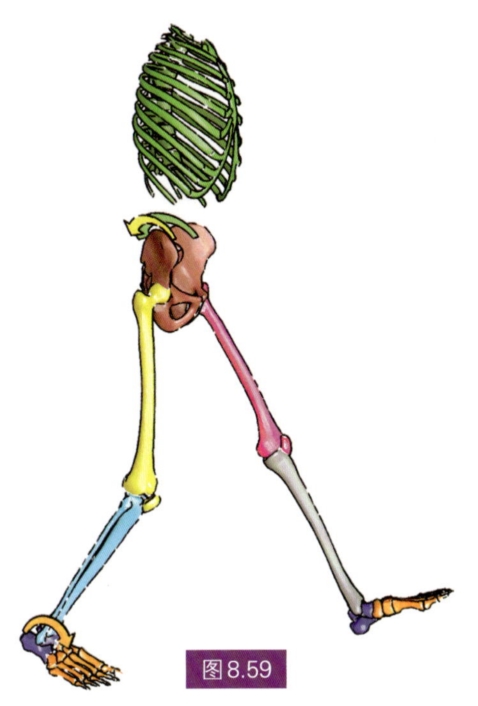
图8.59

清楚地看到，这还将影响股骨相对于骨盆前倾的程度。当在足部发生再旋后且胫骨和距骨间有恰当的运动时，我们无须屈膝，也更容易出现股骨相对于骨盆的前倾（若身体允许）。此外，图8.59还缺失了图8.58中脊柱腰段前部的提起成分。如果我们将图8.59与图8.58对比，可以看出图8.58中提起程度更多、更长。如果骨盆没有发生任何后倾，那么身体就会在一个不太理想的位置向前倾斜骨盆。当骨盆前倾时，由于骨盆已经位于向前的位置，没有太多向前的余地，这将影响整个脊柱向后弯曲的能力。

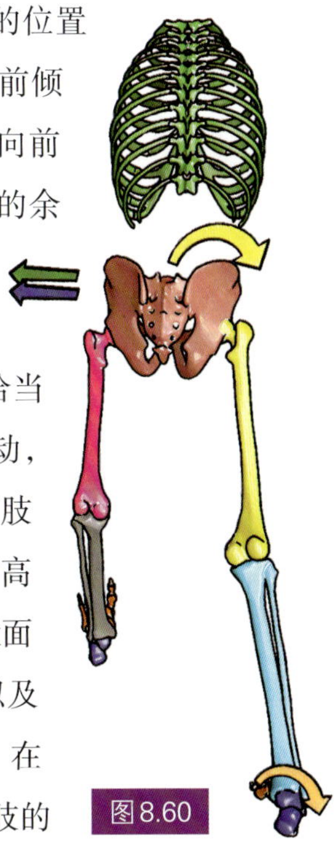

事实上，若我们有恰当的再旋后和股骨前倾运动，就不会屈膝，这意味着下肢将更长或“更高”；这种高度通常转化为骨盆在冠状面上相对于足部的前移，以及骨盆相对于股骨的倾斜。在图8.60中，由于右侧下肢的移动，骨盆相对于股骨向右倾斜（黄色箭头）。当骨盆平移时，右侧下肢开始“变短”，即股骨头到地面的垂直距离缩短。如图8.59所示，若足部无再旋后，将缺失冠状面上的运动。图8.60是图8.57的后面观；摆动中的前侧腿将骨盆推向后侧。

图8.60

另一种现象是足部再旋后与胫骨和距骨之间缺乏恰当的运动有关，股骨相对于胫骨前倾（图8.36）。当后方腿向前摆动时，可使骨盆后倾，同时，位于地面上的足部开始再旋后。如果在胫骨和距骨之间存在恰当的运动，身体就能终止于图8.57所示的姿势。如果足部没有再旋后，且胫骨和距骨之间也没有恰当的运动，身体可能会提前终止运动，处于图8.59所描述的姿势。如图8.59所示，身体提前终止运动时，整个足部仍在地面上，胫骨和距骨之间的运动受限使得股骨相对于胫骨前倾而非胫骨相对于距骨前倾。如图8.61所示，股骨相对于胫骨前倾，后足相对于前足前倾。如果让胫骨相对于距骨前倾，就不需要股骨相对于胫骨前倾或者后足相对于前足前倾，这样身体就可以向前移动。根据笔者的经验，股骨相对于骨盆缺乏前倾的这种模式是很常见的，原因在于股骨和骨盆分离之前骨盆可向前倾斜。同样常见的还有足部模式，后足是固定的，相对于胫骨处于一个旋后的位置，同时前足非常灵活，相对于后足很容易向外侧倾斜。

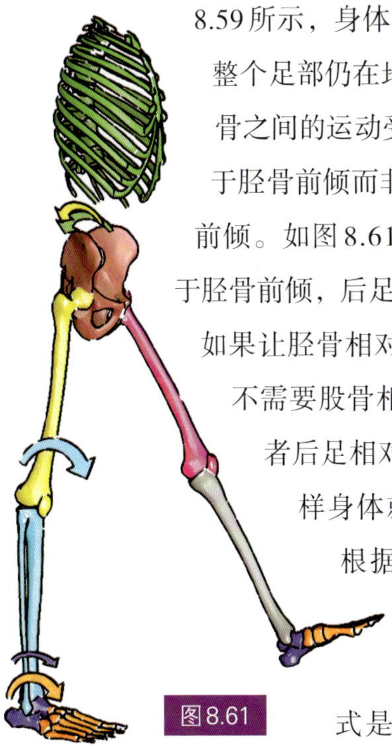

图8.61

水平面的旋前

图8.46描述了胫骨如何相对于股骨外旋，但是

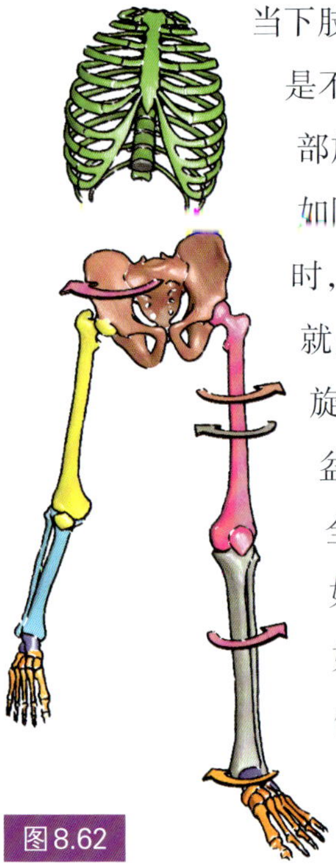

图8.62

当下肢开始起支撑作用时，我们是不希望出现该动作的。当足部旋前时，则需要有该动作。如图8.62所示，前侧足部旋前时，胫骨相对于股骨外旋，也就是说，后足相对于前足内旋。当前侧足部旋前时，骨盆右旋远离右侧股骨，这完全取决于后侧足的再旋后。如图8.49和8.50中所示，假如没有后侧足的再旋后，我们将反而看到骨盆相对于股骨向左旋转（股骨相对于骨盆内旋）。后侧腿上的再旋后和前侧腿上的旋前意味着后侧后足都将相对于前足向右旋转（图8.63）。因此，骨盆想要向右旋转（相对于后侧前足或胸廓）是很自然的。如果后侧腿在应该再旋后的时候出现了旋前，使得肢体在水平面的“长度”不能增加，同时两侧后足内旋（图8.64），就会使两侧股骨均相对于骨盆内旋。

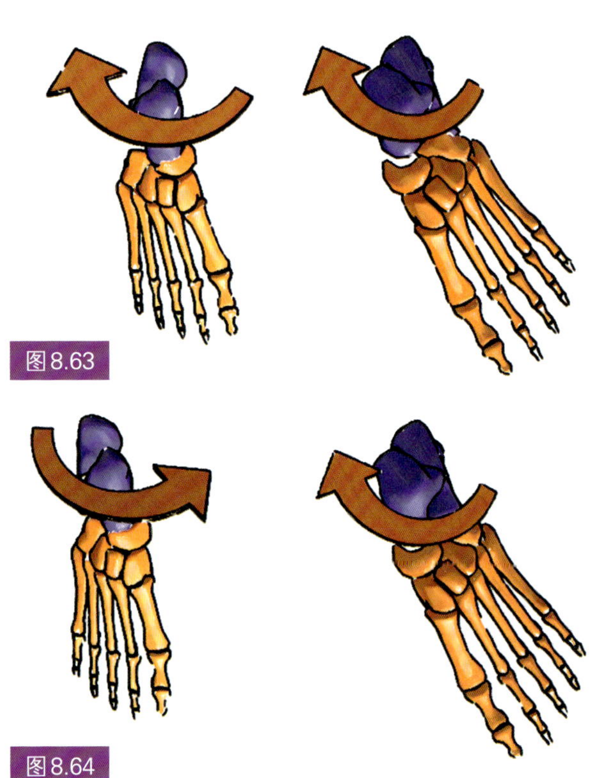

图8.63

图8.64

冠状面的旋前

如前所述，屈膝时，胫骨和股骨之间可以有更多的运动。当足部旋前和后足相对于前足内倾时，胫骨跟随后足向内侧倾斜，这有可能使得膝关节相对于足部和骨盆发生轻微的内侧移位。如图8.65所示，在前侧足部旋前的同时膝关节向内侧移位。当有第一跖骨的支撑时，膝关节的移动是非常不同的，这使得软组织能够控制移动。如果足部着地时已经处于旋前位，那么在第一跖骨触地前，膝关节可以向内侧移位更多，这意味着当第一跖骨触地时，膝关节就不能进一步移动了，因为已经移动得“够多了”。由此，足部失去了旋前运动。如图8.66所示，膝关节已经向内侧移位很多，但第一跖骨尚未触地。左侧后足上方的橙色箭头描述了后足相对于前足内倾，在第一个跖骨触地前，后足和前足之间没有任何恰当的旋前运动。在这种情况下，第一跖骨触地相对较晚，此时左侧膝关节已基本完成向内移位，已没有足够的空间允许旋前运动。足部的旋前运动和骨盆的倾斜使前侧下肢有效地承担了整个负重。

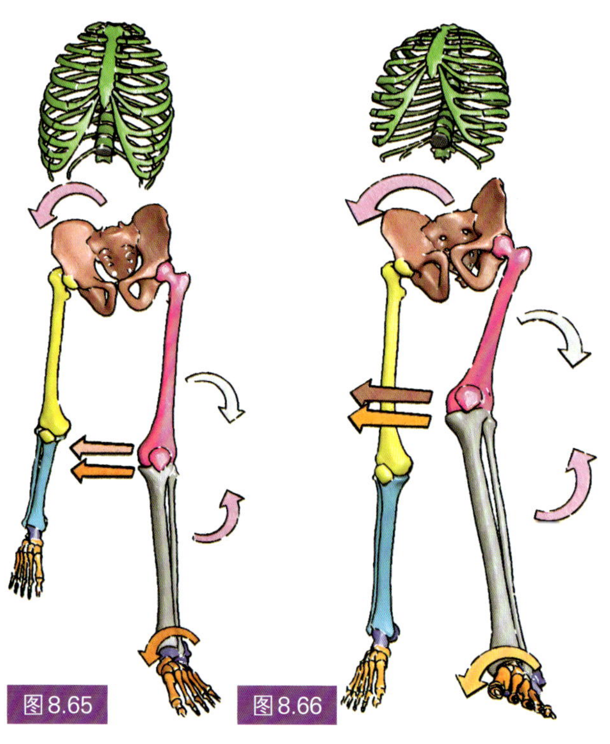

图8.65

图8.66

矢状面的旋前

在矢状面，也可以看到类似的情况。前侧膝关节屈曲时，后足和骨盆都向前倾斜。后足相对于前足前倾，胫骨相对于距骨前倾；膝关节相对于骨盆和足部前移，骨盆相对于股骨前倾（图8.67）。当前侧后足相对于前足已经处于前倾位，骨盆相对于胸廓也已处在前倾位时，身体就不能再向前倾斜，这些运动就会丧失。后足和骨盆的前倾是相互关联的，这是身体缓冲和承受压力的一种方式。所以，如果足部固定于旋后位，且后足相对于前足后倾，那么后足的前倾以及后足与骨盆间的运动就会丧失。

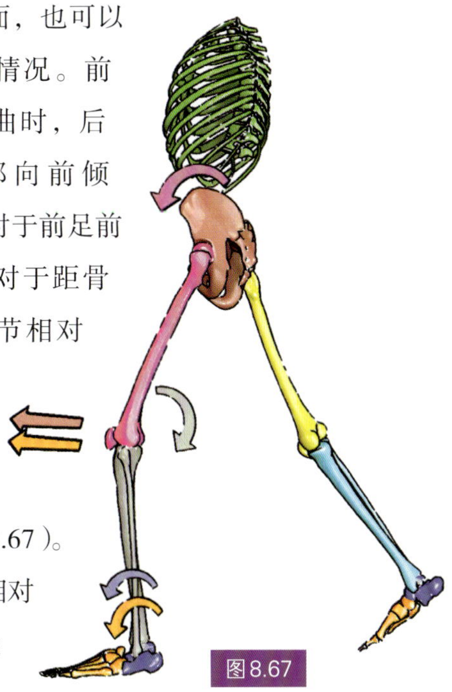

图8.67

如果后足和骨盆不能前倾，身体可能会通过另外一种方式来缓冲，如膝关节前移更多或者胸椎向前弯曲而不是向后伸展，这些情况在跑者身上很常见。上半身的运动与图8.54所描述的相同。如图8.68所示，骨盆相对于胸廓和股骨前倾，而胸廓相对于骨盆后倾。此外，这种整个脊柱后伸的运动方式，也与后足在旋前时发生的情况有关。

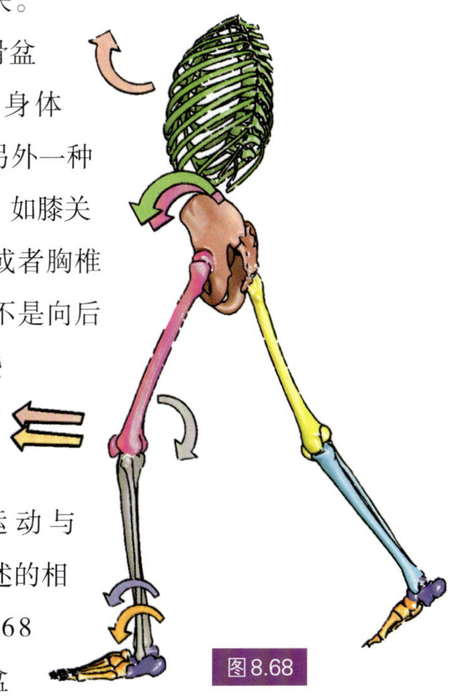

图8.68

临床实践考量

接下来将介绍用于人体的实用性指导原则。这里介绍的更多是身体相关的临床实践建议，而不是适用于每个病例的确切原则。每个个体都具有许多不可预见的错综复杂的情况。

如图8.69所示，视诊评估发现，患者胸廓相对于骨盆向左侧倾斜并旋转。这在行走时更为明显，胸廓相对于骨盆仅向左侧倾斜和旋转。进行运动评估就会发现，胸廓很难相对于骨盆向右旋转和倾斜，很自然地会对这些动作进行干预或使其更容易做这些动作。然而，通过简化步态分析可以看出，向右侧倾斜和旋转的缺乏可能会影响接下来的运动。通过检查，很容易发现患者的两侧股骨相对于骨盆向前倾斜的能力存在不同。如果左侧股骨相对于骨盆前倾困难，那么胸廓很难向右侧倾斜和旋转，因为这些运动是相互关联的。左侧股骨前倾的受限也会影响骨盆相对于胸廓向左旋转。如图8.50、图8.51、图8.54所示，以上这些运动是相互关联的。若要继续分析与此相关的运动，可以发现左足的再旋后、左侧胫骨相对于距骨在旋后位的前倾（如图8.57和图8.36所示）、股骨相对于骨盆的外旋，这些运动可能会影响身体向右侧倾斜和旋转的能力。

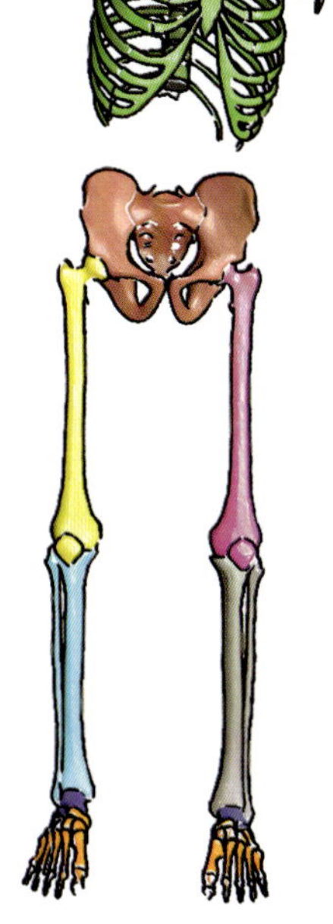

图8.69

再举一个例子，如图8.70所示，视诊评估可见患者的胸廓向右侧倾斜并向左侧旋转。这些运动很少孤立存在，通常也会有胸廓倾斜出现，但为了简单起见，我们暂且不讨论它。进行步态分析时，正常情况下可以看到胸廓相对于骨盆向右移动，向左侧旋转。此案例运动评估会发现胸廓相对于骨盆很难向左侧移位或向右侧旋转。最简单的方法就是借助某些干预手段，使胸廓相对于骨盆较容易向左侧移位和向右侧旋转。如果想了解胸廓与身体其他部位的关联性，如足部，可假设在左足再旋后的同时摆动右腿向前，骨盆后倾，胸廓相对向右移动，那么就可以出现胸廓向左侧移位和向右侧旋转的运动。这就是图8.58、图8.57和图8.60所描述的情况（只不过在这些图中情况是相反的，右腿在后）。进行步态分析和运动评估，就能发现哪些运动是对的，哪些运动是缺失的。此案例中身体能否将左足再旋后、外旋、内倾，并将左侧股骨相对于骨盆前倾呢？另一个需要关注的问题是，当身体再旋后时，右腿是否为旋前。如果身体像图8.59一样处于旋前位，就不能控制和阻止骨盆向左侧移位，股骨相对于骨盆向内侧移位减少，因此我们也需要关注右侧足的再旋后。

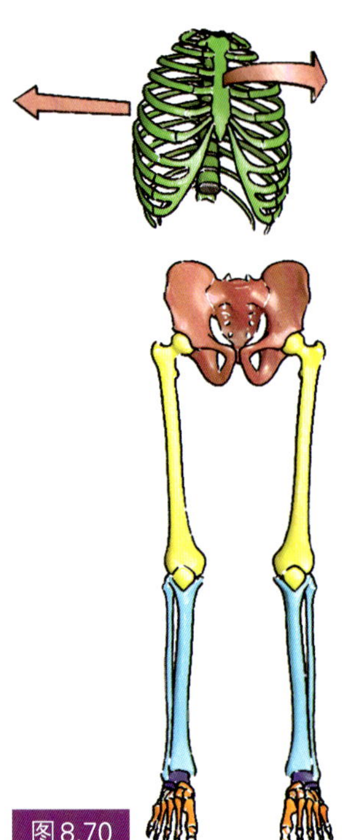
图8.70

如果一位患者的膝关节向内侧移位（膝外翻）、足部旋前和外翻，则可能需评估这些部位对再旋后的反应能力，向上直到骨盆。如图8.71所示，左侧足旋前，胫骨相对于距骨和股骨外旋；左侧股骨相对于骨盆内旋，骨盆相对于股骨前倾。在图8.57中可以看到与这个姿势完全相对的运动（水平面上的运动与图8.44中相同）。左侧足部再旋后，距骨相对于胫骨外旋，胫骨相对于距骨前倾，胫骨相对于股骨内旋，股骨相对于骨盆外旋，骨盆相对于股骨和胸廓后倾。所有这些运动都是相互关联的。举个例子，如果没有这些运动，就很难让骨盆更容易地后倾。

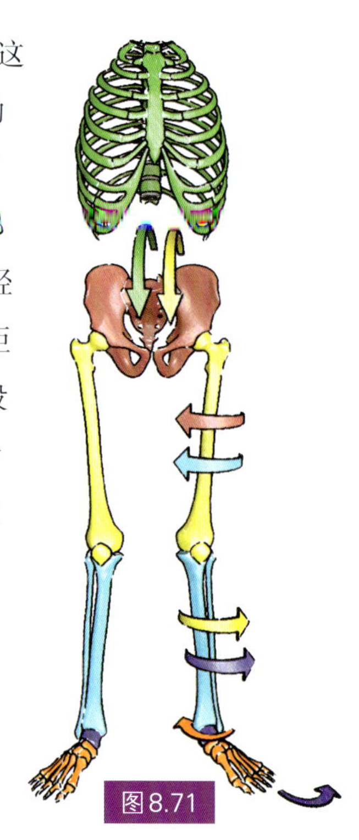
图8.71

图8.72描述的是一个非常常见的例子。在该图中，骨盆相对于胸廓和股骨后倾。胸廓相对于骨盆前倾。这是描述整个脊柱前屈的一种方式（可能不包含颈椎）。如果分析胸廓和骨盆之间的关系，首先要评估骨盆相对于胸廓前倾的能力。可进行运动评估和在行走时进行评估。如果骨盆前倾有困难，可以进行干预以让骨盆相对于胸廓和股骨前倾。其次，要评估胸廓的后倾运动。这与骨盆的前倾是相互关联的。如图8.68所示，我们想看到骨盆的前倾和后倾是协同发生的。如图8.55所示，实际上我们希望整个脊柱能向后伸展以及胸椎前方抬升。如果患者身体看起来很僵直，脊柱很难向后伸展，此时需要关注一下他的足部情况，评估其是否有旋前运动。如图8.68所示，当后足前倾时，骨盆更容易前倾。

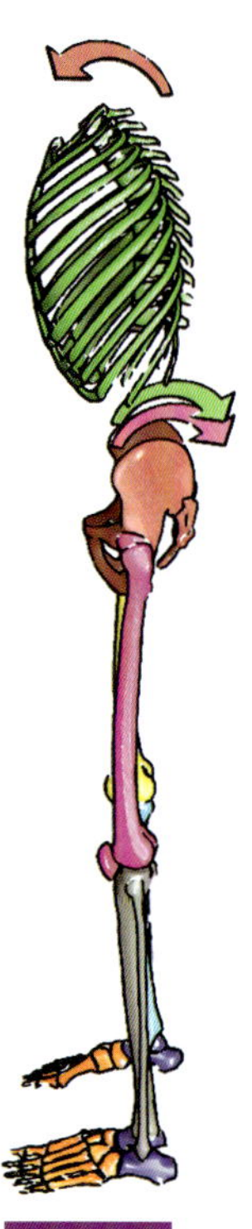
图8.72

最后，在图8.73中可以看到骨盆相对于胸廓和股骨前倾，以及胸段向前弯曲，即胸廓前倾。这种类似情况已在图8.71中描述，但更多地涉及上半身。如果骨盆很难后倾，则需要分析之前探讨过的所有的可能性（图8.57）。如图8.58所示，腰椎前方能抬升，但是胸椎前方也须得到抬升，如图8.55所示。这种抬升取决于骨盆从后到前的运动过程，但这种模式的常见问题通常是骨盆卡在前倾位，因此，骨盆无法前倾通常有助于胸椎向后伸展。

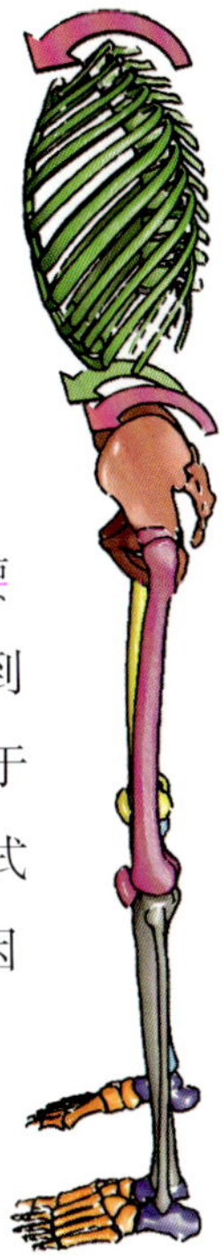

图8.73

说明

1.笔者从2011年开始研究高级步态分析（gait made advanced），简化步态分析（gait made simple）应该被看作是高级步态分析的前身。

2.如果要使结构整合（structural integration）背景下提及的胸廓后倾的概念更加细致入微，可以认为胸廓的下部后倾，而其上部实际上是前倾。这也涉及脊柱的向前弯曲或屈曲。

3.Thorstensson等（1984）认为，整个脊柱似乎向前移位（和延伸）。脊柱在C7节段，前移1～1.5 cm，在L3节段，前移2～2.5 cm。

4.这里提及的抬升是指相对于其本身的绝对位置，或者是相对于地面。

5.笔者认为，对步态进行身体功能分析时，分析骶骨的运动显然是最重要的，然而，这个主题的复杂性（和不确定性）使它不适合在此讨论。高级步态分析部分将对其进行进一步的论述。但是，如果要简化对骶骨运动的分析，可认为当整个骨盆前倾时，骶骨相对于髂骨前倾（这意味着髂骨相对于骶骨后倾），这使其成为一个双弹簧系统，可以负重和缓冲压力。

6.足舟骨相对于距骨也有内侧倾斜。

7.Brockett和Chapman（2016）。

8.Bozkurt等（2008）。

9.Isman和Inman（1969）。

10.这只是一般化的结论，每个个体都有自己的特点，例如，骨性结构中的旋转可以改变各部位在水平面中的关系。进行仔细详尽的运动评估，使治疗师有更好的机会了解步态中涉及的运动。此外，有些人的身体在不同部位几乎存在不同的运动模式，或者在某一部位存在矛盾的运动模式，但在其他部位却没有，这需要做更细致的分析。

11.“假旋前”与“真旋前”有着本质的区别；后者有适当的软组织负荷和来自身体再旋后的响应；而处于“假旋前”状态的组织只是尽量保持一个离心收缩，没有反冲和再旋后。

12.我认为步态评估是必要的，但通常不足以获得全部信息。在我的临床实践中，广泛地使用了弹性测试（spring test），正如Hesch（2015）所描述的，以及其他形式的评估，以全面了解可能存在的问题。

（包　译　王　欣　王茂源　译，
敖学恒　杨　磊　廖麟荣　审）

参考文献

Bozkurt M, Tonuk E, Elhan A, et al. Axial rotation and mediolateral translation of the fibula during passive plantar flexion. *Foot and Ankle International* 2008, 29:502.

Brockett CL, Chapman GJ; Biomechanics of the ankle. *Orthopaedics and Trauma* 2016, 30(3):232–238.

Hesch J; The Hesch Method; integrating the body, recognizing and treating inter-linked whole-body patterns of joint and dense connective tissue, and reflex dysfunction. Workbook. Aurora, CA: Hesch Institute, 2015.

Isman RE, Inman VT; Anthropometric studies of the human foot and ankle. Biomechanics Laboratory, University of California San Francisco Medical Center, San Francisco. *Bulletin of Prosthetics Research*, 1969, Spring:97–129.

Thorstensson A, Nilsson J, Carlson H, Zomlefer MR; Trunk movements in human locomotion. *Acta Physiologica Scandinavica* 1984, 121:9–22.

第九章

运动整合

Linus Johansson

数千年以来，人类的认知和文化一直在迅猛发展。在发展的过程中，我们试图理解并解释周围的世界，我们发展得越快，解释模型（explanatory model）就越先进。本书的目的之一就是使解释模型更加清晰和多样化。

随着认知状态的发展和世界观的演化，我们还在努力使世界成为一个不再那么充满敌意和苛刻要求的生活环境，随着时间的推移，这一愿望使我们越来越多地摆脱混乱，但日新月异的世界也让我们慢慢步入一个人工的“绝对”模型。

如你所见，你住在一所房子里，房间有墙壁和地板，有暖气、自来水和用于储藏食物的智能冰箱。你选择如此生活是因为相对于大自然所提供的生存条件，它可以使你保持温暖、干燥和安全。有趣的是，我们似乎正处于这一发展的最前沿。房屋更智能，耗能更少，家用电器会与你互动，几乎一切都触手可及。

这一切始于我们的祖先建造的第一个简单的住所。它与你期望的一样，是温暖、干燥和安全的。当他们建造第一个住所时，他们可能是根据周围能找到的材料（如木棍和树枝）而建造的。最早的住所可能是人工洞穴或天然洞穴形成的空间，但他们有时无法选择这些住所的环境，因为它们的位置是随机且固定的。当人们开始选择理想的地点来建造房屋时，也就意味着人类与大自然更进一步融合。

能够自己建造房屋很快被证明是一种成功的生存策略，而学会如何做到这一点的祖先就是幸存者。随着时间的推移和文化的不断变迁，我们已经拥有了建造房屋的技能，这些房屋可能是整个人类生存史上最重要、最普遍且最统一的创造。得益于坚固、安全和温暖的房屋，我们在地球表面的生存空间变得更广阔，并促使我们的认知能力更进一步发展。

新环境创造新机会。精心建造的住所与农业发展相结合，使我们多出了一些稀有而宝贵的东西，比如时间。我们不再需要花费很长时间去寻找住所或寻找食物。我们不再将大量的精力用于常规的生存任务上，而是用于专注新生事物。有了安全的住所和充足的食物，我们开始更多地发展认知，与此同时可以衍生及拓展文化，使其更加细化和多样化。

一直以来，文化的重要组成部分就是试图对周围的世界进行更多的了解，尤其是对自身的了解——一方面来源于哲学角度，另外一方面主要来源于人体形态和功能的角度（图9.1）。我们关注的问题是：我们是什么？我们是如何执行任

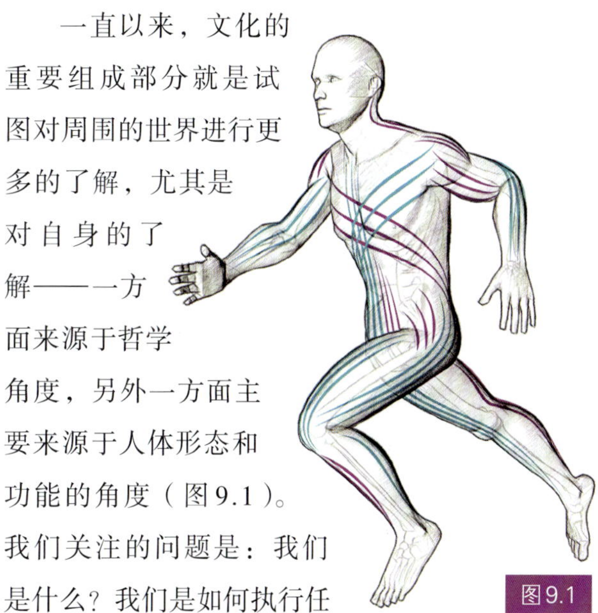

图9.1

务的？我们是由什么构成的？以及我们内心的想法是什么？回顾一下这些问题是如何得到解释的，可以得知我们的前辈是如何利用周围的事物当作参照来寻求答案的。

在许多理念中，器官联系仍然是人体形态的主要解释模型之一。有人认为身体是由不同的要素组成的，并将这些元素的特性类比为土、火、水和气。这不足为奇，因为这4个要素是生命中最重要、最强大的组成部分。它们最显而易见地解释了人体形态的构成。

然而，随着时间的流逝，我们通过不断地更深入地探究，达到了新的认知状态。与此同时，我们创造了更复杂的生活方式及与此相关的、更复杂的解释模型。我们在解释人体形态结构和功能方面也逐渐发生了变化。基于有机和自然来解释人体的方式变得不那么重要了，我们在这方面开始参考新的、“绝对的”人工模型，这个模型是由“局部结构（bits and pieces）”构成的。

与我们现在观察、解释和创造周围事物的方式相比，认为人体形态是由小部分的结构连接在一起构成的想法更合理。

社会进步促使最初的小型住所发展到现在生活和工作的坚固的大型建筑物。无论是树林中的简单木屋还是曼哈顿的摩天大楼，两者都是由相互连接并堆叠在一起的部分构成的。我们通过局部的拼凑创造了周围的整个世界，难道人体构成或器官联系不是以部分为基础的吗？

显而易见，人的思想改变着现实世界，同时现实世界也在塑造人的思想。当我们的前辈首次着手创造人体形态的“图形”，也就是解剖结构图时，他们的观点被“事物是由许多零散结构组成”的思维影响着。

但是，人们应该意识到一件事：你总会找到想要找到的东西。如果你的目的是寻找某种事物的细节，那么就会发现该事物的细节部分。改变目的后，可能会发现其他不是细节的部分。人体的第一位探索者的目的是寻找细微的部分，基于此目的，他首次创造了人体解剖学的概念。

我们必须感谢前辈提供的这些观点和见解，因为没有他们，我们永远都不会是现在的样子，也永远不会拥有现在的认识。我们希望将来也能被称为“前辈”，并且我们提出的“真理”也能得到修订和重新定义。

我们目前知道并坚持的事实是，人体并非由各个零散的结构组成。就像其他生物现象一样，人体从子宫中的受精卵成长为不可分割而复杂的整体。我们还知道，如果将这一不可分割的整体拆分，至少在理解人体的功能方面，将会犯下明显的认知错误。

随着我们的认知和理念的不断发展，我们的意图也在发展和变化。事实上，它们一直处于不断变化的过程中，并且将持续变化。观察人类发展的概况时，我们所看到的只是过渡到下一个认知状态的一个阶段。认知永无止境，一切都在向前行进。

将人体形态视为一个不可分割的整体，这是现在所处的认知状态过渡阶段的主要特征。越来越多的形体塑形师（body worker）、私人教练和治疗师试图观察更大、更整体的画面。许多前辈已经清除了获得这种洞察力的途径上的障碍。我们感谢那些帮助我们更加了解人体构造的前辈，并在他们的发现的基础上继续探索。成为继承者的我们就像站在巨人的肩膀上。

本书（尤其是本章）的目的不是呈现出新的、完美的人体形态的观念和图画，而是要成为过渡的一部分，以此来促进认知的持续发展。我们正在尝试创造另一种关于“真相”的观点，我们也许会成为前辈，使关于人体的认识变得更加清晰。

解剖学

“解剖学（anatemnō）”一词来自两个希腊词汇：νάana（意思是“上”）和τέμνωtemnō（意思是“切”），意思是“切开”。解剖学就是所谓的方法还原论：尝试以越来越小的实体来解释我们周围的事物。因此，对解剖的描述可以是通过破坏已经完全存在的事物来创建不存在的事物。Julian Baker在第十九章中对此给出了他的观点及具体的解释。

有人认为活体解剖并不存在。我们所描述的解剖学是把完整的人体结构分解成许多部分。解剖只能存在于尸体中或理论性的认识中，而不存在于活体生物中。这就是为什么从更全面的角度观察事物时，很难将解剖学作为一种教学工具。

这个观点很容易说明，甚至更容易解释。但是，任何曾经参与解剖的人都知道解剖时所遇到的并不是零散的组织结构。解剖人体是一项非常艰巨的任务，不像拆解乐高积木那么简单。当接触已故的人体形态时，首先遇到的是完整的皮肤覆盖层。皮肤的主要作用是保持身体内部结构的安全、隐蔽及与外界相隔离，同时皮肤也是人体形态组成中最大、最敏感的器官之一。

即使在人的尸体中，皮肤也仍然对保护身体内部组织结构发挥着显著作用。在开始切入皮肤的几分钟之内，锋利的解剖刀就会变钝，导致将内部组织与皮肤的分离变得非常艰难。

去除皮肤后，就会呈现出一幅有着丰富色彩和形态的画面。在皮肤下方有一层层紧密联系、不易分割的组织，无缝贯穿于整个身体的各个部位。如此场景，毫无疑问地表明人体从皮肤表面一直到骨骼，从头到脚，都是一个不可分割的整体。

人的眼睛对形状、形态、线条和颜色非常敏感，这导致我们经常被所见所误导。我们一直在寻找不同事物间的差异性和对比度，所以我们更倾向于将事物独立、分离和缩小。

在其他情况下也不难发现这一点。只需要考虑另一个系统，即周围的群体，即可非常清楚地明白这一点。你可能会发现，在同一社会中的不同人群试图在一起生活和工作时，存在的分离比整合要多。这反映了人类思维工作模式的残酷和不愉快。很不幸的是，在生活的各个层面我们都是众所周知的方法还原论者，并倾向于以这种方式考虑所有系统。

这是人类认知能力显而易见的不足之处，我们需要从不同的角度理解。每次需要专注于一件事，以便能够看清、解释并与他人交流。如果我们不能看清更小的细节，那么就很难对更大的图景有更深的理解与认识。

这对于理解人体形态和理解其他事物一样适用。我们不断寻找边界——清晰的边界结构及其颜色和形状上的差异。我们要进行对比，这样有助于进行组织的分离、分割及缩小，以此帮助我们能够更好地理解事物。问题是，如果我们继续以这样的方式来对待人体形态，我们是否能够正确地理解它呢?

一个很好的实际例子是髂胫束（iliotibial tract，IT）或髂胫束带（IT band，ITB）。有文献将ITB描述为一条包绕大腿外侧的增厚带，从髋部一直延伸到膝部（图9.2），在大多数解剖图谱中均以清晰且分离的形式呈现，在健康领域内，尤其是在健身行业中，此类组织结构承受着不合理的负担。这种组织结构经常被误解，很少有人喜欢或赞赏它。

“我们不仅在这里剖析身体，还在剖析我们的认识，剖析我们的语言，剖析我们的信仰。”

——Julian Baker（朱莉安·贝克）

2017年4月3日，Julian Baker于诺丁汉的第一个解剖日（the first dissection day）所说的这些话，确实成为我们在那一周学习和理解中的重点内容。

在解剖实验室中观察去除皮肤的尸体大腿时，我们能够非常明显地观察到ITB不是从髋到膝延伸的独立组织。ITB是环绕腿部的增厚的筋膜组织层（图9.2A）。由于直立行走，在步行周期中，人体为了对抗重力的影响，对外力的传导与控制有更高的需求，因此筋膜结构的增厚是一种适应性改变。

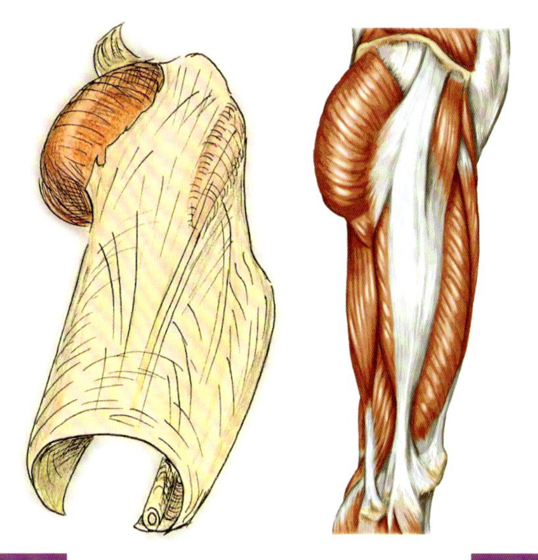

图9.2A 图9.2B

我们在解剖时没有办法徒手剥离ITB。如果我们熟悉ITB的解剖位置就能明白为什么会这样。用解剖刀将ITB从大腿周围的结构中切除从而使其剥离，这一过程会不可避免地破坏所有与ITB相连的结构组织。结果就是我们分离出了ITB，但与此同时也破坏了与之相关的整个结构组织的完整性。

在后文中，Gary Carter对阔筋膜和髂胫束进行了详细的阐述与讨论。

我们不得不通过破坏和分离来尝试理解ITB，因为我们有限的思维难以同时接受太多复杂的参数。有人说，剥离和分割只是出于教学的目的，是为了呈现出整体的一部分。但问题在于，通过切割分离出ITB或其他任何组织结构，并明确来源、附属结构和功能，这也会限制对其作用的理解。解剖刀不仅解剖了人体，还限制了想象，进一步限制了我们如何观察和理解人体这个整体。由于人体形态的所有组织结构在各个方向和深度上都有一定的关联性，我们受主观意识的影响也会把自己的思维禁锢在某种范围内。这是典型的挥杆失误。

再次看腿的外部，增厚的组织结构将复杂而庞大的三维结构整合成一个整体。所有结构都可以吸收和传递动力，并进行整合以产生优美而节能的动作。因此，ITB不仅是在腿的外侧起束缚作用的侧带，它也是人体许多极为复杂的结构中具有持续矫正作用的一种组织。

“它不知来自何方，而它又是无处不在的。”

——Martin Lundgren（马丁·伦德格伦）

Martin在一次演讲中说的话很是意味深长。其中一位学生曾问过“它来自哪里”这样经典的问题。简单来说，答案本身是非常深奥和复杂的。

需要注意的是，以这种方式领悟人体的形态结构可能是相当困难的，因为所有的结构有无数种相互作用的方式，但这并不影响我们对范围或运动平面的理解。我们需要认识到，所有人体特性是如此复杂。我们有限的思维也许真的无法理解其复杂程度，唯一能做的就是了解和认识它。这是我们不得不面对的一个巨大矛盾。

此外，如果不尝试着理解人体的复杂性，直接想要了解、认识人体，我们可能会有不同的认识。在这本书中，我们尝试提供能够得到此种认识的原则。如果你具有可靠及良好的解剖学基础原则，那么可以让这些原则成为通向理解人体复杂性的桥梁。这样，你就没有必要了解和解释所发生的每一件事情了。你可以鉴别这种复杂性的存在，并通过这种原则进行人体功能开发。

根据以上内容，问题变得明确易懂了。我们可以提出没有简化的解释模型吗？我们是否能够对人体形态的构造和功能有另一种观点，并且提供一种使我们仅需承认复杂性而无须解释其复杂性的方法?

如果我们使用原理的观点支持解释模型，答案将是“肯定的”。但是，我们真的可以通过创建解释模型来揭示人体形态结构是如何运动和起作用的所有不同观点和看法吗?答案是“可能不会!”下一个问题是，我们需要这样吗?答案是“绝对不必如此!”

为什么?因为经典的解剖学也是如此，一个很好的解释模型可以给出关于事实的特殊观点，并且在某些方面发挥着很好的作用。我们的解释模型也是如此，它只适合某些观点。

新的表达方式

在本书中我们的观点是，经典的解剖学不足以充分补充本解释模型。我们承认经典的解剖结构，并认为它是人类文化遗产的一部分，其理论适合其他许多观点，也是我们谈及人体结构时用于组织语言的重要组成部分。但是，从我们的角度来看，不同“部位”的名称类似于邮政编码，我们可以利用这些进行交流及对人体形态进行定位。

我们想强调的是，我们并没有弱化经典的解剖学，但我们不能完全按照预期使用经典解剖学。如上所述，解剖学一词真正来源于将某些东西切成小块的动作，目的是将它们用作人体形态结构和功能的解释模型。换句话说，解剖学正在剖析我们不理解的“我们是什么”的问题，以便将其重建为我们能够理解的，而不是“我们”的东西。

但是，如果反过来做呢?如果不使用局部解剖，而把人体始终看成是一个整体，通过其功能再去处理结构中的问题和更多局部现象，而不忽视整体关联性会如何呢?

不幸的是，解剖学这个词充满了对人类形态结构的先入之见，因为它是一种还原主义的产物。为了能够向前迈进，甚至超越过去，我们需要一个新的表达，一个可以包含新观点和新见解的表达。

解剖学一词源于优美的希腊语，因此应尊重我们的传统及前辈，并在希腊语中找到这一新的表达方式。

新的表达方式标准如下。

- 不应是虚构的词语;
- 它在希腊语中应具有与该概念一致的实际含义;
- 易于表达与拼写;
- 在语音上应该类似于“anatomy”(解剖)。

2018年5月的一天，笔者在波士顿的Mad Hatter咖啡馆提出了这个新词：Ensomatosy(运动整合)。

*来自希腊语ενσωματωση的Ensomatosy – Ensomátosi，表示整合、体现或(和)合并。

定义:

*运动整合学是对人体形态结构之间的内部关系及人体形态整体上与重力和运动的外部关系的解释和研究。

*运动整合学与解剖学有类似的观点，将人体形态描述为不可分割且完全相互关联的整体。

*运动整合学指出，只有将人体视为一个整体系统观察和处理时，才能理解和解释人体的运动和功能。

运动整合学不应替代解剖学一词。解剖学有非常清晰和确定的观点，在人体研究领域中具有一定的地位。运动整合学应该有与解剖学类似的观点。运动整合学使用整体观来表明在描述人体形态时使用的还原论观点。

我们承认，对解剖学词汇和表达的需求比本书出现的时间要长得多，而且相关表达方式可能已经存在并在使用中。但是，我们没有找到任何符合我们需要的表达，因此我们提出了自己的观点。

我们还将原始“ensomatosi”中的“i”替换为“y”。目的是将其与原始形式区分开，在希腊语中具有实际含义，并在许多情况下使用。最终，“y”变成一种独特的表达方式，仍然与它原来的含义有着非常密切的相关性。

我们在此声明，“ensomatosy”作为定义性的表达方式，任何发现对其工作有用的人都可以免费使用。

阔筋膜和髂胫束

Gary Carter，来自德国人体筋膜网项目（Human Fascial Net Project）。

“无法区分髂胫束的内、外侧缘，因为它一直延伸到阔筋膜，就像纵向加固。”

——Carla Stecco（卡拉·斯特科）

在许多解剖图中将髂胫束作为独立结构，因此髂胫束的局部解剖及描述可能是最易被误解的阔筋膜解剖结构之一。

髂胫束实际上在活体组织中不是以独立结构存在的，而是一种包绕整个大腿阔筋膜的纵向加固组织。这种加固是由负重引起的，在没有学走路的婴儿身上并不存在。

通过对熊、猩猩及各种四足动物的髂胫束的解剖研究，得出的结论是，尽管所有四足动物都具有臀大肌和阔筋膜张肌，但它们没有髂胫束。由此可以得知，髂胫束的作用是维持膝关节外侧的稳定性，这对于直立姿势至关重要。

由于髂胫束是在直立行走中形成的，可以产生纵向负荷和运动，提供张力支持和储备弹性潜能，以及能够有效抑制持续产生的类似液压装置产生的力，因此形成了该组织的纵向外观结构（图9.3），显示出可能的力线及组织中的横向和多向模式，使组织具有独特的外观。

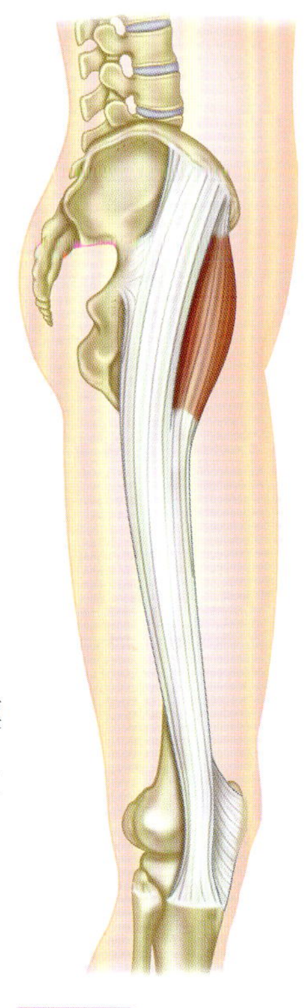

图9.3

阔筋膜是围绕大腿至小腿的深筋膜的周围筋膜层，包括绕股四头肌群、腘绳肌、内收肌群，以及缝匠肌与股薄肌，使这些肌肉组织相互交织。

大腿浅层区域包括阔筋膜张肌与臀大肌，臀中肌与臀大肌深层表面相连。深层筋膜一直延伸到小腿。这些组织折叠并连续包绕，形成小腿的肌筋膜单元。

这些筋膜组织的密度和结构在不同的部位存在差异。大腿阔筋膜外侧较厚，内侧和后侧变薄，但弹性更大。阔筋膜向小腿方向延伸，与胫骨骨膜融合，在胫骨深层附着于胫骨前侧。小腿后部的筋膜为适应小腿肌群的扩张而变薄，腓肠肌与比目鱼肌为包绕臀大肌而变薄。

同样，髂胫束在直立负重下显得较厚，在股内侧肌和股二头肌之间分开并深入到股骨骨膜后表面的区域也显得较厚，该区域称之为粗线，俗称“粗边”；从这里开始，髂胫束继续延伸穿过内收肌群，进一步分支，形成整个内收肌群的肌间隔，在此与内侧的大腿阔筋膜重新组合在一起。

对位于腱鞘和横切面的阔筋膜表面进行塑化

阔筋膜通过筋膜网塑化项目的解剖及塑化技术成像并创建了三维结构，在2018年柏林世界筋膜研究大会（World Fascia Research Congress）上

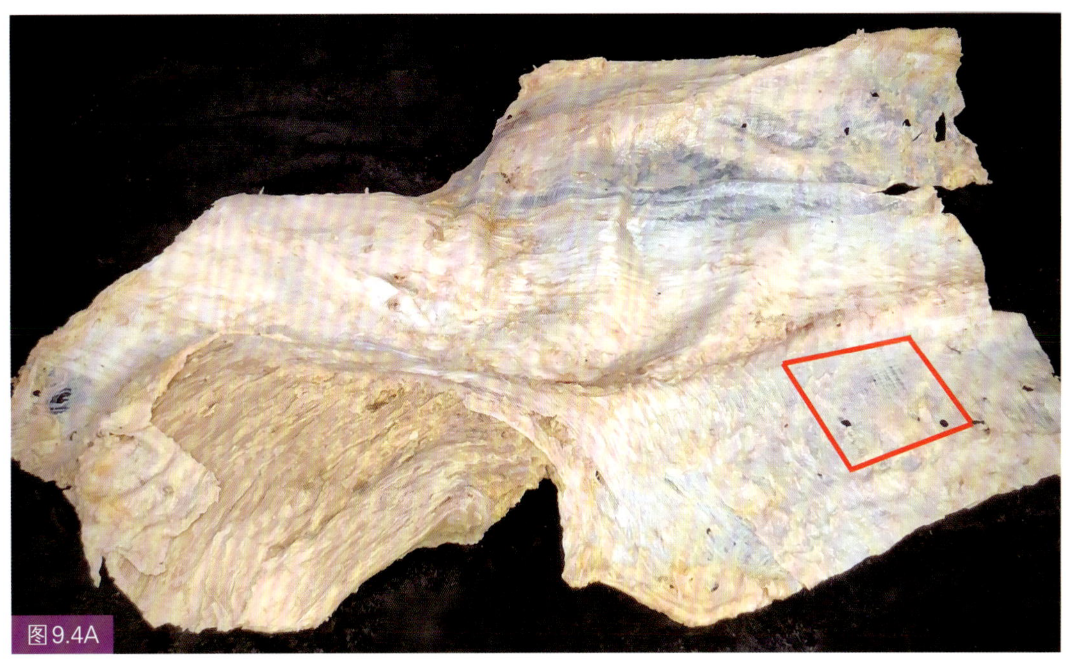
图9.4A

阔筋膜近距离解剖图，框内可见该组织的纤维走向特征

经筋膜网塑化项目（Fascial Net Plastination Project，FNPP）的许可后即可使用图片（https://fasciaresearchsociety.org/plastination）

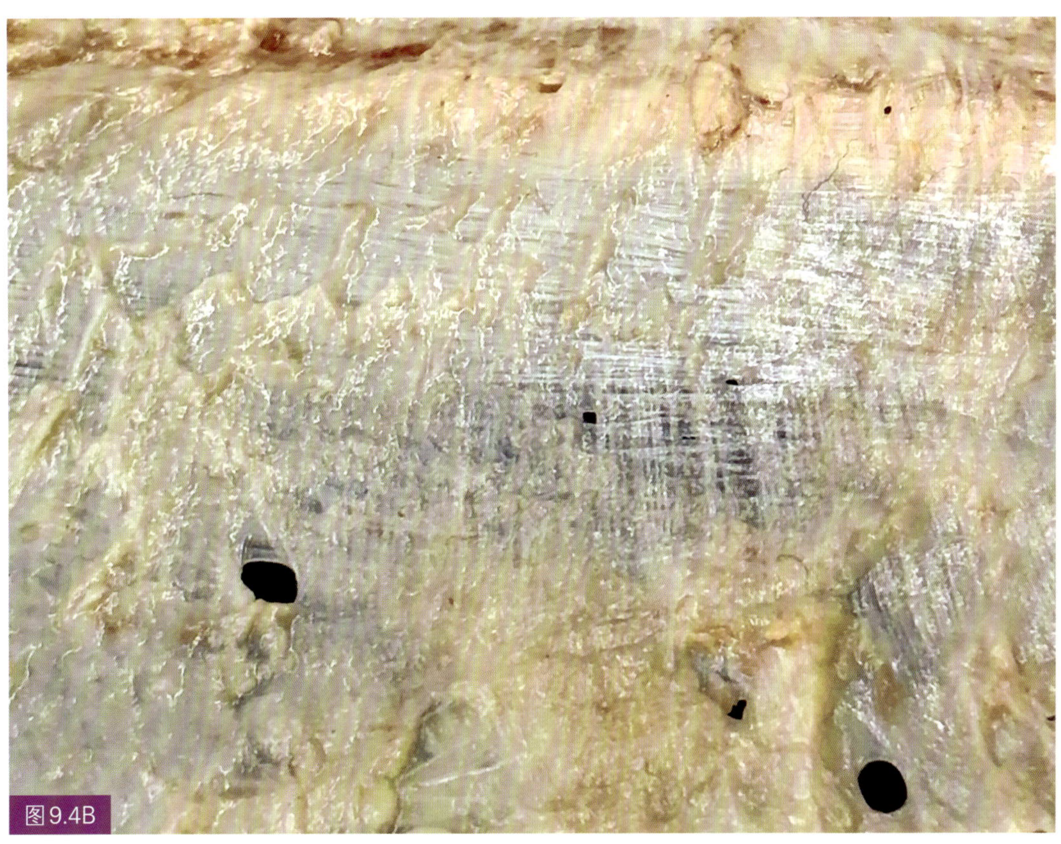
图9.4B

阔筋膜解剖图放大后可见此筋膜典型的胶原纤维排列方式，其对筋膜传递的力能够重复应变，从而导致胶原蛋白纤维组织的增强

经FNPP的许可后即可使用图片（https://fasciaresearchsociety.org/plastination）

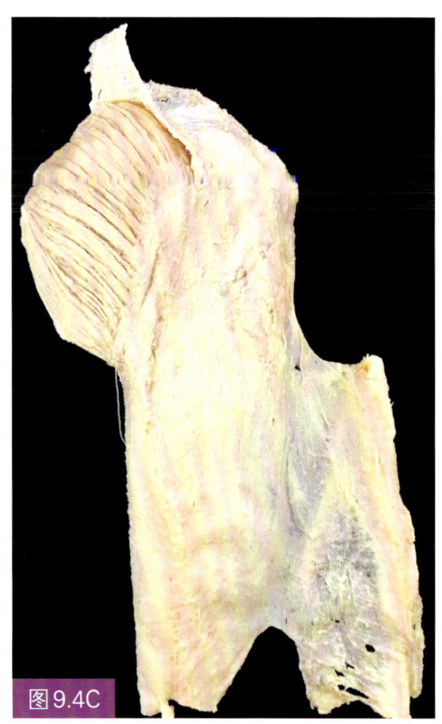

图9.4C

塑化过程结束后，最后准备确定阔筋膜的位置

经FNPP的许可后即可使用图片（https://fasciaresearchsociety.org/plastination）

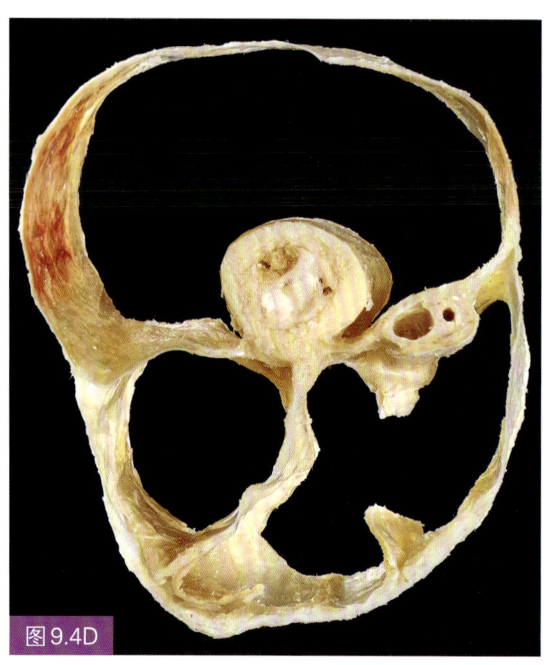

图9.4D

最终塑造形成的5 cm厚的大腿横切面标本图片。阔筋膜形成外环，并以股骨为中心，筋膜形成分隔

经FNPP的许可后即可使用图片（https://fasciaresearchsociety.org/plastination）

图9.4E

5 cm厚大腿三维筋膜结构横切面图。整个阔筋膜形成外环，股骨位于中心，筋膜形成分隔。该解剖标本以网状结构定位，以便在塑化之前保持其形态和结构

经FNPP的许可后即可使用图片（https://fasciaresearchsociety.org/plastination）

图9.4F

塑化后的阔筋膜。将阔筋膜向左上方折起，暴露出深层的臀大肌。在右上方的组织内可见阔筋膜张肌。在图片的下半部分可观察到阔筋膜和髂胫束的连续性，由于垂直排列的胶原纤维增加了髂胫束厚度，使髂胫束颜色显得略暗

经FNPP的许可后即可使用图片（https://fasciaresearchsociety.org/plastination）

首次进行了展示（图9.4A ～F）。

解剖中可以通过去除含脂肪组织在内的皮肤和浅筋膜，获取筋膜。沿着缝匠肌中线从膝关节上方切开，仔细地将整个肌袖从股骨上取下，包括整个臀肌区域在内。深层表面向上，步骤是从阔筋膜中去除所有肌肉组织，同时保留部分隔膜。保留从膝关节上方到骨盆的整个阔筋膜及大腿内侧的深隔层，包括股深动脉、股外侧肌和股二头肌之间的隔层。唯一保持完整的肌肉结构是臀大肌和阔筋膜张肌。然后经过处理、定位、准备和塑化等各种程序后可完成标本制作。

你在图9.4F中看到塑化的阔筋膜标本显示了右侧大腿的深层筋膜，其从膝关节上方一直延伸到髂嵴上方，仍然附着在完整的臀大肌和阔筋膜张肌上。将臀中肌、股内侧肌和股外侧肌从该覆盖物的附着处去除后可看到，阔筋膜与臀大肌、臀中肌的筋膜，以及阔筋膜张肌相连续（图9.5）。

沿着缝匠肌走行切开，形成类似圆柱形结构的切口。在塑化的组织内部进行垂直切开时，可以看到残留的两个筋膜隔，这些筋膜先前附着在大腿的股骨并形成分隔，其中一个筋膜隔包裹有股深动脉。

5cm厚大腿中部横切面示图

为了更好地观察大腿深筋膜、阔筋膜及其分隔，将大腿中部取5 cm厚进行了塑化（图9.4D和E）。将浅筋膜及肌肉组织完全切除，显露出深筋膜形成的分隔腔：以股骨为中心的前室、中室、后室。可以很容易看到隔膜如何维持系统结构稳定性。隔膜就像自行车的轮辐一样，连接到外部阔筋膜的“轮胎”上，并稳定地固定在股骨这个“中心体”上。

你可以在图9.5的左侧看到髂胫束，要想获得髂胫束，需要在特定区域切割阔筋膜以使其成为独立的结构。

（张艳明 译，黄美贞 廖麟荣 审）

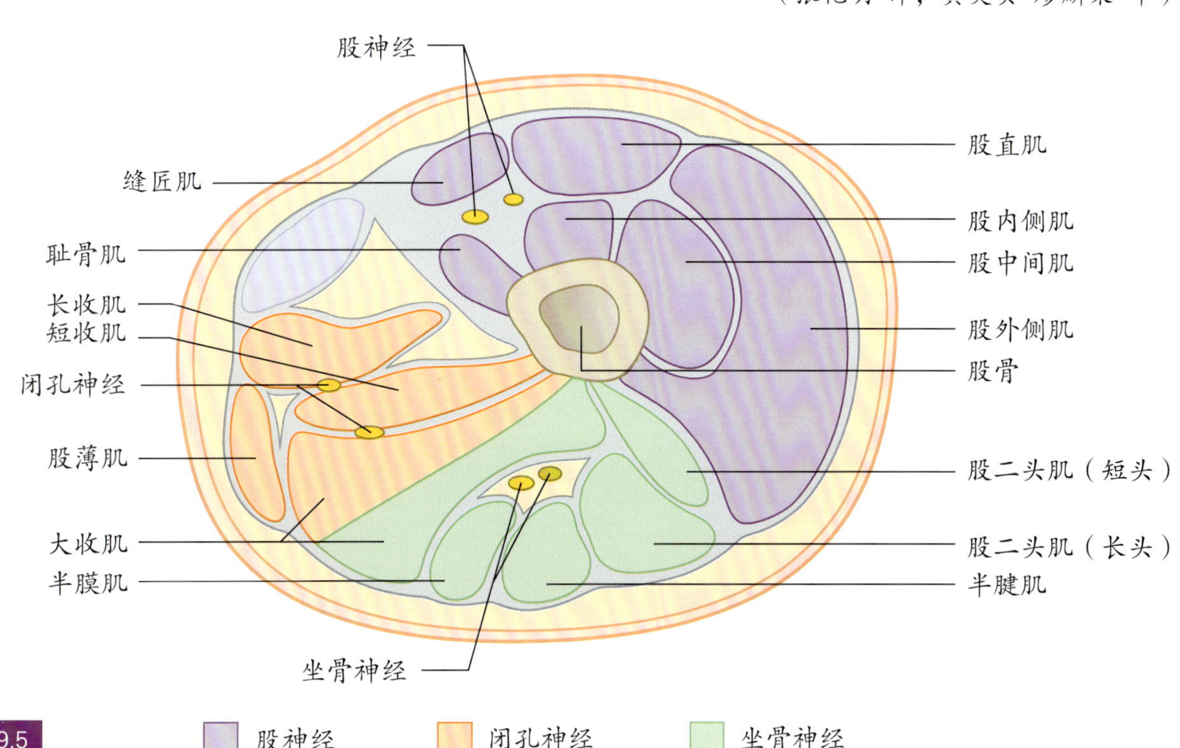

图9.5

参考文献

Kaplan EB; The iliotibial tract; clinical and morphological significance. *Journal of Bone and Joint Surgery* American volume 1958, 40-A:817–832.

Stecco C; *Functional Atlas of the Human Fascial System.* Edinburgh: Churchill Livingstone, 2015.

Stecco A, Gilliar W, Hill R, Fullerton B, Stecco C; The anatomical and functional relation between gluteus maximus and fascia lata. *Journal of Bodywork and Movement Therapies* 2013, 17(4):512–517. http://dx.doi.org/10.1016/j.jbmt.2013.04.004.

Wilke J, Engeroff T, Nürnberger F, Vogt L, Banzer W; Anatomical study of the morphological continuity between iliotibial tract and the fibularis longus fascia. *Surgical and Radiologic Anatomy* 2016, 38(3):349–352.

第十章

运动整合学可视化

Linus Johansson

在本章节我们将对运动整合学的可视化表达进行解释。请注意，这种可视化更多的是一种艺术表达，而非绝对科学。

这种人体形态可视化的观点源于本书，最初是为了支持学员培训计划中的学习而创建的。事实证明，将新获取的知识和见解与视觉相联系，对帮助学生学习是至关重要的。传统的解剖学解释未能对这个观点提供所需的支持，因此需要发展新的可视化表达方式。

这种可视化的主要目的是给予读者一种所有人体形态都是相互联系、不可分割的印象，从根本上表达了世上没有独立事物的观点。因此，插图的线条越过了一般的边界和界限，将长久以来被“分开”的事物统一了起来。颜色梯度同样有助于削弱界线，并给读者一种没有分隔感觉的形式变化。

这些线条与以往的肌肉图谱有相似之处也并非巧合。显然人体内存在“谱系”，并且与功能存在相关性。但是这种可视化的线条不是用来完整展现人体肌肉纤维或筋膜结构的。相反，这些线条旨在用以描述以下3个主要方面（图10.1A和B）。

第一，当身体在重力环境下移动时，人体组织在不同的模式和组合下依据重力线离心负重，使它们成为负重的路径。

第二，从这个角度来看，这些线是我们在发展身体运动潜能时手所穿过和跨越的“最常见的路径”，使它们成为手的发展路径。

第三，这些路径旨在辅助可视化，使我们更清楚地观察到所有事物都是相互联系的，这也使它们成为整合的路径。

综上所述，这些负重、发展和整合的路径共同创造了新的人体形态的可视化表达方式。结合这一观点，我们创造出了一种新的方式来观察和探索人体运动。

让我们更深入地探讨每一个方面。

负重、发展和整合的路径

人体被“设计”成能够以尽可能节能的方式进行运动。做到这一点所需的特性之一是组织离心负重，创造所谓的弹性反冲（elastic recoil）。

在这个解释模型中，我们将提及“离心”和“弹性反冲”两个术语。我们要强调的是，这两个术语也用于对人体功能巨大复杂性的解释，这意味着我们可以识别人体功能并给予命名。但是我们从未真正对其进行解释，并且最重要的是，从未将人体功能从复杂的运动系统中分离出来。我们需要做并且可以做的就是创建这种解释并在实践中应用它。

当身体在重力环境下运动时，尤其是在行走

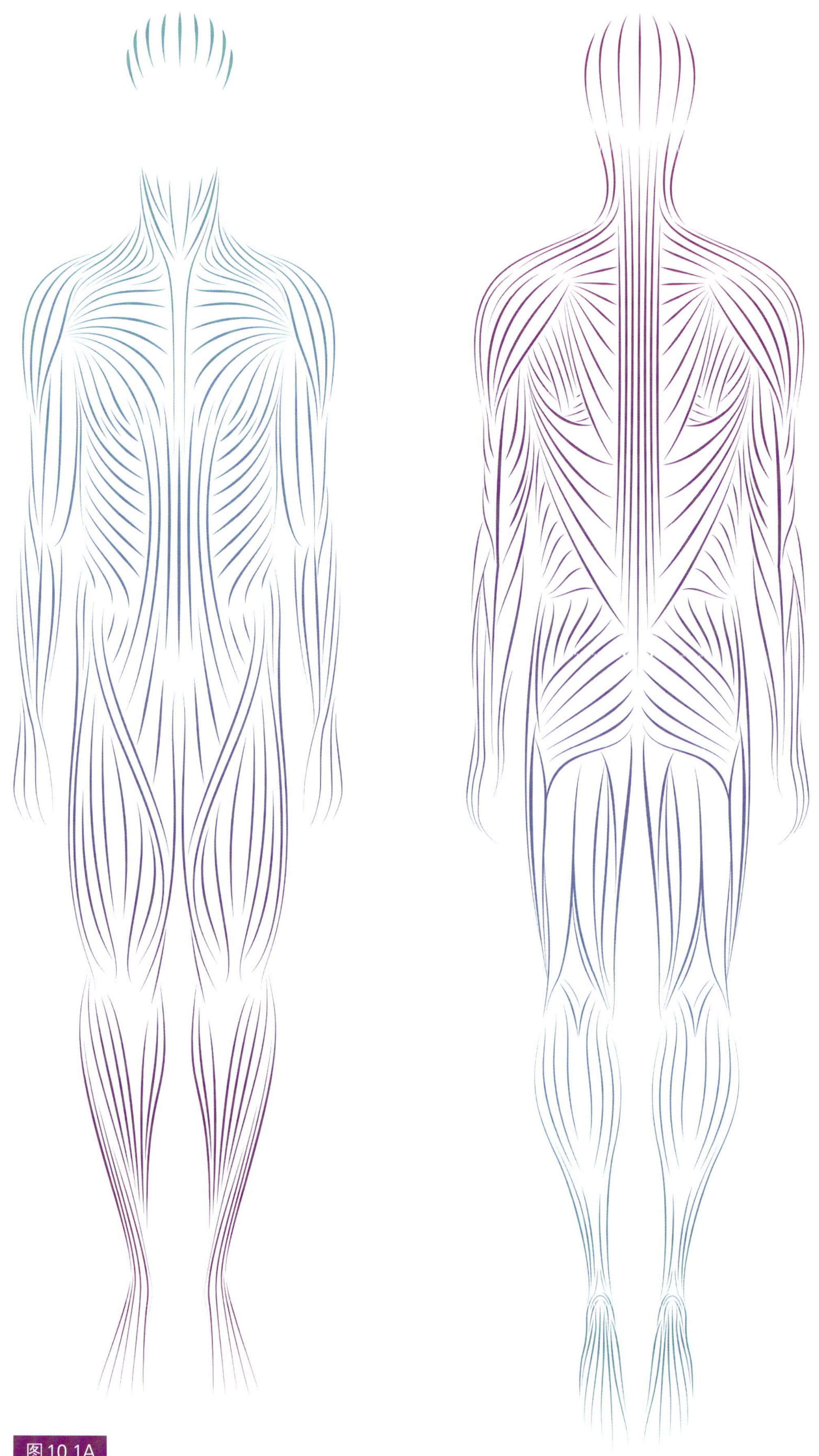

图10.1A

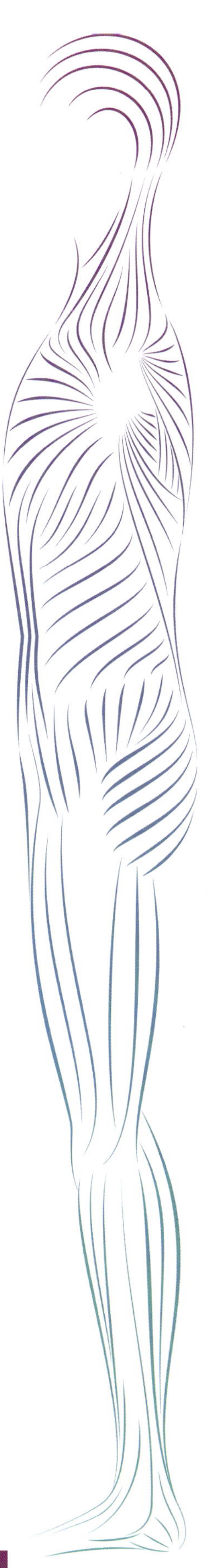

可视化运动整合学

运动整合学图示展示了最常见的人体组织以不同模式和组合进行离心负重的路径，并使其成为人体负重的路径。图示还展示了手在发展身体的运动潜力时所经过的“最常见的路径”，使这些路径也成为发展的路径。最后，运动整合学图示作为一种视觉辅助来使人们清晰地看到一切事物都是相互联系的，使一切事物也成为整合的路径。

图10.1B

过程中，人体形态的复杂结构使身体得以维持稳定。在这种稳定结构中，骨骼彼此相对移动，并拉伸它们之间的延伸组织。这种拉伸会让组织产生动能，也就是说，当运动发生变化，结构之间的关系发生变化时，组织就产生了弹性反冲。人体中的许多骨骼具有相同的属性，可结合这种弹性反冲负重，像弹簧一样工作。

可视化路径（paths of visualization）的第一个方面，即最常见的方式是，展示人体在行走时组织被拉长和负重的情况。尽管此可视化路径是二维的，但我们知道当身体移动时，所有组织总是同时在3个运动平面中负重。

负重路径的观点与第二个方面直接相连，即发展的通路（paths of development）。

在第五章中，我们谈到了每个人如何拥有理论上的理想身体状态，即一种在发展身体能力的同时可以设定目标并努力达到的身体状态。寻找一个人的运动潜力和能力的方法是，在他们抗重力静止不动的情况下进行身体结构的评估。正如在第五章中讨论的，我们要寻找的是结构之间发生变化的关系。然后将这些变化进行测试，以观察人体的运动或功能是否丧失。

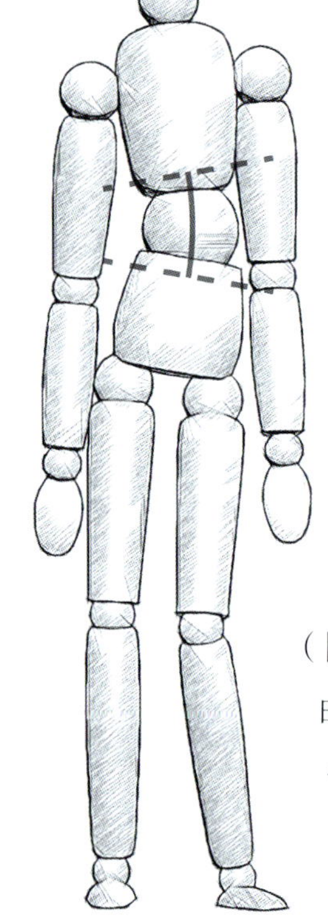
图10.2

现在，假设我们发现两个结构之间的关系发生了变化，如骨盆和胸廓，（图10.2）。当我们看着这个人时，我们看到的是骨盆相对于胸廓向左倾斜。骨盆的左侧和胸廓的左侧之间的距离大于右侧，即右侧两个结构之间距离变短。在检查患者右侧的骨盆和胸廓之间是否存在障碍时，我们发现完成这种检查对患者来说是很困难的。

联系我们的可视化路径方式，如果我们看到两个相邻的骨性结构关系改变，我们就会知道这些结构之间的组织长度已经发生改变，我们在此将其描述为短缩的状态。反之亦然。如果两个结构彼此之间相隔较远，我们可以将它们之间延展的组织描述为拉长的状态。在此案例中，将描述躯干右侧的组织处于短缩的状态，而左侧的组织保持在拉长的状态。值得注意的是，“短缩”一词与较常见的“紧张的肌肉”或“短肌”不同。它们是基于两个完全不同的解释，来自两个完全不同的方面。

这就是可视化运动整合学的应用。现在，我们可以将其用作地图或图表，以确定哪些路径受到变化关系的影响，然后观察这些路径如何进一步联系到运动系统中。

当观察这个有问题的人体模型时（图10.2），你会发现发生改变的部位不仅仅是骨盆向左倾斜。一般而言，人体形态之间的关系绝不会只有一种改变。当某个部位因某种原因而受到损伤时，总是会如多米诺骨牌效应般发生上下移动。

为了在可视化运动整合学模型中表达这种改变的模式，不同的受影响区域被突出显示，在这种情况下，我们将短缩的组织涂上紫色，将拉长的组织涂上绿色（图10.3）。

在这个案例中，我们用可视化图描述虚拟模特的运动模式，此外，也可以利用这个原理去描述人体形态中的任何状态、模式或运动。假设我们在体育赛事中拍摄了一个运动员的照片，如图10.4所示，我们可以在短时间内分辨出组织在功能上被缩短还是被拉长。然而，这不会是因为结构改变相互联系而产生的代偿，而是在充分运动时组织负重期与暴发期的解释说明（图10.5）。我们可以在快照中说明这一点，然而，仅在一秒钟后，当运动员继续运动并进入到不同的模式时，情况就大不相同了。

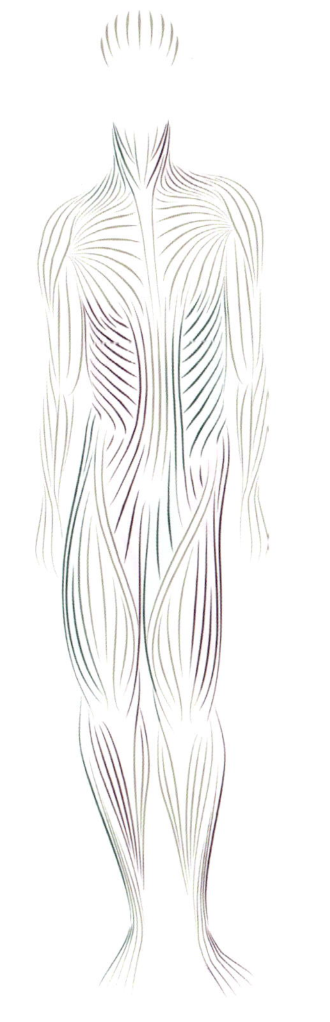

图10.3

这幅插图展示了如何使用运动整合学模型使结构化模式可视化，组织保持短缩的部分用紫色表示，拉长的部分用绿色表示

图10.4

这张图显示了如何使用运动整合学模型可视化快照中的功能联系。紫色表示组织持续向心性收缩，处于运动反冲阶段。绿色表示组织负重并被离心拉长

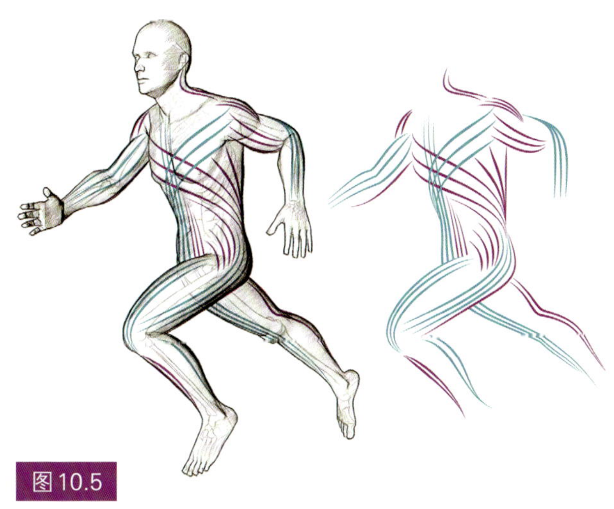

图10.5

当我们仅仅在描绘一个人运动的向心和离心路径时，仍然能够看到身体的轮廓，这种感觉是很美妙的

我们可以通过运动整合学模型看到患者难以更改的固定运动模式，因此，我们的任务是观察患者，就像观察运动员的快照，尽可能地了解如何能够帮助他们进一步达到更高的运动水平。

因此，希望你了解我们所观察到的以及这种可视化运动整合学所代表的始终都是运动。这种解释的方式是从另一种角度来观察和理解正在移动的人体形态的复杂性。任何对它感兴趣的人都可以采纳。

为了能够通过这种视角对患者进行干预并创造发展，我们需要系统的方法和整体的参与。我们需要调动人体形态的所有组合方面，从头部到足部，从皮肤到骨骼，从肉体到心理。

因此，很重要的一点就是当我们与患者见面时，相比于试图确定什么是僵硬的、无力的或不足的，我们更应该让可视化运动整合学来表现人体中潜在的联系。这将指导我们如何以及在哪里能与他人合作以形成发展的和功能性的改变。

在这个可视化过程中用紫色表示潜在表现的原因，是基于视觉评估结果和运动测试结果相结合的可视化构建。

绿色表示由于结构已被分离得很远，因此不

能进行更多的运动，使受影响的组织保持拉长。

这些组织之所以被持续拉长，是因为如果运动发生在某一个位置，在结构关系中，在其他位置总会出现与之相反的运动，这是人类运动的基本特性之一。因此，保持拉长或短缩总是存在于协同作用中。

有趣的是，当客观地研究这两个方面时，这两个方面似乎是完全不同的，事实也确实如此。当主观体验时，人们在大多数情况下都会有相同的感觉。当一个人尝试在一个认为短缩的组织上产生运动时，他可能会说自己感到“僵硬”，因为执行此运动时有阻力。当一个人试图拉长已经达到其最大长度、不能再拉长的组织时，他或多或少也会有类似的感觉。在这两种情况下，不能自由活动的感觉通常会明显增强。

这种体验是由于大多数人没有身体意识，不能洞察身体中的不同关系。在这个世界上行走的大多数人都试图尽可能地感觉轻盈。这就造成了一种麻木感，意味着结构上的差异或多或少都应以同样的方式出现。

一个令人困惑且有些沮丧的想法是，即使是受过高度训练的人，对这一点的洞察力也出乎意料的低，而且几乎无法区分这些差异。一部分原因可能是他们学习的是方法而不是原理。

当我们遇到这种情况时，我们的使命就是抓住机会创造发展和提高身体的意识。我们通过恢复人类运动系统中的动态关系做到这一点，并使它们在运动中满足自己。在身体中产生实际的生理变化和发展，并将其与心理扩展联系在一起。试图让人接近进化的乌托邦，“……在身体和精神中自由活动……”

如何做到这一点就归结为干预措施的选择。手法治疗、治疗性运动和宣教相结合通常是我们的首选。通过干预，可以利用人体的复杂性、理解力，以及总是渴望变得更加节省体能的心理，动态调整内部结构。然后，重新整合整个系统之间的关系，即人与重力之间的关系。

但是，做到这一点并不像想象中那么重要或有趣，通过我们的原则，我们可以系统性地解释在人体形态上所展现出来的关系，即了解目前所处的状态是怎样的，将来会发生什么样的情况，需要什么样的能力才能达到既定的目标。

路径代表什么？

如前所述，我们将可视化运动整合学模型（ensomatosy visualization model）中的路径描述为负重、发展和整合的路径。然而，这些都是理论上的描述，与人体形态上所能描绘的清晰线条之间相比是非常模糊的。

尽管在理论上我们描述的是负重、发展和整合的路径，但在实践中代表的是人体形态。即皮肤、脂肪、浅层组织、深层组织、肌肉纤维、肌间隔、骨骼、韧带、神经、神经末梢、伤害感受器、温度感受器、机械感受器、静脉、动脉、淋巴管系统和内脏，也许还包括意识。

因此，当我们通过手法或运动有目的地在人体上进行治疗时，必须意识到被治疗的患者是一个不可分割的整体，在这个整体中一切都是互相连接的：从皮肤到骨骼，从头部到足部，从肉体到心理。所以运动整合学路径说的就是，触及某个地方即所有地方、移动某一部位即移动整体。

我们在本书中分享运动整合学可视化模型的目的是让读者能够将它与这个观点中给出的原理联系起来，让读者在为患者治疗时激发出更多的整体性方法。运动整合学模型也有助于我们与患者沟通整体原则，让他们通过可视化表达与整体原则相联系。

然而，尽管统一了可视化运动整合学模型，它仍然存在着不足。遗憾的是，该模型同样缺少一个其他可视化模型都不具备的关键方面，这或许是最重要的方面，同时是运动整合过程中非常具有挑战性的环节——它就是人的意识。

我们知道许多人类疾病，包括疼痛，可以衍生于人的意识，并且运动治疗和手法治疗并不能解决所有问题。有些问题只能通过心理治疗来解决。然而，就像人性一样，不都是非黑即白的，而且还有灰色地带。因此，作为运动治疗师和手法治疗师，想要确保成功治疗或者达到我们的治疗目的，就必须要把人的心理因素考虑进去。

无论是运动整合学概念还是可视化概念都不包含人的意识。一旦把运动整合学概念与其他原则融合到一起并形成系统性运动整合学时，就称得上包含人的意识了。

这一话题将在第十二章做进一步阐述和整合。

（王华伟 译，李 军 廖麟荣 审）

第十一章

研究运动整合学

Linus Johansson

“研究运动整合学就是投身于永无止境的探索之旅，并学会信任我们智慧的身体。”

研究经典解剖学（classic anatomy）的人很少有机会参与标本解剖，并很难真正看到人体的内部结构。大多数医学生是通过书籍来学习解剖学的，学习肌肉的名称、起止点，以及肌肉的特定功能。所有这些都是从研究新鲜尸体和防腐处理过的尸体中得出的结论，在解剖刀的帮助下，创造出了公认的“真理”。

我们已经讨论了对经典解剖学的看法，以及我们如何认为它是有缺陷的，特别是从运动整合学的角度。我们并没有说解剖学是错误的，只是觉得它很奇怪。之所以认为奇怪，在于我们都能接触到完整的、活的人体形态，而且与解剖间里经防腐处理的尸体不同，解剖学相关知识是很容易获得的。试问为什么我们不去研究活的形态呢，这可是我们在职业中将要一起工作和服务的对象。当我们的工作服务对象为活体时，对于死者的研究似乎很奇怪。Julian Baker强调了将活体与尸体进行比较的不恰当性。

“基于对无功能或运动能力的人的解剖，而做出功能和运动的假设是不恰当的。”

——Julian Baker（朱利安·贝克）

有人可能会说，我们确实在公认的教育课程中研究了活的人体形态，但真的是这样吗？在进行评估与功能研究之前，有多少治疗和运动课程并没有先对学生进行经典解剖学的教育？

很少有医学生在学习经典解剖学之前就有机会了解人类生命运转功能。他们的头脑中充满了简化论（reductionist idea）的观点，即身体是由局部结构组成的，当开始治疗和运动身体时，他们没有任何其他的相关性认识。

在公开教育课程中，我们经常会碰到早期接受过传统解剖教育的人来上课。对皮肤下的身体有先入为主的观念的医学生的成长空间是很小的，因为经典解剖学给他们划定了明确的界限。当他们试图用简化论的方法来学习整体观念（holistic idea）时，更容易与自身观念发生冲突。这需要他们付出更多的精力和努力才能看到更复杂的关系。

如果解剖学和整体观念给出的解释并不是完全正确的呢？如果还有其他方法来观察和理解人体形态呢？我们知道，对既定正统理论的批判可能会令许多读者不快，但我们希望大家能够反思我们的论证，并与我们一起得出结论。所有的范例都是可以质疑的——如果不是，就不会有任何进步和发展。我们的立场也是如此，我们鼓励有人质疑我们，对我们的主张提出疑问。这是一种健康合理的态度。

我们质疑既定的范例原因是，归根结底，重要的事情并不是我们所做的多年研究或所取得的所有学位，而是我们为患者带来的治疗结果，这才是极其重要的。患者不会因为你受过良好的培训而一定变得更好；但会因为你看到他们问题的本质而接受治疗，他们是一个自由活动的实体，而不是一个受约束的可被分解的形体。

通过这本书和运动整合学的概念，我们希望对这种“真理”的诠释有所贡献，同时也挑战旧有观点，提出一些问题。我们能学会观察和欣赏人的本质（即有生命的物体）吗？我们能在放弃简化论的观念的前提下获得成功吗？“运动整合学”这个概念可以包含所有这些想法吗？这能给我们提供其他途径来治疗更多的患者，让他们更好地活动和获得更佳的功能吗？

为了回答这些问题，我们要挑战自己去证明它们。在之前提到的医学生培训课程中，没有医学生做过任何解剖学研究，也没有从事过任何生理或治疗方面的研究。然而，他们真正拥有的是对运动的热爱，以及对了解更多人体形态和功能的兴趣。他们直接研究运动整合学而不是通过书本进行经典解剖学研究。

对运动整合学的研究是理论与实践的结合。然而，与解剖学的实际研究不同，对运动整合学的研究容易得多，因为这是基于有生命和呼吸的身体。但这并不意味着你不能在一具死亡和经防腐处理的尸体上研究运动整合学。重要的不是行动，而是你的目标是什么。

我们有很多有才华的同事和朋友，他们用解剖刀探索人体形态，寻找相关性及连续性，而不是寻找经典的细微结构。Gary Carter和Julian Baker为本书做出了贡献。当提及此，就必须感激Gil Hedley、Thomas Myers和Todd Garcia的伟大贡献。他们都是本领域的先驱者。

研究运动整合学，有3个基本的条件。第一，需要有整体性原则。第二，需要有触及该原则的切入点。第三，需要积极且富有创造性的思维。具备了所有这些条件，我们就可以进行运动整合学的研究了。

如何研究运动整合学

我们在本书中提出的原则是，生命的意义在于“身心的自由活动”，人类已经进化到通过一种非常特殊的生物力学节律来用双足行走（图11.1和图11.2）。这个原则的切入点是“两种模式”，我们将对此进行详细说明。

图11.1

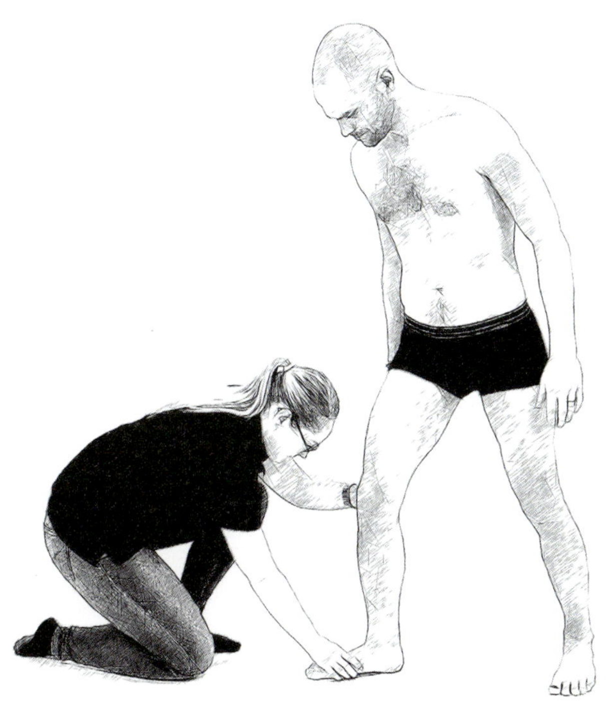

图11.2

正因如此，积极和富有创造力的思维是所有生活领域的动力。我们将在第十二章中谈到思维的力量。用该原则引导我们，通过这两种模式以实际的方式探索原理：通过询问、观察、移动、感觉、触摸、感知、评定、测试及评估一切事物以寻找机会、潜力和发展。

对此内容的学习本身就是一个伟大的过程。我们在学习的时候必须细心，避免像经典解剖学研究那样创造出单一的文化（图11.3，图11.4）。

图11.3

这个插图是以简化论和分离方法去解读人体形态的可视化图。每个被命名的主题都在每个圆圈内，并且与它旁边的圆圈没有相关性

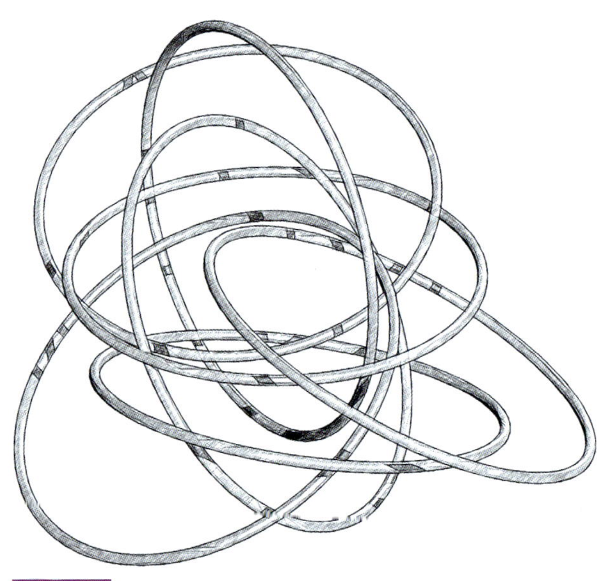

图11.4

这个插图是整体和综合“真理”的可视化图。事物之间都紧密相连，相互依存。影响其中一个圆圈，其他所有的圆圈都会受到影响

在解剖学中，肱二头肌总是附着在固定的部位，总是做着完全相同的动作。我们在运动整合学上的目标是创造多元文化，我们承认还没有完全发现和理解人体形态和功能。但这开启了我们的思维去认识其他的可能性，并保持着探索的活力。

因此，我们再次强调，运动整合学与其说是一种科学方法，不如说是一种艺术方法。如果将解剖学以其科学和简化论的方法于一端，那么可将运动整合学以其整体和艺术的方法置于另一端。

两种模式

当我们试图探索庞大且与迷宫一样复杂的人体形态时，我们需要明晰的、宽阔的切入点，然后再缩小范围。为此，我们创建了两种理论的、理想化的模型，从第八章中描述的足部的旋前和再旋后原理命名和衍生而来。

这两种模式是“旋前模式”（the pronat pattern）和“旋后模式”（the supinat pattern）（图11.5，图11.6）。该理论认为，当足部发生旋前或（再）旋后运动时，特定的链式反应运动将会沿身体向上传递，并基于这两种运动模式产生特定的生物力学节律。当我们在步行中用双足移动时，这种节律会在运动链中来回运动。

每种运动模式都可以从身体的任何部位开始，因此运动模式的节律也同样会向下传至足部。当我们行走和跑步时，就会组成身体上下运动的特殊循环。这种节律是人类进化与遗传赋予我们的，也正是这种节律使我们成为独一无二且高效的运动家。

根据这两种模式的特性，我们可以将其描述为结构与功能的现象，并且在结构性评估中解决，以及在测试中对其进行评估。

这些模式在结构之间建立了相关性，在结构性评估中，我们可以看到这些模式或多或少地“控制”着整个身体。

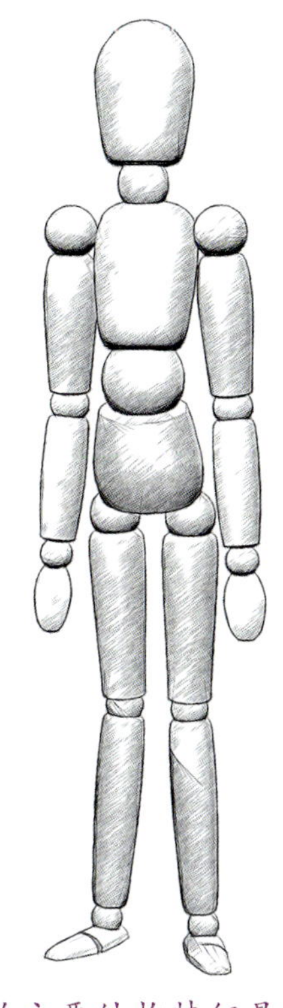

图11.5

旋前模式的主要结构特征是足部旋前，腿部骨骼相对内旋，骨盆和胸廓之间相对倾斜，形成腹侧延长而背侧缩短

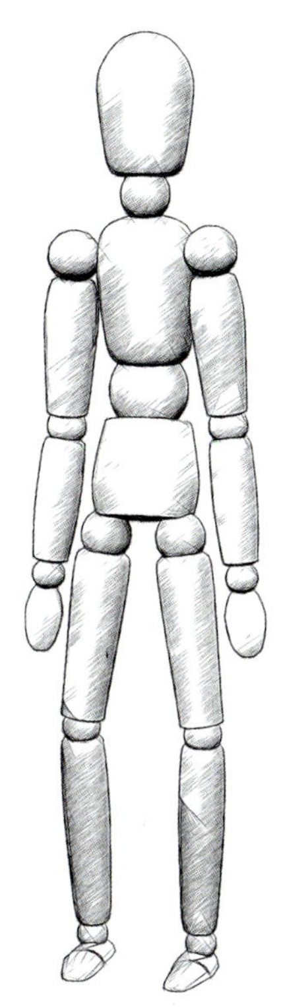

图11.6

旋后模式的主要结构特征是足部旋后，腿部骨骼相对外旋，骨盆和胸廓之间相对倾斜，形成长而直的背部

由于这些模式是我们行走和跑步功能的表现，因此我们可以通过模式评估功能。利用模式变化的相关性，进行功能性运动，观察是否出现我们预期的运动。

这些模式成为了我们明确人的结构与功能的复杂性的切入点。利用该模式的优点，在整体视角下，我们可以对人体当前结构和功能状态简化描述。我们还可以利用该模式放大较小和较窄的相关性和特性，使整体的连接再次缩小，由此可以解释我们的干预是如何连接到整个整体的。这是避免陷入还原论陷阱的最好方法。

重要的是要明白，我们不能拘泥于此模式的概念，而要将他们视为理论的切入点，并且领会到它们在放大和缩小解释模型方面的能力。

通过使用这些模式，我们可以明确地了解到一个人目前在结构、功能水平、发展潜能及在未来可以达到的水平。这些模式成为我们希望每个患者进行的以过程为导向的旅途起点。第十四章对此主题进行了详细的阐述，可以参考阅读。

简而言之，研究运动整合学是投身于永无止境的探索之旅，并学会信任我们智慧的身体。

（谭同才 译，张艳明 廖麟荣 审）

第十二章

积极的意图

Linus Johansson

"在初学者心中有很多可能性，在专家心中则很少"。

——Shunryu Suzuki（铃木俊隆，日本禅师）

在与客户或患者合作时，我们始终需要面临沟通、互动、参与、接触和训练的情景。这些情景在很多方面都是独一无二的，只会在两人之间出现。本书探讨的重点是人体的实际结构和功能。这不是一本关于心理学或人类认知的书。然而，我们永远不能否认或排除心理因素的重要性，以及心理与人体结构，特别是运动和功能的密切联系。在本章中，我们秉承这一观点，并结合自己的观点，提出一种简单明了的方法来处理人类的认知。

我们，包括我们的客户、患者和我们自己都是人类。即使我们没有经过专业的解决心理问题的培训，我们也有义务对他们的心理状况和健康承担一些责任。有时，我们仅需要作为在对话过程中倾听并思考对方的想法和问题的同伴就足够了。这一点，我们不必拥有心理学学位，仅需要一些礼仪和常识就可以做到。

但是，作为治疗师或运动教练干预的结局始终是主要焦点。我们要如何影响和改变一个人的状态，使他们做到并保持自己的"最佳"状态呢？对于治疗师而言，通常以缓解疼痛为目标；对于运动教练而言，通常将运动的进阶和不同阶段作为干预焦点。两者几乎总是兼而有之，因为运动和疼痛常常并存，如第二章所述。

要获得成功并达到预期的干预结局，不仅取决于治疗师选择使用哪种手法技术或特定运动，还取决于治疗师和患者两个人之间的互动。

众所周知，我们不是带着保险丝的机器，当保险丝烧坏了可以更换；也不是带着按钮的机器，当按钮被关掉了可以再打开。有时我们可能希望人体不那么复杂，但不幸的是，人体比这复杂得多，而这都是源于我们高度发达的大脑。人类是认知发达和心理高度发达的生物。就像我们对触觉和运动敏感一样，我们对语言交流中发生的事情同样敏感。

我们承认人的认知在我们的干预结局中发挥着重要作用。因此，我们不把它看作是一种阻碍或障碍，而是采用最简单的方法，使人的认知成为我们最大的"资产"。

正念之道

许多人在培训中学到了如何评估身体及其功能，以及如何寻找损伤、困境、缺陷和功能障碍。此外，还被教导了如何命名，以及如何相应地记录这些发现。不同的疼痛模式、保持的姿势以及实际受损的组织都有长而复杂的名称，有时甚至是拉丁语。其目的是制定标准化和正确的评估和医疗文书，因为使用统一的语言更便于与其他临床人员进行沟通。

大部分的方法都是为了解决和适用于某个已

经评估和记录的问题。这样的做法是好的，因为治疗师的工作重点是帮助人们解决表现出来的问题。然而，但从我们的角度来看，这种做法有一些明显的不足。

当患者来见我们并寻求我们的帮助时，他们几乎总是处于疼痛或功能障碍的状态。在精神上，很少有人处于积极的模式，疼痛与身体的相关性并不总是很高的。从一开始，患者就带着一种消极的心态来寻求帮助，因为他们已经失去了自己解决问题的能力。他们的命运交到了我们手中。

如果我们沿用以往的模式，就会和患者一样走上消极的道路，我们会通过寻找所有的“不好的事情”找出问题。比如评估和记录疼痛、无力、紧张和不足等状况。当然，所有这些都是出于好意。目的是用这种模式带来的非常具体、精准和还原论的方法来解决这个问题，并让患者恢复得更好。患者总体上是支持这种方法的。他们知道并理解目前的医疗系统是如何运作的，他们可能已经经历过很多次了，并坚信“这就是治疗师应该做的”。

然而，这是我们不敢苟同的地方。我们不认为“这就是治疗师应该做的”。我们相信有另一种方法——一种简单得多的方法，而且从我们的角度来看，是更有力的方法。

我们可以对目前的情况进行如下总结。

首先，是治疗师和患者之间的合作。这种合作基于双方都是从消极的角度去看、去感知、去描述所有现状的。

其次，是语言障碍，治疗师使用患者不一定能理解的医学术语来描述和谈论患者的身体问题。当患者描述自己的疼痛或功能障碍时，往往是用日常用语，而这些用语是基于患者的生活经验，这些经验很难标准化。因此，治疗师要将这些信息转换并记录为符合已定的范式框架，这是非常困难的。

最后，是运动觉发展水平。然而这时一个小小的悖论走进了我们的视野。为了能够理解这一点，我们需要倒退一下，从头再来一次。

可以通过很多不同的方法进行治疗和处理一个关节或一块肌肉，例如，按摩、手法、激光、冲击波和干针等，这些都是公认的治疗疼痛的方法。但是想要完全恢复其功能，我们不能仅仅满足于局部疼痛的减轻。我们还需要进行创造性整合，将人的整个运动系统纳入重力下重建。这种整合始于患者既定的运动觉发展水平。每个人都会有独特的运动觉发展水平，而这个水平在不同的人之间会有很大的差异。

如果患者是一名运动员，并且充分发挥了他（她）的运动潜力，那么结构改变后重新整合就会很容易，对治疗师的需求也会降低。如果患者从事久坐工作，或不喜欢运动，那么重新整合可能不会那么容易，甚至可能完全失败，使任何好的工作都白费。

然而，不仅仅是患者的运动觉能力和发展水平在这种安排中起作用，治疗师的能力也同样重要。在很多意义上，治疗师的运动觉意识和能力将是患者所要依赖的，患者如何在其运动系统中参与和整合运动，才能使患者的能力得到发展。

“一个人必须践行自己所言，只有当你改变了自己，才能改变别人。”

——Linus Johansson（莱纳斯·约翰逊）

现在，让我们重视这三个方面，消极方法、语言障碍、运动觉发展水平，将之改变并形成最有力的方法。

第一个，即消极方法，可能是最容易改变的。在与患者合作时，我们始终需要的是一种过程为导向的心态。为了创造这种心态，就不能用消极的方法，要用积极的方法。

我们可以用一个经典的例子对这两种不同的方法进行说明。一个人向前弯腰，双腿伸直，试图去触碰自己的脚趾（图12.1）。由于“受限”，这个人身体弯到一半就停了下来。检查者可以用两种的说法来表达这个发现，这会造成两种完全不同的结果。

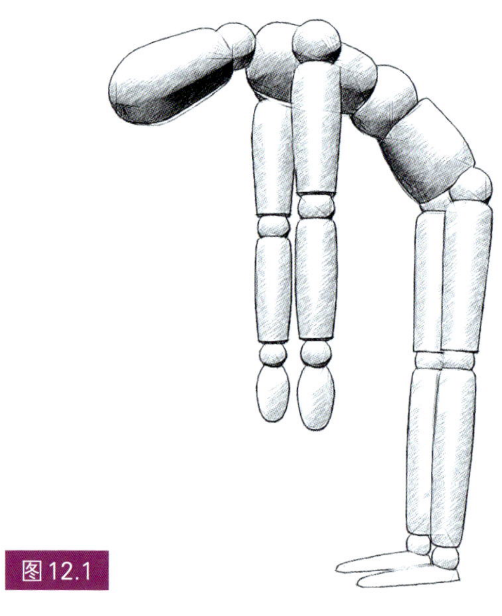

图12.1

1. 常见的说法：“哇，你很僵硬！你连脚趾头都摸不到！你需要锻炼你的灵活性，多做牵伸运动。你为什么没有进行牵伸？很明显，这就是你背痛的原因！”

2. 积极的说法：“你知道吗？我看到你有很大的潜力，你可以更灵活。这很好，我知道我们可以尝试并解决这个问题！当你变得更灵活时可能你的背部就不会那么疼痛了。你有兴趣试试吗？”

虽然这两句话都将双方调整至了对立面，但其实都离真相不远，尤其是第一句。我们用这个两极化的例子旨在说明，它们陈述的是同一个事实，虽然用两种截然不同的方式表达。不管表达如何评估的方式，治疗师的意图都是一样的：增加患者的活动范围，让动作更容易做，减轻背部疼痛。然而，这并不是我们想说的重点，因为影响患者心态的不是治疗师说了什么，而是患者听到了什么。

你可能认为说和听是一回事，但它们绝对不是。治疗师有明确的意图，在不改变既定意图的前提下，用来表达的语句几乎不受限制。然而，患者听到的，受影响最大的是说话的语气是积极的还是负面的。语句的内容是次要的，因为我们甚至不能确认患者是否完全理解了治疗师所说的话。患者接收到的最主要的是信息的语气，在给出的两句陈述中，语气有明显的区别。

第一种说法是负面的，并没有给患者增加任何新的内容。它只是告诉患者一些治疗师可能已经知道的情况，而且在做测试时也意识到了。这种带有消极语气的评估表达方式，也让治疗师处于更加主导的地位。这仍然可以发挥作用，因为患者认为，“这就是治疗师应该做的”。但是，我们不相信这种命令的关系会对治疗有很大的成效。

第二种说法则转变了视角。它给出了一种积极的信号，并提出了一个想法，即有一个即将解决问题的开始。这样的正面陈述不是让患者更加意识到自己的活动范围受限，而是让他对自己和可以增加活动范围的事情更加好奇和感兴趣。使用这样的语句，更容易让患者以过程为导向，让他们更倾向于努力参与到争取解决问题的努力中去。

从这个角度来看，“努力”（strive）一词的概念是至关重要的。设立要达到的目标是一回事，身体的改变是另一回事，即并不是当一个人达到目标时，身体才会发生变化。当这个人朝着这个目标努力时，改变和发展就会同时发生。这意味着，我们可以为患者设定适当的目标，患者在努力达到目标的过程中，可以获得最大的发展。可以说，这种努力本身就是目标。

所有这些综合起来，也可能帮助治疗师不那么强调自己的权威地位，从而与患者进行更平等的接触。

因此，我们坚信，在与患者合作时，应该选择合适的沟通方式。选择一种积极的沟通方法与适当的语句，会使患者认为你是一位专业人士，以及相关境况是积极的、有趣的，这永远都没错。

我们也认为，当一个人以积极的心态面对挑战时，会变得更有存在感，正如Walt Whitman曾经说过的："我们以我们的存在来说服。"我们的存在感可以帮助我们表明我们是为了患者而存在的。这样的存在感也会让患者更加相信我们，而这反过来又会让他们更加积极参与并成为解决方案的一部分。

"我们以我们的存在来说服。"

——Walt Whitman（瓦尔特·惠特曼）

更有趣的是，创造力和独创性也与积极的心态相辅相成。积极的心态会影响治疗师和患者。当治疗师的心态积极时，会更清楚地看到和感知事物，也更容易找到解决方案。当治疗师选择把事情看成是可能性而不是阻碍时，治疗灵感就会出现。

当与患者一起努力时，这种帮助一个人调整心态的方式与（本章开头）禅宗和武术中铃木俊隆的引文意思相近。它的意思是"初学者的心态"，指的是初学者对某种事物抱有的开放、热切和没有先入为主的态度。

在处理人的身心问题时，铃木俊隆引文的内容意义深刻。随着岁月流逝，作为一名治疗师，要想保持这种开放、热切、没有成见的态度是很困难的。人会固化在舒适圈中，做自己一直做的事情，这并没有什么特别的问题。它仍然可以成为帮助和成就一个好的治疗师的基础。但是，如果不选择在自己的实践中发展，那就会停滞不前。

选择停下脚步的主要原因，大概是不断逼迫自己发展是相当辛苦的事情。然而，拥有积极的心态，可以始终让你不断寻找可能性、潜力和能力，无论是在人体结构还是其他方面，无论你是否有意，这种心态都会让你不断前进。只有当我们前进和超越的时候，我们才能真正在与患者平行的进步中发展自己。

与陈述中的积极基调相交织的是它所采用的语言。如前所述，治疗师和其他临床人员都会学习学术词汇，并在实践中使用。这种语言的缺陷在于，患者可能对我们所说的话的理解与我们自己的理解不一样。我们相信沟通是建立一段良好的关系中的关键因素。误解或缺乏理解会适得其反，降低成功的概率。

语言障碍也助长了那种专制主导的心态，这是我们不希望看到的，因为它与良好关系的理念相冲突。如果我们能够使用一种语言和术语，将双方联系到的共同语言中，这样既能不失去记录检查结果的能力，又能与其他治疗师报告交流。

在第五章中，我们提出了一种，基于运动而非病理学变化的语言。使用这样一种更常见的语言，将使患者更容易理解自己的状态，且理解我们正在为他们做的工作。这有助于我们与患者建立良好而富有成效的关系。

让我们从语言开始，观察身体的语言，也就是运动。

从这个角度来看，对任何人来说，将语言转化为所需的动作将是下一个关键步骤。

指出哪些运动需要重新整合到人体结构中，以及为什么要这样做是一回事，但要真正将这一意图转化为行动，并将其重新融入患者的运动系统，则是另一回事。尤其是在重力状态下进行的复杂而动态的运动时，这不是做一个腿部屈曲或在俯卧位上收缩一些"深层核心肌肉"就可以的。

我们相信，要想成为一名成功的治疗师，需要真正地对运动的艺术有所学习，就像进行理论学习一样，运动的艺术学习甚至比理论学习更重要。

事实上，我们的血统是来自行动者，而不是思想者。我们的认知只是在通过进化而活动的最后一小部分时间里才有的。没有人可以质疑这样一个事实：我们是为了运动而生，并通过运动来学习的。在我们能在意识层面上学习事物之前，就已经在潜意识中学习了一切。例如，你曾经学会了如何滚动、爬行、站立、行走和奔跑等，这些没有人教你，是你自己教自己的。

因此，我们主张先整理好自己的运动，再去整理别人的运动。这可能是苛刻的说法，但你要试着向自己解释，如果你不能满足患者的需求，那你怎么能让他们更进一步。患者依靠治疗师为他们扫清道路，投入时间，建立对运动的认识和热爱。

我们并不是说你应该跑一场马拉松，或者能够举起3倍于自己体重的重物。我们要说的是，你必须探索、研究、享受和热爱最重要的生存运动，这样才能做好你作为专业治疗师的工作。你需要实践你所讲的内容。

当你首先在运动中建立了自己的意识，那么你就可以帮助别人做同样的事情。

方法

当我们向患者讲述、解释，以及与患者互动时，应该以积极的语气来讲，让他们的心灵走向积极的解决之旅，并唤醒他们对自己身体及其潜力的兴趣。

当我们也把自己设定在同样的积极的旅程中时，我们会看到患者的可能性、潜力和能力。

以积极的发现为基础，制订以过程为导向的治疗计划，并通过使用充满活力的和易懂的语言，邀请患者参与治疗。

展现我们对运动的热爱和投入，激励患者建立自己的意识并选择发展。

总结

如果说人体形态和结构是复杂的、如迷宫般呈现，那么与人的意识的复杂程度相比，这不算什么了。然而，身体和意识并不是两个独立的存在，它们是构成人体的不可分割的两个方面。

本书主要关注的是人体形态和结构，而不是意识。需要强调的是，我们从不否认关于人的任何事物，而是始终承认一切。因此，我们在本章中论述的是我们应承认认知对人体结构的影响，以及我们如何将此作为方法和资源去更深入地与人体形态和功能相关联。

（黄美贞 译，纪美芳 廖麟荣 审）

第二部分

概述

在第一部分内容中，深入介绍了人体形态和功能，并提出了用来观察、描述、形象化及认识人体形态和功能的原则和观点。方法较为广泛，没有具体针对某一问题，给出的是有关原则的阐述而不是特定的方法。

为了让第一部分的具体内容更有条理性，我们将通过以下一些章节展示如何将那些原则集成为方法。请记住，下面的内容仅仅是零星选择这些观点所带来的众多方法中的一小部分。

第十三章

探究胸廓后倾

Martin Lundgren

本章内容进一步探究胸廓的后倾。在第八章中谈到的胸廓相对于骨盆的后倾，指包括胸椎在内的整个脊柱各节段向后伸展。但在本章中谈论的姿势是，胸廓的后倾及后移。如图13.1，就是胸廓相对骨盆后倾并后移的例子。同样，这是关于静态姿势而不是运动的描述。

如果将内容更加细化，可以将胸廓分为上下两部分。是胸廓下部分遵循这种向后倾并向后移的模式。在图13.2中可以看到胸廓的下部分相对于骨盆后倾并后移。如果观察胸廓上部分发生了什么，可以看到这部分实际是相反的。在图13.3中，可以看到胸廓的上部分相对于下部分（以及骨盆）前倾并前移（蓝色箭头）。这意味着伴随着脊柱的前屈对胸廓造成了挤压（图13.4）。

屈曲是一系列的倾斜，在这里用脊柱前的一些箭头加以说明，每节脊椎相对其下一节脊椎向前倾斜（在下胸廓和上胸廓处箭头和此处椎体的颜色一致）。

在本章中，主要探究胸廓的下部分发生了什么变化。当我们观察椎体时，可能会发现椎体间有一些移动。在图13.5中，可以看到上一节椎体相对于下一节向后移（红色的椎体是T12，绿色的椎体是T9）。也可以说，下一节椎体相对于上一节向前移（图13.6）。这一系列移动使躯体产生类似“假后伸”的现象，意味着原本向前弯曲的脊柱表现得不那么明显弯了（如果没有这种后倾/后移脊柱会表现出明显向前弯曲）。

想要了解一节椎体相对于另一节椎体的精确

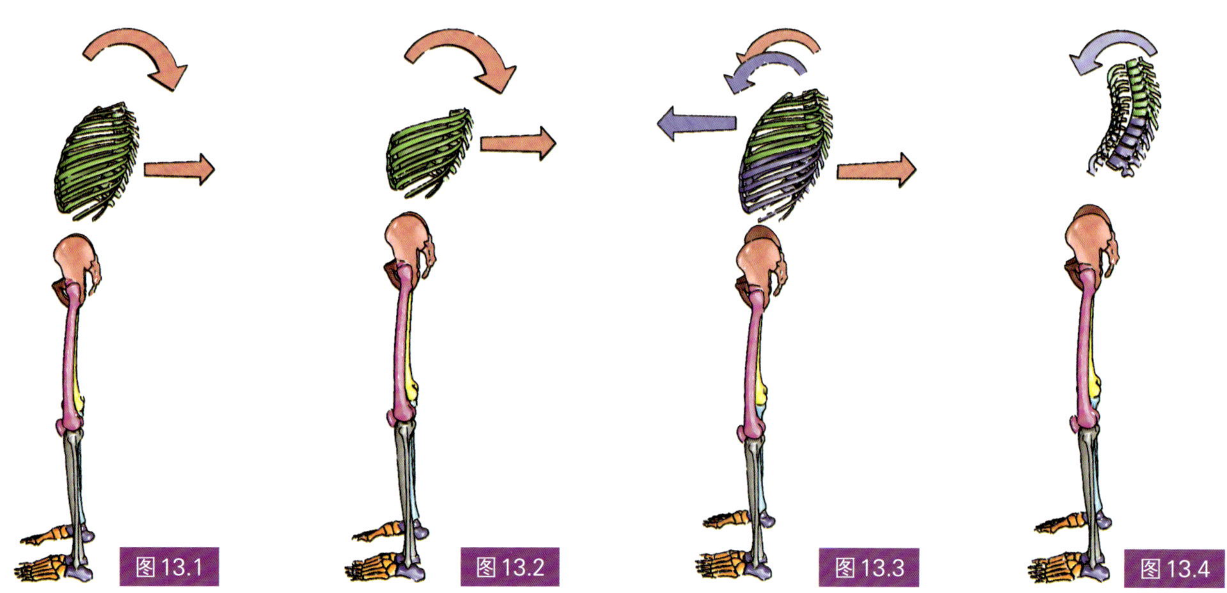

图13.1 图13.2 图13.3 图13.4

图13.5

图13.6

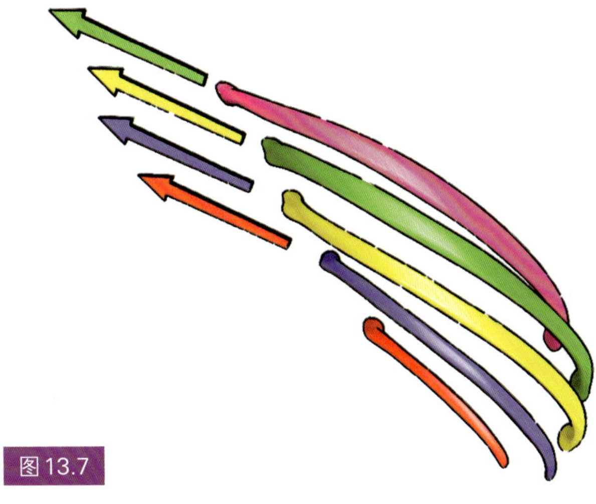
图13.7

的位置绝非易事。如果仅靠触诊和视觉评估椎体的位置，确实有理由质疑我们的主张的有效性。但这种质疑的理由并不充分，如果加上其他更为客观的评估方法，如X线检查，就会证明我们的主张更有效。虽然有些评估动作有较高的效度，如Wesch所描述的运用弹性测试（Spring test）[1]，但在这种情况下，相对于下一节椎体的向前和向上的弹性测试通常是受限的。经过不同形式的治疗介入后，弹性测试通常受限减少（并且胸廓的下部分后倾减少，见图13.20）

如果继续观察，可以看到后移同样传递到肋骨上，肋骨相对于其下一节椎体向后滑动，如图13.7（第8肋也包括在内）。图13.8也同样（包括了椎体）展现了这种后移。当我们观察到这种表现时，会发现下胸廓的后倾一定程度上是由肋骨与椎体的移动造成的。让受试者仰卧，对某根肋骨进行向前的弹性测试，观察它与另一根肋骨的前移情况。通常，如果人体存在这种模式，那么其动作会受到一些限制。

因为相对于上方的肋骨，下方的肋骨前移幅度更小，这易使其相对于上方的上移运动被"隐藏"（图13.9）。此外，由于肋骨的后移，上方的肋角相对下方趋于更向内（图13.10）。如果在这种情况下我们

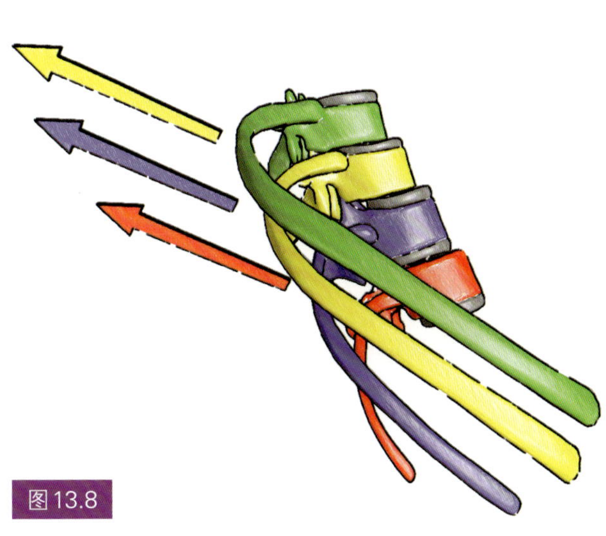
图13.8

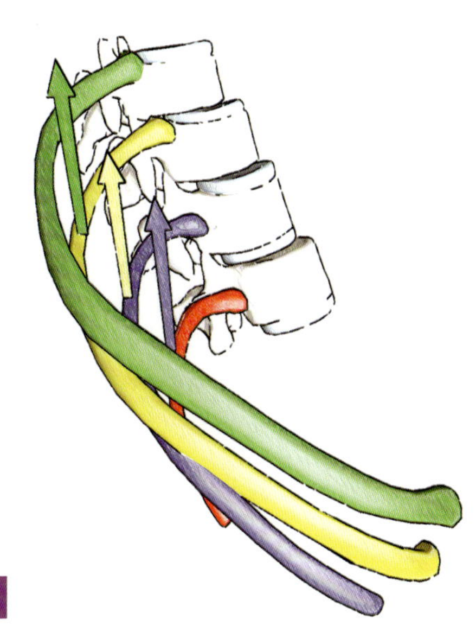
图13.9

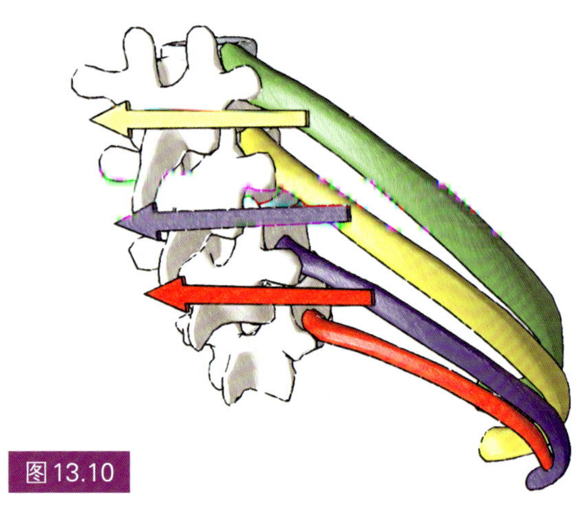

图13.10

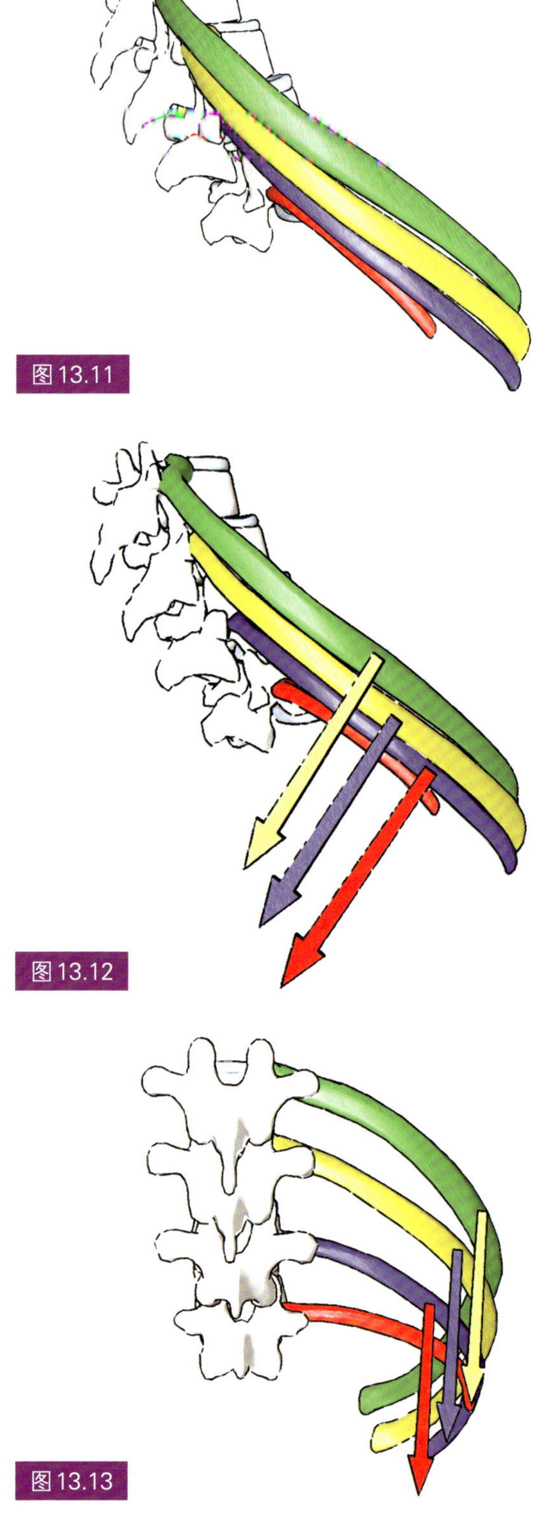

图13.11

图13.12

图13.13

触摸感受某根肋骨的肋角，然后向上触摸感受它上方肋骨的肋角，通常会发现相对下方的肋角，上方的肋角会更向内（且向后）。

此外，我们发现肋骨间距变窄，这使得有些时候很难明确分辨出两根肋骨。当沿着一根肋骨滑向另一根时，觉得还是同一根肋骨，而实际不是（图13.11）。如果我们去描述肋骨间的相互位置关系，就可以看到上方的肋骨更靠近下方的肋骨（图13.12）（相对更加“标准的姿势”，在后文阐述）。如果从后面观察前侧的位置关系，可以看到发生了同样的变化（图13.13）。这种情况可以描述为上方肋骨相对下方肋骨外倾。

有趣的是，当我们远离右侧屈，希望向相反的左侧移动时，如果将手指置于右侧下胸廓的两根肋骨之间，并使胸廓向右侧倾斜，可能会感到两根肋骨相互挤压；如果将胸廓朝左侧倾斜，可能会感到两根肋骨彼此分离。图13.14展示了上一节肋骨相对下一节肋骨内倾的现象。当整个脊柱适度后伸时你会观察到上方肋骨会相对下方肋骨向前滑动，如图13.15所示（如果相对下一节椎体，上一节椎体发生了后移）。观察当旋转时胸廓发生了什么变化，可以发现上方肋骨旋转远离下方肋骨（图13.16）。所有的这些运动意味着上方肋骨相对下方肋骨是向远离方向移动（图13.17）。

上述所有运动与步行周期中支撑相后期足部的再旋后相关，也就是，在同侧足部的运动如之前所述。这部分在第八章中的图8.50、图8.51及图8.54有介绍。这些动作发生在某一侧，意味着这些动作同时也与身体的旋转有关。如果某一侧欠

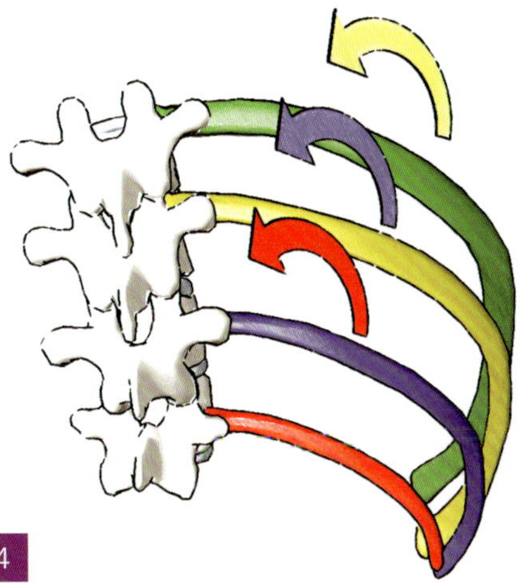

图13.14

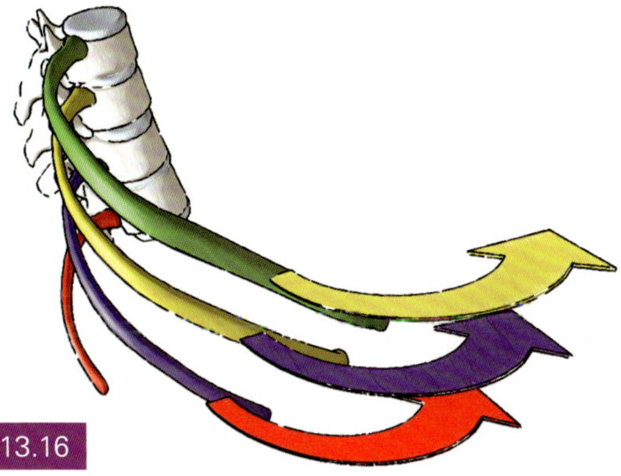

图13.16

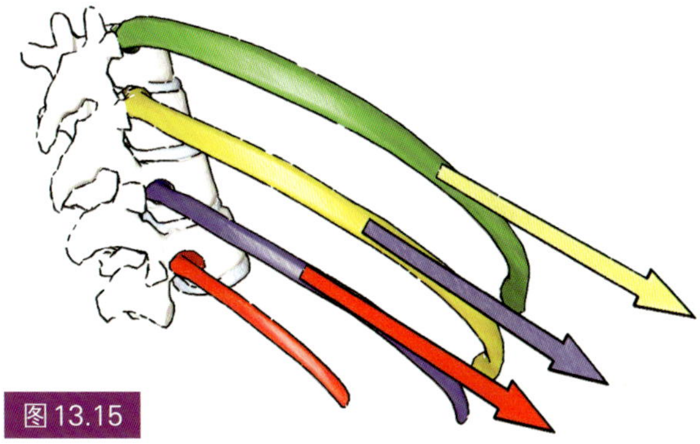

图13.15

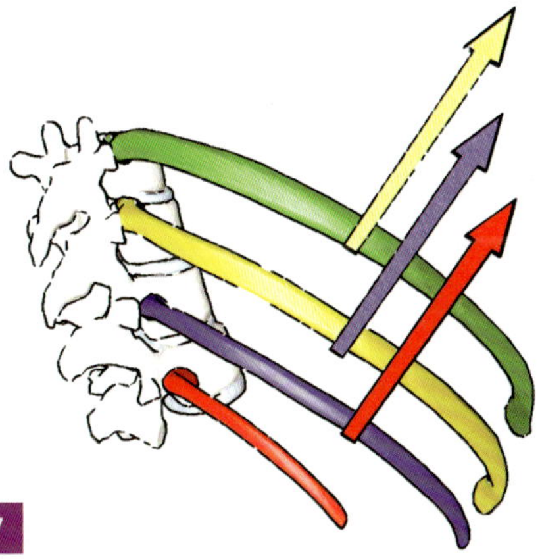

图13.17

缺这些运动，就会表现得更像图13.12那样。而如果某一侧可能做出这些运动（如左侧），就会表现得更像图13.17那样，肋骨之间的间隙更大（一种位置关系，而非运动）。这种情况下，如果胸廓相对骨盆存在右旋，那么这时使胸廓相对骨盆左旋（和左倾）就会相对困难了。

骨盆相对胸廓后倾，使足部在早期再旋后也与这种情况相关联。腰部前侧相对胸廓和骨盆提起及整个腰部相对后移可以帮助减少胸廓产生的后倾和后移（如第八章中图8.57和图8.58所示）

其他探究起来很有趣的方面还有肋骨与椎体和骨盆的关系。如果胸廓相对骨盆向左倾斜（即骨盆相对胸廓向右倾斜），那么肋骨会相对椎体向右侧倾斜或向下移动，相对骨盆却向上移动或向左倾斜（图13.18）。如果向对侧倾斜（图13.19），就会见到相反的变化。肋骨相对椎体上移，而相对骨盆下移。这种情况下，肋骨相对椎体上移的能力会影响胸廓右倾的能力。如果把手置于右侧的髂骨和下部分肋骨之间，小心地握住肋骨并向

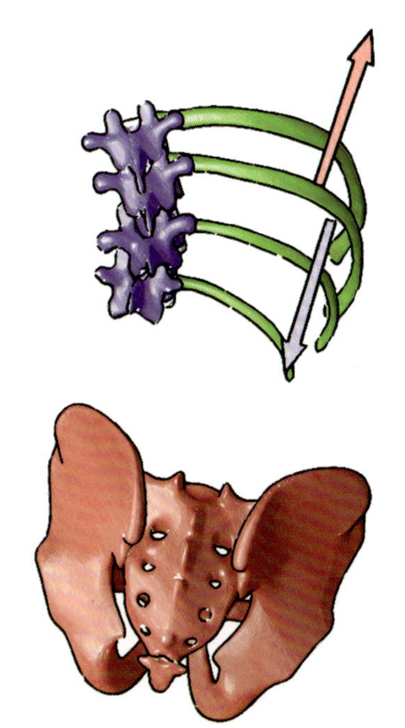

图13.18

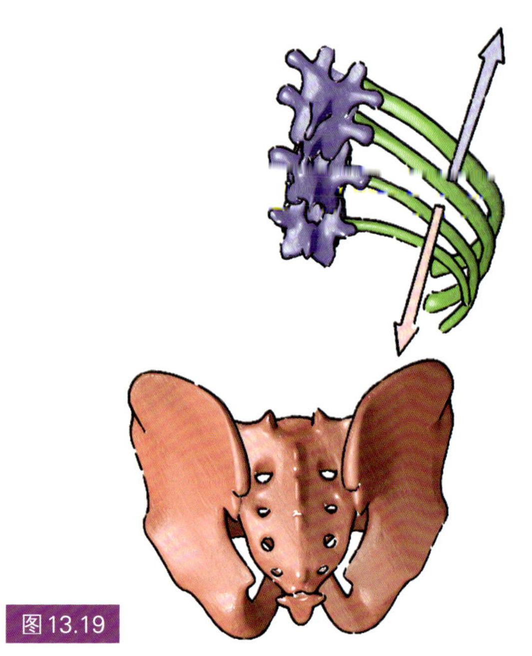

图 13.19

上推，使胸廓右倾，保持1～2分钟，可能会发现在这之后再向右侧倾斜时会容易一些。有时左侧肋骨甚至都会在这之后活动得很好（对于肋骨的处理要小心，并确定你可以按压的力量的限度）。

在图13.20中，你可以看到治疗一次之后的案例表现，它主要运用上述的原则设计出的治疗策略和干预措施。右侧为治疗后的，可以看到下胸廓的后倾和后移减少，并且肋骨之间更为分离，就像图13.17那样。我们所做的工作主要是直接处理骨骼，这意味着处理一节骨骼，与之相关的骨骼也相应会有变化，如一根肋骨或一节椎体对应相对其他肋骨或椎骨，便随着其他骨骼的手法处理而发生位移或活动改变。同样，针对骶骨的治疗也会影响髂骨，并依照这种模式进一步影响足部再旋后（在本文中不做讨论）。

说明

1.Hesch（2015）。

（涂中一 译，李 翔 廖麟荣 审）

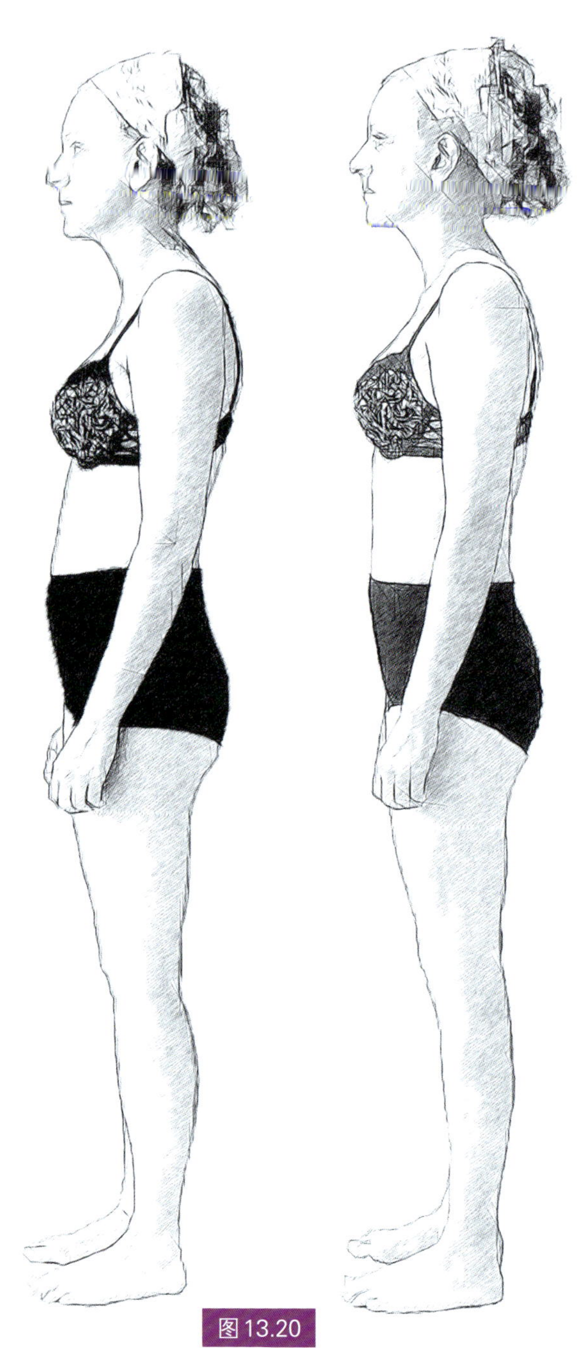

图 13.20

参考文献

Hesch J; The Hesch Method; integrating the body, recognizing and treating inter-linked whole-body patterns of joint and dense connective tissue, and reflex dysfunction. Workbook. Aurora, CO: Hesch Institute, 2015.

第十四章

我的方法

Linus Johansson

“处理问题的方法可能有很多，但原则却很少。
掌握原则的人可以更好地选择自己的方法。
只尝试方法忽略原则的人肯定会遇到困难。”

——Harrington Emerson（哈林顿·埃默森）

Harrington Emerson的话对我来说有更真实的意义。这也是我们试图捕捉并在本书中呈现的运动的本质。在本章中，我将向你介绍我个人的观点。我将整理你到目前为止所读到的内容，并将提到的原则转变为“我的方法”。请注意，本章是我个人观点的表达，并不一定反映本书其他作者的观点。这一章的目的是描述我是如何将相关内容联系起来的。

作为一名治疗师，我的第一个想法是，在这一行的工作中以方法为导向很容易。我认为，我们已经失去原则的基本概念，正淹没在方法的海洋里，这些方法有时脱离了所有原则甚至脱离了合理的推理。

许多关于人类功能的论证和推理都是基于方法而不是原则。治疗师常常在患者身上发现“问题”，然后采用通用的方法来解决。我很少看到有人将整个人视为一个有潜力的系统，并通过使用合理而可靠的原则开展整体治疗工作。

方法在某种程度上已成为原则，并且我们乐于接受“运动总是好的并且运动越复杂越好”的观点。我认为，这种通用建议与使用叉子喝汤一样无用。

“方法即原则”在现今的工作中如此普遍的原因之一可能是我们目前处在数字时代。方法已经变得易于展示和传播。你不再需要写一本书来向世界展示你“知道什么”或“能做什么”。你所要做的可能就是创建一个博客，或通过一个视频或者其他社交媒体平台进行展示。你可以使用手机发送任何你喜欢的内容，这个门槛非常低，缺乏自我校验。

当你查看社交媒体时，看到人们在健身、体育或治疗领域展示图片和视频时，你看到了什么？是原则还是方法？当然是方法！你可以很容易地在一个30秒的视频或一系列图片中学到一个方法，却不可能学到原则。原则需要通过像本书一样的书籍来触达读者，而不是通过一个网上的视频。所以不难看出哪一种更容易被接受。

我也相信，这种方法即原则的现状只会给患者带来更多的困惑。当有数以百万计的选择而没有区别谁应该做或为什么做时，人们怎么能知道该做什么呢？这怎么能鼓舞人心呢？

我坚持我的观点，那就是我们需要培养出受过专业训练的治疗师和培训师，他们必须以自己所坚持的原则为导向。与方法不同的是，原则是你随着时间的推移学习理解和相信的事物，是你在执业中随身携带的工具。原则还在你需要的时候给你指导和启发。一个有良好基础的原则永远是你发展自身和他人的基石。

因此，一个真正的专业人士总是将原则作为

处理法则，并结合每个患者提供的所有变量，为患者成功制订所需的治疗方法。方法从来不是一成不变的，不变的只有原则。

我承认这是一项复杂且具有挑战性的工作。我曾经和其他人一样，认为只要我获得下一个小工具或成为掌握这些新技能的人之一，就能够解决患者的所有问题。现在回想起来，我的结论是，每一种新方法都是另一条路，都是为了找到一条新的、无尽的、没有区别也没有共识的捷径。让人们使用通用的方法运动是一回事，并不复杂。然而，了解特定的人如何通过运动改善自己的能力以及为什么能够通过运动改善自己的能力是完全不同的。

矛盾的是，当我开始向后而不是向前进时，我才真正地开始有意前进。当我放下追求方法的想法，开始寻找原则时，一切都变得更加清晰，更容易理解。

我的临床经验

当人们问我是做什么工作的时候，我不会说我是一名物理治疗师，因为这个称呼充满了太多的偏见。这只是对我的身份的回答，而不是对我所做的工作的回答。对于我做什么工作的答案是我从事运动整合工作。对我来说，运动整合就是通过与身体内部关系和重力相关的运动来观察、理解和治疗身体（图 14.1）。

当有人来我的诊所就诊时，我们总是提前预约好几次治疗。我从来不会和患者只见一次面，因为那对他们和对我都不公平。我需要知道我可以连续几次看到他们，这样才能制订出一个成功的治疗计划。

当患者向我寻求帮助时，他们总是有一个关于自己的问题，一个对自己身体功能的主观体验和一个与之相关的故事。我的首要工作是把这些都整理出来，并概括他们描述的首要变化。

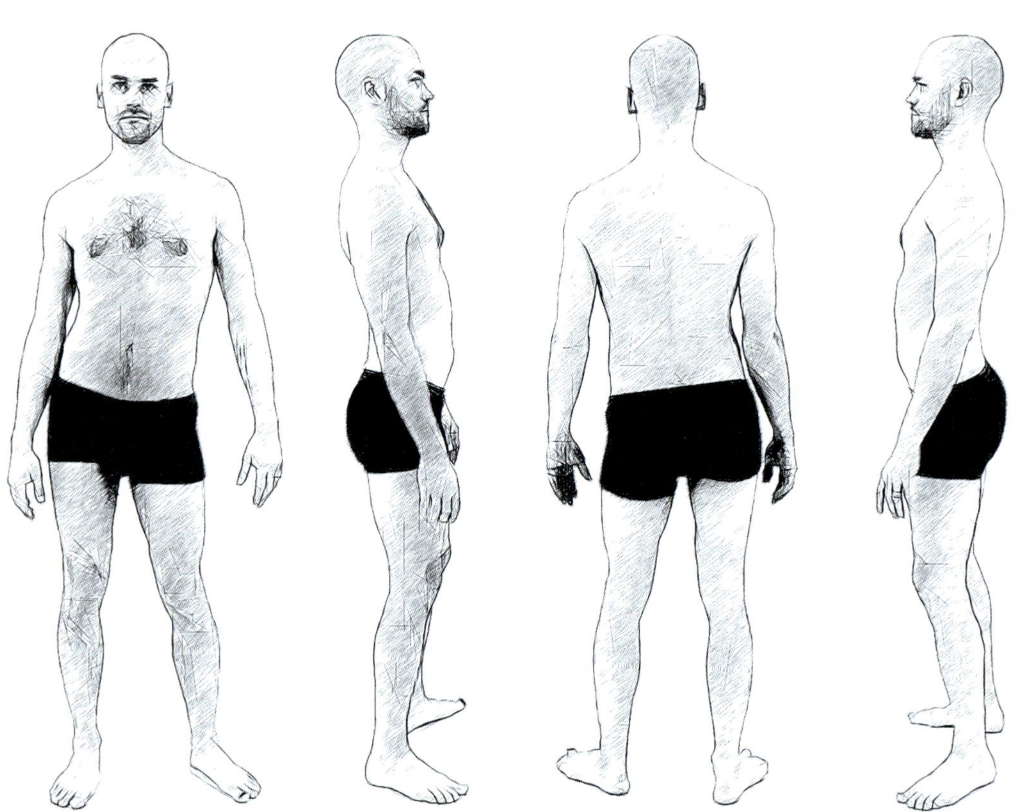

图 14.1

从各个角度观察患者内部的结构关系

为此，我始终认为人具有两个身体：有意识的身体和潜意识的身体。有意识的身体体现人的思想、愿望、意志和自我意识，也包括我们能够自主控制的身体部分，即骨骼肌。人们与我进行的语言交流也是有意识的一部分。

潜意识的身体代表了其他一切事物，换句话说，就是一个人表现为没有任何意愿去控制一切或他没有意识到的一切事物。在结构性评估和运动测试的内容中，我们讨论了人的潜意识部分。

在第一次就诊中，我会根据病史来了解患者到目前为止发生事件的时间表，以及他们希望从我们的会面中得到什么。关于病史，每件事都会提供潜在的信息，并且可以为我们指明未来的治疗方向以及需要采取什么治疗措施。问题是患者很容易陷入过去。他们试图解释和怪罪过去的事件造成了他们现在的问题。然而，昨日已成过往，无法改变，除非发明时光机回到过去。因此，唯一有意义的是我们今天所处的环境，以及我们明天的目标。我们能改变的是未来，只有着眼当下，才能做到这一点。因此，我会鼓励患者放手过去，着眼未来，未来他们可以拥有不同于以往的能力且能减轻痛苦。

此外，我也会整理出他们在日常工作中或从事业余爱好、休闲活动时的运动方式。我试图尽可能多地找出问题点，以寻求最容易将运动重新整合到人体系统中获取最大益处的机会。

人们对运动总是有着不同的态度。有些人对此更感兴趣，有些人则对此不太感兴趣。如果一个人对运动感兴趣，那将是一个积极的起点。如果没有，这份运动整合工作将会使他们对运动感兴趣。

然而，他们做什么运动并不重要。由于所有的运动以及运动的原则都是基于步态，这将使我们能够直接处理和改进所有人的运动。

这是所有“技巧”中最重要的一点，让每个人对运动更感兴趣并投入其中。让他们了解我们是如何相信他们的运动能力可以得到改善的，这将有助于使他们更加致力于我们所提出的干预措施。无论在身体结构上还是在智力上，高度的投入都会带来发展。

在结构性评估中，患者处于重力环境的前提下，评估他们如何通过内部关系定位自己，以及他们如何将自己作为一个实体与重力联系起来，可以使用两种模式，即“旋前”（图14.2）和“旋后”（图14.3）（见第十一章），从而确定患者身体结构和功能的状态。

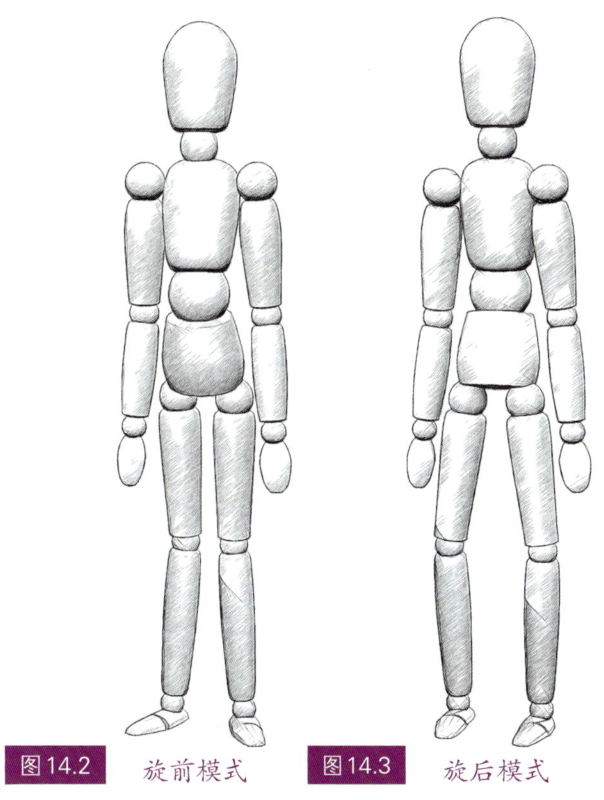

图14.2 旋前模式　图14.3 旋后模式

从视觉评估中，我提出了一个疑问，即结构之间的某些关系是否存在发展的潜力。为了证实或否定我的怀疑，我对这些关系进行了运动测试，以查看运动是否存在，以及运动的程度和质量。这些测试基于步态的生物力学节律。测试以较大的运动模式进行，一直到小的局部关系结束。

从中我不仅获得了测试的具体结果，还看到了意识和潜意识在身体中是如何联系的更广阔的画面，即他们的身体意识处于什么水平。

所有这些变量，都进入我以原则构成的方法中。由此，我得到了一套个性化的方法，以最有效的方式和时间创造发展，并有望实现患者的愿望。

总而言之，我用作方法的原则是：

- 身体构造尽可能地节能，并且将始终争取最小的阻力；
- 人类进化成用双足站立和行走，形成步态；
- 步态是人类基于重力关系而建立的一种生物力学关系的表现；
- 我们能做的所有其他动作都基于步态；
- 如果沟通时使用积极和以过程为导向的语言，则容易使患者参与治疗。

我会在整个治疗计划中遵循这些原则，不断再评估我的干预效果和我获得的结果。这是必要的，因为当应用方法时，主体将发生改变和转换，从而为方法提供新的变量、新的输入，进而采用新的方法。

当开始一项治疗计划时，意味着我已经找出了躯体问题之间的关系，以及它们与步态的生物力学节律之间的联系。我的目的是恢复身体结构和功能的关系，以便能够努力实现人的“最佳身体”状态，如第五章所述。

这个过程可以在身体的任何既定部位开始。虽然看起来好像正在处理身体的一个“部分”，但我的意图始终先于我的干预，并且始终处于改变机体内部关系的想法之中。

我所做的工作既包括在治疗床上的手法治疗（通过重力进行运动的手法治疗），也包括患者自己做的纯粹运动。

当我和患者打交道时，我总是认为这个人的运动和我的手所做的一切，都与这个人体内的每个组织和结构（从最深的神经元到最浅的表皮）有关。包括骨骼、血管、神经、淋巴、脂肪组织、间质、筋膜、肌肉、心理等，所有的一切都是人类形体庞大而复杂的一部分。对我而言，忽视这一点或考虑其他任何事情，就是完全拒绝身体是一个不可分割的整体的观点。

因此，我不会将组织视为单一结构来进行评估、评判或评论，也不赋予它们个别的特质，如紧绷、无力、过度活跃、柔软、僵硬等。在我看来，它们都是一体的，不能被分成不同的现象。只有在使用手术刀的情况下才能成功分离组织，而且在实际操作时需要发现坏死的组织。

因此，我的观点是，如果将人类的生命形式和运动形式分开，那么从理论上讲，你也杀死了组织。你可以将组织划分为合成的部分、构造的部分和命名的部分来减少分类。对我来说，就像不可能再将解剖后的身体重新组合在一起一样，如果你首先从理论上将身体撕成碎片，那么想要复原不可分割的人体形态也是非常困难的。因此，我坚信，只要遵循正确的原则和实施正确的干预措施，人体仍然可以保持不可分割的主体的概念，并使其作为一个不可分割的单元来工作。我的建议是放下你们精神上的手术刀，尝试去观察、鉴赏和欣赏人体形态——一个真正不可分割的实体。换句话说，就是整合学（ensomatosy）。

当描述我在人体运动器官中看到的发现时，我专注于对我来说可以真正使用和发展的更具建设性的参数上。首先，在结构和功能上，我始终以两种运动模式为基础。其次，我将描述在不同关系中看到的潜力，以及它们是如何相互影响的。最后，在每种感兴趣的关系中，我都会描述当前运动的动态。

运动的动力学（dynamics of a movement）是一种描述运动的更全面的方法。在这种动态的描述中，既描述了可能的实际运动，也描述了它可以增加的运动范围。然而，缺乏运动也被描述为一个潜在的发展对象。

“动力学”这个术语源于这样的想法，即对于一种关系总是存在最佳的活动范围；理论上，该活动范围是从运动刻度表的中立位描述（图14.4）。在现实生活中，结构并不总是处于中立位；但是主观预期的活动范围仍然是相同的。

当结构处于非中立位时，主观上会发生这种情况，如图14.5所示，人们把这种感觉描述为僵硬，因为他们不能完成预期的全活动范围。在此案例中，髋部的“中立”位置相对内旋。有些僵硬的人不能在股骨和髂骨之间进行更多的内旋，因为它已经或多或少地完全内旋。人们经常这样形容：“感觉就像骨头碰到骨头。”此外，它们也缺乏完整的外旋运动，因为在组织中没有更多的长度可以达到超出活动范围那么远，直到外旋的终末端。人们经常这样形容：“我再也走不动了，我太僵硬了。”

通过以这种方式观察和描述一种关系的动态过程，我可以将它们进一步连接到人体的运动链中，并了解它们如何依赖并与其他所有关系相关联。这为我提供了一种系统的方法以发展一个人的能力，从最局部的运动一直到通过重力参与全部运动。

通过使用运动模式、结构关系和运动的动力学，我有了一个强大的方法来整合人类功能的复杂性而不迷失在细节中。当我为患者的需求和愿望寻找解决方案时，会使我对一个人的潜力有更生动的了解，患者提供了一个很好的平台让我可以发挥创造力。

总结

“掌握原则的人可以更好地选择自己的方法。只尝试方法而忽略原则的人肯定会遇到困难。”
——Ralph Waldo Emerson（拉尔夫·瓦尔多·爱默生）

一定要先理清你的原则。你相信什么？你遵循哪些原则？哪些原则会引导你找到做好工作的方法？找到它们，并坚持下去，让它们帮助患者和你自身的发展。

如果你发现自己所信奉的原则辜负了你，没有满足你的期望，不要犹豫，去寻找更好的原则。记住，因为你相信基本原则，所以它们是你发展的一部分，你现在可以分辨和寻找新的原则并与之共事。

此外，没有什么是永恒不变的，无论你是否

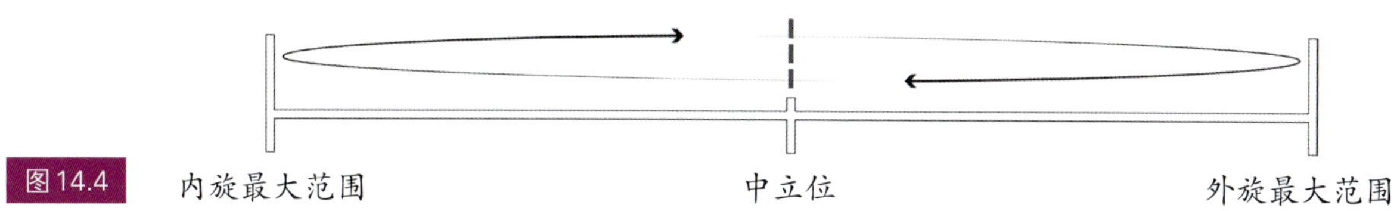

图14.4 这个刻度表代表了股骨相对于髂骨内旋和外旋的最大活动范围。在这个例子中，身体结构保持在一个相对中立的位置，并具有最大限度发挥内旋和外旋的能力

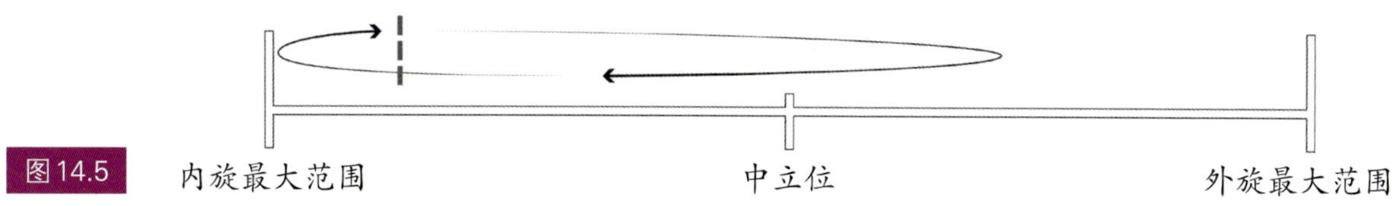

图14.5 在此案例中，结构被固定在一个相对内旋的位置，这将把人体从中立位转移到一个不利于发挥旋转能力的位置

愿意，你始终是处于发展的过渡状态中。你只需要意识到这一点并享受这段旅程。

我已经找到了我的原则，正处于非常清晰的过渡状态，这些原则真正地在助我发展。这个奇妙的事实使每一位患者都面临新的和独特的挑战，每当我使用我的原则时，他们构建的方法就会变得越来越强大，越来越复杂，从而帮助我为他人提供帮助。我通过帮助他人发展来发展自己，这种感觉很棒。

我可以诚实地说，这就是让这种工作方式变得如此具有创造性和满足感的原因。知道每一天都会给我带来新的挑战，这就是早上让我起床的原因。

（李 艳 译，谢胜锋 廖麟荣 审）

第十五章

索玛运动®

Linus Johansson

“我心跳得很厉害，汗水从脸上流下来，
但呼吸并没有失控，我做的每一个动作都与呼吸
保持和谐一致，甚至还能感觉到自己在微笑。
我体内的每一根肌纤维都充满着活力，
我在地板上的运动似乎永远都停不下来。
当我闭上眼睛时，感觉完全专注：我在这里，
我在当下，我在运动。”

很多年前，我开始了攻读物理治疗学士学位的旅程。出于对人体及其功能的好奇，我选择了物理治疗这个专业，目的之一就是了解人体真正的功能方式。

经过3年的努力学习并最终获得学位，我突然意识到我的问题还没有得到答案。当我离开安稳的大学环境，被扔进一个残酷而不受控制的现实世界时，我很快明白，我并没有像开始所希望的那样在受教育后无所不知，反而所知甚少。

问题不在于物理治疗师的工作，因为我学到了非常严谨且缜密的方法，这些方法符合既定的规范，在我履行作为治疗师的职责时不成问题。问题在于当我

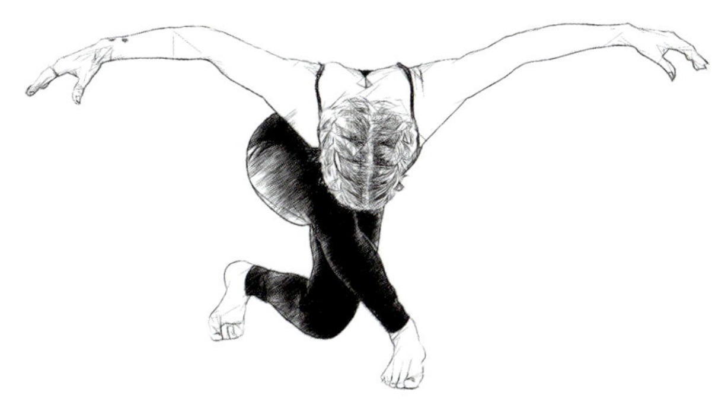

质疑既定的规范时，无法得到任何直接的或者满意的答案，这就引起了更多的不解，最终产生了疑问。

经过多年的思考、探索、阅读和学习，我有了新的认识。在受教育期间，我的问题从来没有得到回答的一个简单原因是，本就没有答案。目前所使用的规范并不是用来回答那些问题的，而是为一些非同寻常的事物而创造的。

这一认识本身就成了我的答案，它让我踏上了另一段旅程。这段旅程让我得出结论：对于人体如何运作的问题，目前，甚至永远都不会有单一、统一和绝对的答案。这种认识并没有击倒我，反而让我明白可以像前辈们一样，为自己的问题找出答案。

对我来说，本书是我追求的一部分，也是我奋斗历程中的一个里程碑。我知道永远找不到问题的答案，答案本身也不是我真正想要的。但正是为了寻找答案而不断努力，才给了我每天学习新知识的机会，在我的余生中，每天学习新的知识就是我现在的答案，换句话说，以目标为中心生活，我已经做到了，并且每天如此。

这段旅程的一部分就是探索运动。而运动也

是当我开始探索时迈出第一步的基石。我每天都在不断探索运动。

在本书中，我们大量阐述了关于人类结构和功能的复杂性，并试图阐明我们的观点。有趣的是，当我们把所有的复杂性放在一起时，它总是以运动结束，我们也是首先承认这一点的人。当你阅读 Gary Ward 写的第二十三章时，你会发现他也得出了和之前很多人完全一样的结论。

这使得运动成为一个包罗万象的概念，无论我们是否接受，它将永远容纳所有人类的复杂性。当我们运动时，复杂性始终存在，身体中所有不同的组织都会参与进来，所有不同的适应和控制系统都会启动，所有促使我们进行运动的思维和感觉会继续引导我们前进。

运动和运动之间有很大的区别，这也是我们写这本书的原因之一，表达我们对什么是运动的看法，因此也邀请了特约作者给出更生动和更广泛的见解。围绕人类运动的文化和思想无穷无尽，因此，必须首先阐明表达个人立场，以便他人能够了解并进行讨论。

当我个人谈到运动时，指的是一种整体的运动，能够使人在重力下轻松而优雅地移动和运动。在我看来，运动应该是迷人的、节能的、美观的，并且始终让正在运动的人认为是一种愉快的体验。

我实践的运动与本书中提出的原则和用来解释的模型密切相关，有趣的是，我的运动概念与这些原则相伴而行，甚至在 Martin 和我开始试着阐述这些原则之前就已相通，原因很简单：无论我们选择探索与否，人类运动背后的复杂性和原则一直存在，而且将永远存在。

索玛运动

这一切都源于直觉，一种肯定有什么比这更重要的东西存在的感觉。那时，我沉浸在健身房，为了获得社会认可的男性理想身材，做一些经典的运动，锻炼肌肉，最终感觉自己就像在仓鼠转轮里奔跑，挣扎着却没有任何收获，还为此苦恼了很多年。

那时我在斯德哥尔摩的健身行业中心当物理治疗师，并且深受当时环境的影响。几年后，我搬到北方生活，在乡下买了房子，开始了自己的事业，这些让我放松下来，给了我重新思考和探索的机会。我离开了“旧”运动，开始探索“新”运动（请注意，“旧”和“新”指的是我自己的认知和理解，并不是一个通用的时间线）。

我不再像以前那样受周围人或社会主流思想的影响，而是设法找到自己的方式。发挥、感觉、享受和探索自己的潜力。在此之前，我或多或少地依赖各种器材才能完成一些适合自己的锻炼，如壶铃、杠铃、哑铃、健身环、凳子、棍子和绳索等。而我现在要做的是全身心投入到自己的身体中，以及身体、重力与足底地面的相互作用中。

经过多年的探索，我非常渴望与他人分享我创建的运动理念，在一次国外健身大会中我有了机会。我是那次大会中的众多演讲者之一，在此期间有机会让一群人接触我的理念。Cecilia 当时

就在那群人中，她现在是我非常亲密的朋友和同事，也是本书的作者之一。她也是那次大会的演讲者，在那段时间里，我们了解了彼此的理念，很快就因为展示和表达运动的方式非常相似而相互吸引，尽管我们以前从未见过面，而且最有趣的是，我们两个人的背景截然不同。

Cecilia是一位瑜伽修行者和舞者，几乎所有的运动灵感都来自直觉。她听从并遵循身体以“正确的方式”运动。与之不同的是，我受传统的物理治疗教育影响，并被教导所做的一切都必须以文献和科学文章为基础。

我们来自两个完全不同的地方，但仍然以同样的方式表达运动。从那一刻起，我们开始一起探索和发展索玛运动®（SOMA MOVE®）的理念。

Soma在希腊语中是“身体”的意思，和“运动”结合在一起，就成了我们对“人体运动”是什么以及它可能是怎样的有趣诠释。

我介绍索玛运动课程的目的是使每个人有机会“在运动中遇见自己”。对我来说，索玛运动就是用一颗好奇心去探索一个人的运动潜力。

“你今天发掘了你身体的潜力，
明天就会得到回报。”

索玛运动的基础

索玛运动的基础是一些基本的进化条件和人类形态中的生活品质。在这个运动概念的框架内强调和呈现自我，我们相信，我们已经创建了一个可以回归本源并触及运动本质所在的基础平台。

我将在本章阐述我对索玛运动基础的理解。在Cecilia写的第二十章中，她用优雅、节奏、力量和静止这4种品质诠释了运动。这4个品质也是运动理念的重要组成部分，它们与我的原则融合在一起，形成了索玛运动。当你阅读她的文章时，你会发现我们之间的相似之处从何而来，而我们又是多么的不同。我们的异同点是我们关系的有力所在。

流动

在索玛运动中，首要且最重要的点是在个体水平上恒定流畅的运动。目的是接近你在行走或跑步时所获得的那种冥想状态，这两种基本动作是流动的最佳体现。我们永不停止，永不阻滞，永不犹豫，身体只是在不断地流动。

索玛运动的变化比行走和跑步要大得多，然而，每一个运动都像一个漂流的岛屿在稳定地移动着。在每一个运动岛屿上，都有不去想，只去做的机会。就像你走路和跑步的时候，你从不思考，你只是不断地移动。

然而，我们的目的不是做出像马戏团表演一样的大幅度的、扩张的、过分夸张的动作。我们认为每个人都必须发掘自己身体的潜力，了解自

已现在的能力水平。一个人无论处于什么水平，他总是可以流动和连续地运动。目标是从一个位置移动到另一个位置，移动时可强有力、快速、可控，也可以柔软、缓慢和自由。

呼吸

无须多言，对于任何在索玛运动领域工作的人而言，呼吸都不是一个新的方法。数百年来，索玛运动的实践者已经理解了呼吸具有的力量。然而，在健身行业，对呼吸的认知还没有达到一个更高的理解水平。在之前的理解中，呼吸调整是用来在深蹲或是硬拉运动中更好地“维持血氧饱和度”和“稳定核心”。

索玛运动的每个课程中都强调了呼吸的重要性，让参与者体会呼吸的丰富性和复杂性，我们是让他们在动觉层面上体验并有所理解，而不是在脑力层面强加给他们这些。这也是呼吸在和谐的、流动的运动，专注和意识是我们在每一个索玛运动环节中所追求的境界。

“和谐”这个词对我们来说是至高无上的。我们鼓励参与者探索呼吸与动作的和谐，使他们有一种感觉和洞察力，理解呼吸和身体其他运动一样重要，从各个方面把每一阶段都变成一次探索之旅。

“气动和谐”的表达理念基于以下3个关键要素。

第一个要素

呼吸时，我们总是要求参与者通过鼻子吸气和嘴巴呼气。通过鼻子吸入的空气会比通过嘴吸入的空气更干净、温暖、湿润和更有节奏，因此更适合肺部。

呼气是通过嘴来完成的，因为这样我们可以控制呼出的空气的流量。通过鼻子呼气能提供一个恒定的阻力，不太容易调节气流。通过舌头和嘴唇，我们可以很好地控制气流量，并通过这种方式创造一种阻力，使我们在运动时更加投入，特别是在需要更多意识与控制参与的地方和时刻。

第二个要素

我们看到呼吸由4个阶段组成。第一个阶段是通过鼻子吸气，将肺部填充到所需的水平；第二步是达到最大吸气量，然后通过嘴进行有控制的呼气；第三阶段是呼气将肺排空到所需的程度；在第四阶段结束呼气，再转换为第一阶段进行吸气。我们在一生中不断地循环这4个阶段。

为了配合呼吸的4个阶段与动作的执行，以及创造理想的和谐状态，我们需要解释每个动作的身体位置和过程。

在索玛运动中我们做的每一个动作，都是指

身体到达了一个“位置”，在每一个位置之间完成了移动的过程。请注意，这些位置不是静态的或固定的。它们只是一个有弹性的转折点，我们通过弹性反冲的原理将组织加载到下一个过程中。因此，运动和呼吸之间的和谐是非常重要的，有了这些位置和过程，我们可以编排在呼吸的4个阶段中的运动。

第三个要素

我们也把吸气和呼气看作是身体“关闭”和“打开”的两个基本动作。

当我们说“关闭”的时候，我们更多地把它看作是保持或收紧身体，从而产生支持和控制，而不是产生一个实际的折叠或弯曲的运动。换句话说，这并不意味着一个人在身体呈现长而高的动作中不能吸气，事实上恰恰相反。在吸气时与身体建立紧密的联系是在任何动作中产生延伸，增加身体长度和高度的好方法。

“关闭”发生在第一阶段，特别是第二阶段。呼吸系统直接或间接地与人体的所有结构相连。在吸气过程中，呼吸系统以收缩的方式在肺中产生负压。这将反过来推动运动系统的其余部分的参与，以帮助和完成所需的氧气吸入。我们看到、欣赏和使用的正是这种协作能力。

因此，当我们在动作的某一部分吸气时，需要更多的支持和控制感。对于做深蹲或硬拉的人来说，这很平常。

“打开”，我们指的是呼气带来的放松，它给予人体系统释放、产生空间和扩张的能力。这种打开发生在第三阶段，在第四阶段最为明显。呼

在简单的动作中展示了运动中的呼吸模式。我们在两侧的位置时呼气，中间的位置时吸气

气并释放呼吸系统中的紧张感，同时带动其他部位放松，创造机会让组织离心延长，直到其弹性运动的末端。

其他运动理论可能会以不同的方式看待运动和呼吸之间的相互作用。因此，我们强调这是我们对这种相互作用的独特理解，通过这个系统，我们可以用我们的与呼吸相关的运动理论解释许多现象并取得更大的进展。

手足

手足一直是我们与周围世界的连接工具和运动接口。当你是个婴儿时，你只能用手足去探索周围的环境并建立与重力的关系。情况一直都是这样，而且可能将继续下去。

在索玛运动中，我们再次将手足作为人体运动中最重要的“部分”。我们要向这份进化的遗产致敬，因为至今它们仍然是我们运动的基础。

在索玛运动中，我们通过重力产生移动和负荷，只用手足持续地将我们支撑在地面上，而不用携带其他重量，甚至不用身体其他部位接触地面（有时也会用膝部）。让积极参与的感觉从两侧手足，向上延伸到胳膊和腿，再延伸到肩部和髋部，毫不费力地在我们身体和运动的中心相遇和结合，形成连接、意识和连续性。

以这样的方式有目标地移动，使人明确地有一种作为一个不可分割的整体移动的感觉。

运动、呼吸、手和足的各个方面相互支持，并为整个结构提供支撑。

长度

在索玛运动课程中运动时，我们总是力求长度（length）。然而，争取长度实际上更多的是在争取整体性，而不一定是实际可衡量的延伸，这意味着一个动作或位置可以完全弯曲或压缩，并仍然具有一定的长度。

与充满偏见的“姿势”不同，“长度”一词易于理解且便于学习使用，还可以在许多不同的部位，如手臂、下肢、手、足、髋部和脊柱，甚至在呼吸中产生。

“拉长”是一个体现整体性的概念，它包含了很多以及杂的内容，但并不复杂。通过延长手臂并专注于用你的手和指尖进一步伸展，延伸感通过整个手臂，然后进入肩部，再深入身体，将延伸感与其他感觉联系起来，并帮助身体整合进行下一次完美而有效的运动。

结合流动和居中运动（centered movement），所产生的感官长度令人印象非常深刻。

长度的概念很容易掌握，可以应用于人体的许多不同结构，并且可以整合到运动中，这一事实使它成为索玛运动课程中非常有影响力的概念。

弹性反冲

如果我们把所有这些方面（流动、呼吸、手足、长度）和Cecilia所呈现的4种品质（优雅、节奏、力量和静止）相结合，并将它们运用到运动中，就可以在身体中得到一个非常有趣的互动。当你以这种方式运动时，就可以让身体以最完美、最平衡、最重要、最节能的方式参与运动。

正如我们在本书前文所讨论的，以最节能的方式移动是人体进化遗产的基础。几十万年来，我们已经进化成完美的运动者，而这些独特的特性存在于我们所有人的体内。令人惊奇的事实是，只要我们愿意，我们都有能力获得这些遗产。

提高能量利用效率需要多方面的努力，它们都是相互交织、相互依赖的。其中一个方面，也是我们在索玛运动训练中最受重视的一点：保持运动流畅的能力。流动中的每一次犹豫和中断都要耗费大量的精力，涉及身体和精神。这就是为什么学习如何倾听身体，并通过我们的运动觉能力而不是使用头脑产生的意识来接受新的运动是如此重要。我们的身体比我们想象的要聪明得多。

“重要的是不要想太多。”

在运动中达到流动的状态就像进入了冥想状态。头脑可以放松，身体可以放任其运动。能够让聪明的身体来指挥运动，摒弃一切可能中断流动的想法和顾虑，这是一件好事。

另一个高能低效的方面是补偿性运动模式。当一个人处于疼痛状态或丧失了以某种方式运动的能力时，身体会做出代偿运动以实现该目的，这在第二章已经谈到。由于身体的磨损而引起的疼痛是不可避免的，但也要尽可能避免会引起疼痛的代偿模式。要做到这一点，方法就是探索。一般来说，身体跟随着自我意识的指令运动，而我们的“探索”会让它翻转，让身体发出指令，让意识跟随。然而，扭转局面的不一定是疼痛，也可能只是一种纯粹的感觉——“我的身体不想这样做，它想要那样做！”这就是我们所需要的一切。从运动的视角来感知身体的需求，可能是一个人最重要的感悟。

这就是为什么我们在所有索玛运动的训练中，邀请参与者去探索每一个动作，以找出身体想要这样做的原因。也只有到那时，我们才能真正连接身体的内在因素，放下所有先入为主的想法，仅以流动的形式融为一体。

有些人可能会争辩说，有必要惩罚身体，以推动它进步和达到预期目标。在索玛运动中，情况并非如此。我们相信，进步来自对身体的尊重和热爱。关注和赞扬我们所有人都有的潜能，是唯一能让身体产生进步的手段，目标只是保持运动状态，这意味着我们在做每个索玛运动环节中的动作时都达到了目标。

沿着有助于提高能量效率的方面进一步发展的是以离心的方式给组织加载负荷的能力，即产生弹性反冲。老派学者告诉我们，肌肉会收缩，但不会在与重力的相互作用下被拉长之前收缩。掌握这一点很重要，因为它是所有高效率躯体运动的基石。

当我们只用手足抵抗重力在地面上运动时，所有组织在运动中都会离心加载并拉长，然后它们才能回缩并将身体在运动中向更远的地方移动，这些都不可避免，因为我们的身体生来就是以这种方式运行的，这是我们产生真正高效运动的唯一途径。

简而言之，我们身体的所有复杂结构，如皮肤、脂肪、肌肉、筋膜、骨骼、神经和血管等，都以这样或那样的方式参与弹性反冲。重要的是，因为这些结构都是相互联系的，所以我们永远不能让某一个结构单独执行弹性反冲功能。

我们也可以说弹性反冲与橡皮筋具有几乎相同的性质，当以足够的速度和负荷离心拉长时，身体的复杂结构将产生回缩，从而赋予收缩以及有相似结构的弹性反冲组织更好的性能。

当我们将前面提到的所有方面（力量、长度、优雅、呼吸、节奏、参与度、静止性和流动性）整合在一个动作时，这种更好的性能最容易达到。如果我们还能更安静地完成这种整合性的动作，那这种动作就更接近一种完美的动作。

可以想象成一只猫悄无声息地接近它的猎物。在这个过程中，它可以完全无声地潜行、冲刺和卧倒，它的身体以完美的流动、谐调方式移动。当你也想要绝对安静运动时，这些品质也会体现出来。

你可以很容易地尝试，如小心地站在椅子上，像往常一样跳到地板上，你会发出相当大的噪声，注意当你这样做的时候，你的身体是如何参与的。

现在改变你的意图，站到椅子上，然后小心翼翼地站起来，现在跳到地板上，尽你所能完全无声地做这件事。

你注意到你的整个身体行为是如何随着这个意图而改变的吗？你变得更有意识、更温柔、更坚强、更有控制力。你变成了猫。

当我们在索玛运动课程中移动身体时，我们希望拥有完全相同的意图。这种意图让我们在每个动作中增强意识，并创造一种柔软的和可控的流动性的运动，同时有力而生动。

以患者为中心

总之，索玛运动课程的目标是给参与者一种愉快的、有趣的、持续而又节能的流动的感觉。在这个流动的感觉中，从手到足，从呼吸到心灵，从意图到行动，一切似乎都是相贯通的。

当然，这一切都会在不同程度上发生，完全取决于参与者的能力和早期经验。我们一直致力于给每个人以其为中心的体验。而以自身为中心的感觉是什么，只有当你参加索玛运动时才能得到答案。因此，我们欢迎你在运动中与自己相遇。

（谢胜锋 译，凃中一 校 廖麟荣 审）

第十六章

颅面部发育要点说明

Martin Lundgren

本章将简要介绍颅面部的发育及其与运动的关系。口腔正畸医师（Mike Mew）提出了一个他称之为颅面部营养不良（craniofacial dystrophy）综合征的概念[1]，这种综合征涉及整个颅面前部结构（anterior craniofacial structure，ACS）的下降。口呼吸是导致这种下降的原因之一。几项研究发现，口呼吸会导致颅骨发育[2]。口呼吸会导致面部轮廓更凸，面部变长，上颌牙弓变窄，腭弓变高[3]。口呼吸甚至与儿童发育迟缓有关[4]。此外，保持舌头与上腭的接触，对我们的颅面部发育也有重要影响，而张口和下颌下降的动作会导致无法保持这种接触。

咀嚼也是影响面部发育的一个因素[5]。颅面部营养不良似乎是一种现代现象，在历史上，吃更加坚硬的食物的人似乎没有牙齿拥挤和ACS下降的问题[6]。

这种下降与我们的运动潜能高度相关，因为它会影响我们的伸展能力，这将在后文进行描述。舌位于肌筋膜前深线的上端[7]（图16.1），这意味着它自下而上具有相关性。因此，我们有理由认为颌面下部分发生的动作会影响舌扩张上腭，以及相对于颅骨的其他部分向前向上推动上颌骨的能力。与此同时，颅骨和上颌骨的变化也将决定舌的运动是否有阻力。一项研究发现，全鼻腔阻塞可导致头的位置延伸[8]。所以，如果不能通过鼻腔正常呼吸，舌就不可能与上腭保持接触，不仅是因为需要口呼吸，还因为此时头部是后倾的。如果这种后倾的姿势是缓慢且持续的，可能会阻碍颅面部发育，这也会让鼻呼吸变得更加困难。从这个角度来看，我们有理由认为，身体作为一个整体及其与重力的关系，即一个人整体的运动发育，是颅面部发育的重要因素。

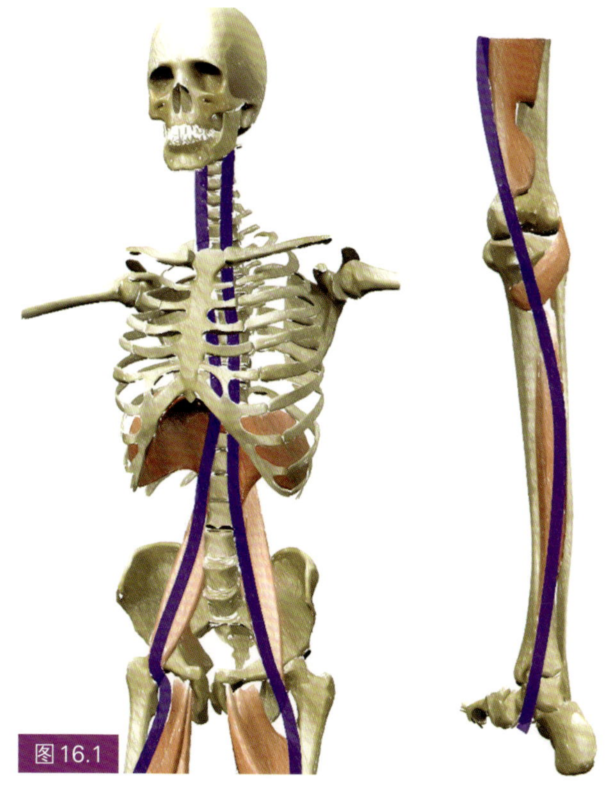
图16.1

现在来仔细分析这种下降的动作在运动中所包含的内容，并从相对运动的角度解释它。在第八章中，我们了解到骨盆和胸廓的相互作用关系，可以将这种关系扩展到头部。当整个脊柱向后伸展时，胸廓相对于骨盆后倾，如图8.54和8.55，头部相对于胸廓应该向前倾斜（图16.2）。如上所述

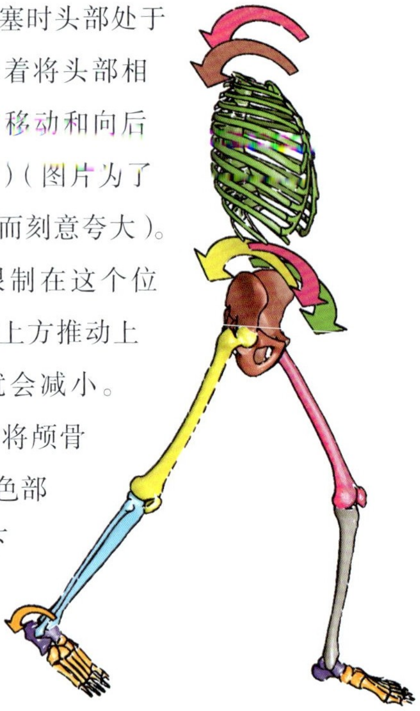

的位置，即鼻塞时头部处于伸展位，意味着将头部相对于胸廓向前移动和向后倾斜（图16.3）（图片为了增加视觉效果而刻意夸大）。如果我们被限制在这个位置，舌尖向前上方推动上颌骨的压力就会减小。在图16.4中，将颅骨分为ACS（黄色部分，不包含下颌骨）和颅骨其他部分（蓝色部分）[9]。如果ACS下降，那么它相对于颅骨的其他部分就会前倾，用图16.5中的蓝色箭头表示。

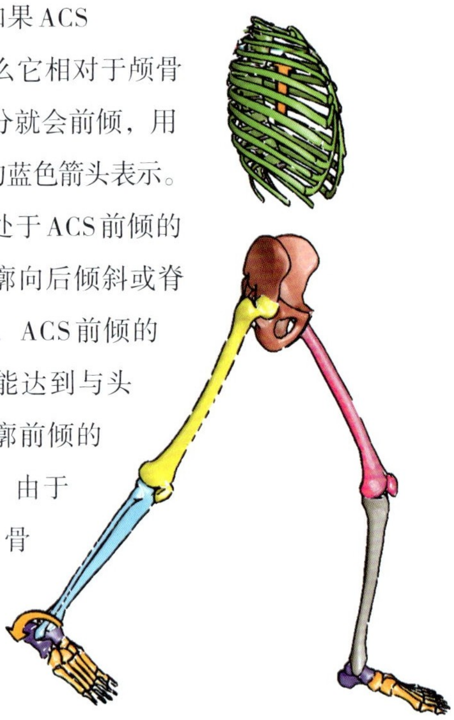

如果处于ACS前倾的位置，胸廓向后倾斜或脊柱伸展时，ACS前倾的程度不可能达到与头部相对胸廓前倾的程度相同。由于ACS与颅骨其他部分的关系，与颅骨其他部分相比，ACS相对胸廓前倾的程度大于头部前倾。为了使颅骨的其他部分能够像ACS一样相对于胸廓前倾，必须要改变ACS和颅骨其他部分之间的关系。与颅骨其他部分相比，ACS需要向后倾斜，即ACS向上运动。对比图16.2和图16.6，可以看出图16.6中颅骨上方的绿色箭头要小得多，这表明头部相对于胸廓更难向前倾斜。造成这种运动缺乏的现象的原因是ACS在向前活动过程中会受到喉部阻挡，使其活动范围不能更大。在图16.7中，ACS位于与图16.6完全相同的位置，但颅骨的其他部分相对于ACS和胸廓是前倾的。这意味着更容易在脊柱前侧获得更多向上的拉力，从而使得整个脊柱后伸幅度更大。这种前倾本身并不是一种运动，而是一种有望随着时间发生的即时变化。

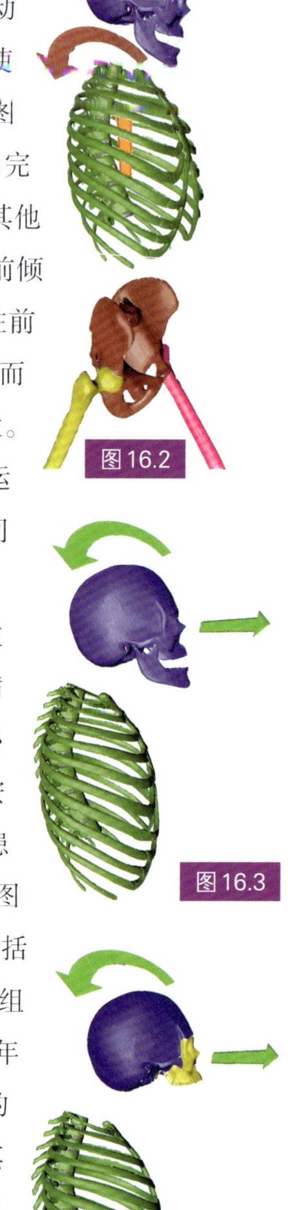
图16.2

图16.3

图16.4

我坚信手法治疗是有效的治疗方法，甚至在某些病例中是改善颅面部发育的必要手段。图16.8所示，是按照上述理论和背景为一位患者进行手法治疗的前后对比图片。手法治疗的干预措施包括直接作用于骨骼、关节和软组织。这两张照片相隔大约1年时间。重点在于恢复正确的舌位，ACS相对于颅骨的其他部分后倾，以及ACS横向增宽。如果不借助手法治疗，很难保持舌后部与上腭的接触。很多人都集中关注于徒手扩宽和拉长上腭和上颌骨。这种扩增的一个关键因素是鼻腔的作用。枕部和乳突之间的关系也很重要。按照前面的假设，颞骨和乳突的前倾与枕骨、颧骨和颅骨

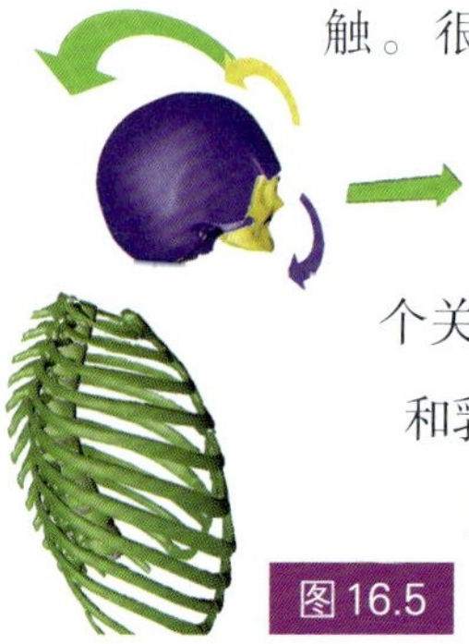

图16.5

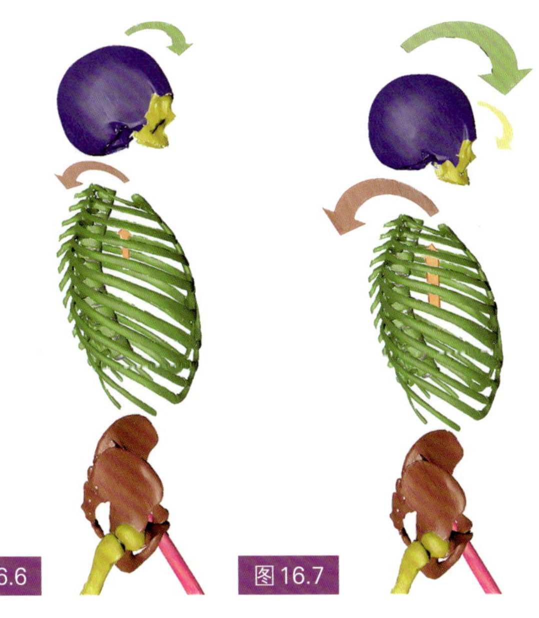
图16.6 图16.7

的其他部分有关，同时ACS后倾（上升），这样看起来更容易让舌保持与上腭的接触，并放松枕部和寰椎周围的区域。

我曾在检查一名80岁的女性的冠状缝解剖结构时，发现它似乎是完全融合的。需要记住的是，所有的枕骨、颞骨、蝶骨之间的骨缝（颞骨-枕骨缝、蝶骨-颞骨缝和蝶骨-枕骨缝）并不是缝隙，而是软骨连结，即软骨关节，这表明它们更容易发生变化，甚至在以后的生活中有可能继续生长。

图16.8中，可以清楚地看到颅骨后部相对于ACS有所前倾。观察发现右图中的ACS保持在原来的位置，但右侧枕外隆突明显上升了。这两幅图的头部高度差不多，但是对比前后的宽度，会发现右图的前后径要宽一些。

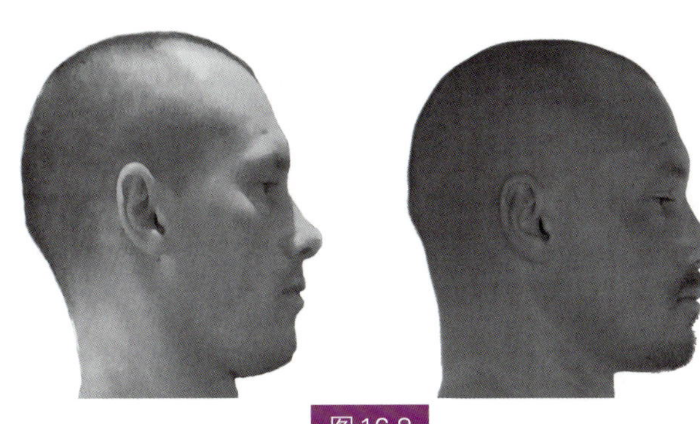
图16.8

这个过程中的一个阻碍因素似乎是，我已经拔除了患者左、右两颗下第三磨牙。由于牙齿的情况发生改变，当患者进行咬合时，下颌骨相对于上颌骨向前轻微地滑动/移动。当需要完成ACS上升或后倾时，这似乎是一个限制因素。前移/向前滑动与下颌骨前后径宽度有关，因为当下颌骨扩宽时前移似乎减少了。

现在看来，第三磨牙原来所在的位置出现了更多的空间，牙齿之间也相应有了更多空间。以前患者把牙线放到牙齿之间时，总是比较艰难，现在不会这样了。患者在拔牙后从没有出现过鼻呼吸困难，鼻腔内的空间似乎比以前更大了，使鼻呼吸更加容易。舌头有了更多的活动空间，不需要太费力即可保持舌与上腭的接触。

说明

1. Mew（2014）。Mike Mew的成就是在他父亲（John Mew）的工作基础上发展起来的，他的父亲是一名面部整骨师。

2. Harvold等（1981）和Basheer等（2014）。

3. Basheer等（2014）。

4. Morais-Almeida等（2019）。

5. 这一观点Mew（2014）有所提及，另外也可见于Katsaros（2001）和Kiliaridis（1995）。

6. Rose和Roblee（2009）。

7. 如Myers（2014）所述。

8. Vig等（1980）。

9. 当涉及哪些骨骼在哪个部位时，这种划分是不明确的（分为脏颅和脑颅）。但这种不明确的划分应该是以解释文中所阐述的整体下降模式。

（纪美芳 译，刘兴凯 高 强 审）

参考文献

Basheer B, Hegde KS, Bhat SS, Umar D, Baroudi K; Influence of mouth breathing on the dentofacial growth of children: a cephalometric study. *Journal of International Oral Health*, 2014, 6(6):50–55.

Harvold EP, Tomer BS, Vargervik K, Chierici G; Primate experiments on oral respiration. *American Journal of Orthodontics*, 1981, 79(4):359–372.

Katsaros C; Masticatory muscle function and transverse dentofacial growth. *Swedish Dental Journal Supplement,* 2001, (151):1–47.

Kiliaridis S; Masticatory muscle influence on craniofacial growth. *Acta Odontologica Scandinavica,* 1995, 53(3):196–202.

Mew M; Craniofacial dystrophy, a possible syndrome? *British Dental Journal,* 2014, 216(10).

Morais-Almeida M, Wandalsen GF, Solé D; Growth and mouth breathers. *Jornal de pediatria* 2019, 95(Suppl 1): 66–71. doi: 10.1016/j.jped.2018.11.005.

Myers TW; *Anatomy Trains: Myofascial Meridians for Manual and Movement Therapists, 3rd edn*. Edinburgh: Churchill Livingstone, 2014.

Rose JC, Roblee RD; Origins of dental crowding and malocclusions: an anthropological perspective. *Compendium of Continuing Education in Dentistry,* 2009, 30(5):292–300.

Vig PS, Showfety KJ, Phillips C; Experimental manipulation of head posture. *American Journal of Orthodontics,* 1980, 77(3):258–268.

第三部分

概述

本书的目的在于让大家知晓并理解我们对于人体结构形态及其功能的认知和观点。同时，我们会对自己的认知和观点进行解释说明，并详细阐述我们所认为的运动是什么样的，以及它是如何在身体中表现出来的。本书是我们探索运动征程中的一个里程碑。毫无疑问，如果没有在前面指引道路的先驱者和身边同领域的合作者拓展了这一视角，我们就不会有今天的成就。为了表示我们的敬意和感激，我们邀请了一些优秀同事和老师共同编著本书。

每位参编作者都让我们对人体结构形态和功能的观点有了更多的认知。他们都对运动和治疗的整体领域做出了卓越贡献。

我们要求参编作者从他们自己的角度详细阐述“运动”一词，并解释它是如何出现在他们的生活和实践中的。我们之所以这样做，是因为我们想向你展示，当专业领域中训练有素、经验丰富的实践者分享他们的想法时，你会得到关于运动的各种各样的新诠释。

我们这么做的目的是再一次说明和强调，对于人体结构形态和功能的奥秘不是只有一个单独的视角或一个真理。根据我们展现的不同视角和做出的诠释，我们最终可能会收获非常不同的答案。

我们非常自豪能够在本书中向你呈现这些令人赏心悦目的内容，希望你和我们一样喜欢它们。

Gary Carter（加里·卡特）

Gary Carter是一名肌筋膜手法治疗师、私人教练、指压疗法（shiatsu，传统日式按摩疗法）和颅骶疗法从业者、解剖学和筋膜解剖学讲师，也是一名拥有30多年教学经验的瑜伽老师。Gary在英国布莱顿经营着一家已有25年之久的运动和治疗中心（movement and therapy center），名为Natural Body（www.Natural Bodies.co.uk），他将毕生的武术学习、健美训练、田径、气功和瑜伽相融合，研发出了一套有关训练、运动和健康保健的方法。他已在欧洲多个国家成功举办了瑜伽教师培训，并开设了大量的肌筋膜解剖学课程。

Gary曾于20世纪90年代末与Thomas Myers共事，共同教授肌筋膜经络理论，并将其成功引入英国。

在过去的15年里，他参与了许多解剖学研究，并与Julian Baker共同讲授一些解剖课程。Gary探索并创造了人体内不同的肌筋膜链，这些连续的筋膜链应用于人体功能，可以与索玛运动（Soma Move）完美地相互交融。

第十七章

肌筋膜悬带的变异与连续性

Gary Carter

“生活需要运动。”

——亚里士多德

前不久，我和父亲在街上散步聊天，当我们绕过拐角后，出现了一个台阶，那是一家咖啡馆的入口，然后我跨过去了。但是我父亲没有注意到这个大约15cm高的台阶。他的足部碰到了台阶，在即将摔倒在地时，凭借快速的反应能力，通过向前快速踉跄几步，迅速恢复了自己的平衡，身体重回直立的位置，就像一个健康、敏捷的25岁年轻人表现的那样。我父亲看了看台阶，惊呼道：“天哪，这简直是太危险了，一些老年人可能会因此导致严重的意外事故。”这时候，我对他说：“你有没有意识到虽然你被看作是‘老年人’，但你却像年轻人一样很容易地恢复平衡？”那时，我父亲已经81岁了！

我的父亲是一名运动员，76岁时是欧洲老年人200m短跑冠军和世界老年人300m跨栏冠军，80岁时再次获得欧洲200m短跑冠军，在76岁和81岁时分别获得了世界300m栏冠军和200m栏冠军。

在经历了父亲绊倒的事件后，我真真切切领悟到了，在我们的一生中，让身体保持甚至重新获得灵活的运动范围，对于我们的健康和生存是至关重要的。具备灵活运动的身体能让我们更好地在现实环境中生存下去。我父亲所经历的那次绊倒，对于一个普通的"老年人"来说，可能会导致腿部、髋部、腕部或手臂骨折，甚至头部损伤。

也许我们可以认为"运动是一种生命力"。

从坐姿站立，到蹲姿，再从蹲姿站立，是许多西方人和各个年龄段的欧洲人都很难完成的一项基本运动。我的一位同事和另一名同为运动学教师的朋友，每年都会在印第安人（美洲原住民）的保留地工作一段时间。在与几位长辈的交谈中，他们注意到这一辈很多年轻人在跑步时很难跟上长辈。其中一位长辈说，这是因为年轻人坐在椅子上，而不是站在地上。"这种习惯改变了他们下肢的功能"，他惊呼道。

"一切运动都是生命。"

——佛陀

让髋部和下肢有规律地进行全范围的活动，不仅能使关节结构保持顺畅性和灵活性，还能推动包括淋巴液和其他体液的流动，使软组织具有柔韧的可延展范围，并保持组织的正常张力。例如，髋部参与了所有的动作，从而才能保证实现侧走、围绕物体进行快速有效地移动。

"……有位95岁的老人越过山峰徒步走了25英里（40.2km）。知道他为什么能这么做吗？因为从来没有人告诉他不能，也从来没有人告诉他应该在养老院的某个地方慢慢老去，直到生命终结。你从未辜负你自己的期望……"

——Christopher McDougall（克里斯托弗·麦克杜格尔）

美国亚利桑那州梅奥诊所（Mayo Clinic）和亚

利桑那州立大学（Arizona State University）肥胖解决方案研究中心主任James Levine博士表示："目前，久坐与35种疾病和不良健康状况息息相关，包括肥胖病、高血压、腰痛、癌症、心血管疾病和抑郁症等。""澳大利亚、加拿大和英国等国家政府已经将久坐不动的生活方式视为灾难。"他接着说："当前新生代儿童可能比他们的父母更早死亡，许多预计的死亡原因多半是与久坐不动的生活方式相关的疾病，西方人现在平均每天坐着长达15个小时。"我们可以理解为什么久坐会被认为是一场灾难。

"运动是我们与生俱来的权利。"

——James Oschman

（詹姆斯·奥斯曼，1999年在威斯敏斯特大学的讲课）

我作为一名运动老师、私人教练，同时也是指压疗法、颅骶疗法、KMI结构整合实践者的手法治疗师，以及瑜伽教师和肌筋膜解剖学课程负责人，在超过13年的时间里与Julian Baker、Todd Garcia和Gil Hedley一起在多个实验室进行过人体解剖学和筋膜功能学的持续研究和探索。我也是冈特·冯·哈根斯身体世界实验室筋膜网塑化项目（Fascial Net Plastination Project atthe Laboratories of Gunter Von Hagens' Body Worlds）的创始人和研究员。我发现，通过解剖学研究，我对了解人体的"纹理"，以及解剖学书无法清楚说明的难以想象的形状和形式有了更深的理解。

我的瑜伽学习、我启蒙老师的教导，以及我从20世纪80年代末开始的运动事业，都受到了Vanda Scaravelli思想的影响。她的瑜伽背景里存在着一种特殊而独有的运动方式，即通过太极、武术、音乐和呼吸练习，在所有动作中营造并表达出自由和轻松的氛围。Vanda常会说一句话："顺从身体的本心，而不是违背它"（Going with the body and not against it）。当我在解剖实验室进行首次探索研究时，这句话引起了我的强烈共鸣。形态丰富，意味着运动的多重潜力和运动的效率，这对我的运动思维、训练方式、手法治疗方法和教学方式产生了巨大的影响，也影响了我如何看待并理解人体。

"顺从身体的本心，而不是违背它"，有很多意义，可以帮助实现高效运动和减少受伤的可能性。教导学生在运动、训练、武术、瑜伽和舞蹈中找到"贯通点"，让他们发现运动中的"整体性"，从而进行整合。这是我教学方法的一个基本内容，但有时我们可能需要观察身体的各个区域来理解运动行为，探索肌筋膜整体的区域。这也提示我们在教学、指导和治疗中如何描述运动。例如，当描述某一区域的张力或肌肉走行将如何影响该结构的其他部分时，建议使用诸如"肌筋膜的胸大肌区域"之类的语言。

1998年至2003年，在我与Thomas Myers（《解剖列车》的作者）共同教学和互相协助期间，肌筋膜连接有关内容一直是我的兴趣所在，也是我早期研究结构整合的探索方向，从那时起我一直在进行运动中肌筋膜连续性的研究实践。

解剖改变了我们看事物的方式以及我们所看到的事物，通过筋膜连接的视角观察身体，创造了各种各样的可能性，其中包括研究和理解运动的不同方式。正如Julian Baker所说："我们在这里不仅仅是解剖身体，也是在解剖我们的知识，在剖析我们的语言和信仰。"

这是我们每个进行解剖研究的人都非常熟悉的一句话。我逐渐了解到一系列与已经出版的解剖图谱不同的肌筋膜结构构成的动力链和连续性，这帮助我理解了人体节约能量的运动模式，并把我带到了一个新的研究领域。在我30年的职业生涯中，过去的15年里，我一直在研究运动、解剖和手法治疗。

这里提出的想法来自我的新书《解剖学悬带，肌筋膜连续性的变异》（*Anatomy Slings, Variations in Myofascial Continuities*）中可能的9种肌筋膜悬带形式中的2种。我也清楚地知道，这些都是手术刀创造的模型。需要记住的是，任何解剖的过程都是通过破坏来创造的——我们正在分解整个结构，分解结构的完整性。这些探索无疑会受到肌筋膜连续性被破坏的影响，并将在这个过程中继续尊重“整体”。

接下来，我们将观察这些短的、悬带状的肌筋膜结构对运动造成的影响，方法是将各种具有显著效果的运动训练和手法治疗施加到身体的这些区域上。

首先来介绍一下背景知识。

一种看待问题的新方式

我们生活在这样一个时代，关于身体结构的新观点的产生、对生物力学的不同思考、对人体结构如何产生稳定性的分析评价，以及对“姿势”构成的思考，都对解剖学理念带来了挑战。许多远见卓识之士对解剖学和功能进行了奇妙的洞察和新的探索，这改变了我们看待人体的视角，通过一些医疗方式，激发了我们对手法治疗、训练系统、运动实践进行革新并形成了不同的理解方式。

对筋膜系统的学习和研究，导致了新思想的爆炸，以及对已经理解的知识的确认。筋膜的存在其实早已为人所知，19世纪的人体解剖图谱中就有提及，在A.T still的著作中也有涉及。那还是一个多世纪以前的事了。

我想用另一种方式来表述对于我们密切相关的解剖学的长远设想，通过站在许多敢于将自己的想法展现并进行深入学习和不断研究的创造性思想家的肩膀上，来观察和感知肌筋膜结构是如何相互连接/联系的。当我们从不同的角度看待事物时，我们的整个格局和策略都会以一种更高效的方式发生改变。

我们将首先关注那些帮助我们塑造了认为是“板上钉钉”的事实的专家们。这些只是特定道路上的一些带来关键思想的个人——未来可能会有更多的人加入其中。

Andreas Vesalius（安德烈亚斯·维萨利乌斯）是第一批改变解剖学观点（我们如何看待解剖学）的解剖学家之一，他意识到学生需要参与解剖，声称Galen（盖伦）的解剖学教科书有缺陷，需要更换。维萨利乌斯给了我们插图，这些插图以不同的方式展示了人体结构的解剖。

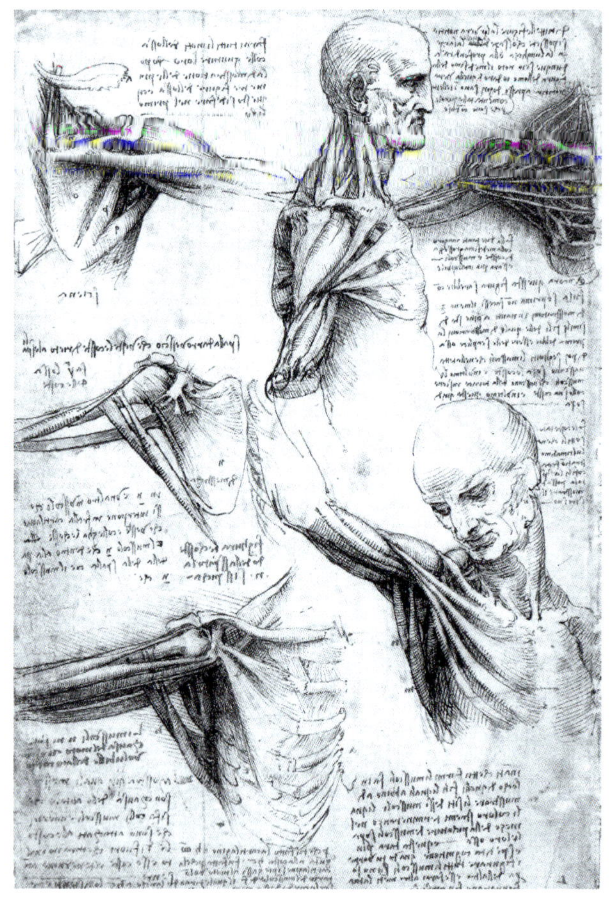

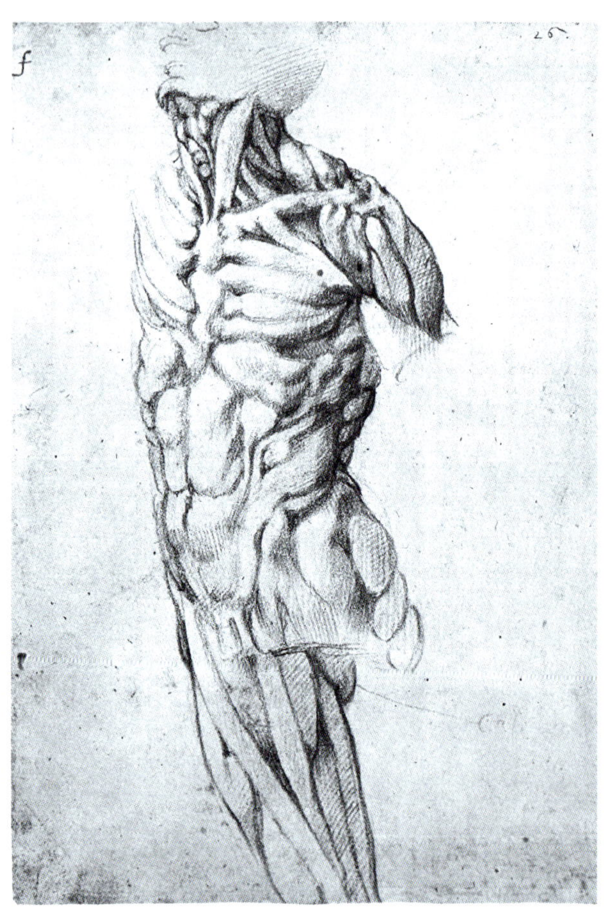

除了维萨利乌斯，我们还有其他的艺术家和远见卓识的人，包括具有艺术家、设计师、工程师和建筑师之称的Leonardo da Vinci（达·芬奇），他通过配有研究形态解剖学的插图，在纸上展示了身体结构如何联系起来的工作原理。这是一幅鼓舞人心的插图，让人联想到15世纪关于人体的张拉整体概念。

Michelangelo（米开朗琪罗），另一位艺术家、雕塑家、建筑师和梦想家，他创造了极其精致的艺术作品来理解人体形态的布局，以至于他的大卫雕像在揭幕时让人们对其陶醉不已，原因就在于它的美丽和对称。

Raymond Dart（雷蒙·达特）探索了肌筋膜的连续性，他认为肌筋膜以相互连接的悬带形式环绕身体。Dart1917年毕业于医学院，1923年在南非约翰内斯堡大学担任解剖学教授。他因其人类学研究而广为人知。Dart在20世纪40年代末曾参加过Alexander Technique（亚历山大·泰尼克）的会议，这对他后来的工作产生了深远的影响。Dart让人们认识到人类肌肉系统拥有双螺旋排列的形式，肌肉系统将骨盆的右侧连接到对侧的肩部和颈部，所连接的肌肉结构呈带状对角走行环绕身体。在那里我们看到了功能性肌筋膜链排列概念开始形成。

John Hull Grundy（约翰·赫尔·格伦迪）教授是另一位有远见卓识的人，他以以往解剖学上从未见过的方式研究肌肉组织走行和功能。John教授曾就读于英国伦敦国王学院。在他职业生涯的早期，在加入英国皇家陆军医学院之前，他教授艺术，也是一名解剖学和建筑学的讲师。他鼓励学生自主学习，而不是逐字逐句地向他们灌输知识。

Kurt Tittel（库尔特·提特尔）是一位有远见的先驱者，他和Dart一起研究了人体内一系列悬带类型的走行，我们在他1956年首次出版的开创性作品《运动中的肌肉悬带》（*Muscle Slings in Sport*）中发现了这一点。Kurt在德国莱比锡大学获得了医学博士学位，并于1952年创办了一家运动医学诊所。他对解剖学非常感兴趣，更具体地说，他对运动员的功能解剖学感兴趣。1964年他成为莱比锡独立运动医学研究所所长，继续担任运动医学会主席。他在运动医学领域发表了500多篇论文，被认为是德国运动医学之父。

Kurt Tittel受到德国解剖学家Herman Hoepte（赫尔曼·霍普特）的影响，他在研究形态和功能方面形成了自己的观点和看法。Kurt深谙，如果不考虑肌肉、骨骼和肌腱与整个个体的关系，就无法从根本上理解它们。

Thomas Myers是一位有见识的人，是罗尔夫结构整合（Rolfing® Structural Integration）的实践者，也是20世纪90年代初美国罗尔夫学院（Rolf Institute）的解剖学老师。他开发了一种利用游戏教授肌筋膜解剖学的方法，他会沿着身体的前面、后面、两侧等将肌肉连接起来。Thomas注意到，所有的解剖学书籍都只讲述“单一肌肉”理论，他的老师Ida Rolf认为，肌肉都通过筋膜联系在一起。他还

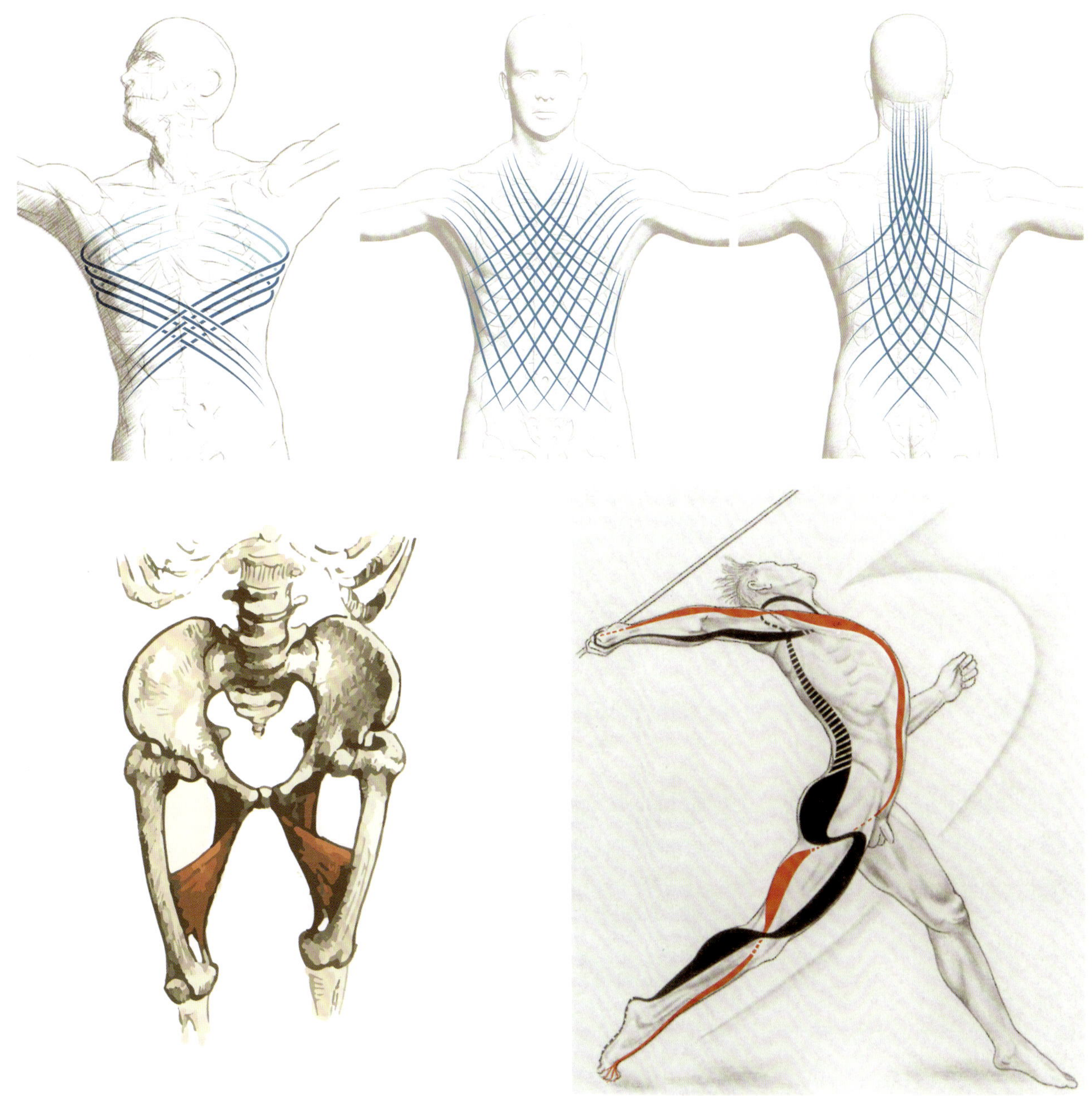

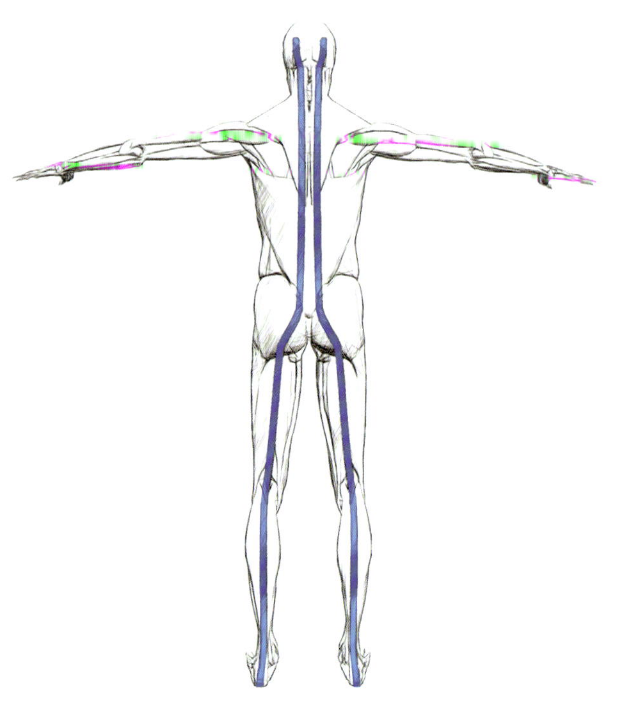

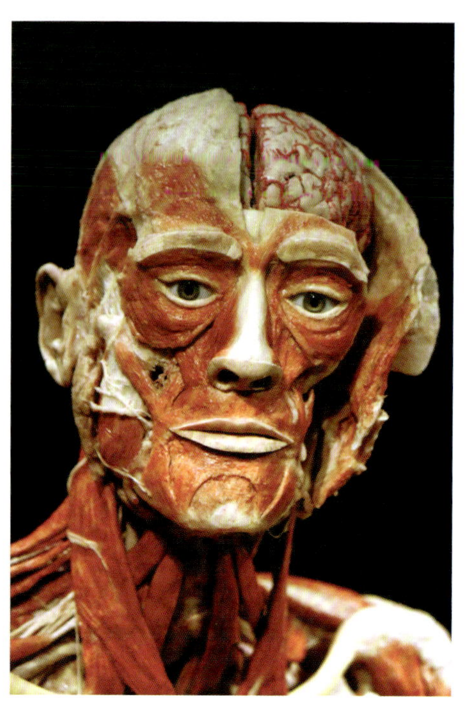

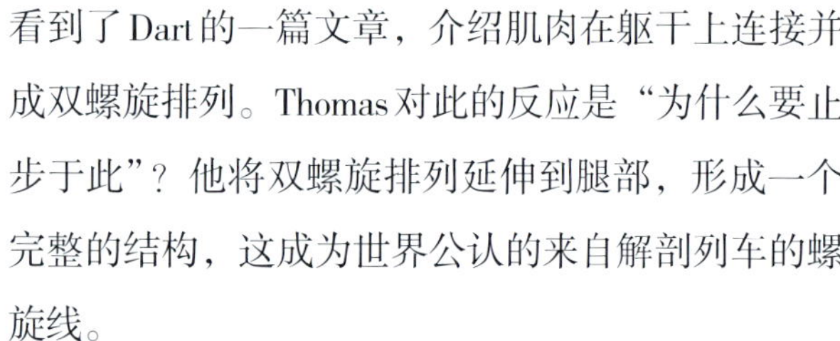

看到了Dart的一篇文章，介绍肌肉在躯干上连接并成双螺旋排列。Thomas对此的反应是“为什么要止步于此”？他将双螺旋排列延伸到腿部，形成一个完整的结构，这成为世界公认的来自解剖列车的螺旋线。

然后，Thomas继续创造这些连续体结构，形成许多从头到脚相连的肌肉和筋膜线。从这个概念出发，他编写了开创性著作《解剖列车》，用一种新的方式将各部分肌肉视为相互联系的网络，创建了相互联系的肌筋膜全身视图。

这又一次改变了我们对结构的认识，也是超越单一肌肉理论的又一次改变。这项工作也得到了美国解剖学家和解剖导师Todd Garcia的指导与支持。

Gunther von Hagens发明了塑化技术（plastination），这一技术让我们能够以固定的三维模型形式看到不同的人体结构。

塑化技术

1977年，科学家及解剖学家Gunther von Hagens发明了塑化技术，这是一种革命性的尸体组织保存方法，能够阻止解剖标本分解，并为科学研究和医学教育保存解剖标本。其通过向组织注入永久硅橡胶，使尸体能够具有以前不可能呈现的细节性和耐久性，人们得以进行观察、触摸和研究。这种展示人体解剖以供学习和教育的方法通过人体世界（Body Worlds）国际巡回展览获得了全球的赞誉和认可，这有助于将筋膜解剖学教育带给大众，并再次开阔了我们的视野和眼界，让我们看到了许多可以解开人体形态的方法。

第一个塑化筋膜体

探索塑化过程一直是筋膜研究会的核心小组所关注的焦点。2018年1月，筋膜研究科学家Robert Schleip、临床解剖学家John Sharkey、解剖学教授Carla Stecco，以及解剖学和塑化部主任Vladimir Cherinski博士与国际知名的Body Worlds展览的世界总部德国古本的Plastinarium合作，在筋膜网塑化项目（Fascial Net Plastination，FNPP）中汇聚一堂。

FNPP是由筋膜研究会、躯体研究学院和古贝纳塑胶公司（Gubener Plastinate, GmbH）合作的一个国际性组织，成员包括解剖学家、健美工作者、运动教育家、针灸师、物理治疗师和接受过筋膜解剖方法培训的医师。他们的共同目标是通过创造三维人体筋膜网塑化模型来推进人体筋膜解剖学教育。

与Body Worlds展品类似，FNPP的任务是创建永久固定的人体筋膜标本，以帮助人们了解复杂且无处不在的筋膜，例如了解它看起来是什么样子，以及它一般在哪些部位。2018年11月，在德国柏林举行的第五届筋膜研究大会（Fifth Fascia Research Congress）上，这些标本首次被展出。这次展览标志着一项雄心勃勃的三年计划的第一阶段的完成，该计划旨在创造世界上第一个全身全筋膜塑化模型，它将成为Body Worlds的一部分内容。

意大利帕多瓦大学骨外科医师、人体解剖学和运动学教授、医学博士Carla Stecco说："这是在实验室之外，以一种直接的方式向所有人传达筋膜含义的关键机会——通过身体模型展示它的连续性、弹性和完美结构。这个项目将让任何到目前为止还不相信筋膜重要性的人大开眼界。"

所有这些创造性的先驱者都拓展了我们的视野，让我们的眼睛在单个肌肉结构之外看到了一个更"完整"、更统一的世界。

弹簧负荷系统

观察任意一种动物的行为，你会看到一个熟悉的模式。休息、运动、打闹、轻松且放松的运动、警觉、进食、追赶、休息、伸懒腰、漫步、奔跑、小跑、攀登（如果可以的话）、跳跃、休息、保持警惕、因被追赶导致肾上腺素分泌增加、喝水、呼吸困难和呼吸缓慢，等等。这是我家的猫在一个正常的晴天，被狗追赶、爬山、漫步、吃、喝、追老鼠、反击狗和睡觉过程中呈现的状态。动物拥有平衡的生命模式和维持其"肌肉、血管系统"网络的所有成分的能力，保持系统的弹性对于动作的轻松、轻盈、优雅和平衡是至关重要的。

如果观察我父亲在大师赛训练时的常规运动模式，会发现那和上面的描述没有太大的区别。大师赛的时间长短不一，其准备工作涉及长距离的轻松跑、轻松的拉伸运动、超等长类型运动（plyometric style movement）（译者注：肌肉在离心收缩后紧接着进行收缩的力量练习称为超等长练习，如跳深运动。）、灵活性运动、牵伸和放松运动、短跑挑战、超等长训练、轻负荷和大负荷的重量训练。然后是比赛，期间运动员肾上腺素上升，释放能量，然后会呼吸困难。结束后运动员慢慢使呼吸变柔和，也会增加液体摄入量，还会通过进食满足适当的需求，及时休息，最后动作变得轻盈，运动表现提升（这对运动效率来说至关重要）。类似的序列将有助于平衡日常的生活模式。

当参与运动时，肌肉组织会拉紧周围筋膜，将其拉向自己。这种拉紧会增加肌肉内的压力，从而继续增进整个结构中的力量传递，保持理想的运动效率。

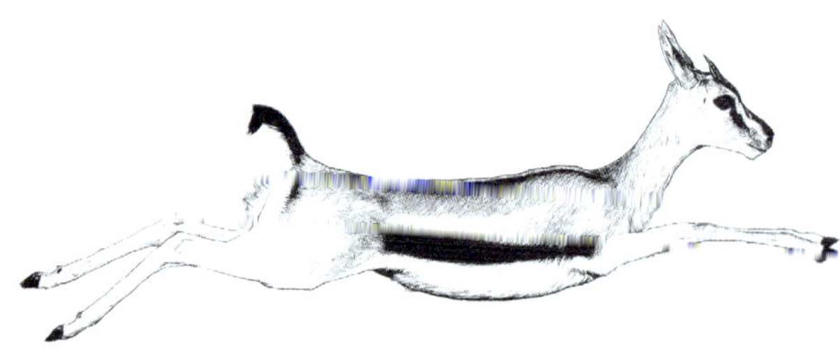

所有的筋膜组织中都储存了大量的弹性势能和动能，而这些能量的大小在身体各处是不同的。我们的肌腱、韧带（在不同程度上）和筋膜组织都有储存和释放弹性势能的潜力。

人体结构组成中有很多弹性材料，这些组织体系统中可能会移位和反弹。随着体液的充盈，这种情况发生的可能性更大。

众所周知，由于鹿、马和骆驼的肌腱和韧带有巨大的弹性，从罗马时代到撒克逊时代及后来，它们常被用来制造弹射器、弓弦和绳索。

袋鼠通过跳跃表现出显著的弹性潜力。研究发现，袋鼠的腿会做一种类似弹簧的运动。筋膜组织，包括肌腱，在运动中像橡皮筋一样被拉紧。这里要考虑的是肌腱有着类似弹簧的作用，而肌肉是张力的产生者。这使得储存的能量能够被有效释放，从而使袋鼠产生巨大的跳跃能力，且不需要消耗大量的氧气。瞪羚也会表现出类似的特性。

科学家们后来发现，人类肌肉和筋膜组织之间的力量转移机制与袋鼠和瞪羚在行走、跳跃和奔跑时的动力储存潜力相似。硬性储能（stiffened stored energy）使这成为可能。

如果我们把一块石头扔到地上，石头结构的原因使其不会反弹太大，或者由于材料的原因，它可能会破碎。扔一个橡皮球，由于弹性它可以多次反弹跳起。把铁球扔到坚硬的表面上，它的初始弹力会相当大——事实上，它可能会比橡皮球弹得更高，因为铁中储存的能量更大，同时它释放能量的速度更快。这里的关键是储存的能量。

> “运动就是润滑剂。”
>
> ——Eric Dalton（埃里克·道尔顿）

因为我们的组织具有弹性存储机制（elastic storage mechanisms），所以向不同方向移动、反弹、吸收和分散集中应力的能力是我们天然特性部分，就像任何其他以肌筋膜为导向的生物一样。随着年龄的增加，运动的减少，疾病、疼痛和损伤的出现，我们组织的这一特性会减弱。缺乏运动会使组织僵硬，筋膜和肌肉之间的滑动面的连接会更致密，从而限制运动。

弹性纤维组织可能变得更紊乱，从而运动范围进一步缩小。肌肉在不使用的时候会萎缩。想象一下用石膏固定的手臂，即使只有2周制动，肌肉都会明显缩小。随着肌肉组织的减少，更多的胶原蛋白被保留下来。胶原蛋白是一种较硬的材料（Stecco），所以会使运动受到更多的限制。

随着年龄的增加，肌肉质量开始下降，胶原蛋白再次增加，因此，人们会注意到随着年龄的增加肌肉开始变得僵硬。

“随着我们年龄的增加，减缓肌肉质量损失越来越重要。”

——A. Carter（A.卡特，世界和欧洲大师赛田径冠军）

这是一个在负重、自重和阻力做功中寻找围绕系统的张力平衡运动的过程。

众所周知，筋膜组织会对温度变化做出反应，所以当胶原蛋白沉积使肌肉变硬时，我们会发现温度越低对此影响越大（Antonio Stecco）。因此，维持肌肉在一个稳定平衡的新陈代谢水平，有助于维持这些组织处于更加温暖的环境中。

张量

“宇宙没有上上下下，只有进进出出。”

——Buckminster Fuller（巴克敏斯特·富勒）

在Fuller的引述中提到反作用力是同一事物的两个方面，只存在于相互关系中。对元素施压会产生张力，反之亦然。当我们探索肌筋膜/骨筋膜中产生的各种力时，可以从张力和压力的角度来看待它，这些力在任何时刻都在一起发挥作用。

简单的上楼、转身去拿东西、俯身拿东西、拿咖啡杯，手都会动用无数这样的合力以保持平衡。简单的站立或行走体现了一种力量的平衡，在人体整个系统中都有自由使用的能量以维持平衡。如果失去平衡，就会对身体的各个部位造成更多的压力和负荷，可能会导致肌肉紧张，从而出现活动受限甚至疼痛。

通常骨骼模型被设计成站在架子上的形式。有一根支撑杆从下面穿过，利用夹子、线和螺钉把骨骼固定。如果把这些支撑装置去除，整个骨骼模型就会一块块散落在地板上，就像在考古挖掘中发现的骷髅一样。

如果我们能魔术般地使骨骼上的附着物消失，并拍摄骨骼坠落的过程，就会注意到它很可能会螺旋式落到地上。这是因为所有关节末端都是圆形的，具有从浅到深的曲线，都是这样或那样的曲线而非直线。

“连接的无限完美。”

——Buckminster Fuller

张拉整体（张力-完整性）是Fuller创造的术语。他在探索张力和压力之间的平衡。他是一个充满激情的理想主义者，有着远见卓识，总是对连接的东西感兴趣。著名的二十面体（icosahedron）是张拉整体的简单例子，Fuller曾提出“所有地方都有相同的能量。”他启发了一种使用节能结构的方法。这一认识也启发了建筑师如何设计建筑物来应对地震，并具有分散地震力量的能力。

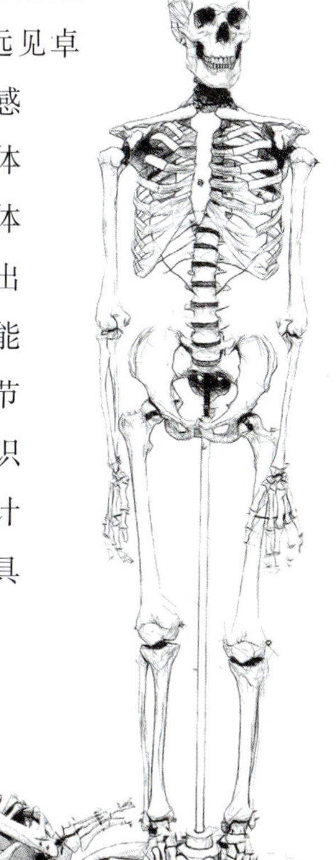

Kenneth Snelson生于1927年，是一名装置艺术家，他用合金管或棒材组成的管道组合，并用电缆进行连接，创造了许多“浮动压力”的结构。电缆和管道的组合可以以多种方式建造，只要能使管道悬浮在电缆上，彼此不接触。这种设计可以以任何形态或形式创建，并且取决于电缆和管道的长度，最终创建一个轻便、节能且相对灵活的力学平衡。

20世纪70年代，其中一件装置启发了整形外科医师Stephen Levin，他认为骨骼之间有特定的动态张力，这种张力使骨骼保持悬浮，如像雷龙、梁龙和其他许多恐龙巨大的尾巴和脖子一样。在他对物理结构的理解中，如果没有张力、悬吊与压力的动态平衡，这些生物就不可能支撑自己——这些巨大生物的颈部和尾巴对它们来说简直是太过沉重了。

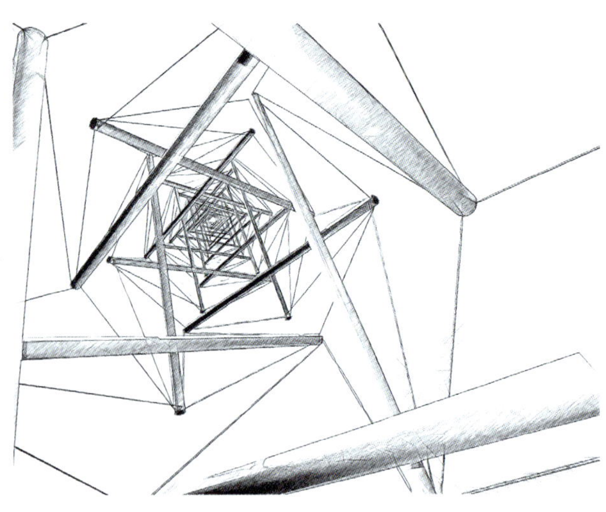

Stephen了解了Kenneth的装置，并确切地看到了它是如何利用缆索悬挂着杆。在力量平衡的作用下，恐龙的颈椎被柔软而坚固的组织支持并悬挂起来。

基本的张拉整体模型，即二十面体，可能会说明这一点，正如通过各种介质、工程和建筑探索实践的那样，更加坚硬的缆索允许系统具有更多的反弹。

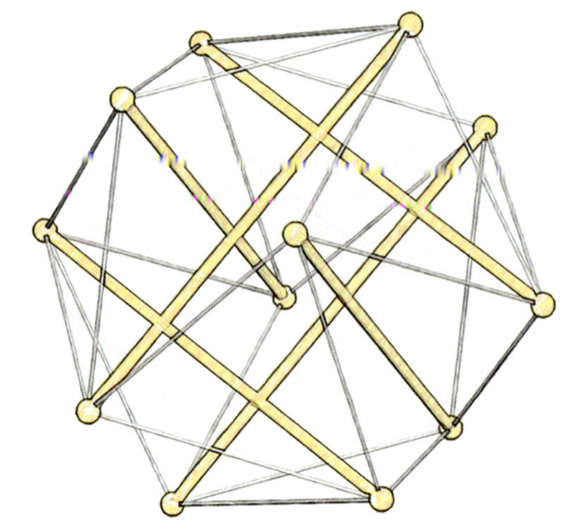

张拉整体结构所展示的弹性是，吸收冲击力并在对系统影响最小的情况下分散冲击力的能力。如果结构反应有延迟，通常表现为不僵硬、粘连、致密、杂乱的地方有刚度，这种情况下力就不能足够快地分散，对结构就有可能造成损害。

某些张力可以在身体周围的特定区域产生弹射式的效果，在这些区域可以对力进行管理、加载、捕获，然后释放。组织的张力特性很好地显示了这种潜力，可以在不同程度上加载和释放力。如果负荷放置得当，那么支撑组织将维持负荷，释放的能量就可以被送到需要的地方，从而在整个结构中产生有效的运动。

Fuller认为“所有地方都有相同的能量”；然而，在人类或动物的身体中，情况并非如此。能量在不同的部位分散到不同的层面，这些部位有的又软又松，有的又硬又紧，有的扭曲，有的螺旋，变化巨大，但所有这些能量都汇聚在一起，创造了一个完整的动作，一个全身的反应。

为了更真实地展示这一点，需要一些弹性绳带、吉他弦、薄薄的松紧带、保温膜、一个气球、硬质的衣架钢丝和弹簧，以及具有扭曲、弯曲、圆端和扁平结构的悬杆。将这些材料拼接在一起形成可正常运转的二十面体。我们可以发现这个二十面体中有些结构间的距离很短，有些很长。

这将展示作用在我们身体上的各种各样的力量及它们之间的平衡，所有这些力量都是绷紧的，因为它们会创造出轻松和平衡的特性。

我们也可以想象一个充满适当量液体或凝胶的气球当我们挤压它时，它就会回弹。这是流体压力和绷紧的气球表面张力的组合。如果液体太少，气球可能仍然有弹性，但回弹的效果不会很好，如果液体使气球膨胀过多，气球的张力可能会受到影响。这也体现了我们的形体中的张力和压力的组合。

肌筋膜悬带与连续性

我们从筋膜研究领域了解到，身体的每一种结构都被筋膜包裹其中，从细微的毛细血管结构、神经纤维，到器官外膜、鞘、腱和关节囊，以及包裹肌肉组织的各种腱膜。它们是由胶原蛋白、弹性蛋白和网状纤维组成的，都存在于基质的致密液体中。

我们在这里特别关注的元素是肌筋膜（myo-fascia）。肌筋膜是指包围、分隔并包含身体所有肌肉组织的结缔组织。筋膜组织贯穿整个肌肉结构，它包绕每块肌肉、每束肌束，以及每束肌束的单个肌纤维，最终包绕且覆盖全部肌肉。此外，还包括各式各样的肌腱接合处，以及这些肌腱是如何与骨膜融合在一起的。肌腱与骨膜的融合处就是肌筋膜和骨筋膜的交汇处。

人们认为，在现实中，可能有的肌肉在骨骼结构周围多次折叠，并在骨骼结构周围的关键区域有系泊区（moorings），以创造最佳的运动、最小的压力和平衡的张力。

我们可以用下述一句话简单总结。

> “我们是一张复杂的折纸。”
>
> ——Thomas Myers（托马斯·迈尔斯）

当然，传统解剖学已经将人体组织结构中的肌肉组织单独划分出来。这是我们遵循的模式，并提出了可用的组织定位和局部基本功能的解剖学图谱。我们现在看到的肌筋膜连续性是通过对这一结构的再次解剖，认识到肌筋膜从头部到足部将各个部分连接在一起。肌筋膜连续性是理解张力平衡和压力成分（骨骼）的极好的理念。

在这里，我们创建了不同于肌筋膜连续性的理念，包含了目前所有已知的解剖学思想。我们认为在组织中存在某些已形成的传递通路，由于解剖列车的概念来源于筋膜链，因此我们在这个层次上继续研究，并且没有偏倚方向或改变研究深度。

例如，当我们通过组织的滑动、形状和运动轨迹观察腿部时，可以看到大量组织的滑动且滑动的方向各异，在这些方向共同作用下产生了一个简单的肢体运动。通过专门的以筋膜为导向的解剖学方法，我们可以发现有趣的模型、软组织连接路径和形状。

筋膜组织的性质、纤维分布的方向和组织的不同密度，不仅决定了每个肌筋膜单位（即肌肉）的形状，而且还决定了它将如何传递、响应或改变力的方向和负荷的方向。

负荷的吸收

当把肌筋膜悬带视为封闭结构或弹射器时，负荷可在组织中进行传递。凭借肌筋膜的排列结构或体系结构，它们可以将力继续传导到下一个悬带上，甚至再次将力继续传回到体表。

其中一个例子是Thomas描述的筋膜后表线的下段区域。我们可以看到跟骨位于跟腱到足底筋膜的悬带式结构中。这可以将巨大的负荷从足部重新传导到下肢和躯干——就像起跑台上的短跑运动员，或者猫和犬的足跟。在理想情况下，这种弹射装置可以吸收外部负荷和压力，以一种节能的方式将其传递到身体内，并利用其进行做功。

接下来，我们将进一步探讨可能有助于控制和传递这种力量的结构。

> “解剖肌筋膜组织只需要一种简单的方法……我们将手术刀向侧面滑动。”
>
> ——Thomas Myers（托马斯·迈尔斯）

与肌筋膜连续性相关的股后肌群

根据解剖列车理论，后表体是从头部到足部，或从足部到头部的一系列相互联系的肌筋膜链，包括足底筋膜、跟骨筋膜、跟腱、腓肠肌、比目鱼肌、腘肌、腘绳肌腱、骶结节韧带、骶筋膜、竖脊肌群、头夹肌和颈夹肌、帽状腱膜和眉弓等一系列相互联系的肌筋膜单位。然而，如果我把股后肌群本身看作一种肌筋膜结构呢？如果我们把骶结节韧带、坐骨结节筋膜和腘绳肌看作一个整体，然后沿着半膜肌和半腱肌走行，就可以看到鹅足腱。

沿着筋膜组织的拉力线的方向，股后肌群可以沿着这个拉力线方向在胫骨周围和胫骨粗隆处再次汇合连接，这是一个围绕胫骨前部的环状宽带样的纤维组织（腱膜）；如果我们沿着这环形宽带观察，它会把我们带到胫骨前部最上面的“起始处”之上的筋膜鞘。这个结构的形状和张力线方向使膝关节屈曲时，股二头肌的连接处的张力模式变得明显，就好像它的组织与腓骨头融合并扩散到胫骨外侧筋膜一样。这可以作为一个完整的相互连接的肌筋膜悬带被移除（见以下解剖图）。

这让人联想到一种弹射器的外观，其具有双端功能，也是悬浮和支持股骨的筋膜悬带的一部分。

这可能是一种储存弹性势能的拉伸弹性结构。如果在运动中使用得当，它可以减少股四头肌和髋屈肌劳损，有助于防止膝关节和髋关节受伤。这哪里是腘绳肌，而是“筋膜悬带”！

©Julian Baker　©Gary Carter　©Gary Carter

蝶形内收肌

再一次沿着肌筋膜组织的走行路线，想象在坐骨支、耻骨支和耻骨联合处“横向转动手术刀”，我们可以看到来自耻骨肌、短内收肌、长内收肌和大收肌的整个肌筋膜单位。整个肌筋膜结构连同耻骨筋膜已经从包括耻骨联合在内的骨盆结构和股骨粗线中分离出来。我们有一个完整的肌筋膜结构，这种结构从一侧到另一侧是持续存在的。

这些肌筋膜组织是一个整体，占据了大腿肌肉的很大一部分。它们很重，并且组织按规则排列，以便内收肌在结构所能允许的范围内运动。然而，如果我们把内收肌这种蝴蝶形的排列结构作为一个整体来考虑，它就变成了一种强有力的支撑结构，它可以动态地处理各种动作和姿势，比如进行蹦床或吊床运动中的各种弓步和弓步蹲动作，同时内收肌可以协同股四头肌的收缩和髋关节屈曲，以减少股四头肌和髋关节屈曲发力，但这将对膝关节和髋关节造成较大的负荷。

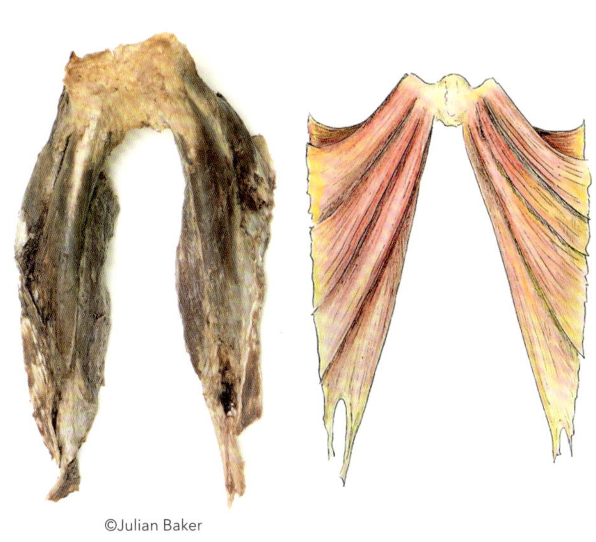

©Julian Baker

通过构造进行的新探索

在此，我们将在瑜伽、功能性训练、武术、短跑、太极及瑞典的索玛运动体系中，探讨如何将肌筋膜的理念和方法融入其中，加以升华和创新。这些只是我们可以应用不同观点去设计运动的一小部分。

瑜伽中的半蹲式或椅子式

通过这个姿势/手势，了解腿后肌筋膜悬带可能是一个很好的方法。负重稍微（约10%）转化为肌筋膜悬带张力，有助于减少股四头肌的过度用力，但会增加对膝关节和髋关节的压力负荷。通过使膝关节屈曲，髋关节向后、向下移动，髋关节稍高于膝关节，练习者能够预先拉紧腿部筋膜悬带的肌筋膜组织。

四点爬行

四点爬行是我们在各种功能性训练系统中常看到的一个姿势，常用于体育和武术的训练。可通过这个简易动作来预先拉紧腿后的肌筋膜悬带，防止髋关节的过度受压，并提高运动灵活性。

奋力冲刺

让肌筋膜悬带吸收负荷，增加从足底筋膜到跟骨再到跟腱和小腿三头肌及腘绳肌筋膜在内的预张力。适当的张力可以完成爆发性的、节能的动作，通过这个动作，腿部和身体的其余部分可以聚集更多力量，在力的作用下运动，并从起始位置弹起。

弓步姿势

通常情况下，过于将注意力集中在调整包括无力的腰大肌在内的髋屈肌上，往往可能会分散这种姿势/手势所能提供的自由、提升和整合作用。

在这里，对蝶形内收肌和腘绳肌筋膜施加压力（大约是体重的10%），就像在吊床上一样给予重量，可以在骨盆下侧创造一种完全不同的自由感，并可能从骨盆内部产生一种抬升的感觉，而不是这个位置所产生的髋关节“牵拉”感。

马步和武士姿

同样，对内收肌筋膜和腘绳肌筋膜带施加压力（10%），可以将身体重心从髋屈肌和股四头肌上移开，并防止产生过度活动。这种姿势/手势的特性有助于产生更多的弹性，使由此引出的任何动作更持久、更灵活和更有效。

索玛运动练习

探索索玛运动和武术的流畅性，了解如何将这些肌筋膜悬带理念和方法融合其中，可以使这些动作变得简单、流畅、自由，并能够在我们的身体系统中产生弹性能量。

（宋帅 译，杨磊 高强 审）

参考文献

Müller DG, Schleip R; Fascial fitness, catapult mechanism, elastic recoil of fascial tissues. In E Dalton; *Dynamic Body: Exploring Form, Expanding Function*. Oklahoma City: Freedom From Pain Institute, 2011.

Earls J; *Born to Walk: Myofascial Efficiency and the Body in Movement*. Chichester: Lotus, 2014.

Fukunaga T, Kawakami Y, Kubo K, Kanehisa H; Muscle and tendon interaction during human movements. *Exercise and Sport Science Reviews*, 2002, 30(3):106–110.

Grundy JH, Fischer, MO; *Human Structure and Shape*. Graz: Mouritz, 2015.

Hoyt DF, Taylor CR; Gait and the energetics of locomotion in horses. *Nature* 1981, 292(5820):239–240.

Huijing PA; Muscle as a collagen fibre reinforced composite: a review of force transmission in muscle and whole limb. *Journal of Biomechanics* 1999, 32(4):329–345.

Ingber DE; Tensegrity and mechanotransduction. *Journal of Bodywork and Movement Therapies* 2008, 12(3):198–200.

Kawakami Y, Muraoka T, Ito S, Kanehisa H, Fukunaga T; In vivo muscle fibre behaviour during counter-movement exercise in humans reveals a significant role for tendon elasticity. *Journal of Physiology* 2002, 540(2):635–646.

Kram R, Dawson TJ; Energetics and biomechanics of locomotion by red kangaroos (Macropus rufus). *Comparative Biochemistry and Physiology*. Part B 1998, 120(1):41-49. Doi: 10.1016/S0305-0491(98)00022-4.

Lesondak D; *Fascia: What It Is and Why It Matters*. Edinburgh: Handspring Publishing, 2017.

McDougall C; *Born to Run: The Hidden Tribe, the Ultra-Runners and the Greatest Race the World Has Never Seen*. London: Profile Books, 2010.

Myers TW; The "anatomy trains." *Journal of Bodywork and Movement Therapies* 1997, 1(2):91–101.

Schleip R, Klingler W; Fascial strain hardening correlates with matrix hydration changes. In TW Findley, R Schleip (eds); *Fascia Research–Basic Science and Implications to Conventional and Complementary Health Care*. Munich: Elsevier Science, 2007, p. 51.

Åsa Åhman（奥萨·奥曼）

Åsa Åhman是一位认证的罗尔夫（Rolfer™）运动从业者和瑜伽老师。她利用罗尔夫运动和瑜伽帮助人们改善身体健康问题，让人们改变那些无意识地造成身体紧张的运动习惯，用新的、更为主动的运动方式取代过去重复性的无意识运动模式，让身体在运动和对抗训练时仍能保持其内部空间。

重力是否有可能使身体更自由地移动？你能更省力地移动吗？觉察（awareness）和一个更详细的身体构图（body map）是改变你的运动姿势与移动方式的两个关键因素。

Åsa在斯德哥尔摩工作期间与个人客户以及团队合作。她还在瑞典各地举办培训班。

第十八章

运动的本质

Åsa Åhman

"运动是身体之歌。"

——Vanda Scaravelli（万达·斯卡拉维利）

我认为运动是身体表达自我的方式，也是身体获得所需和所想的方式。由于每个人都是独一无二的个体，因此我们运动的方式也不尽相同。在我看来，我们的生活都会通过身体表现出来，就好像身体在讲述着我们的故事。虽然并不是很容易理解并观察到，但是它确实如此。在实践罗尔夫理念和担任瑜伽老师的过程中，无论在私人场合还是团体活动中，我有幸可以接触到很多不同类型的人。我一直惊叹于人可以从容应对生活中各种好的或坏的情形。我们坠入爱河，沉浸于幸福之中，我们经历意外、创伤，拥有不同的文化信仰、时尚理念和父母的建议等。我们在所做的事情中逐渐养成习惯，但是我们不知道什么方式是更好的。我们总是尽力而为，身体也总是尽可能地处理任何特定的情况。然而身体在特定时刻的反应可能并不是保持长期健康的最佳方式，甚至可能不是我们预期的反应，但它总是尽最大努力来满足当时情况的需求。当然，我在自己身上也看到了这一点。我能够了解我自己的经历，我现在在哪里，我为什么在这里。我能看到一些我正在努力解决的问题和我想打破的习惯——但不是全部。为此，我需要从他人的角度来看待问题。我现在更加清醒，每天都致力于提高对自我的认识和感知。

我的经历

小时候，我对运动或体育锻炼不感兴趣。当时我只是很喜欢玩，骑自行车、跑步、搭树屋等，当然还有看书。玩是相当需要体力的。父亲在冬季强迫我去越野滑雪，学校的体育课则要求踢足球和玩躲球。直到十几岁时我才开始有计划地进行体育锻炼——空手道。对我而言，这是通往其他训练的大门。我需要提高自己的有氧运动能力，才能在空手道的练习中坚持下来。夏季，我们进行户外训练，包括高强度的跑步运动。多年来，我是俱乐部里唯一接受训练的女孩。夏季我们在户外训练时，队员们会中途休息并等着我追上他们，当我追上时，他们则会继续跑。我中间不大需要休息，我的心肺功能可以迅速恢复。我也开始明白我需要进一步提高力量和灵活性。那时候我没有特别喜欢牵伸运动，但我仍开始在健身房进行牵伸训练，以训练出更多的肌肉。健身房提供了让我进入了下一个阶段的体育锻炼机会——团体健身。我喜欢有氧运动！音乐也很棒。出色的教练让我觉得我可以随着音乐一起摆动。他们的每一节课我都参与，经常是一节课接一节课。然而在有镜子的教室运动对我来说并不是件好事，因为我对自己的外表和体重太过在意。

我的教育背景是计算机科学与工程硕士，我从高中开始便选择了顶尖的课程，然后进入了瑞典顶尖的工程大学，在教育领域也不断地提高自己的能力。我刚找到第一份工作（一名IT咨询顾问）后，就花了两周的假期自学成为一名有氧健身教练。在那之后，我开始把教授团体健身课作为业余工作。就这样我做了很多年，凭借我强壮的体格，我可以进行大量的运动而不会受伤，所以我不停地鞭策自己。长此以往，我把自己训练成了一名私人教练，在那段时间里，我尝试了我的第一节瑜伽课。

初识瑜伽

我不知道瑜伽到底是怎么回事。我记得在第一次做面朝下的下犬式时，我在心里想："这个动作的目的是什么呢？它并没有提高我的力量，也不是有氧运动。为什么还要做呢？"幸运的是，我又尝试了一次。也许我内心的某个部位知道，这种训练对我来说是如此陌生，我的生活中根本没有这种训练，所以一定有我可以学习的东西。最终，瑜伽让我找到了一种不同的运动方式，一种不同的动机和理解力。

然而，多年来瑜伽对我来说只是一种体育活动，一种可以进行练习、提高和完善自己身体功能的运动。我没有专门去找一个老师来指导我，看我做了些什么以及需要做些什么改变。我很努力地运动并竭尽全力，不断地激励自己。瑜伽虽然没有使我变得更灵活，但是让我对自己的身体有了更好、更细致的了解。我学会了观察自己的内心，最终我开始平静下来，减少一些强迫运动，更多地去感受自己的身体。

我花了数百个小时练习阿奴萨拉（Anusara）瑜伽，这是一种基于艾扬格（Iyengar）瑜伽的哈他（Hatha）瑜伽，但经其创始人约翰·费兰德（John Friend）进行了调整并融合了密宗哲学（tantric philosophy）。这种风格的瑜伽非常注重线条，需要指导者掌握大量关于身体的知识并且饱含哲学思想。虽然现在我不再认同这种瑜伽风格，但它使我成了一名更好的老师。作为一名运动教练和瑜伽老师，我能为学员提供很多信息，并提出很多问题。

初识罗尔夫（Rolfing®）

我在美国参加过多次瑜伽训练（我的大部分阿奴萨拉瑜伽训练都是在美国进行的）。一次偶然的机会，我听说了罗尔夫健身法。一天午餐时，我坐在一位体格健壮的女士身后，听到她说，人们经常称赞她很强壮，但如此强壮是要付出努力的。她说为了使柔韧性更好，她每天必须做两次罗尔夫10-系列。“嗯”，我在想，“我的肌肉也很紧张，也许我应该试试这个。”

回到斯德哥尔摩后，我找到了一个罗尔夫机构，并预约了我的第一节课。在第一节课上，教练让我练习了呼吸，之后让我感受背部的呼吸。我一度以为他给我用了某种药，因为我身体里有一种全新的感觉。他在我身体右侧的前面、后面和侧面进行治疗，然后让我站起来走路。我感觉我右侧的肋骨好像比左侧突出了10 cm。这对我来说真是太神奇了！接下来他在我身体的左侧进行了同样的治疗，这样我感觉身体两侧更平衡了。他让我回家后继续练习背部呼吸。我又预约了下一节课程，然后完成了10个系列。我觉得这是我想深入了解的事物，但当时我没有时间，也没有钱来参加整个的罗尔夫训练。我只能把它暂时抛到脑后继续过我的生活，但关于罗尔夫的念头挥之不去。我在生活中达到了一个令我感到非常满足的阶段。我的本职工作是IT咨询顾问，兼职做运动和健康方面的工作。我喜欢体验这些不同类型的工作。IT咨询工作提供了一种领域的经验和目标，健身房、个人训练和团体健身课程则提供了另一种领域的体验。而瑜伽完全又是另一个维度的。我很兴奋也很高兴能体验这几种不同的工作方式。

倾听我的身体

虽然我喜欢那时的生活，但我的身体开始抗议。当时我并没有意识到这一点，但我所做的所有运动都只是在强化我现有的模式。我反复使用相同的肌肉来做各种类型的运动，而不是我以为的不同的肌肉都得到训练。为了达到更好的柔韧性，我在相同的部位做大量的放松运动，而没有真正将身体各个部位都变得更加灵活。我的身体开始感到疼痛，这使我第一次在运动中开始更加有选择性。我停止了某些课程和运动，因为我知道它们对我来说不太适合，但我不知道该做些什么来代替，以其他方式来支撑和增强我的身体。

现在我知道，我做每件事都付出了过多的努力。我做了太多相同的事情，加剧了我的紧张状态。在我练习瑜伽的过程中，瑜伽并没有让我变得更加灵活，而是让我更善于控制自己的身体，使我变得更强壮。疼痛迫使我停止做某些事情（如跑步），然后使我停止在健身房教授某些课程。我意识到了这对我的健康不利。有一段时间，我不知道该怎么办。我没有办法打破自己的模式（自我意识不是很强），也不想冒险增强我自己的模式。我甚至想过停止练习瑜伽，因为它只是我习惯了的模式，但我开始以更适合我的方式转变我的练习和课程。罗尔夫的想法仍然存在于我的脑海中。我意识到，我总是有点过于执着。仅仅因为我能做好一件事，并不足以成为我坚持做下去的理由。所以，在那段时间里，我终于放弃了IT咨询工作，参加了罗尔夫的训练，学习了关于运动及打破固有模式所需的新知识。我现在还在这样做。现在和学员一起进行罗尔夫训练，这帮助我了解了更多新知识，我仍在不断地学习中。

你的经历是怎么样的呢？你了解你自身的运动模式吗？或者你了解你日常生活是怎样的？

运动的组成部分

把运动看作是打破习惯的工具，其方式之一

是研究运动的两个组成部分。

（1）将重量转移至地面。

（2）增添一个方向、一个愿景、一个需求、一个意图。

对于任何一种运动，我们都需要一个起点或参照物。只有某种参照物保持静止，另一种物体才能看上去是运动的。将重量放置在一点，然后进行移动。这看起来很简单，而且我们都可以做到，但是当你真正注意到这一点时，它就会变得非常强大。

想象一下用你的右足向前迈出一步。尝试不要先把身体重量转移至左足或左腿，你会发现不可能迈出这一步，你可能会拖着腿走，或者跳跃，但是不可能迈步。转移重量是我们无时无刻不在进行的事情，但是我们并不能最优化地选择转移重的，甚至有时候我们会拒绝将重量转移。谈论重量可能是非常抽象的，大多数人都不习惯这么做。有时候把人类想象成充满水的物体可能会有所帮助。我们身体的70%都是水。现在试着想象把你的身体重量像水一样倾注在左腿上。

当你把重量转移至腿和足部时，根据你的愿景、需求或意图选择一个方向，然后开始移动。你把重量转移至地面，然后想要什么，或者需要什么，或想要表达些什么，就有了运动！

为了改变你的运动习惯和运动方式，你需要注意自己是如何把重量转移至地面的——而不仅仅是做这件事。你能简单地让你的身体仅受重力的影响吗？当然不能，因为那样你就会像无形的水一样摊在地上。你能感觉到自己骨盆、胸部、头部、手臂其实重量吗？手臂其实重量很大，但由于我们已经习惯了它的存在，所以几乎感觉不到在负重。由于我们感觉不到手臂的重量，因此极易在开始时用不必要的力气将手臂从错误的位置举起，常见于激活斜方肌上束，但也不仅限于这块肌肉。其他运动方式也会发现有这种情况。

有一种特殊的灵敏度可以支撑身体将重量转移至地上，即触觉。这个术语来自研究新生儿及他们是如何触摸和感知的问题。但已被Hubert Godard[1]用来描述接触中的一种双重意识形态。我的一位罗尔夫运动老师将触觉描述为“同时触摸与被触摸的能力”。当你站在地上时，不仅仅是双足对地面有压力，同时地面也会给双足反作用力。当我们对接触到的事物感到好奇时，如双足接触不同质感的地面时，身体就会采用较小的压力以使双脚充分接触地面。因此，如果可以的话，脱掉鞋和袜子，笔直地站在地上，想象你的双足正在试图去“看”它们站在了什么上面，好像它们可以分辨出你所在地板或地面的颜色。

施加你的重量于地面，稳定站立，是能够自由运动的前提。这个动作被称为“phoric 功能”。phoric 出自希腊语phoro，意思为“运送”。这是Hubert Godard的另一个术语，是我们已经或多或少有意识地在做的事情。但我们对这种现象了解得越多，就越能灵巧地移动，越能与重力协调一致，也就越省力。

罗尔夫与瑜伽：不同的方法，相同的目标

“你所需要的力量不是因努力而得来的，

而是顺其自然的结果。”

——Ida Rolf（艾达·罗尔夫）

罗尔夫和瑜伽有共同之处吗？对我而言，两者的目标是相同的，即为了拥有一个这样的身体：

- 自由的运动模式和习惯，避免不必要的紧张
- 适应周围的环境与关系
- 更有能力表达自己，得到自己需要和想要的结果

描述什么是瑜伽本身就需要很多篇幅，我们在西方看到的瑜伽类型通常包括体式（用身体创造的姿势和形态）；调息（呼吸训练）和班达（控制体内能量流动的技术）。由于瑜伽的发展与印度文化和宗教有着密不可分的联系，因此也包括了一些其他内容。

我发现可以利用瑜伽体式，连同意识和呼吸来练习身体和心灵，从而使我们在习惯、思维模式和运动方式等方面更好地了解自己，继而唤起积极的变化。这也是我希望我的罗尔夫客户能够做的事情。

什么是罗尔夫

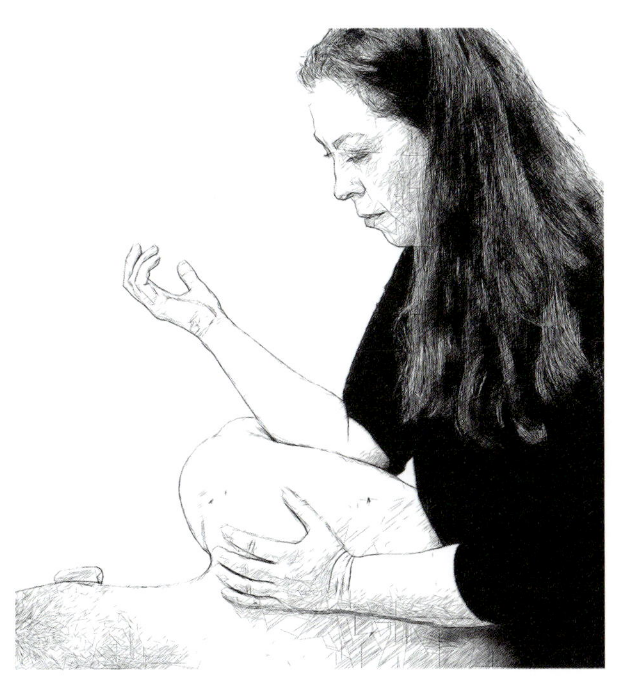

罗尔夫®结构整合是针对健康的一种整体的以过程为导向的方法。这种方法由Ida Rolf博士于20世纪30年代创建。她对如何利用筋膜的弹性来治疗身体上的健康问题很感兴趣。她认为可以利用重力作为一种治疗手段。有趣的是，Ida在知晓更多的“上手操作”前就已经开始使用瑜伽来对身体进行整复（manipulating）。她将此称为yog[2]。

罗尔夫训练通过整复（压力和按摩技术）、运动和宣教影响身体筋膜，学习如何让重力贯穿身体，从而使身体变得强壮，而不是与重力相对抗。

损伤、压力及创伤会影响筋膜，使筋膜更短、更厚且弹性降低。像久坐这种运动模式同样也会影响筋膜形态。

罗尔夫训练可以帮助筋膜恢复弹性、活力及生命力，这样身体的不同部位可以更好地独立活动，也可以更好地联合运动，减少移动、坐下、行走和呼吸所需的能量。如果你能更有效地利用身体，就有更多的能量用于其他事情。

罗尔夫训练旨在找到症状的根源，症状可能表现为姿势上的问题或疼痛。身体的一切表现，包括紧张和疼痛都是有原因的。罗尔夫训练可以帮助你重新获得身体原本拥有的感知或自由运动能力，这些感知或自由运动能力已经因习惯、文化或背景形成的姿势、单侧运动、压力等而被隐藏和遗忘。

如何去做

在重力条件下更好地协调身体可更有效地运动。即使没有学过关于罗尔夫的课程，我们也能运用罗尔夫背后的原理来改善我们的运动表现，打破习惯，最大可能地获得更为自由的姿势。加上瑜伽的体式、呼吸及意识，我们将会有更强大的武器来帮助我们释放压力，并以不同的方式展现身体。

3个问题

要观察和做的一件简单的事情就是使用我之前描述的运动组成部分的概念，即重量和方向。但是，为了使它更实用，可把它看作重力和支撑力。你可以问自己以下3个问题。

1. 我从哪能感觉到体重?

你从哪里能感觉到重力的拉扯？你从哪里能感觉到身体的质量或含水量？当你能够更清楚地感觉到你的体重时，你就能更好地准备好回答第二个问题了。

2. 如何让自己保持站立?

除非你像一摊水一样躺在地上，那么你会用某种方式将自己维持在一定的姿势。但是在哪儿，又是如何做到的呢？你又怎么样保持这个姿势呢？当你发现了你的支撑动作，你能更轻松、更省力地做吗？

尝试做这个运动：直立（如果你懂瑜伽，做山式）。保持中立姿势，头抬高，拉长脊柱。然后，让自己感受重力并在其中放松。

尽量放松，不要摔倒在地上。要做到这一点，你需要忘记你所知道的一切良好姿势！让自己放松下来，落肩，膝关节屈曲，头垂下来。用最少的力使你保持站立姿势，停在那里做呼吸1~2次，然后慢慢地再一次挺直身体，但不要使用你平常习惯的方式。慢慢做，也许你可以想象自己被一个外力举起来。你能找到一种比平时更省力的方法吗？

我们都有自己站起的方式，习惯而自然，以至于我们经常注意不到方式的存在，尤其是在站起的过程中。这就把我们带到了第三个问题。

3. 我在何处维持?

由于你一直在做上面的练习，你能开始意识到你经常“站起”或者保持站立的体位的方式吗？我称维持这些体位的肌肉为侦察肌（scout muscles）：它们随时在做好准备。

即使有时不需要这些肌肉工作时，它们也会加入进来协助站立和维持稳定。我的肩部肌肉就是训练有素的侦察肌，尤其是右侧。

如果我不加以注意，我在锻炼我的左臂时，我的右臂就会想要给予“帮助”。如果我想收缩腹肌，我向你保证，我的肩部就会参与到运动中来，但由于我现在意识到了这一点，我能改变这种模式——并且我已经这样做了。

虽然不总是这样，但通常情况下，我能体会到原有模式被激活；然后做出不同的选择。

做出这种改变的第一步是要意识到肩部肌肉的存在。然后，对一些人（至少对我）来说，一段又长又无聊的内心对话会随之而来，“哦，我感觉肩部很紧。我可以放松吗？ 是的，我能。太好了。”10秒后，“好的，肩部又开始紧了。我能放松吗？是的。”10秒后，我又回到了原来的状态。

但是只要稍微有一些耐心，10秒就会变成20秒，30秒，1分钟，甚至越来越长。现在，只有当我做一些非常费力的或新的动作，或者我非常紧张时，内心对话才会发挥作用（是的，它们仍然经常发挥作用!）。

Mary Bond在她的书《姿势的新规则》（*The New Rules of Posture*）中很好地描述了这一点[3]。我们会因为各种原因而过度稳定，比如疼痛、恐惧或缺乏方向感（稍后会详细介绍）。这些模式，一旦形成，便成为习惯；即使最初的危险早已过去，我们仍然保持着这些习惯。我们原本适应性很强的身体变得适应性更差、更矮，由于受到压迫，关节间隙变小，活动性也下降。我们对重力和活动的动态反应方式逐渐减少，成了重力的受害者。我们开始感觉到向下的拉力，而不能在相反的方向上形成支撑力。

定向

无论是否在瑜伽垫上，一种有助于身体放松并拥有更多可能性的方式就是帮助身体定向。如果身体知道这个看似简单的问题的答案：“我在哪里？”那么身体就可以应对大部分的事情，保持灵活的运动而不会干扰大脑（我的意思是我们应该去观察或感受运动）。我所说的定向并不是指地理位置，而是指我所处的地点和周围空间的位置。Kevin Frank撰写了一篇有关张力功能的优秀文章[4]（Hubert Godard的另一项研究）指出，支撑我们并使我们站立的肌肉需要我们对所处的位置和空间准确定位。

例如，腘绳肌是负责人体直立肌肉的一部分，所以通常情况下是比较紧张的。若是能有明确向上或者向下的运动方向，它就会根据身体的需要进行相应的拉长，除非肌肉组织本身不能正常工作。如果肌肉组织本身柔韧性够强，只要能确定身体的运动方向，那么所需要的拉伸长度就会存在。

感官的利用

当我们还是孩子的时候，很少去关注我们的运动控制，只关心我们的需要和需求。我们或多或少地会被感官所引导，即我们所看到的、闻到的、听到的或品尝到的东西。触觉是一种强大的感觉，关于此我会留到以后再讲。

如果能让我们的感官更开阔，那么我们将会更自如地运动。当身体处于压力状态时，如身体会开启战斗或逃跑模式，自主神经系统的交感神经部分则会被激活，此时我们仅能专注于一项任务：生存。为了将注意力集中在与敌人的战斗或逃跑上，所有感官的感受范围都会变小。相反，当身体处于放松状态时，我们对周围的环境也是处于开放状态。如果我们感到安全，则视野会处于活跃状态，无论周围的声音和气味是远是近都可以被注意到。你的感官变得更开阔吗？

视觉

在你坐着或站着的时候，放松肩部，目视前方。保持眼周的皮肤放松，并想象眼球后有深深的根一直延伸到头的后部，就好像是从头部深处而不是从眼睛的表层向外看。然后，保持眼睛不动，你可以注意到你的左右两侧有多少东西吗？你可以看到四周的物体或所在的房间范围有多宽吗？你甚至可以利用手和手臂来作为衡量你视野的一种方式。请开始试着慢慢将手臂向两侧举起，并慢慢地移动手指，以便被我们所观察。在你能看到的范围内，双手可以向后和向侧面移动多远呢？请在你的头顶上方，以一个大的圆形轨迹继续移动你的手臂，以检查整个头顶范围内的视野。如果你的视野呈现出不对称，请不要感到惊讶。左眼和右眼之间的视觉差异是普遍存在的。

当你放松时，不仅视觉会活跃，而且观察视野周围会让你更放松！步行时可以尝试这样做，以帮助你保持平衡。在你向前走的过程中，你能看到左右两侧的风景在与你擦肩而过吗？

听觉

用听觉作为一项保持自我定向的方法对我来说是一种相当新颖的方式，但我发现它很有效。如果你生活在一个充满各种噪声的大城市里，这种方法可能没那么有效，因为嘈杂的环境会将远处的一切掩盖掉，但是如果你碰巧处在人比较少且较空旷的地方，请尝试这样做。

聆听附近的声音，也聆听远处的声音。试着去听得越来越深入。你能听到的最远的声音是什么？也许是远处教堂的钟声？或是车辆从身边驶过的声音？还是风吹动树叶的声音？

嗅觉

与听觉一样，居住在城市中，嗅觉也会面临挑战。当然，人类的嗅觉并不是特别发达，但是它仍然可以帮助你定位。张开鼻孔去嗅闻周围的气味，更重要的是去嗅闻来自远处的气味。

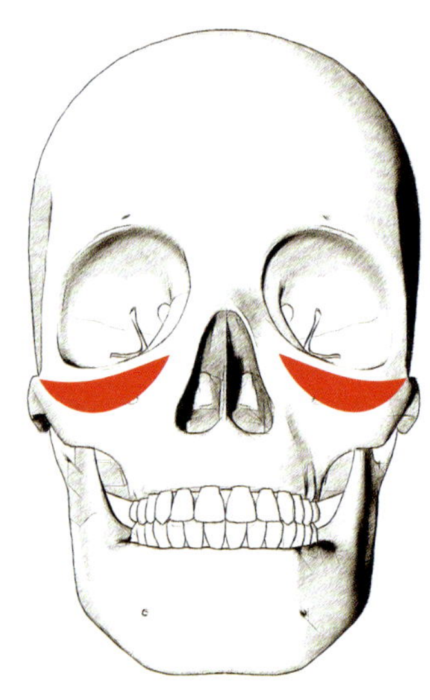

增强嗅觉的一种方法，是将鼻子与前庭系统相结合。伴随有力而清晰的触感，用你的手，从拇指到手掌根部，明确从鼻子到颧骨到耳朵的路径。保持一两分钟，然后轻轻向内按压。之后走出门，闻你所在路上的气味，假装自己是一只拥有强大且灵敏嗅觉的犬。

触觉的利用

重力感是一种与地面相连和向下定位的方式，而真正有助于上、下定位的是触觉。如果我对与周围一切事物的接触感到好奇，那么我的身体就会对它所处的位置有更好的了解。我们不可能绝世而独立，我们始终与外界保持着联系。如果只有我一人独立于世，宇宙将变得相当无趣。然而，就像我们与外界保持联系一样，也需要与自己保持联系。有时在做瑜伽或运动或日常生活中，我们可能过于关注外界。所谓外界之存在都是身外之物。他们可能是我们工作时的老板，学校里的学习任务，或者是镜子里所呈现的形象。如果我们将所有的注意力都放在外部，那么我们就会迷失自我，并很快出现倦怠。在瑜伽课上，它可以表现为我们试图尽可能去完美地模仿某些动作，或者遵循老师对某个动作所做的讲解，或者通过照镜子试着去调整身体以使线条和角度趋于完美。

有时我们还可以选择另外一种方式，即完全专注自我——所有存在的一切即是我所需要且能够感受到的一切。如果是这种情况，那么你周围的环境就不再那么有趣，你也不能真正地发挥影响。我们每个人都需要在与自己保持联系的同时，也与外界保持联系。我认为，如果我们能更多地实践这一点，世界将会变得更加美好，并且还可以避免现在正在面临的许多与现代疾病有关的健康问题，如倦怠和不同的压力症状。

一开始时，你可能会不断地在身体的外部和内部之间徘徊。你可以自我检查一下："我的压力水平如何？工作时的坐姿如何？"然后再回过头来专注于面前的任务。通过这样的练习，你可以更好地调整状态。你能够在做好所需完成的事情的同时关注自己，或者至少检查自己的状态吗？

利用触觉也可以与周围的空间保持联系。感觉空气或自己的衣服在摩擦你的皮肤。你可以感受到你头上方的空间吗？或者你背后的空间？

正如Mary Bond在《姿势的新规则》中所描述的那样，当身体无法自由定向时，我们会通过过度稳定来进行代偿。然后，我们就陷入了过度稳定的状态，使身体处于封闭且紧张收缩的恶性循环中。因此，要想保持身体的开放性和表现力，就需要有方向感。

示例：下犬式

让我们看一下在瑜伽中一种很常见的姿势，即下犬式，它有几种不同的完成方式。根据你的练习方式和动作侧重点不同，动作看起来可能会非常不一样。到目前为止，我尝试过使用两种方式来完成这个动作。

控制重量转移和方向的下犬式姿势

从趴在地面上开始，将双臂向头侧平行伸展，保持双臂在肩部下方，膝关节在髋部下方，固定足趾。花些时间去感觉手和跖骨与地面的接触。在看不到手和足接触的物体时，你能否仅从接触中猜测出来？它是温暖的还是寒冷的？柔软的还是坚硬的？移动的还是静止的？花点时间去观察，可以帮助身体轻松下放至地面，并使身体的重量从下方得到更多的支撑。你能感觉到骨盆的重量吗？如果将骨盆的重量移到足跟上，手上的重量会发生什么变化呢？足上的重量会发生什么变化呢？在通过尾骨增加方向之前，请确保脊柱的两端是自由的。检查颈部和下颌是否处于紧张状态。此外，检查是否有紧缩后侧盆底肌并阻碍尾骨运动的方向。现在，感受一下你的头部在脊柱一端的下垂感，并想象有人将你的尾骨向后向上拉，这样你的身体就会抬起，完成下犬式姿势。当你抬起或向上移动时，颈部是否可以保持轻松而头部却很沉重呢？当你的髋部和尾骨高高抬起时，你能想象自己的手臂从背上垂下来吗？你还可以想象你的腿悬在你的髋部吗？这样它们可能会变得更重，不是因为你将手和足向下压，而是因为你将其重量更明显地移向地面。

在你放松之前，只需要查看你在下犬式动作中呼吸的感觉。

定向明确的下犬式姿势

从趴在地面上开始，试着去调整呼吸。随着呼吸的进行，感受气在身体中游走时所产生的作用。吸气时会怎样？呼气时会怎样？或者更确切地说，当你呼吸及停止呼吸时，你有何感受？呼吸不是一项活动，而是一种体验，一种运动。你能感觉到吗？

尝试闭上眼睛，真正去感受手和足下有什么东西。它的表面感觉如何？是软的还是硬的？温暖的还是寒冷的？光滑的还是粗糙的？这种触感会随着呼吸而改变吗？与下一次呼气相比，吸气时的感觉如何？尝试保持这种好奇心。你感觉你所在的房间和空间是怎么样的呢？当你呼吸时，它们与你的关联性会如何改变？如果难以清晰地感受到这些，请将空气想象成更厚实的物质，就像你在水中一样，或者像身体包裹在温暖的毯子中一样。你与周围空间的关系将如何随着呼吸而改变？我将其称之为地面和空间与呼吸的联系。如果你关注呼吸，就会发现自己与呼吸之间有密切联系，因为气在你的体内游走。

然后睁开眼睛，让你的感官引导你去聆听近处和远处的声音。建立你对周围空间的感觉，并

尽可能多地用感觉去描绘它。

为了完成这个姿势，无论是从自己身体的内部还是外部，始终要保持这种强烈的意识和好奇心，思考什么是你，什么不是你。检查头部和颈部是否可以自由移动，并且尾骨周围没有任何限制。让骨盆的重量转移到你的足跟上，想象一下尾骨被向后、向上抬起。此时，请感受一下与地面的接触是如何变化的。想象一下，当骨盆抬起时，你的脚和手会更深地压向地面，试着让头在脊柱的一端自由地下垂。当骨盆向上抬起时，坐骨（腘绳肌附着处）从足跟上慢慢移开。因此，一方面通过足的皮肤感受向下的力，另一方面通过抬起的骨盆感受向上的力，腘绳肌就会自我牵伸。

保持下犬式姿势，通过手和足的触觉将注意力集中在向下的方向上，这种接触随着每次呼吸而变化，并通过皮肤的触觉向上和向外对周围的空间进行感知。和所有的关系一样，这种联系也一直在变化。

其他

当然，事情并不总是像我们所希望的那么简单。为了更好地帮助身体定位，我们总是尽可能地利用一些其他的东西。罗尔夫实践者倾向于考虑与感知和方向有关的三角关系：足部、前庭系统和眼睛。在这三者之中，眼睛的作用通常是最强的。大多数人都是通过眼睛来确定周围的空间方位。为了放松身体，或为了减轻压力，至少要更平衡这三者之间的关系。以眼睛作为向导，同时感受足的轻微触觉。或许还可以检查一下头部和尾部是否可以自由移动。

想想哪些方法适合你。也许你可以将我所说的方法作为你进行自我调整的一种方式，我相信，你会发现有些方法更有效。不同的方法适用于不同的情况，大胆地去体验，去探索，并将这种感悟变成你的收获，为你所用。

接下来要做什么？

我站在地上的重量是多少？我将要以什么样的方式站立？我可以在哪里进行控制？我认为带着对以上这3个问题的思考，可以帮助你打破禁锢，重建任何形式的新运动。通过运用自身的感官、触觉等能力，去练习瑜伽，或感知生活中的任何事物，可能是实践这种关系的最好方式。那么，对人际关系而言，何时会变得糟糕？最常见的情况是，当我们不再对另一个人感到好奇，也不再对与其见面时所发生的事情感兴趣时。因此，如果在感受自我的同时，对自己脚下的土地或周围的空间保持好奇，就可以处理好任何一种关系！

当我回顾自己的生活时，发现了自己的一些改变，比如，我在做事情的时候会投入更多的感知，人也更开放了。Ida曾经说："人们一次又一次地来找我，他们告诉我'你不知道我有多强壮'。他们总在说'力量'，但我想听到的是'平衡'。"我过去的关注点全是关于力量。现在我更倾向于关注平衡，并帮助自己和他人调整到更加平衡的身体状态和运动方式中。我对自己未来的人生旅程会如何发展感到好奇。我希望能够继续学习并提高我对自己和他人的敏感性。以上这些内容反映了我目前对运动的理解。我知道，如果没有我过去所经历的那些事，没有之前走过的人生每一步，就不会有这样的理解。我也意识到，此时的理解水平并不意味着已经到达了终点，而是继续向前迈进的起点。只要我保持好奇心，人生的旅程就会继续。让我们一起保持好奇心吧！

（李 军 译，王华伟 高 强 审）

注解和参考文献

1. Godard H; PhD. Professor of movement and research, University of Paris.

2. Rolf I; *Rolfing and Physical Reality.* Rochester, VT: Healing Arts Press, 1978, p. 7.

3. Bond M; *The New Rules of Posture: How to Sit, Stand and Move in the Modern World.* Rochester, VT: Healing Arts Press, 2007, p. 8.

4. Frank K; *Tonic Function, A Gravity Response Model for Rolfing Structural and Movement Integration.* Rolf Lines, 1995.

Julian Baker（朱利安·贝克）

Julian Baker是一位有25年工作经验的Bowen治疗师，并从1994年开始担任Bowen教师。他是2本关于Bowen专著的作者，即《Bowen技术》（*The Bowen Technique*）和《Bowen揭示:Bowen技术的筋膜理解之旅》（*Bowen Unravelled: A Journey into the Fascial Understanding of the Bowen Technique*）。他是世界上研究Bowen技术的顶尖专家之一。在与Gil Hedlcy学习之后，他开始学习筋膜解剖学，以便更好地解释Bowen理论，现在他在英国各地的医学院开展筋膜解剖课程。

他在写作和演讲中试图用简单易懂的语言来表达复杂的主题，因此，他经常被邀请到世界各地演讲。他创建的功能筋膜公司（functionalfascia.com）教授筋膜理论和解剖。

第十九章

筋膜主义日益盛行

Julian Baker

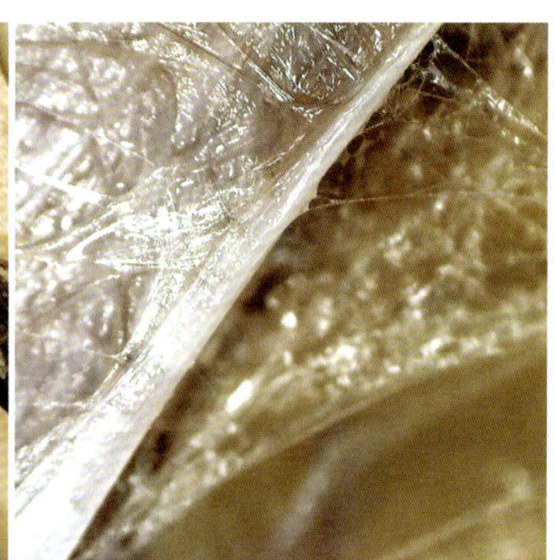

这些图片展示了身体中筋膜的各种形状、形式和纹理

我在过去的十年见证了筋膜理论的诞生、兴起和繁荣，各种学术会议、研究论文、治疗，以及各种社交媒体都在推动所有关于筋膜的理论学说。从解剖学的角度来看，这是一个有趣的发展。解剖界

学者普遍对筋膜的了解和描述很少，大部分筋膜被切除、丢弃或忽略，许多人认为它与结缔组织（connective tissue, CT）家族关系不大。然而，最近它声名鹊起，却伴随着一些可疑的说法和许多误解，并且还有一部分筋膜观点仍然被主流忽视。

所有的结缔组织都有3个共同点。第一，它们都起源于间充质，这是一种胚胎性结缔组织，由胚胎中胚层发育而来。间充质细胞可分化并成为结缔组织、血管、血液、淋巴系统和心脏的构成细胞[1]。

第二，结缔组织的血供非常丰富。皮肤有大量的血液供应，而软骨则相对较少。

第三，结缔组织几乎都是惰性的或非细胞的。重要的是要记住，非细胞或惰性并不意味着死亡或无生命。尽管它们大多是惰性的，但仍有大量的细胞活动正在进行。

结缔组织能够在运动中产生作用的最重要的因素是，所有的结缔组织虽然细胞含量低，但细胞间物质和液体却很丰富。这些细胞间物质含有丰富的纤维，而这些纤维需要运动，有时也需要负荷，因此可以以任何形式来分配和组织它们[2,3]。

结缔组织有2种类型：①特殊结缔组织，包括血液、骨骼和软骨；②固有结缔组织，包括疏松结缔组织和致密结缔组织。

血液有时会被排除在结缔组织的范畴之外，因为有些学者认为它缺少真正的结缔组织所必需的纤维。但它似乎扮演连接的重要角色，所以我们依旧把它放在结缔组织的范畴里。

在我们进一步讨论结缔组织时，还有一点值得注意，那就是当讨论到一般结缔组织时，意见各不相同，而当话题转到筋膜时，分歧就更大了[4]。然而，关于大多数结缔组织类型有大量的阐述，所以本章将重点讨论结缔组织。

给身体的某些部位命名就意味着有些部位将会受到较少的关注，甚至会被完全忽略。对于筋膜和结缔组织，分类被认为是不完整的，还有许多其他组织被完全忽略了。

这让人们产生了这样一种想法：如果筋膜在过去500多年的解剖学分类中没有被命名，那么在21世纪，它们就不会那么重要。

然而，有相当多的分类已经存在，为了掌握我们谈论的是什么，需要简要浏览一些组织，以便找出不同的分类，确认它们在哪里，以及了解它们是如何组合在一起的。

筋膜作为一个独立的术语，在任何类别中都没有突出的特征，但取而代之的是，我们可以在所有类别中找到统一性。

结缔组织性质

疏松结缔组织

与致密结缔组织相比，疏松结缔组织（loose connective tissue，LCT）的主要特征是纤维较少、细胞较多和基质较多，基质是细胞外基质的一种成分。

细胞外基质和基质

细胞外基质（extracellular matrix，ECM）是机体中最丰富、最具多样性的组织。它使细胞运动、交流和发挥正常功能；它能保护周围的细胞并为细胞形成提供基础；它的灵活性和适应性令人难以置信。但它也是一种由细胞（提示为细胞外）产生的惰性的、非细胞组织。

基质是存在于细胞外基质中的淀粉状黏液。基质含有大量液体，细胞和血管通过这些液体获得营养并处理废物。

基质由淀粉和蛋白质分子与水混合组成，通过一种被称为蛋白聚糖的突起固定在适当位置。

蛋白聚糖是一种含有碳水化合物分子的糖蛋白。

这些淀粉链形成了一个灵活的网状结构，可以吸附水分，它们结合在一起被称为糖胺聚糖（glycosaminoglycan，GAG）或黏多糖（mucopolysaccharide），“muco”表示黏稠，而多糖则表示含有大量糖分。透明质酸是一组糖胺聚糖，是滑膜组织和滑液的主要成分之一，其主要作用是稳定细胞外基质中胶原纤维的结构。

正是这种网状的流体结构，使得压缩、力的传递、细胞间的通讯、纤维的发育、电子和能量的脉冲传递成为可能。你为功能命名，你可以确信，如果没有细胞外基质和基质物质存在，人体可能无法具备功能。

疏松结缔组织主要有3种类型：

1. 间隙结缔组织
2. 脂肪结缔组织
3. 网状结缔组织

间隙结缔组织是最常见的结缔组织，意为“小的开放空间”。它的排列不规则，由胶原蛋白、弹性纤维、蛋白质多糖基质和结缔组织细胞（如成纤维细胞）组成。它的功能是将器官固定在适当的位置，并使上皮组织附着在其他组织上。

它的主要结构还包括巨噬细胞和白细胞，可以作为一个供给站和废物处理站；几乎所有的细胞都从网状结缔组织中获取营养，并将“废物”倾倒到其中。它有很多特征，如充满基质，分布在神经、肌肉和血管周围，并形成皮肤与下层筋膜的连接。

脂肪结缔组织主要是由细胞而不是基质组成，但它会被更致密的结缔组织固定住，我们稍后会讲到。尽管在当今社会我们觉得脂肪所带来的坏处很多，但脂肪对于生存是至关重要的。它既是能源的储藏室，又是绝缘体，同时为器官和骨骼提供防护垫及缓冲的作用。

除了这些非常实用的元素，脂肪也可能有一些“妙不可言”的作用，最近它被认为是一种内分泌器官。由脂肪产生、储存激素，并对激素做出反应，特别是那些与食欲有关的激素，在这里产生的是瘦素。瘦素是一种食欲抑制剂，可在血糖调节中发挥作用。由于瘦素是一种激素，因此表明脂肪组织可能是一种内分泌器官，考虑到这些证据，这种观点看起来并不牵强[5]。

当脂肪与结缔组织网结合在一起时，人们倾向于将其称为浅筋膜，我们马上会讲到这个术语[6]。

网状结缔组织有许多网状纤维，这是一种由被称为网状细胞的特殊成纤维细胞产生的胶原蛋白。网状纤维在某些地方也含有弹性蛋白。它为血液和肝、肾等器官及脾、淋巴管和骨髓等提供支架结构。

网状细胞遍布全身，已知的网状纤维有20多种。

这里有一个关于蛋白质、弹性蛋白和弹性纤维的术语。皮肤、血管和肺的弹性在很大程度上取决于弹性蛋白的含量，而结缔组织的许多机械特性是由弹性蛋白和胶原蛋白之间的关系决定的。

这是一种很精妙的关系。弹性蛋白提供弹性，而身体中最常见的蛋白质——胶原蛋白，提供力量和弹性。强韧的、可多向移动的胶原蛋白为弹性蛋白的可流动性奠定了基础。可以想象一下持续扩张的血管和动脉壁。

衰老是弹性蛋白的“敌人”，病变的动脉壁也会导致弹性蛋白的损伤。在慢性阻塞性肺疾病（chronic obstructive pulmonary disease，COPD）中，通常是由于炎症导致肺部弹性组织丧失，造成与疾病相关的弹性回缩下降和呼吸困难。

致密结缔组织

与疏松结缔组织一样，致密结缔组织（dense connective tissue，DCT）也有3种类型：

1. 规则结缔组织
2. 不规则结缔组织
3. 弹性结缔组织

规则结缔组织是我们首先熟悉和可辨认的筋膜区域。规则结缔组织的结构以胶原蛋白为基础，网状纤维和弹性蛋白较少。这种规律性是可辨认的，但尽管有经典的解释和定义，它却不能以明显的平行线排布。相反，它在自己的结构中编织和穿行，以产生力量和稳定性，并为下面的肌肉形成一个隔层。

规则结缔组织可以是片状的，如髂胫束，也可以是绳状的，如跟腱。人们对这些组织很感兴趣，因此这方面的资料有很多。关于我们是否可以用人为方式改变这些组织的问题引起了广泛的讨论，并持续了很长时间。我个人的观点可能是否定的，但其原因不得不在以后才能解决。

不规则结缔组织是错综排列的，像池塘上的冰一样展开。它的结构主要是胶原蛋白，也包括成纤维细胞和一些基质，并以张力方向分布。例如，皮肤的真皮层、骨膜周围和阴茎的纤维包膜。

弹性结缔组织存在于需要更多弹性而不是刚性或力传递的部位。脊柱节段能够旋转、弯曲和滑动，我们在脊椎连结处可以找到很多这样的组织。

它也存在于动脉壁中，发挥灵活性和牵拉韧性，但在这个区域中很容易变硬，并且受疾病和环境影响很大。

当我们使用筋膜这个词时，所有这些结缔组织都将包含在内。身体某些部位的反应及身体采取的行动都将定义结缔组织的类型，这就是我们要讨论的内容。

骨骼是一种不属于“真正结缔组织”范畴的结缔组织，但与结缔组织在胶原蛋白和细胞活性方面有一些相似的特性。有些人认为骨骼属于筋膜，诚然是硬化的筋膜，但也还是筋膜。这种说法其实站不住脚，因为骨骼的功能之一是调节体内的钙水平，这让它自成一类。如果筋膜附着于骨骼，那么被附着的筋膜就可以代替骨骼。但事实上它不能。

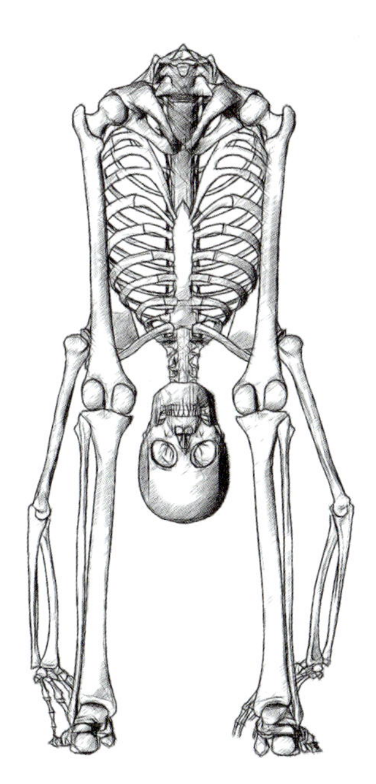

结缔组织是连接组织

“结缔组织是连接组织”这句话听起来很显而易见，但在研究、分类和分析结缔组织的过程中，人们往往很容易忘记它们的真正作用。

当我们谈论身体的各个层面时，可能会存在误导。我们在解剖过程中看到的这些组织层是用一把非常锋利的解剖刀在死者身上切割分离出来的。它们是一件雕塑，是我们创造出来的。

我们讨论的每一个人体结构通常都可以被看作是现存的可弃置的部分或元素，与我们讨论过的其他事物没有关系。汽车有许多零件，你可以购买零件、拆换，或使用不同种类的零件和物品。

身体不是那样的，然而正是这种方法和心态，使得在医学上产生了很大的问题。有不同专家对身体的各个部位进行研究，甚至是对思想研究的专家也比比皆是，但没有人将身体作为一个整体，据我所知，医院里也没有运动顾问。

在我看来，当你发现细胞外基质变化的病理机制没有出现时，会认为这似乎是一个缺失的环节。除非直到正式将运动纳入卫生保健系统的各层级之中，否则我们将不太可能看到很大的进展。

浅筋膜

我们已经简要地研究了构成结缔组织系统中的所有组织，接下来将深入到一个能够看到、感觉到、触摸到的特定的领域，以了解这个容易被忽视的和讨论很少的组织是如何促进我们对运动的理解的。

我们所讨论的组织是浅筋膜。你可能会注意到，这个术语并没有包含在上述结缔组织的分类和描述中。这是因为对于什么是浅筋膜，以及应该将其如何归类并没有真正的共识。

浅筋膜通常被称为皮下组织，多指浅层脂肪组织或深层脂肪组织，两者为一体，结构相同。如果在这一点上你感到困惑，那么你并不孤单。试图从无数的术语和解释中解脱出来是一项噩梦般的任务。

因此，现在让我们用一种简单明了的方式描述和探讨浅筋膜，但这并不是一种公认的科学或解剖学所接受的方式，至少没有被普遍接受。

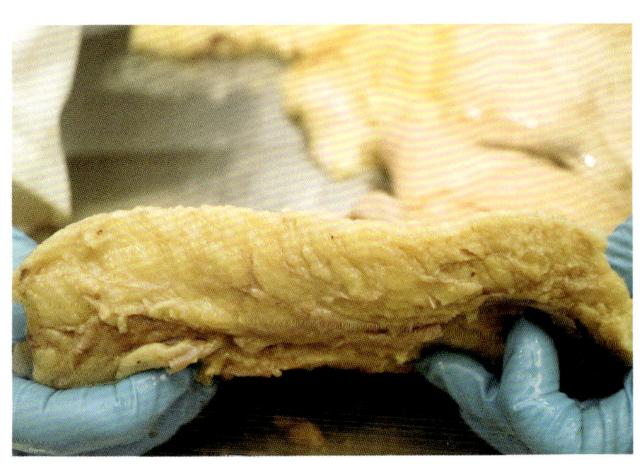

我们已经看到脂肪结缔组织主要由细胞构成，具体来说是脂肪细胞。脂肪或脂肪细胞作为能量储存在人体内。在过去的几年里，我们对脂肪的储能功能的认知超越过去的100多年。

造成这种情况的潜在原因有很多，但从本质上讲，人体实际上拥有无限的能量储存能力。我们可以一直吃，一直摄入能量，假设在某个阶段，停止摄入能量，我们将进入饥饿模式，此时我们的能量储备将会启动。

当我们的食物来源受限于季节性时，这一切都很好。但当快餐连锁店一周7天，每天24小时营业，而且很乐意送货上门时，这就成了一个问题。这里的罪魁祸首似乎是糖，它以一种狡猾的方式绕过自然的食欲控制系统，过量摄入糖并最终将糖转化为脂肪。

脂肪，或者说任何一种细胞结构，都不是独立存在的，而是需要存在于某种容器。在肌肉组织的例子中，筋膜就是作为容器使肌肉在里面工作。脂肪组织也需要一个结缔组织容器，因此它被胶原纤维网固定住，并最终被皮肤包裹住。

浅筋膜网络覆盖全身，不论它所含脂肪的多少，都存在于每个人体中。当然，身体中脂肪厚度均匀不一。但是，不论何时，捏起你的皮肤，不管通过挤压还是其他形式的动作，都是捏起了浅筋膜。

皮肤不在深筋膜上移动，总是附着在浅筋膜上，眼睑和外生殖器的某些部位除外。

在手背上，脂肪很薄，而在腹部或大腿上部，它会变得较厚。这是一种在身体上常见的分布模式。某些部位厚几毫米，某些部位几厘米。它的厚度和分布取决于几个因素。

基因在脂肪组织形成中起着很大的作用，对此你绝对无能为力。有一种观点认为，美丽甚至健康的标准是由你身体某些部位的尺寸决定的。我们有时会被告知某些运动或动作将有助于燃烧这些部位的脂肪。

没有什么比这更偏离事实的了。如果你想知道你的脂肪会堆积在哪里，看看你的父母。如果你认为某些运动或饮食可以“燃烧腹部脂肪”，问自己这个问题：当你吃饼干的时候，你有没有指挥你的消化系统和代谢过程把饼干能量储存在你的臀部？如果有可以燃烧腹部脂肪的运动，为什么没有燃烧腕部或膝部脂肪的运动呢？

这个想法当然是荒谬的，但它会让很多人产生不安全感。浅筋膜是脂肪组织的存在区，嵌入胶原纤维，使这些脂肪细胞保持在适当的位置。它不可能通过人为摆脱，只能通过包括激素反应在内的代谢过程来控制。这些主要是基于摄取食物与能量转化及我们消耗的能量而变化。

这并不简单，因为我们发现基因和环境因素在脂肪吸收中会起作用。在与肥胖复杂而又情感化的关系中，我们还有很多问题需要解决。

将特定区域的脂肪抽吸走的手术也会将胶原纤维抽走，除了抽脂，还需要加热过程和切除组织。结果，它还是有可能会恢复原样，而且如果没有纤维网起固定作用，效果可能会不太好，留下的空隙可能会（有时确实会）被瘢痕组织和无序的脂肪组织填充。

在人们的脑海中，大腿或腹部的脂肪就像一包黄油，可以融化并吸出来。大多数人都不知道脂肪是被一个纤维网固定住的，这个纤维网需要和脂肪一起被清除。

浅筋膜可以看作是一套生物潜水服。筋膜组织本身是热的不良导体，产生了一种双向的绝缘效果，使热量既可以进入我们的身体又可以流失。体温调节对我们维持系统功能至关重要，这首先需要皮肤和浅筋膜层正常发挥作用。

在运动方面，我们可以用潜水服做比喻。试着穿上一件对你来说太小的潜水服，然后会发生什么呢？虽然它不会让你窒息，也不会阻止你移动，但你会感到严重受限和被束缚。

皮肤或浅筋膜能够在深筋膜表面移动和滑动，以维持正常的功能、运动。如果它因为任何原因被卡住或压迫，如手术、损伤、瘢痕或炎症，那么就会导致功能、运动受限。

问题是，这种限制往往归因于其他问题，主要是因为皮肤层或浅筋膜，没有被作为一种具有运动功能组织被清晰描述而形成的误解，而且经常被误认为是脂肪。

要证明这些组织的存在，以及体验它们在功能性运动中的作用，一个简单的方法就是从肘部肱二头肌末端捏住部分组织。为了适应关节的大范围活动性，这个区域的皮肤很松弛。

将肘关节屈曲45°，手掌朝上，从你的肘横纹前部捏起一些组织。紧紧抓住这个楔形的表皮和浅筋膜。试着伸展前臂，同时保持捏紧皮肤。为了完成伸展动作，表皮和浅筋膜将不得不从你紧抓的手中滑离。

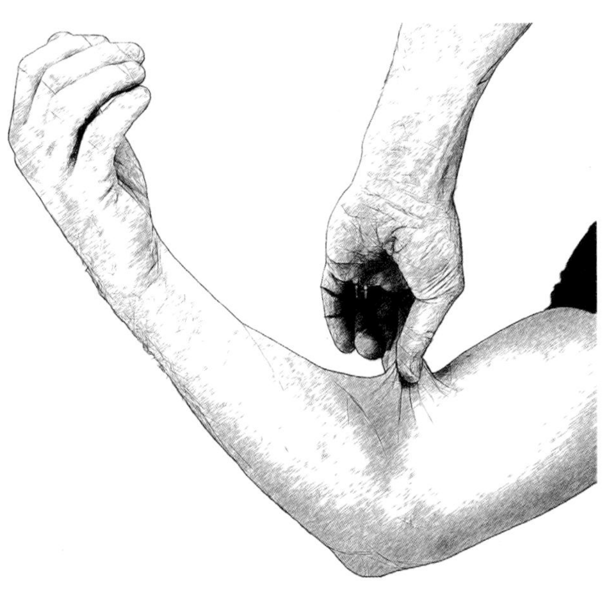

如果抓得太紧，手臂就无法伸展，并且在试图让移动前臂的过程中，被抓住的软组织会感到剧烈疼痛。

在关节活动的结构方面，这似乎相当明显，也很容易演示。只要我们保持关节活动就不会看到这种限制。但在那些缺少“自然”或功能性运动的区域呢？

我强调功能性运动是因为我们讨论的很多运动

都是“额外的功能”。功能性是一种自然的日常需求，无论需求是什么。其他都是非功能性的[7]。

有人伸手从碗柜里拿杯子，这是功能范围内的。对他们来说，让身体做一个向后倾斜的瑜伽姿势就是额外的功能，至少需要练习和应用才能完成。

因此，一般55岁的人的某些关节活动性较小的部位，如腹部、腰部、颈后部等，脂肪含量也会增加。同样，这些区域的脂肪含量也会影响运动的幅度。

对于大多数人来说，很难想象筋膜相关组织的运动，甚至更难描述，所以今年当我看到了以下这个具有实践意义的演示时，我非常兴奋。

对皮肤进行不同层面的解剖，将浅筋膜/脂肪层全部去除，这是经常做的事情，这是Gil Hedley首创的想法，并在我的解剖课上延续下来。在某些大体解剖中，浅筋膜可以如套装一样被完整移除，然而大多数情况是比较困难的。

在课堂上，凭借学生们的技巧，一块厚实的浅筋膜层被从一名较肥胖的女性捐赠者身上分离下来，而另一块则从一个非常瘦的女性捐赠者身上取下。

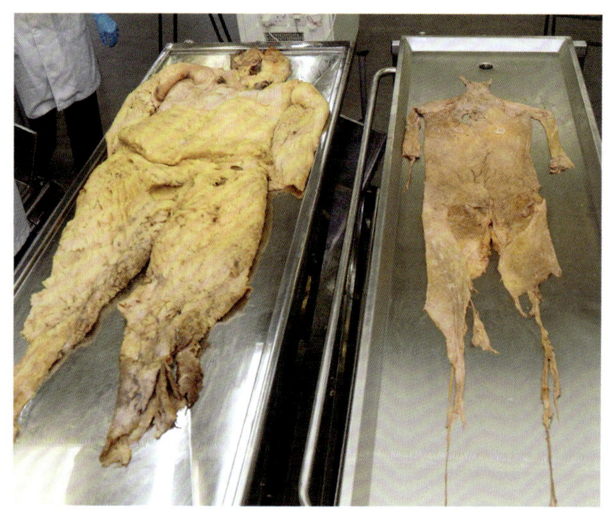

这两具被剥离的浅筋膜展示了人类浅层组织的极大个体差异。

较肥胖的捐赠者接受了双侧乳腺切除术，她的上胸壁、肩部和胸部周围皮肤都有明显的瘢痕。这种程度的瘢痕会对下面的组织产生钉扎效应（pinning effect），而且这种情况在经手术处理过的区域很常见。

虽然表皮与浅筋膜不容易分开，移动每一层都会有阻力，而浅层组织更加柔韧也薄弱。对于大部分区域，可以使用钝性剥离术（手指）清除附着于深浅筋膜间的疏松结缔组织。

然而，浅筋膜与深层结缔组织完全粘连，每一层都必须进行切除。这种粘连不仅出现在手术的周围区域，而且几乎遍布整个上半身。

即使在切除了浅层组织之后，拉动瘢痕区域时头颈部也会产生运动，这表明在捐赠者存活时，这种运动可能也会在胸部产生张力。

对于解剖那些不再具有功能或活动的尸体而言，对功能和运动做出假设是危险的。这位女士在世时，我们没有看到她，也不知道她是如何运动的或是不动的——我们所知道的是，在她去世之前，她可能是一名体操运动员。

从这里看到，即使是在尸体上，我们也可以通过物理方式固定组织，并尝试通过肢体或其他部位做出各种运动来模仿身体发生的限制。

我们使用了一种特殊的尸体标本保存技术，允许我们在尸体上进行全范围的活动。在开始的时候，在整个解剖过程的每个阶段我们都会检查和触诊捐赠者。当我们切除了皮肤以后，总是能观察到更大的活动范围，一旦我们切除了浅筋膜，将能观察到更大的活动范围。

因此，我们可以合理地假设，表皮和浅筋膜在深筋膜和肌肉上的排列对正常功能中的有效活动范围有相当大的影响。

对这种排列的干扰，无论是手术、疾病、制动还是缺乏正常功能，都会改变细胞外基质和基质物质的分布和细胞排列。换而言之，就是僵硬。

长期以来，这种理解一直是身体及运动治疗

的中心宗旨。运动可使身体僵硬得到改善。到目前为止，人们一直认为这种僵硬发生在身体较深层的关节或肌肉周围，与乳酸的堆积等有关。

如果将潜水服与外部制动机器进行比较，那么浅筋膜对运动促进或限制的概念是完全符合逻辑的，但在躯体结构中并没有增加牵拉力。

造成这种情况的原因比较容易理解。肌肉、骨骼和皮肤在某种程度上都是解剖学和手法治疗领域中常见的研究领域。充满脂肪的浅层组织仍然被认为是脂肪结构，与运动几乎没有关系，只能通过节食和锻炼来减少。在讨论运动或研究人体功能时，它很少被考虑，甚至在解剖学和生理学的学术世界里，它通常被切除和忽略以暴露深层组织。

在解剖教研室里，医学院解剖学专业的学生很少会把体型过大的肥胖者当作学习供体，因为这些供体在捐赠时可能会因体型而被婉拒，因而一代又一代的行医者会缺乏学习脂肪组织形态的经验。

一旦这种组织的工作原理和相关性被完全接受，实际应用就相对简单了。浅筋膜需要移动。如果自身不能移动，就需要借助外力来移动。把皮肤和浅筋膜一起提捏起来，轻轻地让下层连接处移动，这就会改变它的反应方式。到达皮肤表面的血液增加，组织的流体动力学也将发生改变。

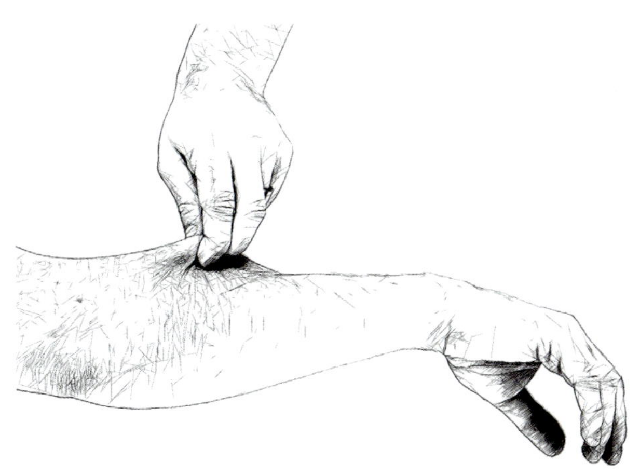

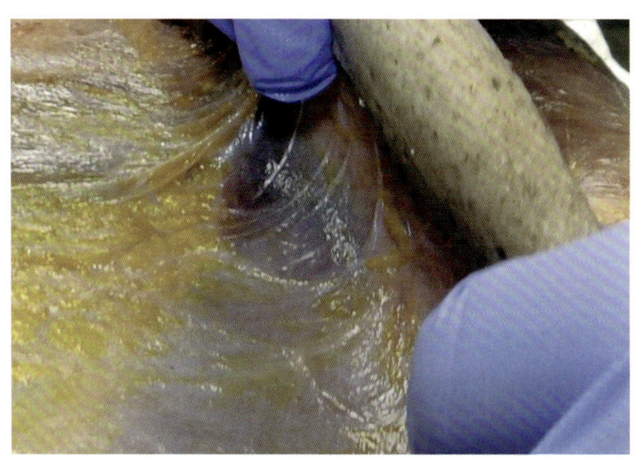

对许多人来说，即使没有被诊断出有任何形式的表层限制，在活动浅筋膜后他们的疼痛评分也会发生改变，活动范围也会立即增加。针对皮肤和浅筋膜的温和牵伸的运动，是松动浅层组织的一种方式，操作简单，适合人们在家中自己进行。牵伸本身不太可能对表层组织有太大影响，除非施加一些表层阻力。我的观点是，许多来自贴扎技术的反应源于浅层组织张力的变化。

介于胶原蛋白和脂肪层之间的空间被称为间充质，被认为具有广泛的功能和重要意义[8]，甚至有人认为这些间隙可能是癌细胞转移的途径。

不难看出，构成我们外表的结构和组织对形成自我意识不可或缺。当我们看到其他人时，我们不是根据他们的骨骼或肌肉组成来识别他们，而是根据他们的表面特征来识别。他们的皮肤和脂肪层是主要的标识。运动是一种由内而外、持续的、无止境的波动式动作，我们每个部位和每一个动作与每一次呼吸都密不可分。

（罗军译，王晶高强审）

参考文献

1. Van den Berg F; The Physiology of Fascia, in R Schleip et al. (eds); *Fascia, The Tensional Network of the Human Body*. Edinburgh: Churchill Livingstone, Elsevier, 2012, pp. 149, 151.

2. Ibid.

3. Schleip R et al. (eds); *Fascia, The Tensional Network of the Human Body.* Edinburgh: Churchill Livingstone, Elsevier, 2012, pp. 149, 151.

4. Wendell-Smith CP; Fascia: an illustrative problem in international terminology. *Surgical and Radiologic Anatomy* 1997, 19:273–277.

5. Kershaw E, Flier J; Adipose tissue as an endocrine organ. *Journal of Clinical Endocrinology and Metabolism* 2004, 89(6):2548–2556.

6. Lancerotto L, Stecco C, Macchi V, Porzionato A, Stecco A, De Caro R; Layers of the abdominal wall: anatomical investigation of subcutaneous tissue and superficial fascia. *Surgical and Radiologic Anatomy* 2011, 33(10):835–842. doi: 10.1007/s00276-010-0772-8.

7. Lederman E; *Therapeutic Stretching*. London: Churchill Livingstone, 2014, p. 287.

8. Benias P, Wells RG, Sackey-Aboagye B, et al.; Structure and distribution of an unrecognised interstitium in human tissues. *Nature: Scientific Reports* 2018, 8(4947). [Online] https://www.nature.com/articles/s41598-018-23062-6 (accessed May 23, 2019).

Cecilia Gustafsson（塞西莉亚·古斯塔夫松）

Cecilia是瑜伽修行者、舞蹈家和企业家。她在运动行业工作多年，是著名的教师和主持人。她提出了几个运动概念，索玛运动就是其中之一。Cecilia习惯以一个整体视角来处理每件事，她总是在寻求加深自己的理解方法，并“把点连起来”。

第二十章

无处不在的运动

Cecilia Gustafsson

运动无处不在，它是宇宙中一种持续不断的运动：季节变换、昼夜轮转、生命和死亡。

人体本身就是一个永无止境的运动，从最微小的细胞到脑电波和流速较慢的淋巴系统，节奏各不相同。相反，人体无论哪些部位发生运动停滞或运动缺失，总会被认为是不健康的。在我们的人生中，身体、情感、思想和人际关系都是相互联系的。换句话说，让我们动起来吧！

在过去20年的运动工作中，我发现了4种鼓励人们去探索和体验的品质，即优雅、节奏、力量和静止，有助于人们获得快乐的运动生活。

优雅

“学会全身心地思考。”

优雅——这种幸福、美丽和可爱的品质充满了艺术和雅致气息！

优雅可以体现在舞蹈、体操或武术等不同的运动形式中，而人们无须成为一个舞者、体操运动员或武术练习者就可以寻求和展现它。优雅是一种品质，几乎可以在生活中每一个动作中体现。它是有益的，令人向往的，值得追寻的。

优雅的运动往往以一种易于接受和即兴的方式伴随着轻松、美丽和感性。优雅看起来无声且毫不费力，仿佛你在用整个身体聆听和思考。于旁观者而言，你的动作看起来和谐而赏心悦目。

优雅与存在感、时间及使用适当的能量来完成任务有关。所以，不要像机器一样过于努力或僵硬，而是要对你的处境、周围的世界和你的内心世界保持敏锐的洞察力。然后将其以一种“完整”的方式组合在一起，并与你的潜意识相一致。

平衡

“平衡不是存在于脑海中的想法，而是在躯体的定位上有一种强烈的存在感，通过很小的调整就可以一遍又一遍地重新找到平衡。尾骨微微内缩，颈部微微伸展，指尖略微用力收紧，打开胸部，后背可以向前倾斜一些。然后左足着地，同时右足抬得更高。这是--个叫 Vasisthasana 的瑜伽姿势，会让人有一种飘浮、失重的感觉。经过一段尝试和失败的过程，我到达到了平衡。一次次调整平衡后，调整幅度变得越来越小，越来越微妙。”

——C

平衡不是你一次找到就能掌握的东西。需要投入精力，不断调整才能持续拥有。平衡反映了我们的真实性、稳定性和警觉性，以及我们与身体不同部位的接触和相互作用。

如果我们太紧张或不了解自我，就会在尝试“瑜伽树”姿势时会发生身体摆动。但是，随后让自己做一些平衡的姿势，就可以重新找到重心。尽管挑战平衡时几乎不可能同时思考，但我们在解剖学上得到了一种“此时此地”的存在。你会很好地体会什么是当下所在，而不是在过去、未来或在另一个空间里。

我们的身体都有正面、背面、内部和外部，以及上方、下方、右侧和左侧。移动时要注意，如果你想提高重心，请不要忽略任何一方或接触点……平衡动作就像这些极性之间的舞蹈。

当你试图在生活或运动中找到平衡点时，首先探索和找到平衡的极限，也许先是向一边倾斜多一点，然后向另一边倾斜，最终向中心靠近。它同样适用于航海、冲浪、骑马、旋转、倒立等活动——当你拥有完美的线条，事情就变得容易了，阻力也变小了。你的身体和动作将会同时保持稳定和轻松，就像拥有一条黄金隧道。平衡真是美好。

姿势

“生根发芽。”

想象一棵大树，它的枝干伸向太阳，树干稳稳有力地矗立在地面上，而在地面下，有一个和树冠一样庞大的根系。这是一个美丽的形象，在两极之间扩张和根植。

我喜欢“找到你的根和翅膀（find you roofs and wings）”这句话。它提醒你，当你走向你的理想、渴望和想要的自由时，要注重你的深度，尊重你是谁，你来自哪里。下次当你站立、步行、做瑜伽、跳舞或训练时，试着让这些词和树的形象进入你的身体。这将给你一个稳固的基础，让你保持稳定和精神集中，也会延伸你的姿势——一种积极的自由和被提升的感觉。

把你的足和下肢像树一样扎根，让它们找到牢固抓地的方式，同时它们会吸收营养和能量到树干，也就是你的核心。感受能量是如何通过会阴向上运输，如何滋养你的脊柱、神经丛和心脏的，使你的背部像树干一样强壮，使你的前胸打开。就像朝向天空和阳光的树冠一样，双臂向前伸展和探索，头部轻盈骄傲地抬着。

记住：如果你只想飞翔，就会很容易坠落；如果你忘记了你的翅膀，就会变重。这只是关于根与翅膀之间的舞蹈！

存在

“胳膊和腿有节奏地在地板上移动，我时不时地绕着自己的肩部旋转，感受如何被重力左右，体液流向皮肤。血液在体内沸腾，我的脚很轻，有时候轻得几乎要飞起来。呼吸与心脏完美相互作用，在不干扰身体运动情况下自省和察觉充满身体。我在房间里走来走去，好像与周围的空气相爱，我的眼睛睁着，却看不到任何超出我自己范围的东西。一切都在流动，运动互相释放，我似乎发现了以前从未做过的新运动。情感或身体冲动的激情很大，但我的大脑非常平静，没有要活动或分析的想法，只是一种观察和支持的心理意识。有时候光线的存在会指出一些细节——我的脚碰到木地板时的声音，胸口的感觉，或者我的双手在空中舞动的景象。最明显的感觉是我想永远留在这里，留在这个丰富、多彩、宁静和永恒的空间里。这个空间是一种甜蜜和流动的状态，不受标准、思想或时间的限制。”

——C

宝藏往往深藏。当你敞开心扉面对当下，你将会得到回报。

“心流”（Flow）、“带”（Zone）或“悟”（Satori）是描述同一种黄金状态的不同词语。在黄金状态中，将自己投身于一项活动或调解中，释放过度的控制、智力、焦虑、自我意识，让自己变得更加透明和真实。没有对未来或过去的思考，也没有对现在的抗拒或不解。这种感觉就像握着方向盘，你会从自我、自身和对生活的想法中暂时解脱出来。它有一种专注、永恒和欣快的陶醉感。一种内在的甜蜜回报，而不是外部强加的。

达到这种状态的方法有很多种，但是通过身体获得的方法是最可用的。

不幸的是，我们很多人似乎都忘记了身体是快乐和深度满足感官需求的源泉，相反，我们把自己引向了外部目标，如改善健康状况、取得某些成就和拥有漂亮的外表。如果学会了提高身体体验的质量，便可以为那些丰富你生活的且本质上渴望已久的幸福、简单的时刻播下种子。这里有一些通过动作来接收心流的方法。

（1）选择做的活动必须具有足够的挑战性或趣味性，需要一定的投入和专注，但又不能太难以至于压力太大、太害怕或筋疲力尽。增强信心，如果提升到更高的自我，你就能做到这一点。

（2）你需要一个平衡的精神焦点，就像一名骑手一样。骑手会掌控并带领马匹前进，但不妨碍马匹自身的运动。

（3）使用有限的焦点扫视。这样就可以增强你的“内在洞察力”和其他感官。

（4）最后，不要追寻潮流——一旦随波逐流你将在行动中迷失自我。

敏感性

不要忘记培养敏感性的能力，保持警觉，清醒和乐于接受。过多的压力、焦虑和愤怒会削弱敏感性，所以首先要做的是变得柔软一点，增加足、手和大脑的自然敏感性。这样你就会成为一个有知觉的生物，而不是一个有自动驾驶功能的机器人，动作会更加优雅。

手和足有很多神经元——它们是信息的载体，能够感受质地、温度和地面。倾听它们的声音。把它们当作信息的接收者和发送者。张开双手并保持活力，感觉是否需要向前或向后、向右或向左施加更多的力来保持平衡。例如，在倒立时，从指尖和手腕来调整你的整个身体。如果手太紧或者太僵硬，那将不可能完成——就像不可能分辨出石头的重量、丝绸的细腻质地或者情人的脸颊一样。为了让足把信息传递到身体的其他部位，如果可能的话，可以赤足练习。赤足做动作要敏感得多，也有趣得多。穿上鞋子，我们会变得更笨拙，难以保持平衡，我们也将失去与地球的直接接触和体验。此外，拥有活跃的双足是非常美妙的体验，足趾感觉、伸展、工作，犹如它们自己就是一个独立个体一样。

保持敏感还可以感知信号，不仅是显而易见的信号，还可以感知在身体和感官及与其他人之间更加不显眼的、更小的信号。能够感知并响应各种情绪、微妙的手势和体验细微差别，以产生直觉。如果我们仅仅凭着毅力和强大的力量“去追求”，那可能会迷失方向。当你在练习时，如交友、思考特别的事情等，养成控制自己收缩（关闭、拧紧）或舒展（打开、发散）的习惯。大多数情况下，选择舒展状态对我们来说最好，也是一种更积极的体验。

节奏

“能量以波的形式运动。波浪以一定的模式移动。模式是有节奏的。人类也是这样。能量、波浪、模式、节奏。仅此而已。一支舞。”

——Gabrielle Roth（加布里埃尔·罗斯）

节奏如同我们的母语。这是一种我们可以信任的语言，它能将我们带回到创造的本性和欣喜若狂的人性之中，其根源可以追溯到绝对的开端。节奏是一种超越智力和感觉的语言，直达灵魂、肉体和精神——这是人类世世代代传承下来的火花。

我们生来就有随着节奏运动的天赋。当我们还是孩子时，我们通过身体晃动、摇摆以展现我们所听到的声音。我们生来就感知母亲的心跳声，最初是在子宫里，接着是偎依在她胸前时，因此心跳声对我们有着生理上的安定作用，并且更多的是身体而不是听觉的体验。

乐感

节奏是令人愉快的。空虚和满足感之间的平衡可以使我们前进，获得更大的力量，向内进入一种美好的恍惚状态，或者沉入放松状态。保持节奏可让一切，尤其是动作，变得不那么累。你所做的大部分事情都可以有节奏地完成，而不是被强迫或被抑制，例如在写作、在拥挤的街道上行走、在开车、在交谈或跑步、在跳舞或做瑜伽，甚至在呼吸时。

下次当你做一些动作时，试着有节奏地去感受。

在任何地方都能听到或感觉到节奏——波浪、图形和脉搏。双足踏在路面上，双手放在地板上，吸气、呼气、心跳、手臂在空中挥舞，任何动作，让身体各部分像音乐家一样相互交流，合作成一首乐曲。应该演奏什么呢？摇滚乐、交响乐还是灵魂乐？有时候，当我度过一天时光，会有一个声音跟着我到处走。我选择成为它的一部分，跟随真正的音乐节奏移动、思考、说话——你也试试吧！

回归自然

“呼吸起伏、扩张和收缩。我的头很重，
倒向一边，另一边头发扫过脸、颈部和地板。
赤足跺脚，髋部颤抖，心脏在有节奏地跳动。
动作像血液一样循环。
强度随着内部的冲动而变化。
当我的双手拂过我的脸时，
我能感觉到手的温暖和沉重，
我能感觉到我正在接近那节奏、重力、
幸福——生命和起源。”

鼓声，沉重的节拍，重新将我们体内更原始的那部分与大自然联系起来。当节奏响起，我们身不由已地摆动臀部。一切将我们与自然联系在一起的事物似乎都在治愈我们。那些试图在舞蹈中屈服于音乐的人知道发生了什么，这些事情让我们更加脚踏实地，更加人性化，更加紧密相连。灵魂从隐藏的角落里溢出，透过皮肤、手臂和双脚。舞蹈如同一种通用语言。当生活变得过于数字化、人工化和简约化时，人们就需要重新与肉体、汗水、呼吸和心跳联系起来。脱掉你的鞋和袜子，松开你的马尾辫（如果你有的话），放一些能让你欣喜的音乐。让手臂、脊柱、脚和头开始自由活动。寻找圆滑的节奏形式，而不是像军人那样笔直、干净利落的动作形式。舞动，直到你出汗，然后再多跳一点。让脚寻找律动，也许一开始是试探性的，接着会更加自信。摆动臀部，骨盆前后摇，或慢或快。像蛇一样扭动脊柱，头和脖子随之晃动，手臂随着节奏向上、向下、向后或者向侧方运动。你毫无规则地蹦跶，只是尝试表达你自己，以最快恢复身心。半个小时后，你身体的有些部位与从前不同了，而你在最初并不知道哪个部分会发生变化。

你想跳更多的舞吗？

如果你想探索不同的节奏和动作，可以在家里尝试这个舞蹈练习，不必为此而成为一名舞者。就像你不必为了跑步或在后院种花而成为一个跑步者或园丁一样。你会发现每次你探索舞蹈的时候，你的舞步和动作都会变得更大、更进步。

阅读并学习以下指南，将为你的实践提供支持。祝你全程愉快！

1. 开始

一个一个地唤醒你的身体部位。整合你的脚、手臂、头和脊柱一起舞动。让你的意识像闪光灯一样在身体的每个部位闪动。从你的手开始，移动它们，就像你第一次感受到它们，或者第一次看到它们一样。接着移到肘、肩。你能用多少方法移动它们？让你自己意识到关节是如何得到润滑，如何打开的。唤醒脊柱，了解所有可以移动的方法，并深入每个角落。背部与臀部融合。沉入其中，就好像它是上半身的容器。让你的脚和腿参与进来。打开并收紧你的脚踝，四处走动，感觉腿带着你在地板上来回走动。稳定双腿，让你的头部用力地左右摆动至颈部可承受的极限。当你觉得自己完成了，你就完成了。

2. 流畅

选择那些能带你进入摇摆的节奏，与灵魂共鸣的音乐。在你的舞动中探索重量和重力。把身体放低，深呼吸，体会当下，而不是去想下一步。想象一个环形线条，流畅，没有起点和终点，帮助自己进入一种舒适的模式。在那儿待一会儿。一侧臀着地，探索如何旋转髋部，就像将尾骨旋转到地面一样。你能做一个从大腿到脖子的螺旋起身吗？就像水里的漩涡。你可以随时改变节奏，从快到慢或者相反。尽情享受你血液中流淌的朴实的、温柔的节奏。

3. 清晰

找一首能给你带来节奏、明朗和自信的歌。探索角度和直线。在运动中开始和停止，找到前、后、左、右方向。想象你正在练空手道，开启阴影模式。不时地呼气。感觉这些动作是如何让你保持清醒、警觉的。想象你正用右手在空中作画。画线、画十字。想象一下，它会是什么颜色的？

这个舞不是给观众跳的，是根据你自己的体验而创造的。你可以让自己看起来很可笑。那都无所谓。剁、切、击打。消除你不再想要的东西。沮丧，可爱的微笑、令人窒息的影响。重复节奏，在那里你会找到冥想。

现在让你的左手变成一把刷子。用那只左手在空中作画。富有表现力的线条，就像你在白色的墙上撒上红色。眼神锐利，身体灵敏。消除任何阻碍你前进的事物。

最后，让自己安静下来，观察自己的呼吸和脉搏。

4. 激情

音乐可以是鼓乐、催眠舞曲之类的歌曲，带着点狂野和原始的节奏，有前进的动力。你的舞蹈主题是放手、放手、放手！

放下控制欲、紧张和过去的痛苦。像动物离开不愉快的环境时那样摇晃身体。我们中的一些人擅长引导自己的身体——做这个，做那个，现在是时候让身体来引导你了。让身体决定做什么，你只需跟着做。放松下巴和颈部。如果你想闭上眼睛，试着闭一会儿。闭上眼睛，敞开心扉，这是一场心灵之舞。身体会跳动，血液会循环！靠向高脉冲。不必做思考，没有什么需要分析。如果你现在用手绘画，周围会溅出什么颜色？就像水的漩涡和瀑布一样移动，用自然的力量和流动，一切都放开了。让你的手臂像布娃娃一样摆动。摇摆身体，放松并治愈身体，让身体成为接收者。放弃抵抗。

5. 优雅

可以使用古典音乐，小提琴曲、大提琴曲或钢琴曲。找一个空气清新的地方开始舞动。追随那种认为一切都是简单、明亮和美好的能量。你的身体是轻盈的，手就像空中飞舞的蝴蝶。抬起有着柔和的嘴唇和明亮眼睛的脸庞。探索自己身体的旋转和平衡。你的重心在哪里？寻求身体的延伸。优雅，就像一首优美的诗歌。

6. 静止

使用柔和的音乐或者什么音乐都不用。让活动静止，仔细地倾听身体的需求和渴望，舒展或打开某个部位。像摇动婴儿一样，摇动身心让自己安静下来。接着做慢动作舞蹈，逐渐地完全静止。用你的身体而不是大脑倾听和思考。最后，想象自己变成石头，落入河流，沉入水底。向下摇晃，最终触地，之后躺在地板上。除了内心静静感受没有其他的活动。流动的血液、上升的精神和平静的心灵构成身体内部的节奏。

静止中有节奏的动作

当你做瑜伽、拉伸运动或躺着放松时，试着做一个有节奏的小动作，一个前后或左右摇摆的轻柔动作，甚至是小而柔软的圆周运动，就像你轻摇一个婴儿以便让他安静下来那样。这会给你所做的事情带来一种甜蜜天然的感觉。

即使是在床上，当你想睡觉的时候，也可以尝试一下这个方法，看看能有多放松。也许我们会对此做出反应，因为我们体内所有的液体——体内的水会产生波动，并在全身产生涟漪效应。想象一下，你晃动一瓶水，有节奏地摇动，水是如何随着这个动作开始移动的。

你也可以将自己与呼吸的节奏联系起来。就像气球一样，在吸气的时候身体会稍微膨胀，脊柱伸展；呼气时身体会摆脱紧绷，变得更加放松。在内部有节奏地按摩，轻轻地打开紧张的胸部、膈肌、胃和背部。你能想象自己现在就是那只气球吗？在你呼气的过程中，你的脊柱被充盈、被扩张、被拉长、被放松和软化。和这波浪一起待上几分钟，享受这种生机勃勃的感觉。

如果你把这种呼吸融入运动中，你会发现它就像风帆一样。帮助你前进，创造力量与平衡。在你打开或准备的时候吸气，然后呼气，给你的动作增加风动和能量。在瑜伽中，有技巧和科学的呼吸被称为调息，推动调息的风被描述为我们内在的生命力。

在静心冥想中，即使你完全处于静止状态，也会找到一种节奏。在你的鼻孔、胸腔，甚至身体的其他部位，呼吸总是会有这种起伏的微小运动。给自己时间去了解这种亲密无间的美好感觉，通过跟随而不是太主动地与你的呼吸相连。靠近它，将意识围绕着它，像绑在浮标上的小船一样轻轻地上下摇晃。当你这样做的时候，你会感觉到不那么孤独——你的内心有生命，有朋友，有一些你可以亲近一段时间的东西。

循环，节奏的一种形式

自然界的一切，包括人的生命，都在不断地运动，有自己的节奏和周期。进化、满月、新月、茧、蝴蝶、生、死、萌芽、盛开、枯萎。白天和黑夜，春夏和秋冬。你能找到你自己生命中的周期吗？年龄、青春期、更年期、事业、人际关系和家庭生活。活动、恢复、前进、退休、成长、空闲。如果你以这种节奏跳舞多一点会是什么感觉呢？不要固执己见，也不要急于求成，而是尽量对这些自然周期做出反应，保持敏感。当时机成熟时，放手事、人及一切，当你被召唤时，就会踏入新的阶段。减少自我控制、恐惧和抵抗，不断与自然沟通。相信生活，也许你会远离伤害，变得健康、更快乐。

力量

“我能感觉到我内心的热情在增长。从我的腹部下方到髋部，大腿向上到腹腔神经丛。它是橙红色的，是强有力的，是性感的——不是以一种浪漫的方式，而是以原始的和有力的方式。我的内在身体是清醒的，血液奔涌流动，我的手是温暖的。我的背部是挺拔的，我有一种冲动，想要表达一些身体内的东西，通过我的胳膊和腿来释放这种能量，证明我的活力，让来自内心的力量在运动中释放。”

身体强壮是很有趣的。我们都应该去感受力量、脉搏和能力。可以给人留下深刻印象，无须表达。让事情自然发生、管理吧！尝试一种炽热的能量，它可以赋予生命力，并带有阳刚之气。经过一点“热”运动后，我们的身体会变得更加敏锐、果断和充满活力。它清除淤滞的能量，燃烧多余的能量，并提供新的能量。

有时我会刻意激怒我的一些瑜伽学生，让他们有点生气。当他们看起来太苍白和麻木的时候，就好像有太多的内向和负面能量，活力会很少。他们生气后血压会升高，血液会加速流动，脸颊潮红，眼睛发光！我轻轻地推他们或戳他们一下，就像说：“来吧！醒醒！”它起作用了，学生们开始变得更有活力，更清醒，更加乐于摆脱沉闷的状态。

力量姿势：强有力的肢体语言

强有力的肢体语言是力量核心。你的姿势和身体所发出的信号，不仅会传递给你周围的世界，也会传递给内在的自我。

是的，你可以假装有力量，直到你真正做到。拥有舒展的腿和手臂、放松的肩部、敞开的胸膛、抬起的下巴和凝视的目光，你就可以提升你的自信，并向他人和自己发出安全、清晰和真实的信号。而弯腰驼背的身体姿势起到的作用相反。

也许我们已经本能地知道了这一点，有研究表明，力量姿势似乎会降低皮质醇水平并提高雄激素水平，因此我们也可以将其提升为更有意识的做法，而这反过来又会以新的方式使我们有更高的存在感（当我们不存在威胁或应激性时）、更多的勇气和更多解决问题的机会（更多信息参见美国哈佛大学社会心理学家、教授和研究员 Amy Cuddy 的研究）。

因此，如果我们倾向于用身体语言来限制自己，那么用强烈的肢体语言做动作可以把我们从弱小的状态中解脱出来。我的许多学生，在索玛运动或其他课程中，告诉我他们从实践中体验到的解脱和原始力量的特殊感觉，他们喜欢这种感觉！所以为什么不在你想要增加力量资源的挑战面前，在竞争、演讲或你害怕的事情之前使用这些知识呢？

挺直腰板，双臂举过头顶，让自己显得高大，让你的身体告诉你（和别人），你是一个胜利者。

从深处引导并收集

很多时候，我们想的是一件事，感觉的是另一件事，做的是第三件事。难怪我们会感到精神分散和困惑。为了真正做我们想做的事，我们要将我们的思想、心灵和身体的能量集中到同一个方向。我们可能想要跑步、挥动高尔夫球杆、打拳、跳舞、交谈、骑马。或者达到我们生活中的任何目标。

当涉及动作时，试着剥离那些不必要的东西，将你的呼吸、精力和目标集中到一个强大的力量上。在一堂类似于武术技巧的练习课上——想象中的剑、拳头和踢腿，你想要以最直、最快、最有力的方式从 A 点移动到 B 点。让你的目光保持直视，让你的动作就像是真的一样，如果犹豫不决，就会迷失方向。这是一种不断前进的做法，可以让我们变得与众不同和强大。当你这样运动了半个小时，你开始觉得自己可以做出决定——快刀斩乱麻——然后付诸行动。大多数时候，大部分女性，当她们的肢体语言变得清晰和有力时，她们似乎感觉很好。

当你想让一个动作变得有力时，记得使用你更深层的肌肉。整个躯干、胸部和肩膀的支持会让你的手臂变得强壮而敏捷。从髋部开始，臀肌、髋部和背部的支持可以让腿变得强壮而敏捷。有亚洲学者会谈论核心的中心——Hara（哈茹阿，对主的能量的称谓）就像一个能量池，我们可以从那里获得力量，就像水管一样，输送到手臂或腿上。下次你想要锻炼手臂或腿部力量时，可以试着使用这个图像。

放松的力量

我们中的许多人都犯了一个错误，那就是在试图变得强大时开始紧张。表现为绷紧神经，咬紧牙关，然后抹去所有形式的软弱。但是，强大是以正确的方式使用力量。你不能太紧张，因为这样会抑制动作，消耗不必要的能量，如果你太软弱、太困倦，动作就不会有爆发力。变强大的诀窍是尽你所能保持放松，然后你将获得节奏、活力、流动和存在感，这些是力量的重要来源。不管是在训练中，还是在生活中，你都会想找一个有合适的气氛和令人清醒的地方。这并不容易，但如果你这样做，就会有收获。它在日语中被称为禅悟（Satori），是一个同时包含力量与平静状态的词。

尽量保持平衡，在不失去力量的前提下尽可能放松，检查你身体上不需要绷紧的部位，并尽量在你所做的事情中找到可以休息的地方，即使这很艰难、不方便或者费力。想象一下，如果你在一位武术练习者、舞者、标枪运动员、短跑运动员或者熊巴鲁（Baloo）的身体里，你会感受到潜在的放松力量，随时准备在适当的时候——不要太早，也不要太晚，收缩或伸展身体，时间恰到好处。正如Muhammad Ali所说，“像蝴蝶一样飞舞，像蜜蜂一样蜇人”，或者就像我们在索玛运动动作练习中说的那样——像豹子一样移动！

过于努力就会发生冲突。当对立面显而易见时，将产生紧张关系。尝试以一种放松的态度对待你将要做的事情——不要太害怕成功或失败。嘴角挂着微笑，不要紧张。寻找你想要掌握某些状况时的热情欲望，接受你可能会失败的结果，而不是感觉你“必须”执行和不允许犯错。不同的心理会让你在体验上有很大的不同，而且可能会以更少的努力获得更好的结果。游戏性和开放性可以让你走得更远。

对我来说，在掌握一些东西和在不同情况下接触我想要的东西时，放松是我的首要任务之一，因为我知道那时我的想法和身体都会变得更强大。我的肢体语言会变得更好，而且我现在的状态使我可以从容应付周围的环境和人。我试着像狗一样摆脱身上的紧张感，做几次深呼气，然后舒展腿和脚让自己平静下来。

在内心深处，我可以冷静地想象理想的行动和结果。

为了更好地使用你的力量，试试下面的方法。

（1）尝试它，直到你成功！ 使用强有力的肢体语言和力量姿势向自己和他人发出积极的信号。

（2）从你的中心找到运动的力量。

（3）将你的呼吸、视线、动作和意图的资源集中在一个方向上。屏蔽会分散注意力的干扰项。

（4）寻找想要掌握某些状况时的热情欲望，而不是害怕失败。

（5）当你移动时，把自己想象成一只豹子。警觉、柔和、放松，随时准备迅速爆发。

（6）敢于全力以赴地站起来，即使你并不自信。像太阳一样温暖、强壮、令人愉快。

静止

“阴阳合抱。”

静止和运动相关吗？“什么是舞蹈？”我曾听一位著名的舞蹈家和编舞家这样说，“运动从静止发展而来，以证明其必要性。”因此，为了以不同的方式行动，我们仍然需要从静止开始。

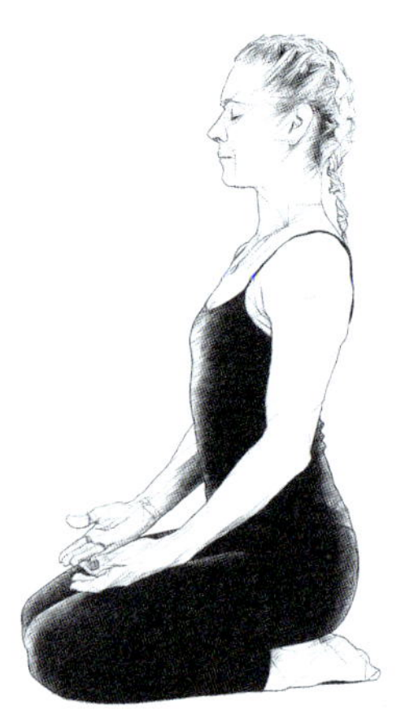

生活在这个快速、活跃和信息过载的世界里，我们很容易错过静止、沉默和反思的时间。但是没有柴就没有火，没有阴就没有阳。如果你想变得强大和成熟，就需要时间和空间来回收和恢复自己。去了解沉默，在一种简单的存在状态中休息，而不与其他人、事物或问题互动。注意到在行动和思考的背后有一种生活。

你也不要浪费你的时间，因为余生充满生机。它不断消化和修复，开拓和培育。我们不只是从某些方面中得到休息，也在某些方面中保持休息。我们变得被动和乐于接受时，事情就会迎刃而解。当我们还没有百分之百地用思想、预定的内容和行动填满我们的意识时，新的事物就会接踵而至。我们必须有洞察力、创造性的解决方案，并以全新的眼光看待事物，否则事情就无法完成。紧张、担忧、思虑，暂时隐退日常关注，让世界变得更广阔。

安静的信号

为了感知更微妙、更安静的信号，无论是来自我们自己的身体和情感，还是来自他人的，都需要静止和沉默。我们可以感觉呼吸、皮肤的温度、内心的欢喜或者悲伤时喉咙里的紧张。如果我们想要在内心深处追问我是谁，反思是必要的。正如印度名言所说，这是一种坐下来静待灵魂的方式。灵魂有机会被倾听，并与你的身体结合在一起，编织在一个具有深度和稳定性的根系中。

头脑清醒

“注意力往哪里去，气就往哪里流”。

这是一个很好的主意，定期清空大脑中没有任何意义的事情，为做有意义的事情做好准备。头脑也会变得杂乱无章，因此需要像整理床铺一样清理。

集中注意力去冥想是一种驯服我们跳跃、分散思维的方法，这些思想经常给我们带来不重要、消极或不友好的想法。冥想会使大脑中感受威胁和危险的部分安静下来，强化那些体验感恩、宽广和联系的部分。

冥想既愉快又实用。在选定的焦点中休息，或者决定把注意力和精力放在什么事物上。要意识到你可以观察自己的思想和感受，它们与你是分离的；你不必跟随你的想法，可以抵制或评论它们。想象一个房间，它足够安全、足够安静，在暴风雨的中央，在轮子的中间，可以出现在任何地方，包括你的日常生活和行动中。直到我到一个静止的点。

总结

运动无处不在，身体的内部和外部都有运动。它是整个宇宙最小细胞里的舞蹈。运动是一种改变你的情绪、提升你的精神、增加你的能量的必要方式。

探索和享受——让你的身体成为你的玩伴和朋友。

（刘兴凯 译，黄杰斌 高 强 审）

Lucas Henriksson（卢卡斯·科桑）

Lucas是一位资深的传统Thomas Hanna学派的身心学教育家，他也是特加国际（Tergar International）的创始人和项目、课程设计者，他面向整个欧洲开设了线上和线下冥想课程。同时，他还获得了佛学和喜马拉雅语言学学士学位。

第二十一章

运动的含义

Lucas Henriksson

运动究竟是什么？这是一个有趣的问题，对此我并不确定是否有标准答案。当然，我们可以用词典查一查，也可以在引擎搜索栏中输入“运动”后快速得到一个解释，但是，在我看来，这两种方式充其量让我们窥见运动真正含义的一小部分。

运动仅仅是我们身体的移动吗？我相信这是绝大多数人听到或想到“运动”这个词的时候自然而然联想到的——一个人在做瑜伽、跳舞、爬山、跑步等。可是运动仅仅只限于躯体的移动吗？我认为这是一个值得进一步思考的问题。

举个例子，有人来到我的诊室，躺在治疗床上，我让他深呼吸，放松，让他将注意力集中在自己的身体上，接着，随着患者的持续放松，我开始轻轻移动他的肩关节，这个场景下，他在运动吗？患者是被动的，换句话说，从患者角度来说，没有主动、有意识的运动行为发生。但是，从外部来看，他的肢体确实发生了位置变换，也可以说他正在运动着。

由此引发了一个问题：运动是否只是主动的、有意识的移动运动？还是也包含了被动的、无意识的运动？比如治疗师活动一位患者的四肢？我认为这些都取决于我们想如何给运动下定义。

上述仅仅是一个例子，用以说明运动可以是主动的，也可以是被动的，可以是有意识的，也可以是无意识的。在这一点上，你也许会问自己：“这究竟为什么如此重要？”在我看来，这非常重要，因为只有站在这个出发点上开始思考并提出一系列问题，才能开拓并加深我们对运动自身之外的认知，还能让我们探寻到是什么驱动着我们运动，甚至还能超越我们正在追寻的真相。

如果这并没有让你产生共鸣，甚至你仍坚持不去对你读到的和听到的内容（包括这本书中的材料）进行调查和提出质疑，也无可厚非，谁也改变不了你这么做。事实上，如果什么都不做，你将加入健康“专家”、私人训练师和治疗师的队伍，成为其中一员。而我能告诉你的是，这种不质疑的方式是阻止你学习、获得知识、洞悉事物和加深你自己对生活中任何事物的理解的最有效的方法。仅仅因为有人这么说过或这么写过，或者因为整个行业都通过这种方式实践，你就坚信不疑，那么你的认知水平几乎不会得到任何提高。在此要强调的是，我没有说有的人说的或者写出来的所有东西都是错误的（也许很可能是正确的），我仅仅是在谈论我们自己的学习和理解。

设想一下，如果当初Andreas Vesalius（安德雷亚斯·维萨里）没有对解剖学的理解提出质疑会怎么样？我猜答案可能是“不会发生什么”。简而言之，维萨里奠定了当今解剖学的基础。可不幸的是，维萨里在很长时间之内都没有被质疑过，这导致对于人体每一处你能想到的大关节和身体部位，我们都可以找得到相应的“专家”结论。这一事实再次表明当我们接受了一个观点就是真理而不再对其质疑的时候，必定会导致一个非常局限的理解，甚至让我们完全忽略了事物的整体性（在上面的例子中，整个身体就是被忽略的整体），或者更糟的是，完全没有人承认这点是由于缺乏认知造成的。

那么，维萨里说的所有的事情都错了吗？当然不是。同时这也不是事物的全貌。因此，要感谢像Thomas Myers、Thomas Hanna和Cary Ward以及本书的作者们，因为他们，我们对人体解剖学和身体如何运动及其功能的认知才会持续加深。

这又将我们带回了最初的问题，那就是运动是什么。运动仅仅是主动活动吗？它可以是被动的吗？如果我们能花点时间并且将焦点汇聚在运动的被动方面，就会发现我们的身体每时每刻都在持续发生着众多被动运动。每一组呼吸都是一项被动运动。当然，呼吸也可以是主动行为，但一天中的大多数时候，它都是一项被动运动。你们中一些人可能会说：“静静地坐着，单纯地呼吸可不是运动！”那么我要再问一遍，我们该怎么定义运动？运动之所以能称之为“运动”，需要导致什么样的结果，带来什么样的好处？如果运动是移动身体的活动，那么呼吸必然是一种运动，因为膈肌、腹腔、胸腔和肺部随着每次吸气和呼气都在舒张和收缩。如果运动在某种程度上与身体实效相关，或者与它带来的益处相关，那么，呼吸仍然完全可以被定义为运动，因为它比绝大多数单独的体育训练对整个身体的影响都要更大。我想这一点，所有练习瑜伽的人都是可以佐证的。

我们认为运动不仅包含了体育锻炼或躯体移动，也包含了诸如空气随着吸气和呼气进入和离开我们身体、血液随着每次心跳在血管中的流动、每一次眨眼等这些常被忽略的活动，而且这些活动是我们可以进行其他各种运动的重要基础。

想象一下如果你不能眨眼，那么用不了多久你将会难以进行其他任何所谓的运动，更不要提如果你不能呼吸或者心脏停止向全身泵血，这些情况都会导致身体所有的活动停下来。综上所述，当我们讨论运动的时候，应该拓宽自己的视角，将整个身体作为一个整体考虑。不要仅盯着那些大运动，还要考虑到各种微小的运动；不仅要考虑你做出的主动活动，也要考虑到那些总是在隐蔽位置的被动活动；不仅要考虑当你自己移动自己的身体的时候，也要考虑当你被别人移动或者你移动别人的时候。我相信如果从这个角度探索运动和运动实践，将拓展出无限的可能性。在其中我们可以获得健康和幸福，不要局限于短期结果，随着我们持续的探索，这些可能性将不断地加深和增长。

举一个众所周知的例子，瑜伽动作中的猫牛式（Cat-Cow），几乎没人对其有效性提出过任何质疑。在这个运动中，当你伸展脊柱与背部，同

时舒展颈部努力抬头看向天花板，即“牛式”。而“猫式”则相反，你要弓起背部、颈部，低头看向地板。并持续交替变换这两个姿势。那么问题来了，作为这项运动的基础，身体同时自然而然地又做了哪些其他事情？事实上，颈椎会自然地做与下脊柱相反的运动。也就是说，如果脊柱在伸展，颈椎就会自然地弯曲，如果脊柱在弯曲，颈椎就会伸展。你要体会这一点最简单的方式就是仰面躺在地上，屈膝，脚掌贴地，将足跟紧靠髋部，吸气同时向上挺起背部，然后呼气，放平背部，并轻轻用力压向地板。如果你注意观察你的头部在这一运动中在做什么的话，你会看到当你吸气并挺起背部时，你的下巴会靠向你的胸部，这意味着你的颈椎在屈曲；而当你呼气并放平背部时，你的下巴则会相反地朝着天花板方向移动，这意味着你的颈椎在伸展。

这些头颈的运动在你仰卧位屈伸背部时会自然而然地发生。你看到颈部是自然而然地做出与腰部相反的运动。那么，在“猫牛式”动作中，我们为什么不主动这么做呢？当你伸展脊柱时，同时也伸展颈椎，就错了吗？我认为，这要取决于你做这项运动的目的，你完全可以随心所欲。当你有明确的目的并且知道你想达到什么样的效果时，我认为就不存在对错之分。诚然，全身各处的骨骼、关节和肌肉在每一个动作中都是相互关联着的，它们沿着统一路径协调运动，但这个路径却并不唯一。有趣的事情在于，通过对神经系统进行学习，形成长效结果，而非转瞬即逝的“感觉真好”的短暂效果。对于“猫牛式”运动，有一个更有趣的问题是：“你为什么做这个动作或者教给别人按照你的样子做这个动作？”其实只有你自己知道这个问题的答案，而且这个问题非常值得一问。你这么做或者要求你的患者按照你的方式这么做，是因为你有明确的意图吗？还是简单地因为你被告知要这么做？或者是其他人都这么做？

我希望你能勇敢地找出一个你最喜欢的运动，对它进行质疑。为什么要这么做呢？因为当我们开始对于所做的事情（当然这里指的是运动）问为什么的时候，我们就站在了一条全身心地去发掘这个运动各种潜力的旅途的起点。简而言之，我将带领你们一步一步地接近你们选择的运动。

从关掉音乐开始。有的人认为这有点激进，但一切都要回归到倾听上来。我们的身体时时刻刻在和我们交流，如果我们全神贯注地去“倾听”，就会比常态下听到多得多的信息。

问问自己，我为什么做着这个动作？我的意图是什么？我想达到什么效果？这个动作是如何连接身体其他组成部分的？它的构建和实施与骨骼、关节和肌肉是自然而然协同一致地进行，不仅仅是在一个单一的层面而是在全部的3个层面上的吗？我并没要求你立刻就回答出这些问题，但我希望你按照这样的方式开始探索你的运动。我可以向你保证，当你有朝一日能够回答这些问题，甚至开始提出更多问题时，你做运动或者教人运动都会变得充满乐趣，也会受益良多。

在开始活动之前，仔细体会一下当下身体的感受，接下来做一个全身检查。如果在站立位进行检查，你的足底将承受全部压力，也许你可以体会一下单腿能否承担更多的重量，你的髋、腰椎、肋骨和颈椎如何在全部3个运动平面上活动，你可以先一个个去查看，然后整体查看。如果你是在仰卧位进行检查，可以感受一下你的足跟、髋骨、肩胛骨和颅骨承担着的压力，是左边还是右边承受更多的压力？你的下肢对左右两边的感受是什么样的？你的上半身呢？作为一个整体，你的身体感觉怎么样？你身体的印记会是什么形状？以上这些仅仅是小小的建议。（如果你对这样的练习并不熟悉，可以找一个研习班，如教授汉纳身心学或费登奎斯方法或其他方式的，只要理解身体如何在3个运动平面上活动的就可以）。

当你开始有些（新的）心得的时，可以尝试继续探索身体发生着的更小的、更细微的活动。问问自己："我做这个运动时，呼吸有变化吗？开始运动前呼吸是什么样的？做了之后呢？当我开始运动时，吸气和呼气有变化吗？当我结束运动的时候呢？如果我尝试不去控制呼吸而是进行自由呼吸做这个运动，又会怎么样？"对于大多数运动来讲，呼吸是关键，那么，你需要使用好呼吸，好好地探索呼吸并从中找到乐趣。

此外，我还建议你试验一下这个运动能做多快。如果你放慢整个动作会发生什么？你对运动的不同阶段、身体的不同部位以及整个身体都发生了什么有更清楚的了解吗？如果你把速度降到运动初始时的一半，会有什么变化？速度降到最慢，会有什么变化？而你全速运动时又会有什么变化？

你可以继续探索运动的幅度。尝试以最大幅度做一个动作会发生什么。而你调整到最大幅度的75%、50%、25%或者10%的时候，有什么变化吗？不同比例幅度下，运动有什么不同？如果干脆不动了，只是想象着运动一下，又会怎么样？你是否依然体会到活动的效果和好处？我们大多数人都趋向于每个动作都要做到我们能力所及的最大幅度。

如果，就像用最大幅度一样，我们开始探索运动的其他幅度时，或许会发现有更多可以学习的东西。做些极细微的、外人看来根本没有动的运动，有时候是会取得最好效果的。千万不要忽视这种可能性。

再接下来是凝视。如果你在整个活动期间都保持睁大眼睛，会发生什么？如果你闭上眼睛，有什么变化？如果你始终盯着头部运动的相反方向的地方，对运动会产生什么样的影响？如果你左右摇头时，让视线上下移动，或者上下点头时，让目光左右移动，会发生什么？如果不改变动作的其他任何部分，只是简单地尝试改变凝视，你就会发现做动作也许会更容易或更难。

以上全部都是对于如何探索你选出的运动的一些简单建议。沿着这个路径，我们会发现看待熟悉的运动变成了一种探索，而不是"你应该怎么做"。仅仅通过上述简单的展示，你也许开始得到了如何开拓一个运动潜力的启示。一堂运动课程并非要去教授多个不同的动作。相反，我们可以只挑出一个动作，然后问问自己："我可以用多少种不同的方式做这个动作？"你可能会在将来花费大量的时间"忙"于探索这一个动作。

运动和意识

"你所有的本性——平和、开放、放松和纯

净，都在你的脑海中呈现。你不必做任何与以往不同的事情。你不需要改变你的意识。在觉察自己的意识时，你所要做的就是认识到它已经具备的品质。”[1]

——Mingyur Rinpoche（明就仁波切）

上一节的探究引出了我想在这里讨论的内容，那就是，运动与意识之间存在什么样的联系呢？对于这个问题每个人的关注点不同，答案众多。我选择从多个关注点出发展开一个问题，希望可以引出更多的思考和问题，作为读者你也许会突然得到一丝灵感，进而开启自己对这个话题的探索并得到更多的答案。为了开始回答这个问题，我们必须先研究什么是意识，就像上一节中我们探索运动时所做的那样。

好像对于很多人，尤其是西方人，当被问及意识是什么的时候，会立刻想到大脑并且指指脑袋。然而，意识仅仅限于大脑吗？如果你问一个亚洲人同样的问题，很多人会把手放在或者指向自己的心脏。西方人指向大脑的动作好像在表明意识更多的是和智力相关，而亚洲人指向心脏似乎暗示意识是与情感和直觉相关。我们如何思考或者联系同一个事物取决于我们的观点或者对事物的定义。

到底哪个才是正确答案呢？意识的属性到底是理性的还是感性的？我们必须二选其一吗？我认为上面所举的东、西方差异的例子不是能很好地解释意识是什么，但我们自身却可以理解。通常，我们会认为我们的观点就是真理而没有认识到一个观点可能与事物本质背道而驰。

我的一位导师，西藏的一位喇嘛僧人措尼仁波切，对此曾很好地阐释过：“是事实，但并非真实。”[2] 他的话指向了最核心的问题。举例来讲，人们对所经历的事情的记忆，从感性上对每个人而言都是实际存在着的，但是从环境和条件上看，却并不一定是真实的。再举个例子，对于身体与意识的连接来说，截肢的人可能会感觉到被截掉的肢体仍在疼痛。事实上，他感觉疼痛的肢体已经被截掉了，我们没办法告诉这个人他的疼痛并不真实，因为他才是自己身体的主人，在他身上是否发生疼痛要由他判断，而另一方面我们也可以说他感受的疼痛是真实存在的。

Todd Hargrove在他的《更好的运动指南》（*A Guide to Better Movement*）一书中给出了一个实验来展示身体与意识的联系。

“将实验对象的一只手放在桌上，另一只手放在视线以外的一个挡板后面。在他视线内的一侧放置一只橡胶做的手模型。用一支毛刷轻轻地来回刷放在挡板外面那只看不见的手，同时用同样的刷子来回刷动那只橡胶手模型。过不了多久，他就会不可思议地认为那只橡胶手模型也是自己身体的一部分了，当这只橡胶手模型遭遇危险时他甚至会下意识向后退缩。

这意味着大脑已经将那只橡胶手模型‘认为是自己可控制’的了。更有趣的是，大脑还会放弃或者说‘忽视’那只视线外的真手。这一点发现是从真手血流量减少导致温度降低而得知的。”[3]

那么，我们能对实验对象在实验过程中，感受到放在眼前的橡胶手模型被刷动的感觉予以否认吗？事实上，我们没法否认。因为他的体验是真实的。但是，可以信以为真吗？我们不得不说，尽管体验是真实的，但与此同时却不能相信它，因为在橡胶手模型和实验对象之间根本不存在任何神经连接。通过意识的力量，实验对象的身体“相信”橡胶手模型属于他（她），进而像真的属于身体一般与它发生了连接。

让我们回头再看看我们所认知的意识，看到

大多数西方人将意识看作是理性的产物，这让我觉得非常有趣，同时大多数人似乎与自己的身体完全脱节。我们生活的社会中，工学、文学、理学等受到热捧，这使得我们在多个不同领域中取得了非常多的成就和突破，可同时，也要认识到我们迫切需要发现身体和意识之间的联系。

Ken Robinson在他的TED（technology、entertainment、design，即技术、娱乐、设计。由美国一家非营利机构组织的大会）演讲中问道："学校扼杀了创造力吗？"

"我喜欢大学教授，但我们不应该把他们作为人类所有成就的最高标志。他们仅仅是活成了有别于常人的样子，他们对世界充满了好奇，我并非在恭维他们。我的印象中，他们大部分人身上都具备一种好奇的特质，可他们基本上都活在自己的大脑中。他们将自己的身体看作脑袋的运输工具。身体不正是这样的吗？毕竟是身体带着脑袋去参加会议的。如果你想要身体之外体验的真实证据，就去参加一场高级专家的学术会议吧！在会议最后一晚去舞厅，在那儿你就能看到证据了。成年男人和女人们不由自主地舞动着，等着舞会一结束赶紧回家撰写论文去。"[4]

Ken用了一种幽默的方式描述了这一点，他的话中很多内容都所言不虚。当我们想让身体做什么而身体不听话时，我们会将其看成是"身外之物"。我经常听到来找我的人提及他们的身体不听使唤，成了无用的"东西"。但是，我们有倾听过自己的身体吗？我们的身体无时无刻不在和我们交流着，而我们却没有听从身体的意愿去做事，相反我们总是让大脑强迫身体按照大脑的意愿去做事。比如在椅子上一天坐满8个小时，或者整日穿着不合脚但却符合美学标准或者时尚潮流的鞋到处走。（你回家进门后，脱掉鞋子的那一刹那，有没有如释重负的感觉？）ken继续说道：

"当你游历美国或者全世界的时候，你会震惊地发现：世界上所有的教育系统内都有相同的等级制度。你不会想到它应该是另外一番模样。处于顶端的是数学和语言，紧随其后的是人文学科，垫底的是艺术学科。世界上的教育系统都是如此。而且在每个系统内部也仍然如此，比如艺术系统内部就存在着等级划分。美术和音乐在学校中的地位往往高于戏剧和舞蹈。世界上可没有一个教育系统是像教授孩子们数学那样每天都教授舞蹈。我也认为数学很重要，但是舞蹈也同样重要。如果孩子们感兴趣，就可以一直跳舞。我们都一样。我们都有身体，没错吧？我漏掉了什么？事实上，随着孩子们长大，我们会逐步教授他们更高层的东西。然后，聚焦到他们的大脑，而且会倾向于某一方面。"[5]

那么，如何解决呢？解决的方法当然多种多样，但显而易见的一种方法就是增加活动量。过去数年中，有一些研究表明，对于学校的孩子们，运动会提升专注力的水平和时长，当然也会提高他们的学习成绩。不过我现在可不是说运动的目标应该是提高学校中孩子们的成绩，或者帮助他们保持专注以吸收更多的信息。我只是在举一个有趣的例子，用以展示身体和意识之间的关系。

作为成人，我相信是时候放弃我们以往对运动和锻炼的观点了，我们应该将其视为身体的运动。诚如本书的作者Linus所说："没有什么东西能替代良好的运动。"不过的确有东西可以替代力量和耐力的使用。如果你要举起一架钢琴，你可以使用一些工具，并不需要使用蛮力让钢琴离开地面。同样的道理也适用于耐力，对我们大多数人来说，跑上20km或者来上几分钟的冲刺跑，并不是我们日常所必需的。现如今几乎不存在生死攸关的威胁逼得你必须这样奔跑。但是，对良好的运动来讲，却没有什么能取而代之。

在一项始于2012年的研究中[6]，一群研究人员做了一个实验，他们要求几个人完成坐下–起立–坐下测验[7]，发现年龄在51~80岁的人中能较好地完成活动的人长寿的概率更高，而那些具备较低的活动能力的人早逝的风险更高。

显然，增加运动量并不是解决上述问题的根本所在，但我相信对大多数人来说，这是关注身体和意识是相互关联的重要一步。我们对身体和意识训练得越多，就越会明白身体和意识是无法分割的。

和我们需要锻炼身体一样（或更确切地说，我们大多数成人需要重新获取身体中蕴含的运动能力），我们还需要兼顾到意识。太频繁把关注点只放在身体上或只放在精神上都会导致失衡，无法达到最佳状态。

最后，我们应该问问自己，我为什么从一开始要这样做？我为什么想好好地活动？我为什么要变得强壮？我为什么要具备非凡的耐力？我为什么想要身体和意识协作？当我们认真审视“为什么”的问题时，就会在一天将要结束的时候感受到（至少我感受到了）幸福快乐。这种感觉几乎每个人都享有。没有人在早上醒来的时候会想：“今天我要做的每件事都得让自己感觉很糟糕才行。”即使是那些承受巨大痛苦的人，也是希望自己能快乐起来的。因此，问题就在于我们是找到了真正让我们快乐起来的事物，还是依旧沉迷于那些引起自己和别人痛苦的事情中。

具备一个健康的身体并不一定能让我们快乐。你可能拥有一个让人羡慕的、敏捷的、强壮且灵活的身体，但同时心理却感到很沮丧。这一点我想大多数人都会认同。真实的、可持续的快乐起初是通过意识被发现和获得的。也就是说，变得强壮、敏捷且没有疼痛困扰可以非常好地帮助、支持你充分理解身体和意识的联系。让我的身体与意识相互协作、让我更好理解自我意识最重要的人——明就仁波切，说过这样关于意识和快乐之间的联系的话：

“回顾往事，我发现焦虑的根源在于我并没有认清自己意识的本质。我通过学习有了最基本的了解，但却不是最直接的经验，这些经验本可以看清，那些让我不快的恐惧感仅仅是我头脑中的产物，而平静内心所需要的无法撼动的基础、自信和快乐较于我的眼睛来说，更贴近我们的内心。”[8]

总而言之，无论我们从哪儿来，是男是女，年轻还是年老，能不能很好地活动，所有人都希望能快乐。我相信，通过清楚地看到身体和意识不可分割，认真对待身体、尊重身体并感激身体，如同对待意识、运用意识并且看到意识的力量，我们就可以成为平衡的、健康的人，我们将身心视为整体，就不会忽略某个方面。我认为能够成为一个可以通过意识，看到这些内在良好品质的人，迷人之处在于他能从他人身上看到这些品质。一个健康的人最有魅力的表现是，通过意识，不仅能发掘自己身上的还能从他人身上找到相同的、内在的优秀品质。而这很可能引导人们获得最伟大的运动。

（常智跃 译，罗 军 高 强 审）

参考文献

1. Mingyur Rinpoche, Swanson E; *The Joy of Living: Unlocking the Secret and Science of*

Happiness. New York: Harmony Books, 2007, p. 98.

2. Tsoknyi Rinpoche, Swanson E; *Open Heart, Open Mind: A Guide to Inner Transformation*. New York: Harmony Books, 2012, p. 10.

3. Hargrove T; *A Guide to Better Movement: The Science and Practice of Moving with More Skill and Less Pain*. Seattle: Better Movement, 2014, p. 109.

4. Robinson K; "Transcript of 'Do Schools Kill Creativity?'" (TED: Ideas worth spreading, February 2006). Available at <https://www.ted.com/talks/ken_robinson_says_schools_kill_creativity/transcript?referrer=playlist-the_most_popular_talks_of_all> (accessed June 6, 2018>.

5. Ibid.

6. Barbosa Barreto de Brito L et al.; Ability to sit and rise from the floor as a predictor of all-cause mortality. *European Journal of Preventive Cardiology,* 13 December 2012. Available at <http://journals.sagepub.com/doi/abs/10.1177/2047487312471759> (accessed June 9, 2018).

7. Wilson B; Simple sitting test predicts how long you'll live. *Discover Magazine,* 8 September 2014. Available at <http://discovermagazine.com/2013/nov/05-sit-down> (accessed June 9, 2018).

8. Mingyur Rinpoche, Swanson E; *The Joy of Living: Unlocking the Secret and Science of Happiness*. New York: Harmony Books, 2007, p. 13.

Lena Björnsdotter（莉娜·比约恩斯多特）

Lena是一名私人教练、健身教练和教育工作者。Lena拥有运动科学学士学位，是一名有资质认证的解剖运动从业者。她指导了一系列不同的健身课程。Lena开设工作室，通过阿斯帕拉教育（Aspera education）向其他治疗师和培训师授课。Lena是运动概念“运动三平面”（Three Planes of Motion, 3PM®）的创始人之一。

第二十二章

有关运动的观点

Lena Björnsdotter

“哪怕是最细微的运动对大自然都很重要，
一颗卵石也会影响整个海洋。”
——Blaise Pascal（布莱斯·帕斯卡）

对“什么是运动？”这个问题的回答可以像字典中的定义一样简单。《剑桥词典》把运动称为“位置的改变”。对我来说，这是一个过于简单化的观点，因为它可以从很多角度回答。

从我的主观角度来看，我会把运动描述为某件事情的开始。就像是穿越一切的旅程，这是可达的变化，不可达的虚无，但仍然是持续的运动，从未停止。你在运动，世界在运动，外部和内部的一切都在移动。身体、骨骼、肌肉、思想、感情、心跳、道路、政治、宗教和自然都是运动。我每天的工作中也都有运动，身体的各个部位不停发生的移动或者滚动，以及有意义的谈话也是在运动，同时运动就像微笑一样也会传递给其他人，这些过程中的所有的连接、转移和再次连接都在无止境地进行。

当你通过一个快速的奔跑向前移动时，伴随着推进的伸展和有力的姿势，你是在运动。当你在海边散步欣赏着风景时，你也在运动。

当你睡觉时，当你的肺膨胀和收缩时，当你的血液流动和压力水平降低时，当激素分泌和消化系统恢复时，你同样在运动。当你静静地坐下来沉思时，你在运动，在这个过程中跟随你的呼吸，会感觉到衬衫随着每次呼吸在颤抖，这也是运动。当你没有体验到它的时候，当你双脚着地，站着不动的时候，当重力、地球和你产生相互影响的时候，你也在运动。因此，当没有运动时，你就是运动。

什么都不会静止。万物都在移动。

从旧的观点看解剖

为了能够回答“什么是运动？”这个问题，我需要将解剖分为旧的观点和新的观点。从旧的观点来看，我们需要掌握解剖学的确切单词，因为它反映了历史。“解剖”（anatomy）一词来自希腊语，“ana”意为“向上”，“tome”意为“切割”。说明解剖学是对生物结构的识别和描述，是对身体及其各部分以及各部分如何排列的科学研究。

人体解剖在历史上一直是令人好奇并不断进行研究的课题。从希腊哲学家到幽默主义，4种幽默理论都可以用来描绘身体。从文艺复兴时期的博学者列奥纳多·达·芬奇非法解剖尸体，了解人体，并通过这些研究重新创造出了更惊人的艺术，到英国学生从事盗墓，再到弗雷德里克·鲁谢（Frederik Ruysch）找到了通过防腐技术保存尸体的方法，一直到18世纪，解剖学取得了重大进步，解剖学也便成了医学生的必修课。今天的解剖学研究通常采用X线、MRI和CT扫描技术，而不是简单地进行人体组织分割。

解剖学的旧观点一直持续到现代。10年前，当我攻读运动科学学士学位时，我也学会了这种描述性解剖学。我们花了大量的时间研究每个骨骼和肌肉的拉丁名称，以及所有肌肉的起止点。当然，我们也在试验中做了触诊练习，并对每个部分的运动进行了分析，但很难从一维的角度理解运动中的身体。它有时也与数学或生物力学有关，这使得运动很难掌握，更没有“生命力”。

虽然我们花了数周时间研究人体的各个部分，并运用数学来加深我们的认识，但花在运动中的解剖学的时间却少得多，甚至根本没有时间研究结缔组织的层次。我们花了几周的时间来研究上半身和腿部的解剖或功能，但很少研究足的解剖或功能。就好像它们与身体的其他部分是不相连的，但这并不是说我当时不知道结缔组织和足的重要性，而是相对于我现在的认知而言，这种情况很有趣。

简而言之，解剖学历史表明，身体的结构在传统上是通过解剖后被描述、分割和分离成不同的部分和部位，如骨骼、肌肉、肌腱、动脉、静脉和器官。你可以说分割身体组织是为了更好地理解功能性的和连续的系统。

从旧的观点看运动

“生命需要运动。”

——Aristotle（亚里士多德）

根据《剑桥词典》的解释，运动是位置的物理变化，是身体或物体从位置A移动到位置B的过程。根据旧的解剖学观点，运动来源于骨骼，就像一座有杠杆的建筑，通过孤立结构上的肌肉向心收缩产生实际的运动。骨骼几乎被看作是它所有部件的吊架，它“悬挂”在上面，并为内部器官提供保护作用。在我的研究文献中提到肌肉有3大功能：产生运动、保持姿势和产生热量。

运动可以是位置的改变，如手臂从屈曲到伸展，反之亦然。这是由肌肉收缩引起的身体部位的变化，是肌肉通过缩短或延长的方式进行的运动，反之亦然。它可以是在做哑铃运动时的肱二头肌屈曲，也可以是训练机训练中的卧位蹬腿。

从古至今，人们一直对运动感兴趣，认为它是使我们保持健康和强壮的一个因素。Luigi Galvani是第一位在死青蛙的大腿肌肉中利用电流产生肌肉运动和抽搐的教授，后来他提出了神经是如何控制肌肉的观点。

他的侄子Giovanni Aldini做了更深入的研究。有一次，他给观众演示将电刺激技术应用在一具尸体上，刺激尸体的肢体产生运动。实验结果与肌肉的功能和肌肉产生的运动方向有关，如屈曲、伸展、外展、内收等。在我看来，这些想法似乎已经转移到现代利用训练器械训练独立特定的肌肉和身体部位过程中。

如果用躺在检查台上的尸体来测试肌肉功能以便完全理解运动，可能会存在一些问题。首先，这些都不是活体。其次，由于重力会对运动产生影响，而尸体并不能在直立位进行测试。

总之，可以看到旧解剖学中解释所有部分之间的关系的描述性观点，尸体接受强度较小的电刺激来反映肌肉功能，以及今天的训练器械可独立训练特定的身体部位。

如果我们回到史前时代，可以推测运动是在游戏、狩猎和战斗中进行的。据我们所知，运动和集体规范训练最早是在古希腊开始的，如在体育馆（体育和教育设施只向成年男性开放，那些体育训练以及设施的名字来自希腊语“裸子植物”，意思是“裸”，因为训练时是裸体进行的）。训练包括体操、跑步、摔跤和标枪，其基本目的是为战斗做准备。希腊人通过变得更强壮、运动更快速和更有耐力来满足他们在日常生活中所需要的运动需求。

从那时起，分配给训练和运动的相对重要性就变了。直到19世纪末，美国哈佛大学的Dudley A. Sargent才开发和测试了第一台拉伸机和第一台蹬腿机。他是第一个相信每一块肌肉都可以通过特定的正确训练来进行提升的创新者。1901年，第一位健美运动员Eugen Sandow在英国伦敦皇家阿尔伯特音乐厅参加了健美比赛。他把“完美体格”的概念建立在希腊理想的基础上，他自己的身材就像一尊希腊或罗马雕像。此外，他开发的训练方法至今仍在使用。

对解剖学和运动的旧观点的阐述是在一个解剖学平面以向心的方式完成的，并且通常针对特定肌肉或肌肉群，通过独立和超负荷训练获得肌肉增长，而无须考虑身体各个部分的连接性。

由于运动的旧观点发展到现在有了很大的进步，训练便也有了更现代的观点。训练可以起源于基本的运动，如举、推、压、拉、跳、屈体、跑、旋转等。然而，科学研究建议，这种练习应该采用严格的技巧，用线性运动进行，并且要在室内进行。这种训练仍然是向心的，并且经常在一个解剖平面上完成。

在“自由重量训练”（这个名词听起来好像应该在举重时保持自由）中，即使是在整个运动链和多个关节上进行更复杂的运动模式中训练，如深蹲，我们仍然倾向于以非常一维的方式思考这些运动。以现今的运动观点而言，提出一些疑问：身体是运动中的一个整体吗？它是否联系并系统地发挥作用？ 在一个解剖平面上做15次重复的训练，然后在另一个解剖平面上做15次重复的训练算不算是一个连续的运动？

我的故事

我练习过跑步，但并不是以一种毫不费力的方式。我的腿短而且我缺乏耐心，也厌倦无休止地以同样的方式运动，这让跑步对我来说很具有挑战性。然而，现在的我则出于完全不同的原因来避免跑步。大约10年前，我决定成为一名跑者。我有一种感觉，只要我不放弃，事情可能会变得更容易。当时，我的目标是通过10 km考试，而我很快就做到了。并且我以每次10 km或更多、一周好几次的频率跑了整整一年。我觉得自己已经像个跑者了，但我的身体“崩溃”了。

我当时怀疑是骨膜炎导致的，于是决定暂停1个月的训练，即不跑步也不跳舞，什么运动都不做。然而2个月后，情况非但没有好转，反而变得更糟了。疼痛很严重，甚至走路也很疼，所以最后我预约了医师。医师看了我的脚一眼，便告诉我是扁平足的原因，并建议我应该停止训练并休息。

后来在医师的指导下，我去看了物理治疗师。物理治疗师确实帮助了我。在治疗师大喊“这是一场灾难”之后，他让我站在镜子前并指着我向地面移动内踝，确认了我存在“足旋前”。那是我第一次在镜子里看到我踩在地面上的脚，我当时在想，它们看起来不像我想象的那样。我很感激我的物理治疗师找到了解决办法，给了我希望。

而当时我没有意识到一个漫长斗争正等待着我。由于我非常渴望通过运动及训练来让自己感觉到活力，我花了很多精力在物理治疗师制定的康复训练计划中，以便可以尽快恢复身体。训练计划为每周3~4次，我在新鞋里使用了旋前支撑及鞋垫进行足踝部、膝关节和臀部的所有稳定性运动，以帮助足部减少旋前。为给足部和身体创造新的平衡点，我的每个动作都是被锁定的、稳定的且独立的。当我散步时，因为足部摆位和鞋垫锋利的边缘，导致脚流血了。不过最终，还是感觉好些了。脚感觉无痛的日子来得更有规律。1年后，我便可以穿着普通鞋和鞋垫定期散步。不过，我注意到，每当脱下鞋时，脚就会感到脆弱、不稳定和塌陷。此外，我的下背部左侧疼痛复发了，以及我感觉左侧腿变得更长了，甚至在这段时间里我的步态也发生了变化。

这时我正在攻读运动医学学士学位，我不禁充满好奇：为什么有下背部疼痛问题时，我会想要加强“核心”？为什么想要更好的姿势时，我会训练和加强背部肌群并拉伸胸肌？通常，当涉及疼痛或康复时，规则是加强身体的对侧区域，犹如反向思维模式。所以我接下来的想法是，这个过程中是在使用对侧的练习，还是创造了新的运动模式？

为什么在缓解疼痛时，训练的是整个身体，而不单纯是足部？在我的康复过程中，有一段时间里，除了足部，其他部位都加强了，而足部却被锁定在卧位下抬高的姿势。我从未听治疗师说过在这个过程中需要加强足部，甚至需要阻止足部的任何运动的发生。那在这个过程中为什么不尝试创造对侧的运动呢？

尽管我从来没有想过自己成为一名跑者，但我一直觉得自己会成为一名舞者，跳舞是我想做的事情，但现在穿着厚底鞋和鞋垫的我无法跳舞。在舞蹈课上，我是唯一一个穿鞋的人，所以几个月后，我做了被治疗师禁止做的事，我违反了物理治疗师的建议，在跳舞时把鞋和鞋垫都脱了下来。而当我意识到赤脚跳舞并不会受伤时，我很惊讶。我再次感到好奇：为什么在家里的厨房里站着走来走去，给我的踝部和足部带来了如此多的痛苦，但赤脚跳舞却没有？是不是因为方向的改变？是不是因为跳舞时使用前脚掌比整个脚更多，这种动态的弹性负荷通过足弓减少了对身体的影响？

这些问题使我对人类的运动产生了好奇，并让我感觉到当时的运动观点缺少了什么。缺少的部分是一个新的观点，即它们是如何联系在一起的。慢慢地，我在家里尝试锻炼我的足部来创造运动，但是直到我读到Gary Ward的《运动中的解剖学》(*Anatomy in Motion*)和在伦敦接触到“发现中心”课程，我才意识到我可以得到一些关于身体是如何连接的观点。

一个连续的系统和新的观点

“一个连续的系统，是输入和输出能够随时都在变化的系统。”

医学研究通常以一维的方式描述，不幸的是，所有的统计分析都是通过线性思维进行的。每当我阅读科研文章、浏览媒体信息或与同事和患者交谈时，都是从线性思维角度出发。每个人对系统性问题的回答都是线性的。就像有开始和结束一样，要么是这样，要么是那样，而不是用系统的方法把它放在一个环境中。当一切都是循环的、系统的和连续的时候，你能用线性思维、线性答案来理解身体或运动吗？

解剖学的旧观点和运动的旧观点可能不仅仅是旧的观点，而是一种线性的感知，在社会上无处不在，尤其是在医学、物理治疗、营养和训练方面。此文应该是关于运动的，但为了能够谈论我如何处理运动，我需要强调，解剖学和运动的观点是线性的，它无处不在并且阻碍了相关观点的发展；因为一切都在运动，所以一切都是相互联系的。

从我个人的角度来看，我发现在医学上简化的经验中，常见的是看一种疾病的症状，用药物来治疗症状，希望其能更接近疾病的本原。而在最坏的情况下，药物会衍生新症状和新疾病。这往往是线性思维和线性治疗的结果。

在物理治疗中，你经常得到的指示是，康复中需要运动，但禁忌证会阻碍运动。当某个位置或运动引起疼痛时，使用的线性感知和线性治疗方法可能是阻碍运动和稳定肌肉以达到无痛状态。康复过程中，在矫形师制作好防足部旋前的鞋垫和带支撑的鞋之前，我被禁止走路，也是由于线性感知。阻碍运动的副作用是运动需要在其他部位产生，比如说身体链的下一个连接节段或相邻更高的位置。如果你试图在一个部位停止运动，那么运动将发生在它允许的部位。

我一直把尝试理解我所承担的一切当成我的使命。当没有人想知道事情为什么会发生时，就像发生什么都没有关系一样，这让我很担心。我并不是说现代医学和现代物理治疗缺乏专家，我真的希望医学、物理治疗、营养和培训领域的每个人都问一个问题：“为什么需要不断开拓视野和学习新的系统性观点？”

我的工作方法

当我做了一年多的康复治疗后，我感觉自己错过了一些重要的东西，我一直在尝试自己运动，并于2011年在英国伦敦参加了运动解剖学课程。这里后来发展成为阿斯帕拉教育的起点。在这些年里，阿斯帕拉教育已经成熟，并且代表了一种新的观点、一种系统的方法，以及我和我的同事为之奋斗的持续的、系统的理念。

我已经可以用我的脚去创造运动，做运动，现在我可以根本不使用鞋垫，甚至支撑鞋。如果我察觉到一些最细微的事情，我就知道该做什么以改变现状。在这些年的探索运动中，我有了一些心得和清晰的洞察力。运动永远是答案，如果我知道了今天对运动的相关观点，我可以在几周内而不是一年多的时间里康复。

几年前，一位同事来找我，请求我帮助她。她说她的右髋关节疼痛到几乎不能行走了。我们一起工作很久了，每天都可以看到她的步行状态。我有时出现在她身边或在她身后，就像快速回放一样，我的脑海里便得到了她步态的清晰图像，包括她是如何走路的、她的姿势如何、她在更衣室换鞋时的脚的样子。在相处的过程中，我已经记下了她身体的细节，记下了她的运动模式中的所有限制，记下了每天发现的潜在可能性。我已经看到、处理并理解了它。我不仅看到了连续的系统和解决方案，我还知道问题的答案是什么。经过多年的学习运动，看到并理解身体是如何工作的，已经成为我的一部分。

外部观点

当我和客户一起工作时，最终我都会进入到对运动的感受状态。我的工作方法可以分为外部观点和内部观点。从外部观点来看，我主要通过眼睛和手来记录运动。在这些年里，我做了大量的视觉评估、功能测试和步态分析。我无意识地记录了客户和非客户的姿势、足部、步态和运动模式情况。这些记录都是下意识的，即使有人只是从我眼角飘过，他们也会在我脑海里留下印象。

我总是以视觉评估或功能测试开始每次的治疗咨询，具体选择哪一种评估方式取决于客户的问题和目标。通过静态视觉评估及功能测试，我从外部记录了足部、骨盆和胸廓之间的关系。我识别出客户身体中存在的运动受限和运动潜能，运动和非运动模式。在视觉评估中，我可以看到整个身体状况及运动的力量存在于身体的某个部位。在功能测试中，我可以验证我在视觉评估中看到的问题，并根据上述发现制订一些针对性的练习计划。

我的工作方法是，根据骨骼的运动方式创造一些身体各部位间的连接性的运动。对足部的功能的理解使我清楚地明白了，在运动中整个身体所发生的事情。

与来自运动解剖学平面视图的旧观点相反，我提倡在运动的3个平面中进行研究，同时整合从足部到颅顶的所有解剖学平面。与旧的观点不同的是，我不仅仅是以向心的方式在独立的结构上进行运动模式的研究，还会以离心的方式，利用筋膜后坐力来研究运动，将足部与颅顶连接起来，并发现离心训练可使运动发生在缺乏运动的部位，疼痛问题就会消失，运动表现便会提高。

当创造运动时，我将会以额外的视角，即通过体位、重心、运动加速度、呼吸和皮肤的变化来观察客户的实际运动。我用手引导客户，用手创造出温柔的意识；我还能感觉到软组织是否在移动或者是否受阻。当客户处于痛苦中时，我会探索运动，因为总会有一个小空间让他们可以毫无痛苦地运动。在引导患者时，尽量使患者的运动接近疼痛出现的活动范围，但又不被疼痛干扰，我可以围绕目标来工作，最终创造出一些小幅度运动直到更大幅度的运动，就像水面上的涟漪逐渐扩大，从而有可能摆脱疼痛。

我明白了身体内部运动是如何联系和关联的。我也明白了客户的潜力，以及我可以带他们到达何样的目标。我认识到足部是如何运动以及如何与身体其他部位互动的。当思考训练时，我理解并感觉骨骼的实际运动，而不再只是盯着训练中特定肌肉的是否激活。我可以看到客户现在的运动能力在什么水平，以及他们运动的潜力。

内部观点

运动也可以在更近的距离和感官的背景下，从内部体验。我相信很多人已经忘记了，或者不想承认，或者不知道如何体验自己的身体。这可能是由于他们自己在以往的经历中已经形成了固定的运动模式，以及对各种情绪做出的固定反应，例如，如果焦虑和悲伤已经转移并植入他们的身体，其结果可能是疼痛、僵硬和活动受限。如果在感官配合下的环境中使身体意识与运动合作，你可能会意识到你可以改变运动在身体中扮演的角色。这些改变可以是更轻松的呼吸，整体感更强，讲话更有力，同时降低压力水平和更加自我。从而拥有自己的运动模式。

如果你在谷歌引擎上搜索“体验”“运动”这两个词，第一个搜索结果就是从女人的角度来看，即胎动。为什么我们只在某些东西在你体内移动和改变位置时才谈论体验运动？排除字典中对运动的定义，即物体或人从A到B的位置变化，此时再思考什么是运动的感官体验。

我们从不把运动当作一种感觉来谈论。运动的感觉可以是意识在身体产生的最微小的动作。我在运动意识方面做了很多工作，让客户意识到如何与身体各部分连接。客户和我之间的交流可让客户通过足部感知肌肉接触地面的体验，也可以是感知运动部分的移动情况、张力变化、不同卧位的差异和呼吸的变化。我利用小的运动变化，包括所有解剖平面的变化，可能是好玩的运动，或者挑战客户运动能力的跳箱动作，由此形成感觉结果以推测阻力可能与控制有关或对疼痛的恐惧。但这种恐惧也是一种感官体验，太多的人把这种体验当作一种识别不良运动的方式，从而避免运动。与客户在这种内部观点指导下进行合作，使身体运动部分的阻力放松下来，从而使客户可以更快进入到正确的运动模式中。

我注意到，人们对运动的看法发生了变化，但并不系统，因此，需要新的观点出现来总结人们看法的变化。希望本书能成为实现这一目标的起点，去慢慢地发生、慢慢地改变一些事情。

我仍然认为，系统的方法和观点需要被唤醒，而这种系统的模式不仅仅存在于运动领域。

身体是一个连续的整体系统。

（王 晶 译，李红彪 高 强 审）

Gary Ward（加里·沃德）

Gary是《了解你的脚》（*What The Foot*）的作者，以及运动解剖学的开创者。Gary花了多年时间观察人类的步行周期，并通过单一的迈步运动在3个维度上绘制了每块骨和关节的运动模式。每个运动模式都在他的心流运动模型（Flow Motion Model®）中进行了描述。Gary教授的“发现中心”（Finding Center）课程，是一个为期6天的关于人体闭链运动的生物力学的沉浸式体验。

Gary以颠覆传统思维模式而闻名，即他对解剖学的思考方式与众不同，将许多传统观念抛在脑后。同时，Gary也帮助人们治愈了许多其他人无法治愈的疾病，这让他成了许多人关注的焦点。许多人通过使用Gary的心流运动模型中衍生的人类运动模式进行再教育和学习，并恢复了长期丢失的运动模式。关键在于，他鼓励患者主动对自己的运动中存在的问题负责，而不是依赖他人解决运动问题……

第二十三章

骨骼运动对筋膜系统的潜在影响

Gary Ward

我喜欢运动，而且是运动的拥护者。从记事起，我就开始接触并充分利用我可以进行的运动，通过在整个运动过程中进行玩乐、训练、增加负荷等实践不断地改善、修正自己的运动模式；直到后来参与到与运动相关的工作中，在其中再次获得乐趣，极大地提升了我对身体各个部位的控制能力。因为不想太快变老，也不愿失去移动能力，所以我沉迷于运动，而最大的动力可能是害怕失去运动能力。在这个过程中，我不满足于只拥有它，更不想失去它。这种动力驱使我去了解它，这样我才能保护它。我很幸运能够与世界各地有着各种各样的针对人体研究的人们分享我的观点，以及我对个体运动的痴迷。

有些人使用运动和锻炼的方式作为他们进行人体研究工作的可选择的工具；有些人则运用徒手检查的方式；还有些人则两者混合使用。所有的学科都有自己的学派和思想流派。通常情况下的思想流派中的运动并不是我所说的运动。当我试图理解运动时，我首先关注的是人体是如何运动的。我很快意识到，关键不在于身体作为一个整体是如何运动的，而在于人体所有的单个结构是如何一起联合运动从而形成一个整体的。这些单个结构就是骨骼和关节——硬组织。所有的肌肉附着在这些硬组织上，而同时筋膜系统包裹着肌肉，也穿过肌肉。

我是运动的拥护者，我从不主张让人躺下来进行锻炼来增强其运动能力（尽管我知道这种方式的价值和好处）。我之所以这样说，是因为我想快速地和读者达成一种共识，即筋膜系统的状况完全取决于骨骼和关节系统能否完全发挥全部潜力。如果每个关节都能充分地利用其三维潜能（即能在其一维、二维或三维运动平面充分活动），你就会发现一种最佳的身体运动方式，还发现组织和筋膜不再具有过去我们在人体内看到的局限性，并且你会注意到身体内各结构的畅通无阻的运动，而这是目前许多人难以理解的。

我对骨骼是如何运动的以及这种运动是如何影响周围组织的非常感兴趣。通过观察、研究和分析关节的运动来明确软组织是如何响应这样的运动的，最终通过描述在步行周期中迈一步时身体每个关节的三维运动模式构建了一个步行周期模型。

关节的运动方式让我们清楚地知道人体是如何步行的，有助于我们理解为什么人体会以这样的方式进行步行。同时它还引导我们理解为什么有些人会以他们现在的方式进行步行（如跛行等）。当人们出现跛行，我们可能会将其与某处受损的硬组织联系起来，这可能与他们的病史有关或者是代偿的结果。我创建的步态模型，被称为心流运动模型，它描述了每个关节在步行周期中的运动模式的变化。该模型是在每个单一时刻将关节置于直立状态下相对应的位置，从而创造一种夸张的、更加明显的、可供分析的姿势，这种姿势代表在行走时的每一阶段对应的时刻关节需要到达的位置。

我的心流运动模型中有12个这样的位置模态，我将其称为时相，也可以称为步行周期。在每个

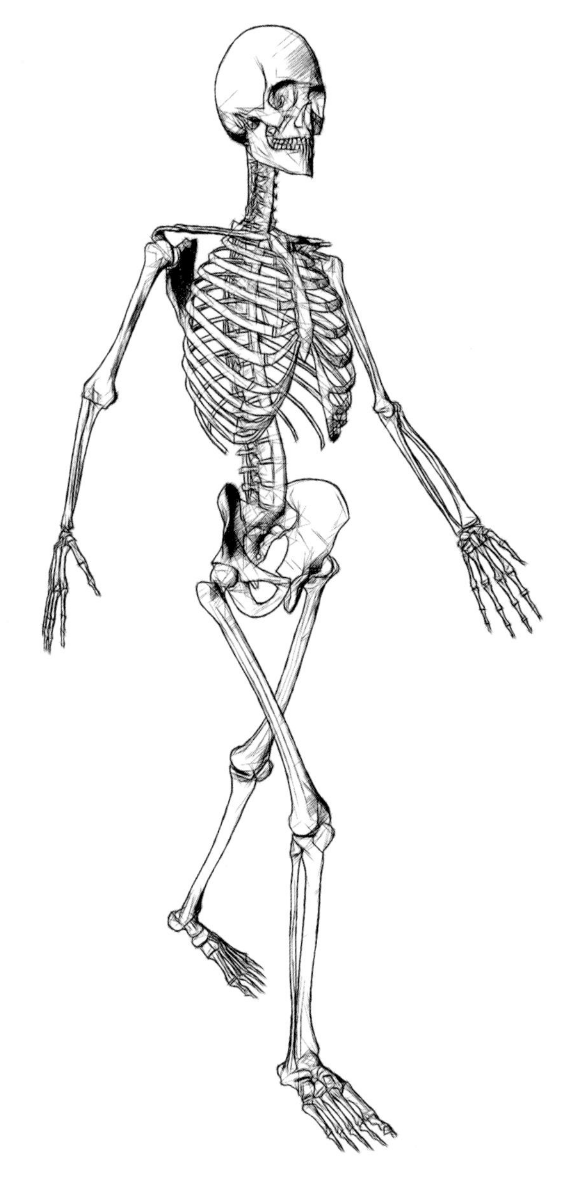

时相中，可以说是每个关节的协同运动创造了整个身体的姿势，因为每个关节似乎都能够影响动力链中上下关节的运动。在足部产生的某个动作X，意味着我可以在骨盆处产生动作Y。如果限制动作X，那么同时也会限制动作Y，或者是动作X运动不足，则意味着动作Y需要更大的运动幅度来弥补动作X的不足。在步态的每个时相及全身的各种运动模式中，这种结构上的相互影响是普遍存在的。而且，这些相互影响的模式似乎是固定不变的，它们之间的关系也同样如此。多年前，我将Thomas Myers的解剖列车理论应用到心流运动模型中。当我将肌肉与关节系统的运动方式相

匹配时，我很高兴地看到可以用Thomas的理论来解释肌肉张力。当我发现让骨骼回归原本正确的运动就足以改变筋膜系统时，便忍不住沉迷其中。Thomas的一个学生曾用2分钟在闭链立位下松动颅骨、胸廓和骨盆，所产生的身体上下关节运动变化结果与手法处理解剖列车理论中的肌筋膜链前、后表线的结果相似。我提起这件轶事只是为了强调我感兴趣的领域，即仅仅活动骨骼和关节便可以影响筋膜系统。骨骼和关节特有的运动模式，对人体各个部分均有影响，这个理念吸引了大量研究人体的学者。

在观察关节系统和筋膜系统之前，我们首先考虑一个问题，即什么是运动。我写这篇文章时充分意识到，运动在解剖学领域越来越成为"现代运动"（modern exercise）的一个普遍概念。"运动是系统的一种输入，而系统输出也是……运动。"通过运动可以恢复某些存在障碍的运动，它能让事物重新动起来，同时通过运动也可以促进人体的运动。但是，为帮助身体克服不适、修复损伤以及其他任何原因驱使人们去找治疗师进行身体按摩治疗、手法治疗或任何对身体进行控制的活动都不是运动。许多治疗手段（按摩、松动软组织和淋巴按摩、整复）施加于人体都对骨骼形成了一种运动，然而这种运动对于接受者而言是被动的。许多以运动为基础的治疗方法仍然包含稳定的本质或稳定性训练，其意图可能是控制运动，这不能称为运动输入，因为稳定身体的一部分意味着势必会失去其他必要的活动。

我查了运动的定义，是"一种可移动的行为"。

我再次搜索"移动"这个词，得到的答案是，"沿着一个特定的方向或方式前进；改变位置"。

当然，我可以轻易地将"移动"扩展到与锻炼有关的运动概念中。例如，我可以沿指定的方向奔跑，在这种情况下，我会移动我的身体；或者做下蹲或俯卧撑运动，身体也是从一个位置移动到另一个位置。在这两种情况下，我都是在移动。如果从这个意义上来讲，以懒散的方式逛超市也可以定义为运动；或者就像惯用右手的啤酒爱好者所说的那样，当他将啤酒杯从A举到B时，他也是在"锻炼"他的肱二头肌。

如果我们暂时将身体视为一个系统……我再次为"系统"找到了如下定义：若干部分相互联系、相互作用，形成的具有某些功能的机制，即整体。我们绝对可以将人体视为一个系统，尤其是当我们用有机整体代替"机制"一词时。多年来，我们在研究构成人体的各个结构方面做得非常出色，我们对它们非常地了解。有关人体的信息我们似乎都是在身体静止状态下收集的。但是，我们在闭链运动中（最好解释为"直立状态，活着的并与外力相互作用情况下的人体"）观察系统的运动，确实改变了人们对许多事情的看法。例如，肌肉是如何收缩的，远端关节是如何相互影响的，与躺在治疗床上相比，站立会如何影响我们的思维等。我们拥有大量关于人体各结构单独且孤立的信息，但不幸的是，我们没有关于有机整体的运动信息，而这种信息正是我们需要去了解的，因为这样我们才能理解"运动"这个词在系统中的作用。运动是一个很有挑战性的讨论话题。从系统外部来看，一切似乎都在动；而从系统内部来看，有些需要动，但通常没有以最有利于系统的方式运动。

在系统内部，当人们从A移动到B，或者通过改变自身位置来运动时，会有多个相关的运动结构参与其中。一个挑战是，尽管治疗师会竭尽全力地学习有关人体各个运动结构的知识，但治疗师的客户更信赖来自健身和治疗行业的信息，很可能是由于对他们自身许多运动结构的不了解。人们去健身房、去跑步、去参与他们所选择的运动、去做一些饱含激情的事或职业，他们虽然不知道系统的每个结构是如何运动的，是否运动得很好……但他们更乐于将此问题留给他们的治疗师。

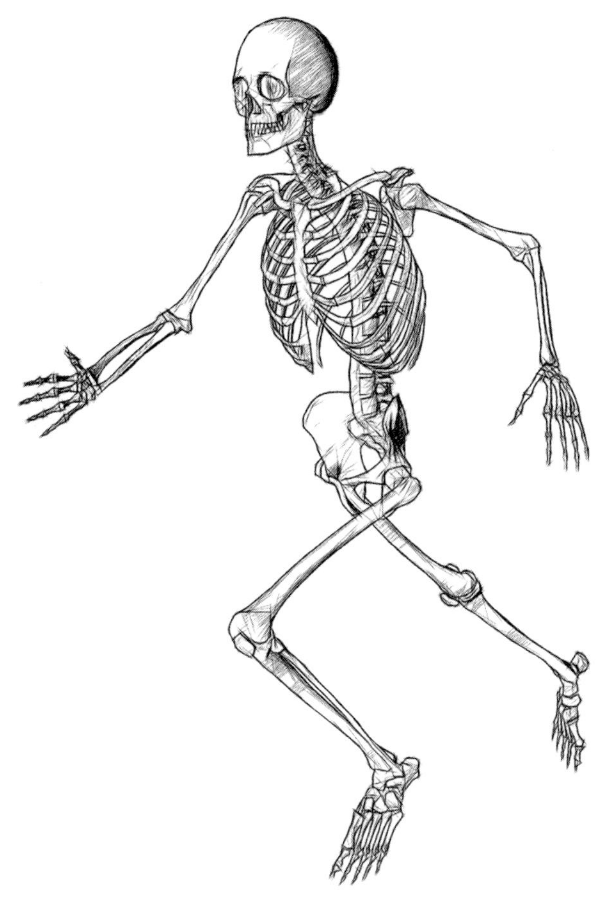

我的关注点和兴趣一直都放在骨骼和它们的活动上。我不仅关注它们各自独立的活动，更关注它们相互联系和关联的活动，所有这些活动最终都将作为一个复合的整体或系统发挥人体的全部运动潜能。

所有的运动都需要通过移动骨骼来完成，因此我们可以观察骨骼及关节的活动。首先要考虑的是，形成行走所需的全身运动，可能只需要少数几种关节的相互作用。如果我们把这几种关节之间相互作用的方式看作最佳的运动组合，并把每一个组合都看作一种运动模式，然后在个体中寻找这些骨骼的最佳运动模式，并将它们与个体在任意给定的运动中所使用的模式进行比较。这样做的目的是弄明白他们在现有模式中可能面临的问题（取决于他们选择的运动的方式），同时为优化他们的运动表现提供一种治疗方案或训练方式。

我开始研究人体中各个结构之间相互关联的运动，继续沉迷于研究行走时使用的牢不可破的运动模式，以及与许多其他活动的相关性（虽然我用了“牢不可破”这个词，但其实我们可以改变这种模式，只是方式很少，即使有，也是以某种限制或适应的方式，但不影响系统）。各个结构的运动结合在一起，使我们能够进行整体的运动，这是人类进行各种活动所必需的。

如果我们的可移动结构没有做它们该做的事，我们还能进行各种活动吗？我们当然可以，并且大多数人都可以……在全世界范围内，我开设的讲解运动原理的课程上聚集了许多自认为是“运动达人”（movement people）的人，我敢说，他们中的大多数人会对自己身体中可移动结构竟然不能移动而感到震惊，对此你是否会惊讶？

是这样吗？谁说身体应该以特定的方式移动？好吧，是我说的。主要是因为我赞同平衡的概念，在每个人身上的每一个关节和每一根骨骼都是以一种最佳的方式移动，这是由个体自身决定的。这可以通过个体在每一种运动模式中每个关节运动的难易程度来观察。所有的关节都能进行活动，也就能创造一个平衡系统。

最佳的：最好的或最有利的。

平衡：重量的均匀分布，使人或物保持直立和稳定。是不同运动元素相等或成正比后带来的情况。

对我来说，这两种定义都适用于人体。我们有2条腿、2条手臂和1条贯穿身体中央的“中心轴”，中心轴将身体分为两侧。基于这样的事实，如果我们想最大限度地应用人体系统，就应该均衡地应用身体的两侧，这个理念对我来说很有意义。

对我来说，以下3个词语表达了能够进行人体两侧（或单个关节）运动的价值。

- 轻松
- 能量守恒
- 效率

运动与关节系统的关系

运动可以是省力的，也可以是很费力的。人体由多个关节组成，每个关节都有自己独特的活动范围。大多数关节在一个中心或中线的两侧活动均有相等的范围；这意味着这些关节能为人体运动提供最好的服务（在脊柱活动中最容易想到这一点）。脊柱可以从中立位同等幅度地向左、右两侧屈曲，对于大多数关节来说也是这样的（除了膝关节和肘关节，因为它们在休息位时，不是处于中立位），我想这也是大家公认的最理想的活动模式。因此，如果脊柱向左侧屈曲的幅度大于向右侧屈曲，那么系统就会立即受到影响，这是有道理的。不过这是为什么呢？因为每个关节都是由软组织固定的：肌肉、筋膜、肌腱和韧带。例如，最佳的脊柱右侧屈曲意味着脊柱左侧的关节间隙打开，同时右侧的关节间隙关闭，理想情况下每个椎体之间的关节间隙应该相等，但更常见的是有些椎体的关节间隙要大于其他椎体。

全身关节间隙张开时，肌肉、筋膜、肌腱和韧带的长度均会增加或拉长；而在关节间隙闭合处，肌肉、筋膜、肌腱和韧带的长度均会减少或缩短。据说伸长的组织处于高张状态。我把这种现象叫作马头类比法（horse’s head analogy）：当你坐在马背上，想着自己的事，握着系在嚼子两端的缰绳，马走着走着低下了头。你的手和马头之间的距离会增大，缰绳的张力也增大。如果你不顺势放低缰绳，仍想保持手的位置则需要更用力拉拽马头，这就不再是一种省力的姿势，而是一种费力的姿势。这对人体来说也是如此，因为大脑对脊柱左侧的组织需求输出比右侧更多。

质量是用力的代名词。如果所有的关节都在侧屈时均等地打开，这就是一个省力的侧屈。如果一些关节在向右侧屈时左侧有些关节间隙难以打开，而其他关节过度打开，这时我们虽然仍可以右侧屈，但因为不均衡的弯曲导致侧屈的质量降低了，左侧的某些软组织会拉长更多，而其他的软组织维持在缩短或未激活状态，这需要更用力，同时也增加了能量的消耗。

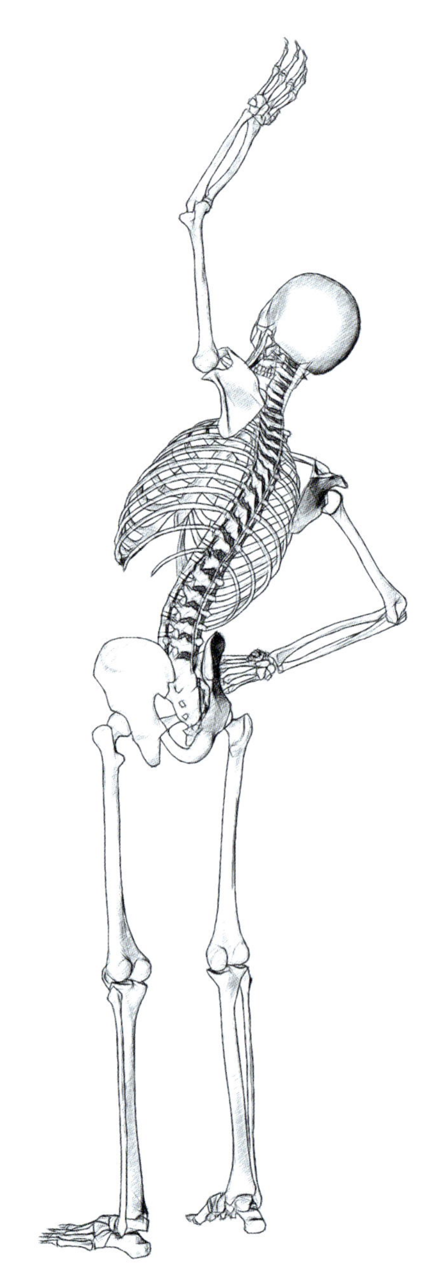

当你向右侧屈时（即使只是轻微的），你应该能够感觉到自己的身体重量会移到右脚。当你的一侧脚承重大于另一侧时，你会更多地使用该侧的腿，减少另一侧腿的使用。这是平衡的吗？不。它能让你的运动系统省力吗？不。在这种不平衡的条件下四处走动会节省能量吗？不会的。

现在我们以更大的视角来看“姿势”这个词。因为我们在某个关节处所描述的情况，可能发生在身体的许多关节处，甚至是所有的关节处。如果在休息位，一个关节不平衡，即一侧比另一侧更开放，那么身体中的其他所有关节还能平衡吗？姿势被认为是我们如何站、如何坐、如何向世界展示自己的代名词，但实际上是身体各个关节都处于休息位的总和，而每个关节的休息位是其自身可活动范围的总和。

在讨论或考虑姿势时，你可能会注意到的一些术语：好、差、头前伸、圆肩、脊柱后凸、脊柱前凸、前倾、锁膝、扁平足/高弓足等。但有趣的是，这些词都不能用来描述运动。当我第一次踏上探索解剖之旅时，我最终想要定义的是人体系统内的运动。

作为一名21世纪初的私人教练，我关注的重点之一就是姿势——不仅仅是上面提到的姿势，还包括身体处于空间中的整体位置。通常人体解剖学只关注运动的一个维度和一个关节/结构，而身体实际是一个三维实体。我曾经被教导要对运动进行三维分析。那时我想知道一个人的骨盆是否在3个平面都是中立的，而不是只有1个平面。中立位的骨盆意味着它既不会前后倾，也不会两侧高度不一致，更不会左右旋转。此外，它还可以均匀地置于双足之上。当骨盆维持水平中立位时，脊柱才能傲立于骨盆之上。这样脊柱才能展现出既不弯曲也不伸展，也不存在侧屈或旋转的完美状态。但我并不常遇到这种完美的情况。几乎每一个人的骨盆和脊柱在站立和休息的姿势中都存在一些扭曲或其他表现。这不仅让我清楚地知道身体中哪些软组织处于紧张状态，而且还知道每个节段做预期运动的潜力。

回到运动，对于有两侧和一个中心柱的人体来说，它实际上是非常简单的，即每个结构和每个关节都应该能够在其中立位或中心的所有可活动的方向上进行所有可行的运动。

若骨盆在休息位时左旋，则人在行走或进行日常活动时很难将骨盆旋转向右侧。骨盆左旋意味着参与骨盆右旋的组织会被拉长，处于紧张状态，无法缩短，从而无法表现出最大收缩能力。这样的肌肉会一直费力保持紧张的状态，然后开始疲劳，最终成为健康问题。骨盆过度前倾也是如此，它可能会很难后倾，与骨盆后倾相关的组织会被拉长，处于紧张状态，无法缩短，从而无法表现出最大收缩能力。还有些人的骨盆前倾合并左旋。如果是这样，那么其骨盆右侧很可能上提，同时增加了左侧内收肌和右侧外展肌的张力。我能如此大胆断言是有原因的。

相互连接的关节表面的形状决定了我们行走的方式。我相信有一种完美的步行方式，一种理想的步态，而这是无法教出来的，只能靠你调动自己所有的关节活动能力来实现。这个运动不只是在1个维度，而是在3个维度上。我开始意识到，步行周期中的每一刻都在创造一个新的身体姿势。通过观察骨骼及其随后相关关节的运动，可以对每种姿势进行不同描述。

在我看来，在步行时，如果我们想体验省力、节能和高效的步行模式，那么我们应该能够变换12种不同的姿势。我已经在心流运动模型定义了它们。这12种姿势中的任意一种姿势都根据每一结构和每一关节的运动位置和方向进行描述。当然，每种姿势都是不同的，因此代表了12种组合和模式，在这些组合和模式中，我们可以很轻松自然地移动骨骼和关节。在这里，运动模式开始在模型中显示出来，并且可以轻松地追踪到我们日常进行的许多运动和活动中。如果人体有不同的移动和发育方式，也许我们当下进行的运动方式也会有所不同。

早期我在观察人行走时注意到一件事：任何一个走过压力板的人完成一次足跟到足趾的接触都需要0.6～0.8秒的时长。在这段时间里，每个人都会（再次）经历在两个方向（如屈曲/伸展、内收/外展等）和三维空间中可能出现的每一个关节运动。我对于人们告诉我他们想在此更好地观察步态表示怀疑，因为这里面包含了很多运动。如果有人想在跑步机上行走的同时去追踪206块骨骼和诸多关节的运动，那就祝他好运吧（顺便说一句，电动跑步机会扭曲这些自然的动作）。你最多只能分辨出结构的粗大运动，绝不可能分辨出更精细、更精确的关节运动的细节。有趣的是，在如此短的时间内，人体却拥有足以控制身体的潜能。一个在休息位处于左旋的骨盆不足以体验在等量的时间（在0.6～0.8秒的时间窗口）内右旋，因此，可以确定骨盆在日常活动中左旋的幅度大于右旋（设想一下这将对梨状肌和其他髋部肌肉组织有什么影响）。这种限制并不一定出现在骨盆，也可能出现在身体的整体结构及跨步阶段。也许，如果我们能改变步行周期中身体整体运动的时间，那这些在骨盆上的限制或许会自行解决。

我会要求并培训人们更好地观察身体的每个关节和结构是如何经历各自独立运动的，同时关注身体不断进行的各关节和结构上下之间的相互联系和运动模式。如果关节A在关节B的上方，并与之关联，关节B在关节C的上方，并与之关联，那么关节A和C也一定以某种方式关联。多次推导甚至可以得出关节A和关节Z之间的关系。

回顾一下，还记得用来描述姿势的词吗？它们都不能用来描述运动，因为它们只描述了身体某结构处于空间中的某个位置。这个位置在空间上可以是运动频谱上的任何位置。一个运动频谱是一端到对立端范围内的无数的点。如果骨盆前倾，倾斜多少？它对上面和下面的结构有什么影响？前倾的骨盆或许可以进行后倾运动，但可能无法超过其真正的中立位。这至少表明骨盆后倾存在一些活动范围，只是没有我们想的那么大，也没有达到所需活动范围——一侧的软组织一直处于短缩状态，另一侧的软组织一直处于拉长状态，两者均未达到它们相对的良好平衡状态。如果前后倾的肌肉或多或少都能越过中线，至少相对的肌肉都有均等的机会变长或变短，并且它们在休息位的长度可能是相等的，那么即使活动范围减小也相对是好的。

前倾的骨盆有可能被卡住，无法比它当前的位置倾斜更多或更少，这表明现在处于一种几乎不需要累及软组织的停滞状态。可以说，这可能是一个系统的整体问题。关节活动度描述了“运动”有趣的一面。一个位于中心或中立位置的关节比运动频谱上的任何一点都有更大的活动范围。关节休息位越接近运动频谱的一个极端，关节能够活动的总范围越小。关节在任一方向上离中心越远，其可活动的范围就越小。因此，如果想恢复关节的活动范围，并不是要牵伸肌肉，而是要促进关节回到中立状态（这就需要考虑关节A和关节C并与关节B一起参与到新的运动方式中）。运动是有方向性的：向前、向后、侧向或旋转（向左或向右）。

有两种变化象征着运动，即（骨骼）在各自的运动平面上彼此靠近或远离，此时关节处的表现只是变化之一。运动也可以被认为是更广泛的，如重心远离或转移至一侧足。这种重心的变化也会严重影响骨骼和相互连接的关节的位置，因为有些关节间隙会通过张开或闭合以适应身体重心的变化。这就是我所说的“重量管理”（mass management）。

运动潜力也取决于我们如何管理身体的重心。我们的重心可以前移至前脚掌、后移至足跟、转移到左脚、转移到右脚、旋转我们的身体，甚至可以在一侧足跟和另一侧前脚掌上感受重量。脚上的重量分布（足底压力）是你可以很快在自己体内感知到的，并可以让你更深入地了解自己的运动潜力。我的意思是，如果你知道你的一侧足后跟承受40%的身体重量，你还会选择在负荷一个沉重的杠铃的情况下做下蹲吗？这样做会有什么后果呢？坦白地说，如果我们对它进行三维分析，就会发现身体的重量分布在足跟通常（但不总是）与骨盆前倾有关。

我们猜测你的重量分布会更偏重于某一侧，假设偏重于右侧，那么这可能与右侧骨盆的上提有关，从而促使更多的重量分布到右侧跟骨。鉴于右侧承重更多，我们也可以推测出对侧的前脚掌承重非常少，这表明骨盆左旋，这对大脑也是一个合乎逻辑的选择，因为骨盆右旋会增加已经承重的右足跟的负荷。因此，不仅大部分身体的重量会落于足跟上，还会落于前倾、右侧上提、向左旋转的骨盆上。如果关注你的脊柱，尤其是腰椎，会发现你的脊柱为适应骨盆的这种重量调整也进行了调整。

腰椎会以伸展代偿骨盆前倾，以右侧屈代偿骨盆上提，以及以右旋代偿骨盆左侧旋转，这样人在站立休息位时才能保持上半身结构面向前方。你能推测出当你以这样的姿势下蹲时身体的哪个部位会自然地增加负荷吗？右侧下腰段及骶髂关节区域会伸展，同时右侧屈和右旋导致每次下蹲时骶髂关节上部的关节间隙变窄（当然其他适应方式也是有可能的，但事实上很少，在现实中如果你的患者刚好存在这样的姿势时，请记得检查）！

足底压力预示着潜意识下维持的姿势，这既决定了人体运动局限性，也决定了机体内部的运动潜力，而机体内部的运动潜力又决定了在进行任何特定运动时，身体所能达到的运动效率。整个机体的运动效率取决于机体中每个关节处的运动潜力，最好的状态是双方保持平衡或平等。不管是由于你的足部压力所决定的关节运动潜力，还是由于关节运动潜力决定了足部压力，两者的平衡才是高效运动的关键因素。

我们目前关于运动的思考仍然是基于处理软组织改变我们的姿势或关节在空间中的位置进行的。有一种观点认为，通过主动收缩组织，可以使一个结构改变形状，并通过对其长期影响产生一个新的姿势。我并不同意这种观点。组织收缩可以让一个关节很好地移动，但如果在生理上无法到达关节活动末端，也就无法将关节移动到末端位置。在这种情况下，纠正关节与相关关节的协同运动及上下关节（在整个系统中）恰当的运动，能使关节进行全范围的活动（当然是在不存在生理或结构障碍的情况下），同时也能创建一个供肌肉充分收缩的环境。虽然我充分意识到使一块肌肉收缩和使一个关节移动是可行的，但这需要关节充分发挥其运动潜能。

我在人类的运动中观察到肌肉在收缩之前会变长。我在《了解你的脚》这本书中描述过这个现象，它是我所阐述的运动的其中一个重要原则。也就是说，当我们在运动或活动时，在整个运动期间并且在不同的情况下，我们的骨骼都会间歇性地被置于（或被要求置于）不同的位置。而我们在移动关节的时候，关节周围的肌肉由于这些关节的张开而被牵伸，这必然需要肌肉随之收缩以控制关节的活动范围。肌肉收缩是为了控制关节的运动幅度，而不是为了促进关节的运动。关节的运动取决于其在空间中的休息位的位置，关节休息位处于中立位，则能到达两侧关节活动的末端；休息位偏离中心位时，则达不到末端。而肌肉离心收缩才能使关节到达活动末端，在肌肉处于最长状态时发生向心收缩，才能使关节回到其中立位置。在运动中，肌肉不会从中间范围缩短，而是从伸长状态缩短。因此，为使肌肉能有效收缩需要关节张开或出现间隙。

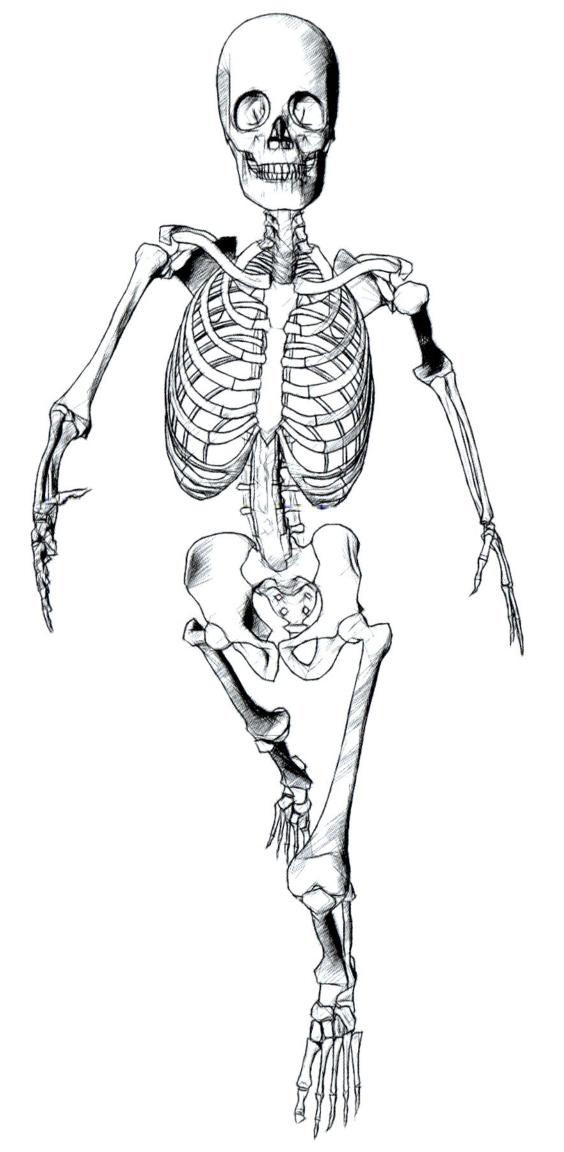

关节活动是肌肉收缩的必要条件。我并不这样认为。现在回想一下你所做的稳定或收缩训练，要么是使关节闭合，要么是维持关节稳定，希望你能明白你忽略了很大一部分的问题。出于这个原因，我提出了运动的重要原则：关节行为，即当我们考虑将运动作为治疗工具或是锻炼工具时，了解肌肉反应的目的应该是帮助理解骨骼和关节的运动。如果一个关节不能活动，那么它周围的组织非但不能很好地保持关节的稳定，反而是什么也做不了。关节在以下三种任意一种情况下都会因缺乏灵活性而导致不能运动。

（1）闭合状态（周围组织锁定在短缩状态）。处于闭合状态的关节在0.6~0.8秒的时间窗口内可能无法张开太多。越接近关节活动范围末端，闭合的关节比张开的关节更早开始减少活动范围。

（2）张开状态（周围组织会伸长）。处于张开状态的关节在0.6~0.8秒的时间窗口内，可能无法闭合太多。当一个关节置于关节活动范围末端附近，则其在两个方向上可达到的范围均减少。

（3）被卡住或不动（周围组织没有任何作用）。关节可能会卡在其可能的活动范围内的任何位置。

回顾一下脊柱，它可能置于向右侧屈位。椎骨的左侧是相对打开的，右侧是相对闭合的。左侧的组织拉长，右侧的组织短缩。实际上，左侧的组织是在努力限制椎间关节的进一步张开，而右侧的组织由于缺乏来自闭合关节的刺激，没有任何做功。一般人认为这是因为组织收缩使身体维持该姿势，而我认为是由于关节被闭合导致的肌肉短缩，而短缩的肌肉不起任何作用，并且只有通过张开相关联的关节来回应软组织伸长的需求。

我们可能会想去牵伸右侧的组织，或者收缩左侧的组织，或者两者兼有。然而，正是关节的运动能使我们的组织再次发挥作用。这再次说明，脊柱的侧屈是一种全身运动。如果脊柱出现右侧屈则意味着颈部、骨盆、髋关节、膝关节和足的活动都会受限。

让所有的关节在它们相关的运动模式下协同工作都将对神经系统再教育，从而重新得到脊柱直立状态。随着脊柱的伸直，左侧的组织会随着右侧组织的延长而收缩或短缩，致使右侧的关节间隙张开而左侧的闭合。在这个过程中我们的身体是如何做到的，是另一个不同的话题，但最终的结果是达到我们所期望的运动目标，即重新排列我们的结构，重塑组织并创建一个更有效的系统来活动。通过移动关节，我们的软组织更有机会尽到在运动中管理骨骼的职责。我认为，关节创造了运动，同时肌肉完美地基于其管理关节的可用范围和可进行的运动。它们可以运动过多或不足，但这两者都不能为系统的运动创造一个有用的环境，因为这仅仅需要适量的运动，以及肌肉与关节之间的良好联系。

运动与筋膜系统的关系

时间是一个影响因素。许多人认为，研究筋膜系统及其所包裹的神经和本体感受器是我们调整姿势所需要做的。对此，我持有不同的观点，我希望这只是筋膜话题的另一面。关于筋膜的科学是令人难以置信的但令人震惊的。听Thomas Myers、Phil Beech和Robert Schleip这样的人讨论筋膜和筋膜内在的魔力，简直让人目瞪口呆，令人敬畏。如果某些东西被忽视了怎么办？我相信这就是促使我写这篇文章的原因，因为这被忽视的东西就是"运动"。我不认为上述任何筋膜支持者会不同意。当我刚开始教运动解剖学的时候，想要一些证据来支持心流运动模型和解释关节运动，我唯一找到的是Thomas的解剖列车理论。筋膜覆盖、包围和融入所有的组织，包括软组织和硬组织，如巨大筋膜容器中的骨膜（外层）包绕着骨骼。

对我来说最大的问题是：筋膜的运动会移动骨骼，还是骨骼的运动会移动筋膜呢？如果我说一个是，而另一个不是，那我就太傻了。这是一个很难进行探讨的话题，因为这两者在人体中所扮演的角色是如此紧密，不可能将两者分开。但是，现在已经有了关于筋膜的讨论，认为可以利用筋膜来重新排列人的骨骼，因为肌肉可以通过收缩来移动骨骼和关节。关注点通常集中在控制骨骼和关节的软组织上。我想谈一下"另一个"话题，也是我最受启发的话题，多年来我接诊过无数患者，观察到了通过进行"骨骼优先"的方式，筋膜组织能在极短时间内发生变化。

简单地说，如果能重塑大脑，让它重新体验一种它长期无法获得的旧的（被遗忘的）运动模式，那么骨骼结构就有可能实现自我重组。这样做时，筋膜系统也肯定能立即适应。无论你是否了解从头到脚的筋膜线或筋膜链，无论你是不是一个筋膜论的支持者，有一件事是可以肯定的：筋膜连接一切！鉴于这一事实，很容易看出如何通过改善筋膜系统的质量，从而让整个身体积极适应。在同样的情况下，有可能通过改善一个人的关节运动质量，从而让整个筋膜系统积极适应。如果脊柱从一个简单的运动模式中伸直，即你运动后比运动前站得更高，那么你的整个筋膜系统也必须发生改变以适应这种身体位置的调整。

运动是重复的。几千年来，人类为了直立行走和运动，把骨骼塑造成今天这样的形状。双足行走，眼睛平视前方。我们所走的每一步几乎都与前一步相同，甚至与昨天是一样的，很可能上个月也是一样的——如果追溯得足够久远的话，可能很多年都是一样的。除非发生什么事改变了它。通常情况下，发生的事情都是负面的，比如一次损伤、一次意外、一场疾病、一场手术……在这些情况下，身体会发生一些变化，使其适应。如果你的踝关节受伤了，受影响的不仅仅是踝关节，而是整个身体。如果你伤了肩膀，受到影响的不只是肩膀，而是整个身体。假如踝关节受损，随着你整个身体的变化，你走路的方式也随之改变，你的脚步声、步幅和每条腿之间承重差异也会逐渐改变。这会影响你的三维运动姿势，以及打开一些关节、闭合其他关节、延长一些组织和缩短其他组织的能力。你的姿势在这一过程中会发生改变。由于运动是重复的，新学习到的运动模式会逐渐被适应，现在走路的方式也就和以前不一样了。

好消息是，你的踝关节不再给你带来任何麻烦。然而，具有讽刺意味的是，你现在走路的方式可能会给你带来新的麻烦，因为压力会施加在身体的其他部位。如果你的踝关节真的受伤了，那么将全身重量压在受伤的踝关节上会有安全感吗？如果你在踝关节受伤后的几周内都没有进行承重，那么你可能永远不会再这样做了！你可能会把重量放在健侧足上，总之你不会完全把重量放在患侧足上。你通过控制身体重心变化以适应受伤，整个骨骼系统将进行调整以找到一种新的站立、行走和移动的方式。而你的筋膜系统也会随之改变，从而改变每一个步伐，以及直接影响全身的骨骼和关节运动。以这种新的移动方式重复进行之后，你可能发现骨骼左移的幅度大于向右移，有些骨骼前移了就不再回位。

现在出现了关节左侧打开得比右侧多等情况。跨多关节的肌肉所需要的控制和消耗更大，随着身体储存的能量越来越少，肌肉自身的负荷会相应增加。而肌肉作为筋膜系统的一部分，意味着我们可以很容易地观察这些“筋膜线”的变化，还可以观察骨骼的活动并测试关节的活动潜能。关节能在所有三维空间中从中立位到两边的距离均等吗？如果答案是否定的，我们可以将其描述为不平衡，并且可以观察筋膜系统的紧张度、僵硬度、松弛度、长度、过度活跃/不活跃（也可用你自己的话来描述）。

我们可以说筋膜因为薄弱而有张力，也可以认为筋膜因为骨和骨之间的间隙打开了而有张力。我还想补充一点，肌肉在筋膜系统中的角色是在关节张开时控制它，因此当关节张开时肌肉开始收缩。如果这个过程是成功的，关节会再次闭合。但是骨骼在适应后，关节就无法闭合（因为这是为保护受伤部位而做的代偿），肌肉会发现自己处于永久的延长状态。肌肉过度活跃，试图缩短却没有任何效果，这最终会导致它的力弱、紧张，甚至疼痛。筋膜系统管理着骨骼在空间中的运动和位置，包括静止状态（姿势）和运动状态（步态/活动）。

鉴于我在心流运动模型中确定的12种姿势，理论上每一种姿势是所有人的身体都可以做到的（但由于每个人在生活中的经历，通常不能完全做到），这也表明筋膜系统应该能够塑形成12种不同的形状。就像我刚才提到的，无论你把你的骨骼放在什么位置，肌肉和筋膜系统都会随之变化。肌肉和筋膜系统会跟随着骨骼和关节运动，因为所有的软组织（肌肉和筋膜）都附着在骨骼上。如果一个人的两侧无法均等地获得这12种姿势中的某些或全部姿势，那么筋膜系统就会随着骨骼发生改变，从而最大限度地减少关节的张开幅度和远离中立位的相关运动。

只有当骨骼能够从中立位向一侧关节活动范围末端移动，再从该末端回到中立位，并向对侧运动到达对侧的末端然后再回到中立位，筋膜系统才能达到平衡。关节系统也是一样的，因为两者实际上是密不可分的。一个关于骨盆运动的例子：在一个理想的世界里，当你用左足前侧承受重量时，你的骨盆会向左侧抬高（侧倾）；当你用右足前侧承受重量时，你的骨盆会向右侧抬高。如果这两个动作骨盆抬高的程度是相等的，那么两侧像外展肌和内收肌这样的肌肉在每一步的动作中都扮演着相同的角色。然而实际会发生的情况是，有些人总是将一侧骨盆抬得过高。根据我之前提到的0.6~0.8秒时间窗口的原则，另一侧就不能抬到相等的高度。当另一侧骨盆应该上抬时，通常只能达到臀部或与骨盆一个水平。例如，当我左脚向前时，左侧的骨盆上提；而右脚向前时，骨盆仅能达到水平。你应该注意到，与对侧相应肌肉相比，左侧外展肌群和右侧内收肌群会拉长更多。右侧内收肌群的长度总是比左侧相对应的肌肉长度长，因而经常发生腹股沟持续牵拉的情况。通常这种情况，人们很少会从长期腹股沟组织治疗中受益，只有当他们迈出的每一步都能保证右侧骨盆上提高度与左侧运动相匹配时才能受益。当这种情况发生时，随着骨盆在右侧上提，左侧腹股沟组织会变长，而右腹股沟组织会短缩，从而减少对组织的压力或威胁。如果这个人由于先前的损伤不愿意用右侧踝关节来承重而导致左侧骨盆上提，那么他的骨盆上提则不是你需要关注的重点，而应关注右侧腿不承重的原因，即受损的踝关节。治疗踝关节（即使是9年前受的伤）可能是为患者提供解决腹股沟问题的长期治疗方案。如果这个人觉得在右侧踝关节上承重很舒服，那么他在步行时右侧骨盆才会重新上提，从而重置并改善所有组织。

为了构建一个完整的身体姿势，我们必须问一个问题："在一侧骨盆上提合并扁平足的情况下，如何保持我的上半身叠放在骨盆上？"

当你右侧骨盆上提时，为了重量管理姿势，你要让身体的重心牢牢地落在承重脚的支撑面上。平衡的本质就是所有的中心都对齐。因此，在上提的骨盆下方，前侧的腿弯曲，采用外翻的模式，以及踝关节背伸和髋关节屈曲姿势。在骨盆上方，脊柱向两侧弯曲并向前腿方向旋转，同时在颈部向对侧屈和旋转，以确保眼睛保持在水平线上。这描述了此时此刻整个身体在冠状面和水平面的位置。如果骨盆不上提，上面的脊柱不会受此影响，下面的髋关节和膝关节也不会受此影响。现在考虑一下，有多少筋膜组织因为运动从省力到费力的改变而受到扭曲。当然，我们的目标不仅仅是考虑筋膜在人体功能中的作用，还应考虑有效的关节运动对我们行走和轻松移动的作用。

为了了解运动对筋膜系统的影响，有必要考虑以下因素。如果在人的身上做手法治疗能够为神经系统创造一种环境，使其能够以一种更有效的方式支配行走和移动，那么手法治疗就能达到它初始的目的。我注意到一个最大的问题是：我们提供的运动练习不是全身的，也不是为患者运动需求而量身定制的方案。即我们设计的治疗方案是可以解决一些问题，但并不是改变整体系统的。例如，在上述案例的情况下，解决下段脊柱能使骨盆上提更多，这似乎是一个很好的结果。但直到人们回归日常生活，走出门外，并无意识地拒绝受伤踝关节的承重时才发现并没有解决本质问题。

这说明患者带着自己的问题回到日常生活中去了……多年来，许多治疗师发现患者会带着来治疗时同样的问题回到日常生活中。所以我们必须从更多的角度来思考问题，从更广、更深的角度来看待治疗过程。因此，我们需要考虑的是整体运动，即人是如何移动的？身体采取了什么运动方式来保护系统中的某些结构？什么样的运动让人感觉安全，什么样的运动让人感觉威胁到了神经系统？筋膜、软组织和肌肉都有助于运动，它们都负责管理骨骼和关节的活动。骨骼和关节被治疗师设计成以某种方式移动。

我对人类运动的研究强调了这一点，即我们在迈出一个脚步时，可以采用12种不同的模式，而这些模式提供了一个非常好的范式，让我们可以根据身体所处的环境和身体的健康史来评估整个身体，这样我们的治疗不会仅仅拘泥于患者的主诉，而是能找到引起主诉的根本原因。运动既不是一个整合的系统，也不是一个独立的系统……整体（身体）的运动完全依靠其各个结构（骨骼或关节）的运动。目前我们在健身房和治疗领域可以随时进行全身运动，但是治疗师没有考虑到每个结构的运动潜力；大多数人在健身房和治疗领域都是处理独立系统，专注于单个关节和结构，不会考虑整个身体的运动。是时候融合这些方式了。

运动就是一切。如果你选择跟随我的思路，运动也是可以被优化的。一切都在按其应有的方式运动，也可以说没有任何东西能够随意运动。在这种情形下，我们发现人类在解决他们的问题的同时也制造了更多的问题。当一切都按其应有的方式运动并且所有关节都具有完整的三维空间潜力时，每块肌肉都可以在其3个平面上发挥伸长和缩短的全部潜力，每条神经都能在身体周围畅通无阻地滑动和发挥全部功能，每条静脉和动脉不受限制地自由搏动，所有的淋巴管道均可自由地将淋巴液返流回系统，每个器官都可以跟随躯下运动所移动，并且可以自由地吸气、呼气。运动系统是一个能够自我治愈的系统……它只需要得到许可来表达它的潜力，而治疗师专注于消除人体运动中产生的障碍和限制，因而这个系统就可能开始自我治愈。从这个角度看，也许复杂的运动仅仅是一种愈合机制……最重要的是，愈合环境是关节通过充分发挥其运动潜能而创造的，这给肌肉提供了它们所需要管理的环境。现在的问题不再是骨骼是否影响筋膜系统了，现在可以讨论这个问题了——我们如何精准地评估骨骼的运动潜能呢？

（叶赛青 译，常智跃 高 强 审）

Jerry Hesch（杰瑞·赫尔施）

Jerry Hesch是美国科罗拉多州执业物理治疗师，拥有美国新墨西哥大学物理治疗理学学士学位和印第安纳波利斯大学健康科学硕士学位，并在美国斯蒂尔健康科学大学获得了物理疗法博士学位。

他在超过35年的临床实践中开发了Hesch方法。与关节调节模型（joint adjustment model）相比，Hesch方法是一种独特而温和的方法，它描述了存在于全身的多种模式的运动功能障碍。Hesch方法是从全身来治疗，而不是只关注疼痛的部位。仅在盆腔区域，Hesch博士已经发现了十几种尚未在文献中描述的错误运动模式，并开发了治疗方法。他重新解释了外伤性分娩的机制，命名为耻骨联合分离（也可称为耻骨关节分离），并开发了独特的治疗方法。此外，他还开发了一种独特的方法来治疗寰枢关节问题。

自1985年以来，Hesch博士已经举办了100多场研讨会，指导物理治疗师应用Hesch方法评估和治疗骨盆、骶髂关节和腰椎问题。他还编写了高级治疗技术学习材料，以帮助临床医师在整体理念下使用手法治疗。他目前从事教学和写作，也治疗复杂性慢性疼痛患者。

第二十四章

颈椎挥鞭样损伤患者寰枢关节微动功能减退的治疗

Jerry Hesch

概述

在本文作者的物理治疗门诊实践中，通过手法评估经常发现在上颈段，特别是寰枢关节（C1~C2）节段出现压迫和过伸的模式。在www.PubMed.gov, www.Google.com和www.youtube.com上检索“寰椎（atlas）、寰枢椎（atlantoaxial）、伸展（extension）、过伸（hyperextension）、屈曲（flexion）、加压（compression）、牵引（traction）、牵张（distraction）”等关键词发现，这种模式在文献和公共领域中的表述不多（检索日期：2018年12月31日）。

然而，当使用术语“寰椎旋转（rotation atlas）”一词检索时，发现很多文献已经在使用，包括寰椎旋转不对称的评估与治疗。旋转是寰椎的一个相关运动，而且寰椎的牵张和伸展活动不足显然是诊断不充分的，因此会出现治疗不足。本文作者在颈椎挥鞭样损伤（whiplash）和颈源性头痛（cervicogenic headache）患者中，经常遇到上颈段轻度伸展的牵引受限。本章主要介绍上颈段伸展性牵张活动不足的评估和治疗。

寰枕和寰枢关节的关节形状

我们将简要回顾寰枕关节（occipitoatlantal joint，OAJ）和寰枢关节（atlantoaxial joint，AAJ）的解剖知识（图24.1~24.5）。更加详细的回顾请参阅Bogduk和Mercer[1]、Dalton[2]、Neumann[3]的研究。Bogduk和Mercer是以下回顾的主要来源。

OAJ和AAJ位于脊柱前方乳突的正下方，而C2~C7关节突关节位于乳突后方（图24.1）。当对上颈段进行分离牵引时，认识到这个区别特别重要。

第一颈椎（C1）被命名为寰椎（图24.4、24.5），是一个环状结构，主要将力从头部传递到颈部。它有两个侧面是凹面，形状有点像有两个

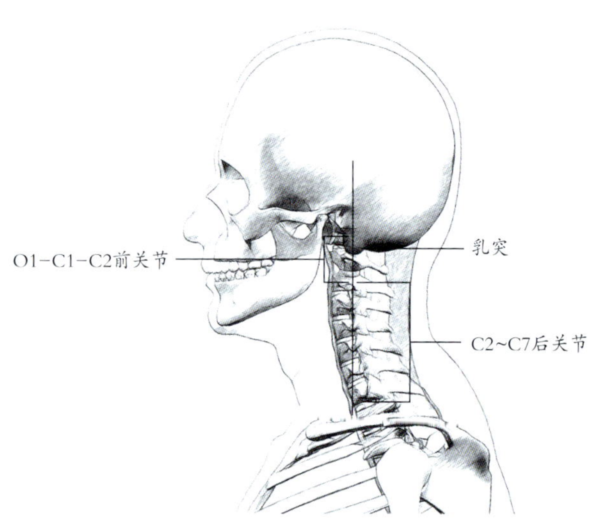

图24.1

寰枕关节位于乳突的内侧，而寰枢关节位于乳突的正下方。中、下颈段的关节突关节位于乳突后方

相连的裂片的花生。它们与枕骨的凸状结节相连（图24.2、24.3）。寰椎与枕骨同步运动。寰椎前弓的后部有软骨，与C2（又称枢椎）齿突的前部相连（图24.4、24.5）。寰椎侧块的下方有两个侧面关节与枢椎相连。这些关节突关节呈平面状（图24.3、24.4），但表面的软骨呈凸状。

宏观运动与微小运动

上颈段的主动屈曲是在有意识的控制下进行的，是一种宏观运动或者粗大运动。它也可以被描述为骨骼运动，或"可观察到的运动"，或"可观察到的骨运动的效果"。当上颈段椎前屈时，首先寰枕关节会产生少量的屈曲运动，然后寰枢关节屈曲继续向下运动。微小运动是范围很小的运

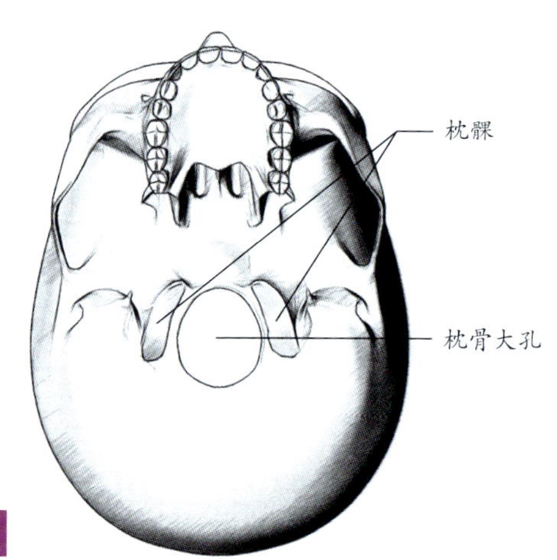

图24.2

枕髁凸面与寰椎凹面相连

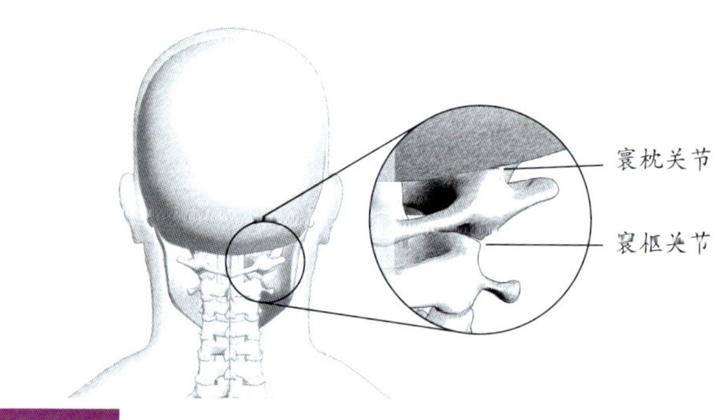

图24.3

寰枕关节和寰枢关节

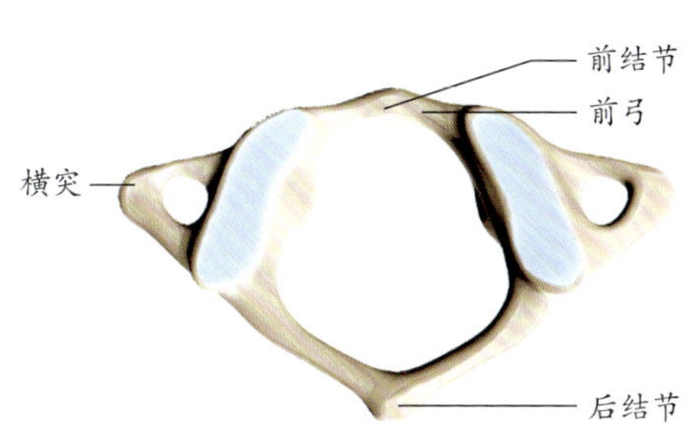

寰椎（C1）：上面观

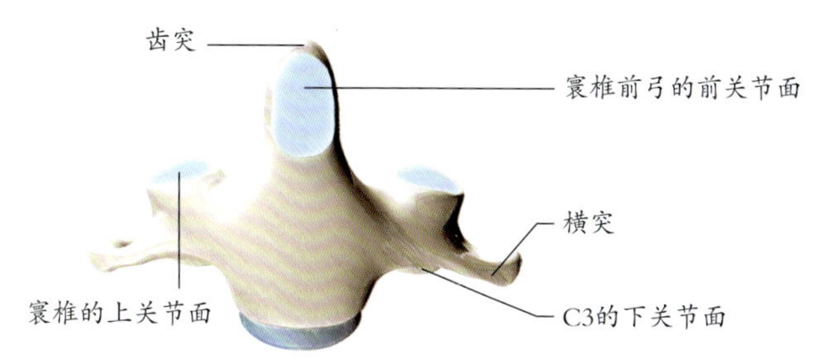

枢椎（C2）：前面观

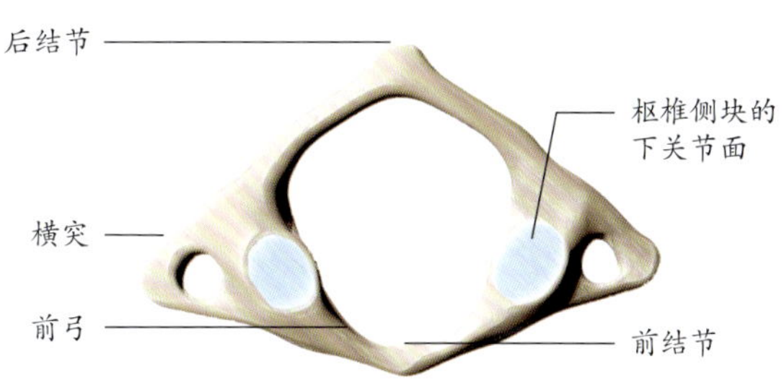

寰椎（C1）：下面观

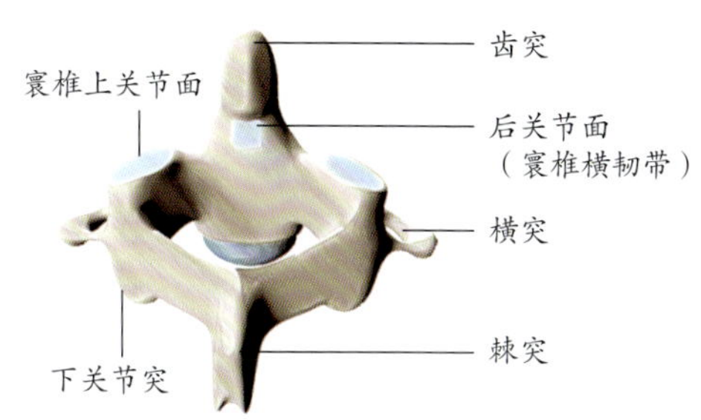

枢椎(C2)：后上面观

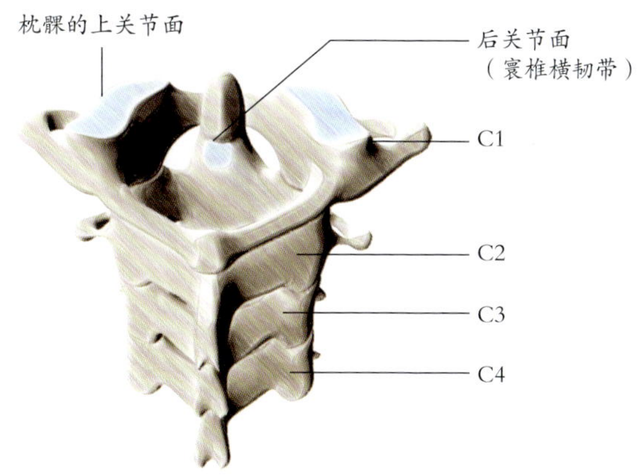

上颈椎组合：后上面观

图24.4

寰枢关节解剖

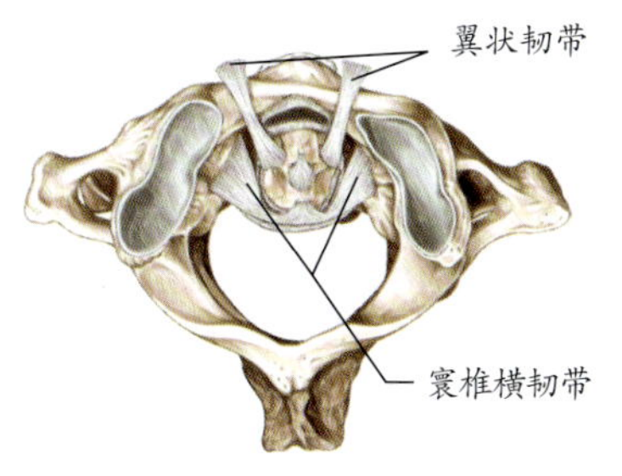

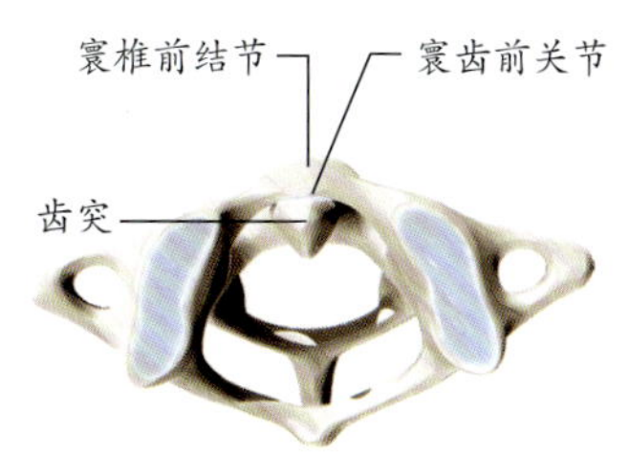

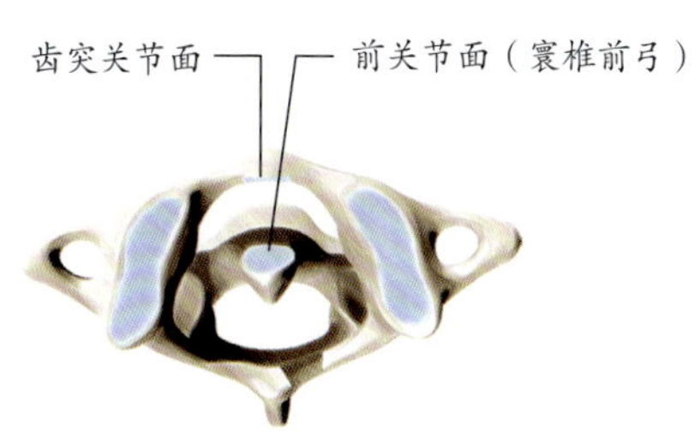

图24.5

寰枢关节韧带

动，它可伴随着粗大的生理运动，也可被外力引出，但不能随意单独地进行此运动。当颈椎前屈时，这些关节的前方会有微小的挤压运动，同时在这些关节的后方会有微小的牵拉运动。前屈时伴随这些运动的其他微小运动是向后的滑动和滚动。滚动和旋转也被描述为关节运动，但滚动和旋转不会被处理，因为这些运动不能离开外部力量而单独存在。关节运动是宏观生理运动的重要组成部分。关节运动发生在关节表面，Mulligan[4]理念描述如下。

- 相邻关节面之间存在不可见的关节附属运动，如滚动、滑动和旋转。
- 这些附属运动发生在所有的主动和被动运动中，必须是关节活动度内全范围的、无痛的运动。
- 关节附属运动不能独立地存在或自主发生，如果活动受限，则会限制主动生理运动。
- 关节运动可发生在关节活动度范围内的任何部位。

就像关节运动一样，关节附属运动是一种不能被观察到的微小运动，也不受意识的控制，因此不能与肌肉收缩分离。关节的附属运动仅能被动地评估。不同类型的关节附属运动包括分离、肢体的滑动和脊柱的单节段性的滑动，以及关节屈曲、伸展和旋转等极限处的加压等。关节的附属运动可用来评估微小运动的活动度或活动不足。只有通过滑动、牵引或末端加压去除关节的松弛部分，才可以对关节附属运动进行评估。本章将重点介绍上颈段在中立位、10°屈曲位和10°伸展位的牵引以优化对寰枢关节的分离。“牵引末端感觉”这个术语涉及两种运动状态，这两种运动状态之间无中间区域，即可移动或活动不足。为获得一个清晰的评估，可以让关节呈现极限状态，这是关节活动的自然属性。

上颈段的牵引末端感觉描述一种特殊类型的关节附属运动，出现在颈椎屈曲或伸展10°时是正常的生理运动。该运动不易察觉，当明显缺乏活动时，这种运动才容易观察到。通过对颞顶区进行特殊的手法治疗，可以将上颈段关节分离牵引。在损伤后，关节附属运动就会出现运动不足或受限，需要被动评估和被动治疗，这将在本章后文讨论。在这种情况下，“活动不足”一词与“活动受限”是一样的。寰枕关节的活动受限很少见，而寰枢关节的活动受限却很常见，如在患有挥鞭样损伤的患者中。清理寰枕关节和分离寰枢关节将在后文中描述。我们可以找到关于关节结构和功能原理的附加信息[2-5]。

为了分离牵引寰枢关节，必须在颞顶区进行手法治疗（图24.6、24.7）。当在中立位（图24.7）和伸展10°（图24.9）寰枢关节牵引活动不足时，推测寰椎在伸展生理活动度的末端卡住（stuck）。遗憾的是，在www.PubMed.gov网站通过关键词“寰椎（atlas）、寰枢椎（atlantoaxial）、屈曲（flexion）、伸展（extension）、牵引（traction）、牵张（distraction）、加压（compression）、活动不足（hypomobility）”检索到的关于压迫、寰枢关节过度伸展的评估和治疗的文献很少（检索日期：2018年11月27日）。

然而，有生物力学的文献表明，根据Panjabi等[6]的研究，在寰枢关节屈曲8°和伸展10°[7]、屈曲11.5°和伸展10.9°，以及单侧旋转38.9°和侧屈6.7°处寰椎和枢椎形成了3个关节。当寰枢关节外侧关节活动时，齿突和寰椎关节前部也有活动。随着寰椎的旋转，在前方关节有高达3毫米的垂直滑动[8]。Bogduk和Mercer[1]（P.176）也报告了基于关节形状的寰椎围绕齿突的向上运动，“齿突稍微向后弯曲。这种形状允许寰椎前弓向上并稍微向后滑动，从而使寰椎能够伸展”。根据Neumann[3]（P.281）的观点，寰枢关节屈曲包括寰椎棘突的向上牵张、外侧关节面及寰椎前关节的向下旋转。寰枢关节伸展则相反。上颈段的运动已被客观地测量。

Boyduk和Mercer[1]（P.177）详细阐述了寰椎的反常运动：头部的屈曲可以引起寰椎屈曲或伸展，并且头部伸展也可以引起寰椎的屈曲或伸展。这是基于寰椎上枕骨的解剖差异和承重位置的变化。外侧关节面的双凸形状表明，顶端的前后负重可预测相反的运动耦合。这可以部分解释为什么在挥鞭样损伤后分离牵引枢椎可在轻微屈曲位或轻微伸展位时受限。尽管如此，在中立位和伸展位下进行测试时，最常见的表现是牵引活动不足。

寰枢关节评估和治疗的禁忌证

上颈段手法治疗的禁忌证同样适用于上颈段的被动关节测试和治疗，下文对此进行了描述和简要说明[9]。我们鼓励读者查阅世界卫生组织指南（World Health Organization Guidelines）中的详细描述。炎症类疾病，如类风湿关节炎、血清阴性脊柱关节病、骨质疏松或韧带松弛伴解剖性半脱位或脱位等，是涉及解剖部位的关节手法治疗的绝对禁忌证。其他禁忌证包括：

1. 齿突发育不全、游离齿突小骨不稳定等异常。这包括发育异常，如唐氏综合征等；

2. 急性骨折；

3. 脊髓肿瘤；

4. 急性感染，如骨髓炎、感染性椎间盘炎和脊柱结核；

5. 脑膜瘤；

6. 脊髓或脊髓内血肿；

7. 脊柱的恶性肿瘤；

8. 椎间盘突出伴进行性神经功能障碍；

9. 上颈段基底动脉内陷；

10. 上颈段阿诺德-基亚里畸形；

11. 椎体脱位；

12. 侵袭性良性肿瘤，如动脉瘤性骨囊肿、巨细胞瘤、成骨细胞瘤或骨样骨瘤；

13. 内固定/固定装置；

14. 肌肉或其他软组织的肿瘤性疾病；

15. 克尼格征或莱尔米特征阳性；

16. 先天性全身关节活动过度；

17. 不稳定的体征或模式；

18. 脊髓空洞症；

19. 病因不明的脑积水；

20. 脊髓纵裂；

21. 马尾综合征。

上颈段活动度测试

在治疗寰枢关节之前，如果存在活动受限情况，则先对寰枕关节进行评估和治疗。虽然有大量的文献和在线资源，但是对寰枕关节的处理超出了本章的范围。以下测试是在仰卧位下双侧进行，以相对减轻关节的负重及减少重力的影响。

与坐位测试相比，仰卧位进行活动测试所需的力量更小。诱发的运动非常小，治疗师应该尽量减少发生在中、下颈段的任何运动。这些测试应该尽可能轻柔地进行。

- 治疗师拇指置于患者乳突的前表面，进行前后弹簧试验（spring test）以评估旋转。
- 治疗师将示指指腹置于患者乳突下方，进行上弹簧试验以评估关节侧屈的活动情况。
- 治疗师用张开手指或手掌握住患者双侧枕部进行由后向前的提拉动作。
- 治疗师用张开的手指或手掌握住患者双侧后枕骨进行左右滑动。

以下测试用于分离寰枢关节，双侧均在仰卧位下进行。在C3节段可重复此测试。

- 横突的侧端位于乳突下方。治疗师可用示指的指腹评估左右滑动的活动度。
- 治疗师用示指的指腹触摸患者双侧横突下

表面。先抬起一侧，再抬起另一侧以诱发旋转。

- 触诊C2突出的棘突中线，其位于枕骨后下方很容易触到。而C1棘突不明显且位置更深，需让患者头部微屈才能显露出来。治疗师用示指的指腹接触并施加向前滑动的力。
- 在双侧乳突上方和前部颞顶区（图24.6）处使用指掌接触，避免接触枕骨。测试时患者颈部处于中立位，被动屈曲10°，被动伸展10°（图24.7~24.9）。施加牵引力以拉紧松弛的部位。如果你不能恢复松弛关节的张力，关节将会运动不足，需要治疗；如果你能拉紧松弛关节至中立位，但弹簧试验中没有额外的运动，则也需要对关节进行治疗。请注意，此试验在存在寰枕关节受限时可能为阳性，其中针对寰枕关节的特殊试验也可能为阳性。

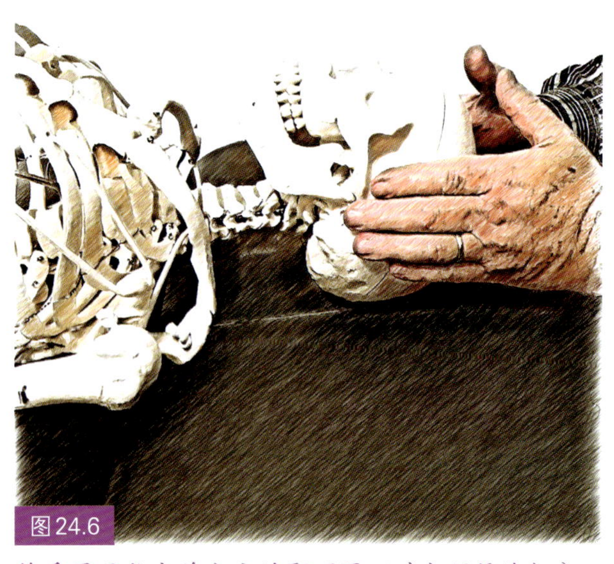

图24.6

将手置于乳突前上方的颞顶区可对上颈段施加分离牵引力

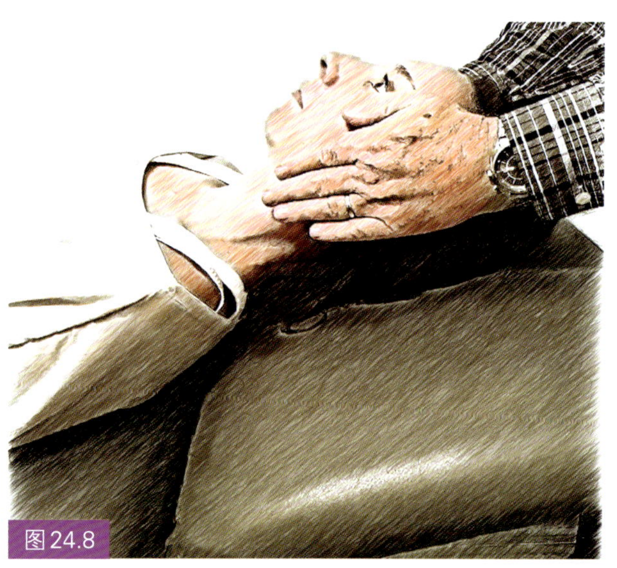

图24.8

颈部屈曲10°时行手法牵引。患者头部可以由可调节头枕或低枕支撑。注意与颞顶区的接触

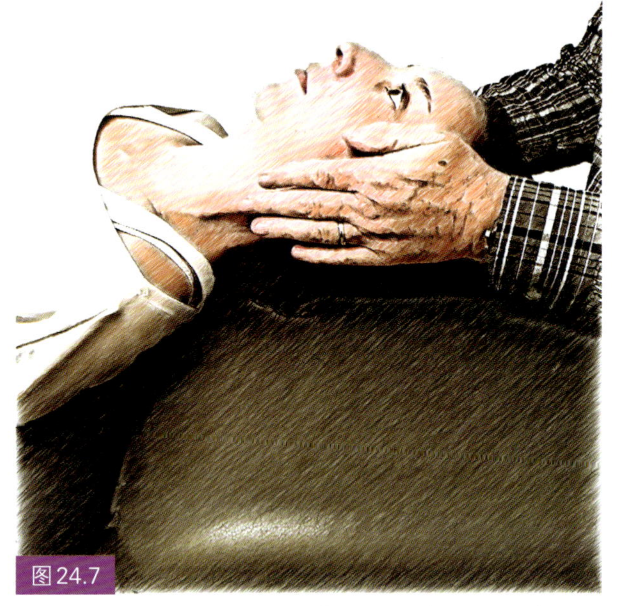

图24.7

颈部处于中立位时行手法牵引，患者头支撑在治疗床上。请注意与颞顶区的接触

图24.9

颈部伸展10°时行手法牵引，患者头由可调节的头枕支撑，或把头枕置于治疗师腿部的枕头上。注意颞顶区的接触

上颈段过伸性挤压

假定的损伤机制与跌倒、车祸或反复损伤等产生的上颈段被动过伸的力相关。上颈段功能减退最常见的表现是寰枢关节过伸，在中立位（图24.7）和伸展10°位（图24.9）进行寰枢关节牵引通常活动不足的，而在不同程度的屈曲中进行牵引则具有正常的灵活性。在颈椎10°屈曲位和伸展位进行测试（图24.8），可以相对分离寰枢关节，牵引力可以拉紧松弛的寰枕关节，进一步分离寰枢关节。在颞顶区进行手法治疗可分离上颈段关节的活动。轻柔缓慢地施加牵引力，直到松弛的部分被拉紧，之后停止运动。根据身体形态的不同，这需要10~15磅（4.5~6.8 kg）的拉力。为了培养对这种力量的感觉，可以通过在固定滑轮上附加一个颈部牵引绳来练习。或者，可以用一袋10磅（4.5 kg）的面粉来练习。请注意，由于摩擦的影响，为了感觉到通过牵引拉紧松弛，平均施加的力需要略大于头部的重量。在此之后，对几个无症状的个体的练习应该评估其正常活动度。对患者群体进行测试将评估活动不足。

在寰枢关节和寰枕关节中都出现了拉紧松弛部分的情况。在测试中，一旦松弛部分被拉紧10 ~ 12磅（4.5~5.4 kg），就会产生额外的牵引力（额外的10~12磅），与用来拉紧松弛部分的力的大小相同。此外，测试的一部分是通过寰枢关节评估力的传递。在一个不受限制的上颈段，被动的力量可从上颈段转移到身体的其他部分，这一特征可以用来观察身体远端的信息，如足部的运动。如果寰枢关节活动不足，运动将不会被察觉，而且它将不可能拉紧松弛部分。这并不是一种微小运动，因为适当增加力仍然不能引发活动。被动测试分离上颈段的运动似乎是合理的，因为与下述一些研究相比，这种力量非常温和。这些研究建议将体重的10%作为牵引力量的理想值[10]，用10%甚至高达50%受试者体重[11]的力量来牵引颈椎的中、下段。此外，根据在颈部C3处解剖的尸体研究表明：人类头部的平均重量仅为9.9~11磅（4.5~5 kg）[12]。在正常人群中，如此小的力就能诱导全身运动，乍一看似乎是反常的，然而，只要有一点经验，读者就能体会到它的有效性与实用性。

寰枢关节活动不足的治疗

治疗一般在运动障碍附近进行，但只在允许牵引活动的方向进行。如果在中立位（图24.7）和伸展位（图24.9）牵引活动不足，则在屈曲位（图24.8）治疗。如果在中立位和屈曲位牵引活动不足，则在伸展位（图24.9）治疗。在伸展位和中立位牵引受限最常见，因此，通常会选择屈曲10°位时行手法牵引（图24.8），借助枕头或可调节的头部配件，用特定的颞顶手法（图24.6）对上颈段前部进行分离牵引，牵引力保持5分钟。力的大小刚好与头和颈椎的运动相匹配，即“非常温和”的力量，平均为5.4 kg。值得注意的是，上两个关节（寰枕关节和寰枢关节）位于中、下颈段关节突关节（C3~C7）的前方。寰枢关节和寰枕关节位于乳突下方。因此，手的接触必须非常准确，避免在乳突后方用力。

手掌接触颞顶区，拉力的方向顺着头顶的方向。该手法与传统的通过枕骨接触进行的颈椎牵引手法不同。在文献中并没有提到在乳突上方及前部进行上颈段分离的重要概念，而且在临床上似乎没有得到充分的认识。

治疗后，在先前受限的中立位和伸展10°位重新测试牵引活动度。恢复正常被动活动度的典型方法是只进行一次手法干预。患者躺在一个名为Riter's Real-Ease的颈部支架®（realease.com, Torrance, CA）中，进行单独的上颈段锻炼和自我牵引。颈部支架可以轻松分离上颈段运动。在中颈段放置一个2英寸（约5 cm）直径的毛巾卷是一个高性价比的选择。这些锻炼和自我牵引方法教学可以在www.youtubc.com上搜索“Hesch Upper Cervical Exercises”视频获得。锻炼和自我松动在下面的案例分析中也有详细说明。

治疗要点

- 告知患者在检查和治疗过程中有任何不良反应或异常反应，如不适、头晕、眩晕、视力模糊、刺痛或麻木等均须报告临床人员。如果发生这些情况，必须马上停止检查与治疗程序。
- 确定是否在屈曲10°或伸展10°时进行活动不足的牵引测试。
- 如果在伸展位牵引时发现活动不足，则被动固定头部在屈曲10°位。
- 如果在屈曲位牵引发现活动不足。则被动固定头部在伸展10°位。
- 在颞顶区用双侧手掌接触头部。位于乳突的正前方。避免接触枕骨。
- 施加10～12磅或4.5～5.4 kg的力至自动停止，以拉紧松弛部分。
- 维持牵引力5分钟。
- 在活动不充分的位置重新测试牵引活动度。
- 若活动度恢复，让患者按照上述方法指导自我管理。
- 安排随访，重新评估和回顾自我管理。

案例分析

一位66岁的按摩师因寰椎关节在中立位和伸展10°位时活动不足而接受了一次治疗。这是一个有趣的案例分析，因为该患者30年来每周接受2次整脊治疗（chiropractic）和整骨治疗（osteopathic）调整，估计自费的支出超过5万美元。整脊治疗是专门针对寰椎的。患者反馈，治疗的有效时间非常短暂。

患者表现为在中立位和伸展10°位时上颈段缺乏分离牵引，但在屈曲10°时可活动自如。屈曲时，可观察到牵引力通过身体传递到足部的活动，因此牵引力没有被中断。患者颈椎屈曲10°时，用手掌接触双侧的颞顶区进行牵引治疗，持续5分钟（图24.8）。所施加的牵引力等于拉紧松弛部位所需要的拉力。她的反应良好，感觉轻松，头颈部对线良好，颈部活动自如。被动测试显示活动不足得以解决！

她接受了一个家庭训练计划（home exercise program）的指导，是利用Riter博士的Real-Ease颈部支架做治疗，可以独立进行上颈段的自由及简单的运动。鼓励非常微小的松动以便分离上颈段。这些训练包括每周进行1次2分钟的徒手垂直分离牵引，每周进行2次，每次30次的后向滑动伴屈曲、下颌内收、左右旋转、左右侧屈和左右侧滑动。她还学会了将持续的颈椎收缩和反复下颌内收（上颈椎屈曲）结合。根据Neumann的理论[3]（P.282），颅颈回缩（craniocervical retraction）可分离上颈段屈曲，同时伸展中、下颈段。颈架和自我牵引锻炼方法的教学可以在www.youtube.com上搜索“Hesch Upper Cervical Exercises”获得。

患者就诊2次，在第二次时不需要被动治疗。3周后，她提供了以下反馈。

从24岁（42年前）开始，我的上颈段就有很严重的问题，当时我骑自行车发生了意外事故。刚开始，我需要每周进行整脊治疗，有时甚至是每周2次，只是为了恢复颈椎功能。我的症状表现为严重的枕骨痛，下颌肌肉紧张，迷走神经受累导致心跳加速、呼吸和吞咽困难，基本陷于交感神经兴奋状态！随着时间的流逝，我遇到过许多不同的脊柱按摩师和整骨师！如果不是遇见你，我至少每隔一周都会找人调整我的颈椎。在你对我的上颈段进行了牵引之后，我得到了惊人的解脱！我的脑袋可以完全舒服地放在我的颈椎上！我看了你关于自我治疗的视频，每次我开始感到头痛、身体抖动或心跳加速的时候，我就对自己进行治疗。这就像魔术一样！非常感谢，我喜欢自我治疗。它将为我节省很多时间和金钱！

这个非典型的病例的症状被描述为迷走神经驱动所致，上颈段牵引的典型疗效是改善了上颈段关节的附属运动，使其更容易地进行粗大的颈椎运动，改善了姿势，减少了颈源性头痛。

总结

寰枢关节的屈伸是一种正常的生理运动，当颈椎外伤患者伴有压迫时，屈伸运动会受到限制。手法治疗针对性很强，其目的是评估寰枢关节的分离牵引。

文献和一般理论体系关于这方面呈现的信息非常有限。治疗非常简单而直接，自我管理亦是如此。治疗的典型效果是寰椎各方向的被动活动度正常化，疼痛减轻，颈椎姿势得以优化，进而伴随着主动运动更加轻松。这种治疗模式基于非常简明的干预，然后指导患者自我管理。上述案例分析说明了这些内容。单独对寰枢关节进行分离牵引目前只是一个理论构建，还需要进一步的研究来明确其是否有效，并且需要对患者群体进行研究以评估这项技术的有效性和实用性。

（李红彪 译，李艳 高强 审）

参考文献

1. Bogduk N, Mercer S; Biomechanics of the cervical spine. I: Normal kinematics. *Clinical Biomechanics* (Bristol, Avon) 2000, 15(9):633–648.

2. Dalton D; The vertebral column. In Levangie PK, Norkin CC, Lewek MD; *Joint Structure and Function: A Comprehensive Analysis, 6th edn.* Philadelphia: FA Davis Company, 2011, pp. 154–157.

3. Neumann D; Axial skeleton: osteology and arthrology. In: Neumann D; *Kinesiology of the Musculoskeletal System: Foundations for Rehabilitation, 3rd edn.* St Louis, MO: Mosby Elsevier, 2016, pp. 262–267, 277–286.

4. Mulligan E; Principles of Joint Mobilization. Power Point presentation. https://www.physio-pedia.com/images/c/c0/Principles_of_Joint_Mobilization.pdf (accessed November 26, 2018).

5. Threlkeld J; Basic structure and function of joints. In: Neumann D; *Kinesiology of the Musculoskeletal System: Foundations for Rehabilitation, 3rd edn.* St Louis, MO: Mosby Elsevier, 2016, pp. 25–40.

6. Panjabi M, Dvorak J, Duranceau J, Yamamoto I, Gerber M, Rauschning W, et al; Three-dimensional movements of the upper cervical spine. *Spine* 1988, 3:726–730.

7. Abernethy J; Upper Cervical. Upper Cervical Spine Orthopedic Residency Lecture. Scottsdale Healthcare Osborn Campus, Scottsdale, AZ, January 9, 2014.

8. Boszczyk BM, Littlewood AP, Putz R; A geometrical model of vertical translation and alar ligament tension in atlanto-axial rotation. *European Spine Journal* 2012, 21(8):1575–1579. doi: 10.1007/

s00586-012-2209-z.

9. WHO Guidelines to Spinal Manipulative Therapy. Specific Contraindications. http://wikichiro.org/en/index.php?title=WHO_Guidelines_-_Contraindications_to_SMT (accessed January 1, 2019).

10. Akinbo SR, Noronha CC, Okanlawon AO, Danesi MA; Effects of different cervical traction weights on neck pain and mobility. *Nigerian Postgraduate Medical Journal* 2006, 13(3):230–235.

11. Rammel ML; Relationship between therapist body weight and manual traction force on the cervical spine. *Journal of Orthopaedic and Sports Physical Therapy* 1989, 10(10):408–411.

12. Yee D; Mass of a human head. *The Physics Factbook.* https://hypertextbook.com/facts/2006/DmitriyGekhman.shtml (accessed November 29, 2018).